KAI WENZEL

Mit Fotografien von Frank Höhler

Bautzen

ARCHITEKTUR · KUNST · GESCHICHTE

Herausgegeben von der
Ostdeutschen Sparkassenstiftung

Sandstein Verlag

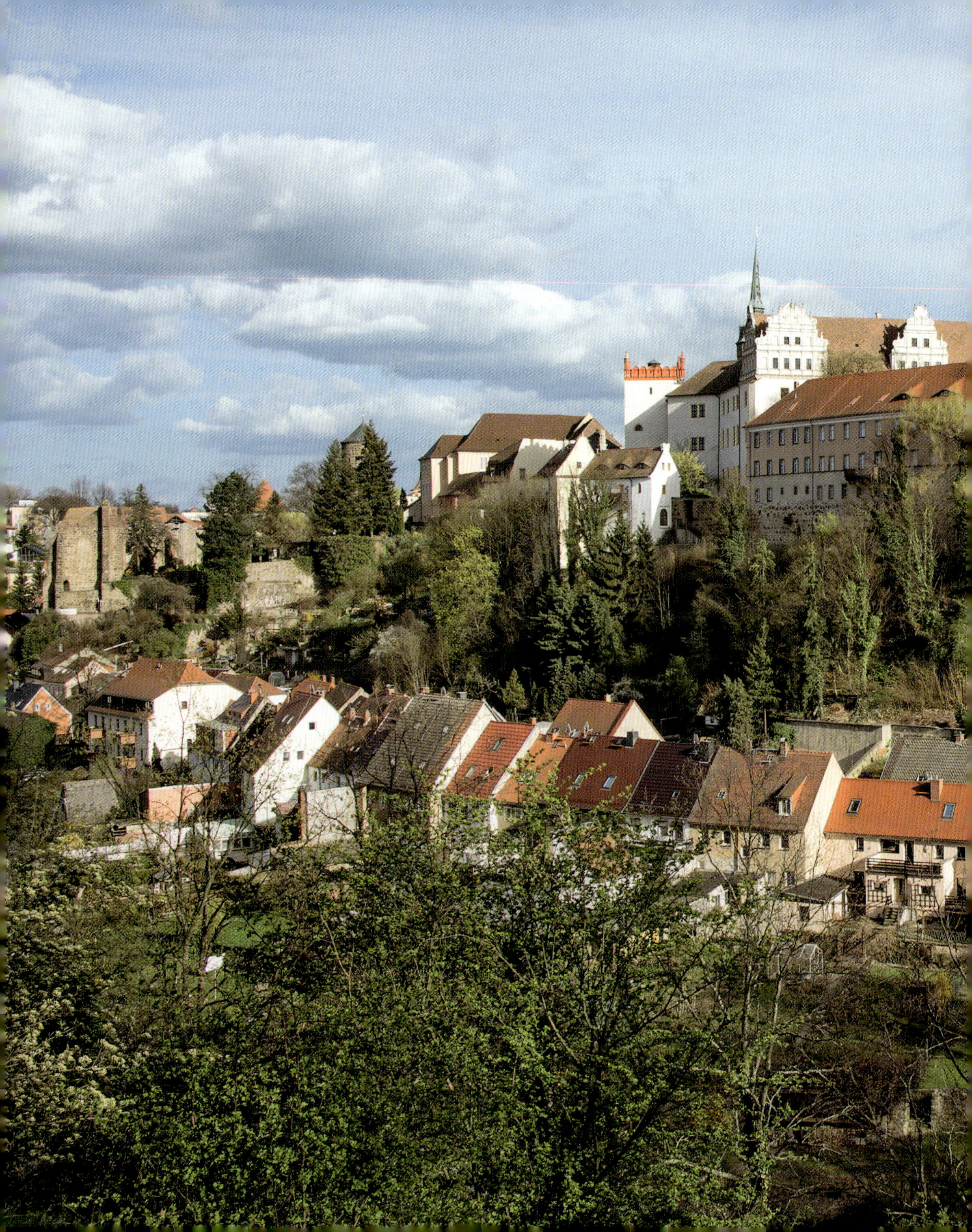

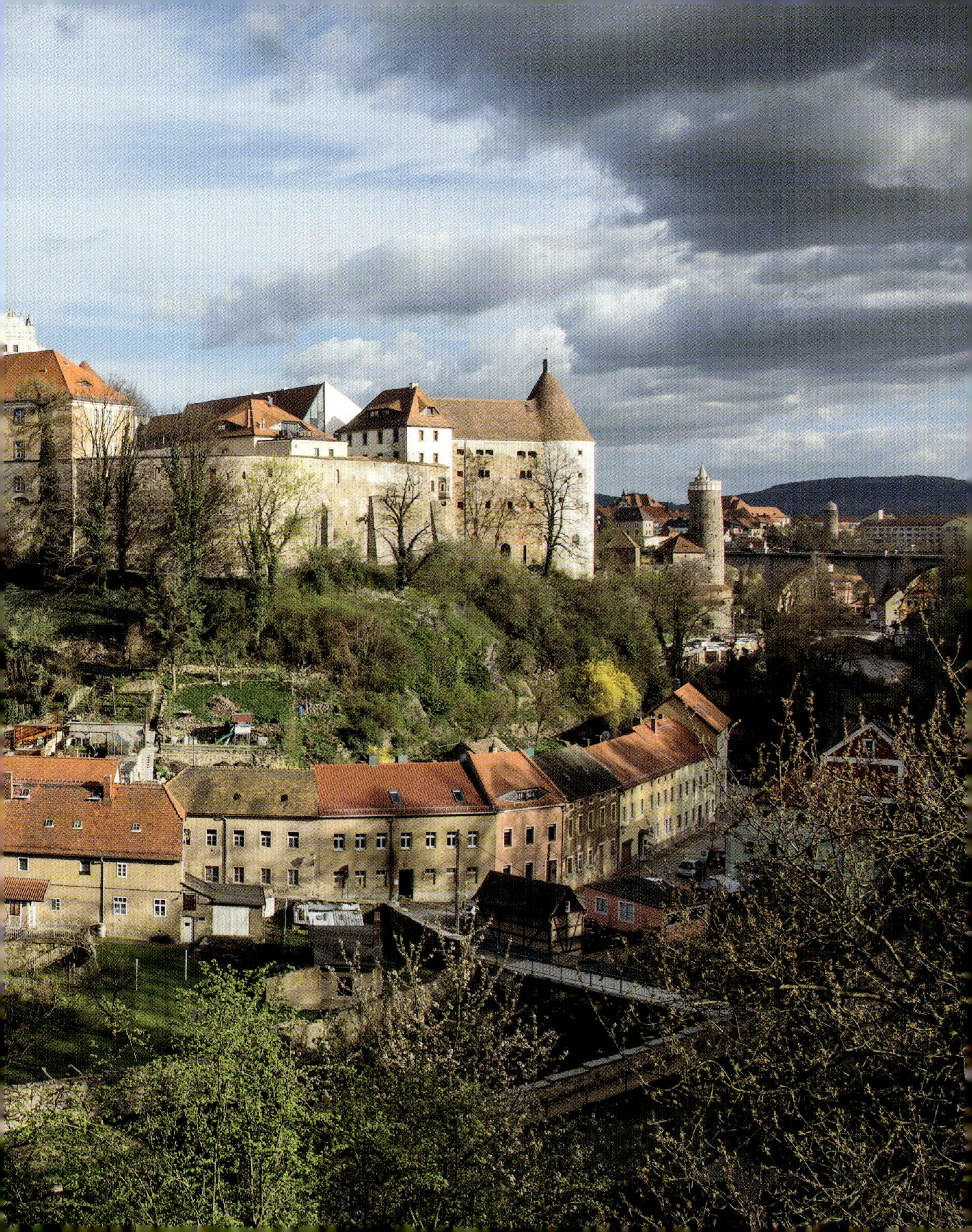

DR. MICHAEL ERMRICH

Vorsitzender des Vorstandes der Ostdeutschen Sparkassenstiftung und Geschäftsführender Präsident des Ostdeutschen Sparkassenverbandes

DIRK ALBERS

Vorsitzender des Vorstandes der Kreissparkasse Bautzen

FRIEDRICH-WILHELM VON RAUCH

Geschäftsführer der Ostdeutschen Sparkassenstiftung

Bautzen lädt ein, Bautzen macht neugierig und Bautzen überrascht

Es ist immer wieder ein Erlebnis, sich Bautzen aus Richtung Dresden über die Autobahn zu nähern. Kaum hat man einen Hügel überfahren, breitet sich plötzlich vor einem eine Stadtsilhouette von großer Schönheit aus. Man könnte den Eindruck haben, sie wäre einer Merian-Stadtansicht nachgebaut.

Der Dom St. Petri, der Nikolaiturm, der Reichenturm, der Schülerturm und die Ortenburg schaffen eine unverwechselbare Kulisse. Und wer dann nach Bautzen hineinfährt, dem teilt sich die bergende Geschlossenheit einer historisch gewachsenen Stadtanlage mit.

Der Eindruck von Geschlossenheit ist jedoch keinesfalls überraschungsfrei, ganz im Gegenteil. Die Ostdeutsche Sparkassenstiftung hat sich davon seit ihrer Errichtung Mitte der 1990er Jahre immer wieder überzeugen können: Jüngst hat sie – wie auch alle anderen Projekte in der Stadt gemeinsam mit der Kreissparkasse Bautzen – im Dom die Restaurierung seiner beiden großen Orgeln und wertvoller Kunstgegenstände der vergangenen Jahrhunderte begleitet. Dieser Dom war die erste Kirche im deutschsprachigen Raum und ist bis heute eine der ganz seltenen, die seit der Reformation von römischen Katholiken und Protestanten gemeinsam genutzt wird. Allein dieses konfessionelle Miteinander bedeutet ein Alleinstellungsmerkmal für Bautzen. Und vielleicht hat es – zwischen Kooperation und Konkurrenz – dazu motiviert, Bildhauer und Architekten der Spitzenklasse im Dom arbeiten zu lassen. So haben Balthasar Permoser, dessen Werke in Dresden im Zwinger und im Grünen Gewölbe zu besichtigen sind, oder Fritz Schumacher, der das Gesicht Hamburgs mit seinen kunstvollen Backsteinbauten bis heute geprägt hat, ihre Spuren hinterlassen. Bautzen und seine Bürger trauten sich eben etwas zu und waren der Meinung, ihrer Stadt und sich etwas schuldig zu sein.

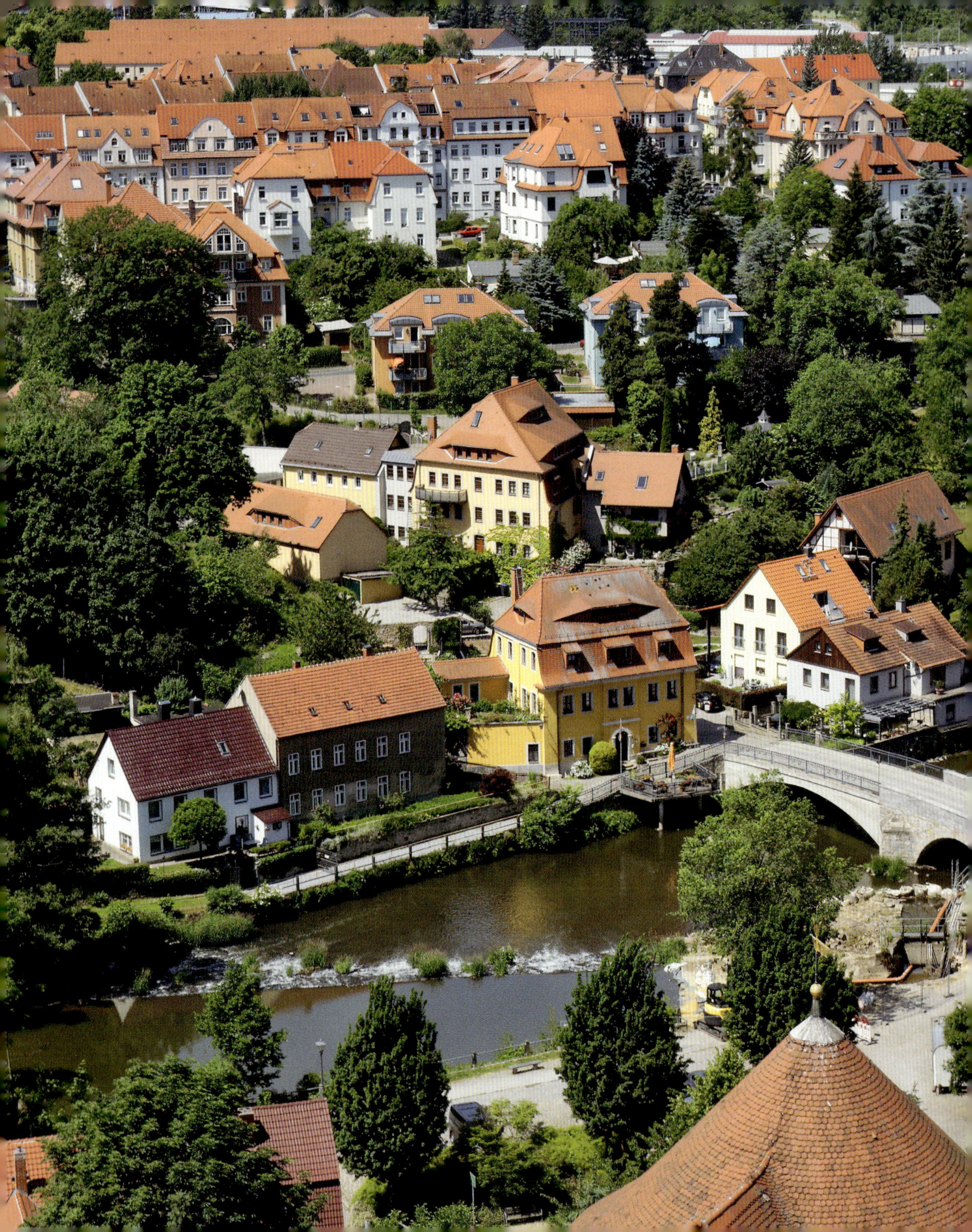

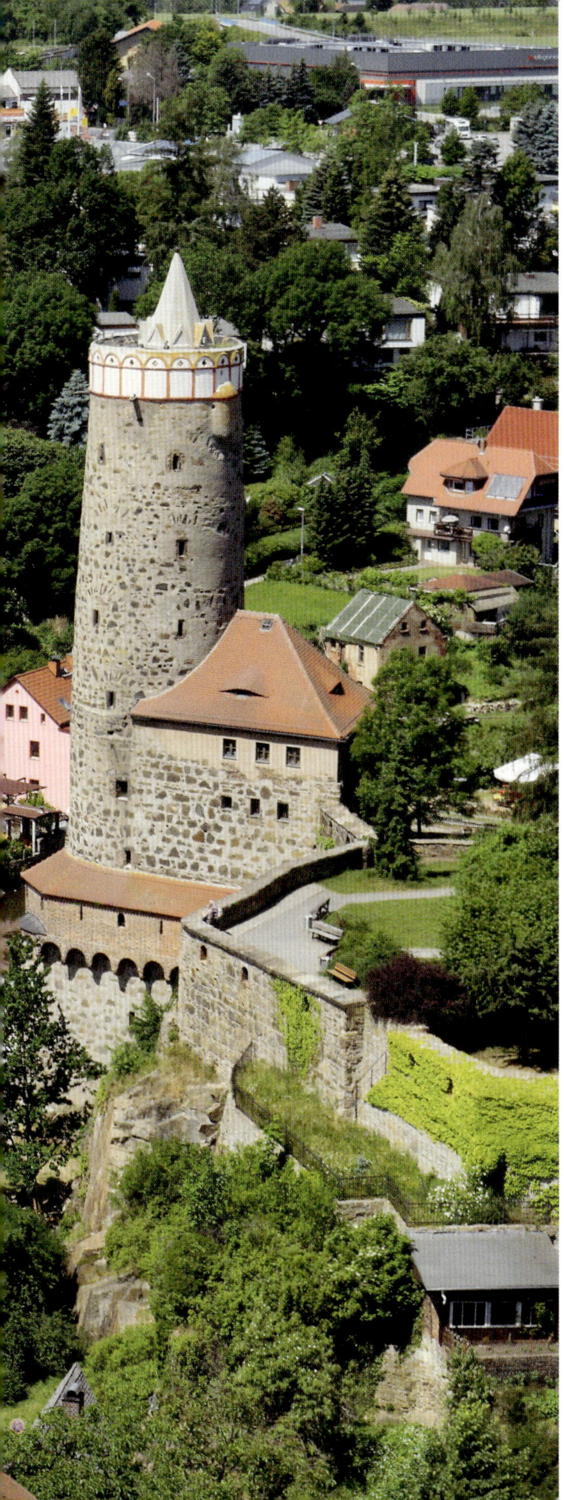

Von bürgerschaftlichem Selbstbewusstsein spricht auch das 1912 am Kornmarkt eröffnete Museum Bautzen. Es ist alles andere als selbstverständlich, dass eine Stadt von damals weniger als 50 000 Einwohnern ein Museumsgebäude geschaffen hat, das zu den besonders erwähnenswerten Museumsneubauten vor dem Ersten Weltkrieg zählt. Wer es besucht, dem teilt sich innen wie außen eine markante, feine Architektursprache mit und der begegnet in den Ausstellungssälen den großen Namen der Kunstgeschichte, zum Beispiel Lucas Cranach dem Älteren, Max Liebermann oder Otto Dix.

Das Museum Bautzen ist eine Landmarke sächsischen und oberlausitzischen Kulturbewusstseins. Und deshalb hat sich die Ostdeutsche Sparkassenstiftung für die Restaurierung der Museumsräume und die Erweiterung der Sammlung in den zurückliegenden Jahren gern und mehrfach engagiert.

Bautzen hat viel zu erzählen und es gibt viel zu entschlüsseln in dieser Stadt. Das haben wir erlebt. Davon haben wir uns überzeugen können und davon möchten wir etwas mitteilen. Deshalb dieses Buch. Unser besonderer Dank gilt seinem Autor Kai Wenzel, einem der profundesten Kenner von Kunst- und Kulturgeschichte der Oberlausitz und ihrer Städte, dem Fotografen Frank Höhler und dem Sandstein Verlag, der sich von Sachsen aus weit über den Freistaat hinaus einen Namen unter Kulturliebhabern und Museumsfreunden erarbeitet hat.

Blick ins Spreetal mit der Alten Wasserkunst und dem Scharfensteg

Das von Deutschen und Sorben bewohnte Bautzen ist seit rund 1000 Jahren der Hauptort der Oberlausitz. Die obersten Behörden der Landesverwaltung, hohe kirchliche Würdenträger und die Vertretung der Landstände hatten hier ihren Sitz. Durch die Lage an wichtigen Fernstraßen entwickelten sich zunächst Handel und Handwerk, später Industrie und Gewerbe. Im 20. Jahrhundert musste es die Stadt ertragen, auch Sitz schrecklicher Haftanstalten zu sein.

Historische Entwicklung der Stadt

Bautzen gehört zu den ältesten Städten im Osten Deutschlands. Gemeinsam leben hier Deutsche und Sorben – ein slawisches Volk, das seit fast anderthalb Jahrtausenden in der heutigen Oberlausitz heimisch ist. Ihren jetzigen Namen trägt die Stadt aber erst seit 1868. Zuvor hieß sie Budissin, was aus dem Sorbischen stammt und vermutlich auf den slawischen Personennamen Budych zurückgeht. In der bis heute gebräuchlichen sorbischen Bezeichnung »Budyšin« für Bautzen lebt der frühere Stadtname noch fort.

Erstmals urkundlich erwähnt wird die Siedlung urbs Budusin im Jahr 1002 in der Chronik des Thietmar von Merseburg. Zu dieser Zeit war sie bereits der wichtigste Ort der Oberlausitz, die damals noch den Namen Bautzener Land (terra budissinensis) trug. Bautzens historische Entwicklungsstufen lassen sich wie die Jahresringe eines Baumes im Stadtgrundriss ablesen: Die Siedlung wuchs in dem Maße, wie sie politisch und wirtschaftlich an Bedeutung gewann, und erlangte zu Beginn des 13. Jahrhunderts Stadtrecht. Ihren dadurch noch weiter gesteigerten Status zeigt die Eintragung Budissins auf der um 1300 entstandenen Ebstorfer Weltkarte. Dort erscheint sie gleichberechtigt neben Städten wie Meißen, Naumburg, Prag oder Wien.

Geografische Lage und erste Besiedlung

Bautzen liegt im Herzen der Oberlausitz, umgeben von Gebirgen im Süden sowie Wäldern und Teichen im Norden der Region. Die Spreestadt ist Teil des sogenannten Oberlausitzer Gefildes, wo der Fluss vom Gebirge ins Flachland übergeht. Am rechten Ufer der Spree befindet sich ein Felsplateau, das auf drei Seiten vom Fluss umschlossen wird. Schon in der Bronzezeit befand sich hier eine Burganlage. Eine zweite Burg entstand direkt gegenüber auf dem Protschenberg. Bereits in vorgeschichtlicher Zeit dürften beide Wehranlagen bedeutende Siedlungen gewesen sein. Vermutlich im 7. oder 8. Jahrhundert wurde das Gebiet vom Volk der Milzener besiedelt – den Vorfahren der bis heute in Bautzen und Umgebung lebenden Sorben. Diese bauten die vorhandenen Burgen weiter aus und legten in ihrem Schutz eine Siedlung an, die zum Hauptort des Landes wurde.

Eroberungskämpfe im Früh- und Hochmittelalter

Im 10. Jahrhundert wurde die Region von König Heinrich I. erobert und dem Ostfränkischen Reich einverleibt. In den darauffolgenden Jahren war Budissin wiederholt Schauplatz kriegerischer Auseinandersetzungen zwischen deutschen, polnischen und böhmischen Landesherren.

Zu Beginn des 11. Jahrhunderts entbrannten Kämpfe zwischen dem deutschen König Heinrich II. und dem polnischen Herzog Bolesław Chrobry um die Burg Budissin und das Bautzener Land. In der Chronik des Thietmar von Merseburg ist davon zu lesen. Beide Herrscher schlossen 1018 in der Burg den Frieden von Budissin und verfolgten daraufhin für einige Zeit eine gemeinsame Politik.

Bis 1031 verblieb das Bautzener Land bei Polen. Dann fiel es wieder an das Heilige Römische Reich. Heinrich IV. übergab es 1081 als Lehen an den böhmischen Herzog Vratislav II. Dieser wiederum vermachte es als Mitgift seiner Tochter Judith und seinem Schwiegersohn Wiprecht von Groitzsch. Wiprecht, ein hochmittelalterlicher Aufsteiger, trug fortan den Titel eines Markgrafen der Lausitz und hielt sich regelmäßig auf der Burg Budissin auf. Im Dezember 1108 verstarb hier seine Gemahlin Judith. Nach dem Untergang des Geschlechts der Groitzscher beherrschten die Wettiner einige Jahre das Bautzener Land. 1158 vergab Kaiser Friedrich I. Barbarossa die Gegend schließlich als Lehen an den böhmischen König Vladislav I.

Wachstum im 12. Jahrhundert

Begrenzt von der Spree, konnte die Siedlung sich nur nach Osten und Süden weiter ausdehnen. Die Wälder der Umgebung und die Granitfelsen entlang des Flusstals boten den Bewohnern geeignetes Baumaterial. Schon im 12. Jahrhundert wuchs Budissin von der Kernburg, der heutigen Ortenburg, bis in den Bereich von Fleisch- und Hauptmarkt. Außerdem erstreckte sich eine Siedlung unterhalb des Burgbergs entlang der Spree.

Die deutschen, polnischen und böhmischen Herrscher, die im Lauf der Zeit das Sagen in der Region hatten, waren Christen. So entstand vermutlich bereits im 11. Jahrhundert die Burgkirche St. Johannis. Sie hatte den Rang einer Hauptkirche der Oberlausitz und wurde mit reichen Stiftungen bedacht. Nach einer Reliquienschenkung im 13. Jahrhundert erhielt die Kirche einen neuen Schutzpatron – den heiligen Petrus, dessen Namen sie fortan trug. Das Gotteshaus St. Petri unterstand, wie der größte Teil der Oberlausitz, dem Bistum Meißen.

Bedeutsame Verkehrswege

Noch heute führen Straßen aus allen Himmelsrichtungen nach Bautzen und folgen dabei alten Routen. Entscheidend für die Stadtentwicklung war der Spreeübergang nördlich der Burg. Als Teil der Hohen Straße (Via Regia) stellte er eine wichtige Ost-West-Verbindung dar. Zunächst existierte eine Furt, zu der man aus östlicher Richtung über die heutige Gerberstraße gelangte. Entlang dieser Straße entstand das Dorf Broditz, das seinen Namen vom sorbischen Wort »bród« für Furt erhielt und im Mittelalter in der Bautzener Vorstadt aufging.

Zwei weitere bedeutsame Straßen bestimmten während des Hochmittelalters den Grundriss der Stadt: Die Frankenstraße, die aus dem Erzgebirge über Dresden nach Bautzen verlief, sowie der von Süden in die Stadt führende Böhmische Steig.

Entwicklung unter böhmischer Herrschaft

Ab 1158 blieb das Bautzener Land für rund 100 Jahre in der Hand der böhmischen Herrscher aus dem Haus der Přemysliden. Die Bautzener Burg diente ihnen als Nebenresidenz. Thronanwärter Wenzel hielt sich regelmäßig hier auf. In den 1220er Jahren hatte sein Vater, König Přemysl Ottokar I., ihn zum Herzog von Pilsen (Plzeň) und Budissin ernannt.

Für die weitere Entwicklung der Burgsiedlung und ihrer Umgebung waren das entscheidende Jahre. Die neuen Landesherren und ihre Vasallen stärkten die Bedeutung des Ortes, indem sie neue Dörfer, Städte und Klöster in der Umgebung anlegen ließen. Allerdings mussten sie sich mit den Bischöfen von Meißen einig werden, die umfangreiche Ländereien im Westen, Süden und Osten von Bautzen besaßen. Die Grenzen zwischen den meißnischen und den böhmischen Landesteilen wurden 1241 in der sogenannten Oberlausitzer Grenzurkunde festgeschrieben. In diesem Dokument finden sich viele alte Bezeichnungen für Gewässer, Hügel und Berge, die heute in Vergessenheit geraten sind.

Bautzen im Spätmittelalter – die Siedlung wird zur Stadt

Zu Beginn des 13. Jahrhunderts – der genaue Zeitpunkt ist nicht überliefert – wurde Budissin zur Stadt nach Magdeburger Recht erhoben. Fortan bestimmte ein zwölfköpfiger Rat, der seinen Sitz im Rathaus am Hauptmarkt hatte, über die Geschicke der Kommune. Diese Aufwertung der politischen Bedeutung Budissins sorgte für anhaltendes Wachstum. In der ersten Hälfte des 13. Jahrhunderts wurde die Spreestadt daher planmäßig um eine Neustadt erweitert. Der neu entstandene Bereich liegt im Osten von Fleisch- und Hauptmarkt und wird bis heute von der Wendischen Straße, der Reichenstraße und der Kesselstraße durchzogen.

Etwa zur selben Zeit, in den 1210er Jahren, richtete Bischof Bruno II. an der Kirche St. Petri ein Kollegiatstift ein. Die Stiftung wurde vom böhmischen König Přemysl Ottokar I. unterstützt. Das Wirken der Stiftsherren gab der Stadt zusätzliche Bedeutung als geistiges Zentrum. Ein architektonisches Zeugnis des allumfassenden Aufschwungs Budissins in dieser Epoche der Stadtwerdung sind die um 1250 entstandenen Teile der Westfassade von St. Petri. Sie gehören zu den ältesten baulichen Zeugnissen der Spreestadt.

In den 1240er Jahren ließ sich außerdem der Franziskanerorden im Vorfeld der Burg nieder. An der Großen Brüdergasse befinden sich noch heute die Ruinen der Klosterkirche.

Eine Stadt mit dreierlei Recht

Vom 13. bis ins frühe 19. Jahrhundert galten in Bautzen mit Blick auf die Rechtsprechung besondere Regeln: Das Stadtgebiet war in drei eigenständige Bezirke unterteilt. Sowohl die Landesherren des Bautzener Landes als auch die geistlichen Autoritäten des Kollegiatstifts und die bürgerliche Stadtregierung beanspruchten rechtliche Eigenständigkeit. So gab es innerhalb des Stadtgebiets

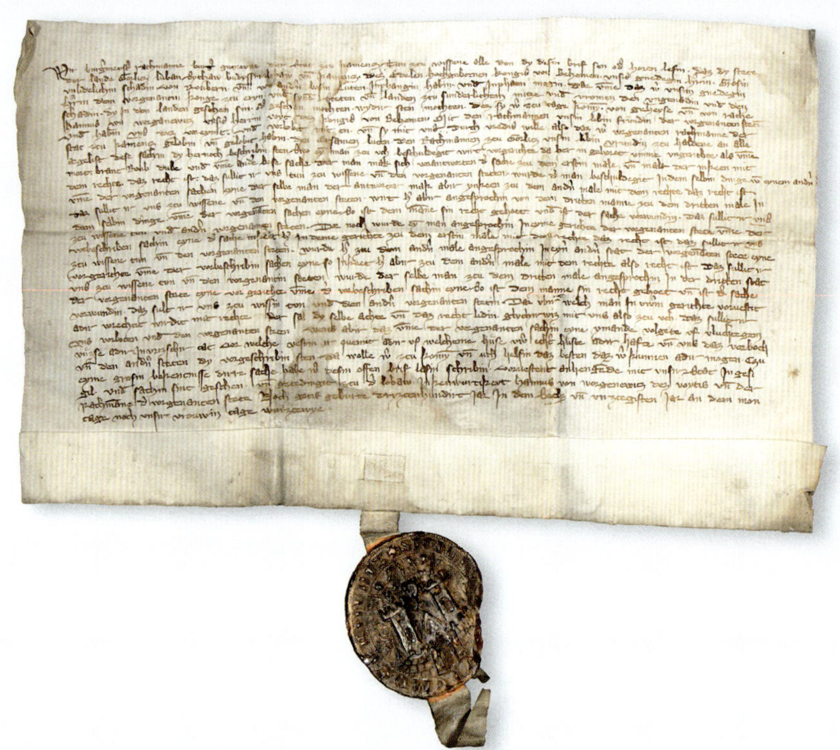

Gründungsurkunde des Oberlausitzer Sechsstädtebundes, 21. August 1346

Straßenzüge oder auch einzelne Häuser, in denen entweder das Wort des Landesherrn, das des Stiftsdekans oder das des Bürgermeisters galt. Im Vorfeld der Ortenburg entstand im 13. Jahrhundert zudem das Burglehnviertel – ein Bezirk unter der Rechtsaufsicht des Landesherrn, in dem viele Adelige aus dem Bautzener Land Häuser besaßen.

Handelszentrum unter böhmischer Krone

Um 1250 gelangte das Bautzener Land unter die Hoheit der Markgrafen von Brandenburg. Diese teilten es in eine Bautzener und eine Görlitzer Hälfte. Beide fielen jedoch 1319 bzw. 1329 wieder an die böhmische Krone zurück, von der das Land für die nächsten drei Jahrhunderte regiert wurde.

In dieser Zeit gewann Bautzen als blühender Handelsplatz und königlich böhmische Stadt weiter an Bedeutung. Um 1400 zählte es mit etwa 8000 Einwohnern zu den größeren Kommunen im Königreich Böhmen. In seiner Wirtschaftskraft wurde es im näheren Umfeld lediglich von Görlitz übertroffen.

Die Stadt erhielt zu dieser Zeit wichtige Privilegien von den böhmischen Herrschern, die ihr wirtschaftliche Vorteile einbrachten. Dazu gehörte vor allem das Hoheitsrecht, Salz frei zu handeln. Bautzener Kaufmannsfamilien waren mit führenden Geschlechtern in großen Reichs- und Handelsstädten wie Nürnberg, Augsburg oder Breslau verwandt, schlossen mit ihnen Abkommen oder betrieben dort sogar eigene Kontore. Die einflussreichen Bautzener Handelsdynastien stellten bald auch die politische Elite der Stadt.

Auch die böhmischen Könige aus dem Haus Luxemburg hielten sich zu dieser Zeit regelmäßig in ihrer Bautzener Residenz auf. Karl IV. plante 1354 sogar, das Bautzener Kollegiatstift zu einem Bistum zu erheben und in das Erzbistum Prag einzugliedern, was freilich am Widerstand der Meißener Bischöfe scheiterte.

Der Oberlausitzer Sechsstädtebund

Im Jahr 1346 kam es zur Gründung des Oberlausitzer Sechsstädtebundes, dem Bautzen, Görlitz, Kamenz, Lauban (Lubań), Löbau und Zittau angehörten. Karl IV. verfolgte damit den Plan, das Land durch den Zusammenschluss der Städte zu stabilisieren und die Macht der aufstrebenden Adelsfamilien im Zaum zu halten – und seine Rechnung ging auf. Der Sechsstädtebund entwickelte sich bald zum wichtigsten politischen Akteur und das Land wurde seither auch als Sechsstädteland (terra hexapolis) bezeichnet.

Die regelmäßigen Treffen hielt der Bund im zentral gelegenen Löbau ab. Dabei besaß der Bautzener Bürgermeister das Vorrecht, im Namen aller anderen Kommunen Schriftverkehr und Verhandlungen zu führen. Bei dieser hervorgehobenen Stellung Bautzens verwundert es kaum, dass sich das Wappen der Stadt – eine goldene Mauer auf blauem Grund – im 14. Jahrhundert zum Wappen des gesamten Landes entwickelte. In dieser Funktion ist es bis heute an wichtigen historischen Orten zu sehen: etwa im Wappensaal der Burg Lauf an der Pegnitz, der nach 1360 entstand, oder an der Fassade des Altstädter Brückenturms in Prag.

Jüdische Bürger und Pogrome

Zur Verwaltung ihrer Ländereien setzten die böhmischen Könige einen Landvogt ein, dem mehrere Beamte unterstellt waren. Diese hatten ihren Dienstsitz auf der Ortenburg und entstammten dem Oberlausitzer bzw. dem böhmischen Adel. Unter ihrem Schutz standen auch jüdische Kaufleute, die sich seit dem 13. Jahrhundert im Vorfeld der Burg niederließen. Mit ihren weitreichenden Verbindungen sorgten sie gleichfalls dafür, dass sich Bautzen zu einem herausragenden Handelsplatz entwickelte.

Als um die Mitte des 14. Jahrhunderts in ganz Mitteleuropa eine verheerende Pestepidemie grassierte, wurden die Juden dafür verantwortlich gemacht und vielerorts verfolgt. Mit Erlaubnis der böhmischen Herrscher wurden sie auch aus Bautzen vertrieben. Sie besaßen zu dieser Zeit ein eigenes Gotteshaus im Bereich der Heringstraße, die damals auch als Judengasse bezeichnet wurde. Für rund viereinhalb Jahrhunderte durften sich Juden nach der Vertreibung nicht mehr in der Stadt niederlassen.

Bau der Stadtmauer und Belagerung

Zum Schutz der aufstrebenden Kommune ließ der Bautzener Rat in der zweiten Hälfte des 14. Jahrhunderts eine erste Stadtmauer errichten. Bis ins frühe 16. Jahrhundert wurde diese innere Stadtmauer ständig verbessert. Auch die Vorstadt, die sich immer weiter nach Osten und Süden ausbreitete, wurde schließlich mit einem schützenden Mauerring umzogen. Mit dem Bau dieser äußeren Stadtmauer waren der weiteren Ausdehnung der Stadt jedoch für die nächsten vier Jahrhunderte enge Grenzen gesetzt.

Ihre Feuertaufe erlebten die Verteidigungsanlagen in den Jahren 1429 und 1431, als Heere der böhmischen Hussiten die Stadt belagerten. Zwar gelang es den Angreifern, die Vorstadt einzunehmen und zu verwüsten. An der inneren Stadtmauer aber scheiterten sie – und der Stadtkern blieb unversehrt.

An der Schwelle zur Frühen Neuzeit – Bautzens Blüte

Seine höchste wirtschaftliche, politische und kulturelle Blütezeit erlebte Bautzen am Übergang vom Spätmittelalter zur Frühen Neuzeit. Geschickt setzte der Stadtrat in dieser Phase seine Interessen gegenüber verschiedenen europäischen Herrschern durch, die um die böhmische Krone konkurrierten. 1469 stellte sich Bautzen gemeinsam mit den anderen Städten der Oberlausitz auf die Seite des böhmisch-ungarischen Königs Matthias Corvinus. Seine Hofkanzlei führte schließlich den Namen Oberlausitz ein. Auf den Herrscher folgten Könige aus den mächtigen Dynastien der Jagiellonen und der Habsburger.

Seit dem 15. Jahrhundert kamen die Landesherren jedoch immer seltener in die Bautzener Residenz. Oft besuchten sie die Stadt nur noch nach ihrer Krönung, um sich von den Oberlausitzer Ständen huldigen zu lassen. Von diesen glanzvollen Aufenthalten, die auch für Treffen mit sächsischen oder brandenburgischen Kurfürsten genutzt wurden, berichten die Stadtchroniken ausführlich. Die Herrschereinzüge, die einem festen Ritual folgten, wurden bis zum Ende der Monarchie 1918 abgehalten.

Zu den architektonischen Zeugnissen dieser Blütezeit zählen der spätgotische Neubau der Ortenburg und das einzigartige Denkmal für Matthias Corvinus. Auch der Petridom wurde in der zweiten Hälfte des 15. Jahrhunderts erneut umfangreich ausgebaut. Darüber hinaus entstanden mit St. Michael und St. Nikolai zwei neue Kirchengebäude. Mit großem finanziellen Aufwand errichtete man um 1500 zudem eine öffentliche Wasserversorgung, die auf den hohen kulturellen Stand der Stadt schließen lässt.

Aus dieser Zeit stammt auch eines der ältesten sorbischen Sprachdenkmäler: Der Bautzener Bürgereid wurde fortan von den sorbischen Einwohnern in einer eigenen, sorbischen Fassung abgeleistet. Diese Neuerung lässt darauf schließen, dass die Bevölkerung über Jahrhunderte hinweg zwei Umgangssprachen kannte.

Auch Kunst und Handwerk blühten auf: Spätmittelalterliche Schriftquellen belegen, dass Bautzen zu dieser Zeit ein Zentrum der Goldschmiedekunst war. Während des 15. und frühen 16. Jahrhunderts lassen sich hier rund 40 Werkstätten nachweisen, die nicht nur für Auftraggeber in der Spreestadt, sondern auch in einem weiteren Umkreis arbeite-

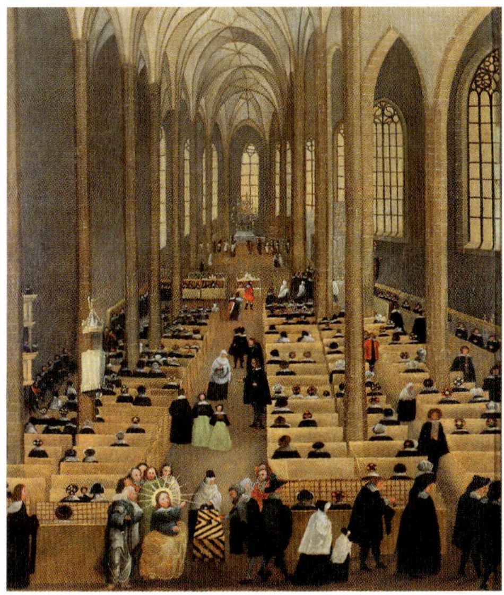

Inneres der Petrikirche – »Gotteskastenbild«;
Matthäus Crocinus (1583–1653), nach 1644, Öl auf Kupfer

ten. Herausragende Beispiele ihrer Kunst sind in der katholischen Domschatzkammer St. Petri überliefert. Ebenso werden Bildschnitzer- und Malerwerkstätten in den Bautzener Schriften des Spätmittelalters erwähnt. Aufgrund zahlreicher Stadtbrände ist von ihren Werken jedoch kaum etwas erhalten geblieben.

Veränderungen der Reformationszeit

Die lutherische Reformation erreichte Bautzen während der 1520er Jahre, als das Land unter der Herrschaft der Habsburger stand. Zwar ermahnte König Ferdinand I. seine Oberlausitzer Untertanen mehrfach, beim althergebrachten Glauben zu bleiben. Gegen die Macht der Oberlausitzer Stände, die die Reformation unterstützten, kam der Herrscher jedoch nicht an. Außerdem war er auf ihre Gunst als wichtige Steuerzahler angewiesen.

Der Innenraum des Bautzener Petridoms ist seit dieser Zeit geteilt: Die Stiftsherren, die am katholischen Glauben festhielten, beanspruchten den Chorraum. Die lutherische Stadtgemeinde wiederum gestaltete das Langhaus zu ihrem Gotteshaus aus. Diese konfessionelle Grenze zog sich aber nicht nur durch St. Petri, sondern durch die gesamte Stadt. Noch bis ins 19. Jahrhundert führten der Stadtrat und das Kollegiatstift Auseinandersetzungen um Eigentumsfragen und die konfessionelle Ausrichtung verschiedener Kirchen. Heute ist St. Petri eine der wenigen seit der Reformationszeit bestehenden Simultankirchen in Mitteleuropa, die von zwei Konfessionen gemeinsam genutzt wird.

Das Bautzener Franziskanerkloster ging in dieser Zeit gänzlich unter. Auch das katholische Stift geriet im Zuge der Reformation zunächst in eine Krise. Allerdings konnte Stiftsdekan Johann Leisentrit es schließlich stabilisieren und seine Bedeutung sogar noch steigern: Als der Bischof von Meißen 1559 zum lutherischen Glauben übertrat, erhielt Leisentrit von den Habsburger Herrschern umfassende Verwaltungsrechte. Er war nun, wie alle auf ihn folgenden Stiftsherren, direkt der römischen Kurie unterstellt und hatte die Oberaufsicht über die katholischen Institutionen in der Ober- und Niederlausitz. Als katholischer Archidiakon war er zudem – ein historisches Kuriosum – für die lutherischen Gemeinden zuständig, da ein evangelisches Konsistorium fehlte.

Zum Wohle Bautzens

DIE GREGORIUS-MÄTTIG-STIFTUNG

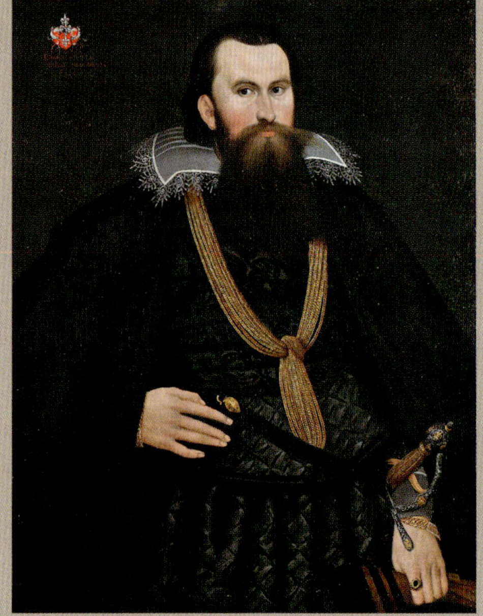

Dr. Gregorius Mättig (1585 – 1650) – Arzt und Stifter in Bautzen; Adam Lämmel, 1626, Öl auf Leinwand

Eine bedeutende wohltätige Institution in Bautzen war und ist die Gregorius-Mättig-Stiftung. Ihr Namensgeber, der Bautzener Arzt, Ratsherr und Humanist Dr. Gregorius Mättig (1585 – 1650) hatte in seinem Testament verfügt, dass wesentliche Teile seines Vermögens in die Stiftung einfließen sollten. Er tat dies zu einer Zeit, als die Bautzener Stadtgemeinschaft noch unter den Folgen des Dreißigjährigen Krieges litt. Diese Not wollte der kinderlos verstorbene Mättig durch seine Stiftung lindern. Als Waise hatte er selbst die Hilfe von Gönnern und Verwandten – sein Onkel war der Schwiegersohn Philipp Melanchthons – erfahren. Mit ihrer Unterstützung konnte Mättig zu Beginn des 17. Jahrhunderts an den Universitäten von Straßburg und Basel Medizin studieren und in diesem Fach auch promovieren. Zurück in Bautzen war Mättig als Arzt und Inhaber der Ratsapotheke tätig. Darüber hinaus trug er eine umfangreiche Bibliothek zusammen, deren erhaltene Teile noch heute in der Stadtbibliothek aufbewahrt werden. Von seinem Ruhm kündet auch ein acht Meter hohes Epitaph im Petridom, das zum Andenken an den Mann errichtet wurde, »den Budissin durch milde Stiftung kennt«, wie es in der Inschrift an dem Denkmal heißt.

Mättigs Stiftung umfasste unter anderem freie Speisung für Schüler des städtischen Gymnasiums, die Verteilung von Tuch an mittellose Schüler für deren Kleidung, die Vergabe von jährlich drei Universitätsstipendien an Nachkommen aus der Familie des Stifters und begabte, aber mittellose Kinder der Stadt sowie Finanzbeihilfen für die evangelischen Geistlichen an St. Petri. Durch die Inflation in den 1920er Jahren ging das Stiftungskapital verloren. Um an die große Tradition anzuschließen, gründeten Nachfahren der Familie des Gregorius Mättig die Stiftung 2007 wieder neu. Heute vergibt sie alljährlich ein Stipendium an Studentinnen und Studenten, die sich mit Themen der Oberlausitzer Geschichte befassen. Außerdem fördert die Stiftung Kindergärten und Schulen in Bautzen, unterstützt Restaurierungen im Bautzener Museum und bringt Publikationen heraus, die sich mit Gregorius Mättig und seiner Zeit befassen. Zur Finanzierung hat die Stiftung verschiedene kulinarische Besonderheiten angeregt bzw. wiederbelebt, wie zum Beispiel das Mättig-Brot, das von mehreren Bautzener Bäckern hergestellt wird und von dessen Verkaufserlösen stets ein Teil an die Stiftung fließt. Und gelegentlich kann man Gregorius Mättig in Bautzen auch »persönlich« begegnen, wenn er beispielsweise anlässlich des Tages des offenen Denkmals im Gewand des Ratsherrn des 17. Jahrhunderts in der Stadt unterwegs ist.

Pönfall und Statusverlust

Im 16. Jahrhundert geriet auch der Bautzener Stadtrat in eine schwierige Lage. Der Habsburger Ferdinand I. war ein Gegner der Reformation, hatte deren Ausbreitung in den selbstbewussten Oberlausitzer Städten jedoch lange geduldet. Zur Mitte des 16. Jahrhunderts sah er allerdings eine Möglichkeit, seine königliche Macht durchzusetzen. Im Pönfall von 1547 ging er mit aller Härte gegen die Oberlausitzer Sechsstädte vor. Er beschuldigte sie des Hochverrats, weil sie ihn und seinen Bruder, den deutschen Kaiser Karl V., nicht mit ausreichender Truppenbeteiligung im Krieg gegen den protestantischen Schmalkaldischen Bund unterstützt hätten.

Die sechs Städte der Oberlausitz verloren daraufhin ihre jahrhundertealten Privilegien. Sie mussten allen Grundbesitz aufgeben und sämtliche Waffen sowie hohe Bargeldvorräte nach Prag abliefern. Auch die freie Ratswahl und andere Grundlagen der kommunalen Selbstverwaltung wurden ihnen genommen. Stattdessen setzten die Habsburger Verwalter ein. Von der Herrlichkeit freier Königsstädte, deren Vorrechte und Einflussmöglichkeiten denen der freien Reichsstädte vergleichbar waren, blieb kaum etwas übrig.

Für die stolzen Bautzener Patrizierfamilien, die über Generationen die Stadtregierung gestellt und mit diesen Ämtern ihr Selbstverständnis verknüpft hatten, war der Pönfall eine tiefe Demütigung. Es dauerte rund 20 Jahre, bevor Bautzen durch königliche Gnade wesentliche Teile seiner früheren Privilegien und Besitztümer wiedererlangte. Zu seiner einstigen politischen Macht und Größe fand es jedoch nicht mehr zurück. Dennoch stand die Stadt fortan loyal auf Seiten der Habsburger. Für König Rudolf II. errichtete der Rat 1593 sogar ein Denkmal am Reichenturm.

Bildungsstandort Bautzen

Zu den Wirkungen der lutherischen Reformation in Bautzen gehört es, dass die Stadt zu einem überregional bedeutenden Bildungsstandort wurde. Im Jahr 1527 gründete der Rat eine eigene Schule, das spätere städtische Gymnasium. In der Gründungsphase förderten die Wittenberger Reformatoren die Schule, allen voran Philipp Melanchthon, der ihr 1559 auch einen Besuch abstattete. Bürger und Adelige nicht nur aus der Oberlausitz, sondern auch aus Böhmen, Sachsen und Schlesien schickten ihre Söhne auf die Bautzener Schule. Aus ihr gingen namhafte Persönlichkeiten hervor – unter ihnen der Kirchenreformer und Mediziner Caspar Peucer, der Arzt, Ratsherr und Mäzen Gregorius Mättig oder der Astronom und Kunstsammler Hans von Gersdorff.

Dreißigjähriger Krieg und sächsisches Hoheitsgebiet

Hatte der Pönfall bereits den politischen Stolz der Kommune gebrochen, so gingen im Dreißigjährigen Krieg viele bauliche und künstlerische Meisterwerke verloren. Im Herbst 1620 eroberte der sächsische Kurfürst Johann Georg I. im Auftrag Kaiser Ferdinands II. die gesamte Oberlausitz. Die mehrtägigen Kämpfe zwischen den sächsischen Angreifern und den Truppen des sogenannten Winterkönigs Friedrich von der Pfalz, der Bautzen seinerzeit hielt, hinterließen schwere Schäden in der Stadt. Betroffen war etwa die Nikolaikirche, die seitdem in Trümmern liegt.

Gleichzeitig brachte der Herbst 1620 eine wichtige landespolitische Veränderung: Kaiser Ferdinand II. übergab die Oberlausitz als Pfand an den sächsischen Kurfürsten, nachdem sie rund drei Jahrhunderte ununterbrochen zum Königreich Böhmen gehört hatte. Mit dem Prager Friedensschluss von 1635 wurde das Pfand in ein dauerhaftes Lehen an den Kurfürsten umgewandelt. Seither gehört die Oberlausitz zu Sachsen und fiel nie wieder an die böhmischen Könige zurück. Im Friedensvertrag wurde außerdem festgeschrieben, dass der konfessionelle Status quo in der Oberlausitz bewahrt werden sollte. Die Koexistenz zweier Konfessionen in Bautzen wirkt daher bis heute fort.

Der Stadtbrand von 1634

Zum Schicksalstag im Drama des Dreißigjährigen Krieges wurde für Bautzen der 2. Mai 1634: Der kaiserliche Befehlshaber Maximilian von der Goltz ließ die Stadt vor dem Abzug seiner Truppen anzünden. Bei dem verheerenden Stadtbrand starben mehr als 700 Einwohner. Die Ortenburg, der Petridom, das Rathaus und zahlreiche weitere Großbauten sowie unzählige Bürgerhäuser fielen in Schutt und Asche. Zeitzeugen beklagten, dass das glanzvolle Bautzen aufgehört habe, zu existieren. Über zwei Jahrhunderte hinweg erinnerte die Stadt alljährlich am 2. Mai mit einem Gedenkgottesdienst in St. Petri an die Opfer. Außerdem ließ der Rat eine Ansicht der Stadt vor dem großen

Brand sowie ein Bild der Brandkatastrophe malen. Diese ältesten Darstellungen der Stadt stammen von dem böhmischen Maler Matthäus Crocinus und befinden sich heute im Bautzener Museum. Bürgerliche Stifter wie Gregorius Mättig versuchten, die Not der Stadtbevölkerung zu lindern. Auch aus anderen Städten erhielt Bautzen in dieser Zeit großzügige Unterstützung.

Wiederaufbau und barocker Glanz

Die Jahrzehnte nach dem Stadtbrand standen im Zeichen von langwierigen Wiederaufbauarbeiten. Bei Rathaus und Petridom dauerten sie bis in die 1660er Jahre. An der Ortenburg zogen sie sich sogar bis in die 1690er Jahren hin. Erst rund 100 Jahre nach dem schrecklichen Brand hatte die Stadt sich weitgehend erholt. Der überregionale Handel lebte wieder auf und Bautzen konnte an die alte wirtschaftliche Bedeutung anknüpfen. Zeugnisse dafür sind die prachtvollen barocken Bürgerhäuser in den Hauptstraßen. Kurzzeitig unterbrochen wurde diese Entwicklung nur in den Jahren 1709 und 1720 durch weitere Stadtbrände.

Auch in landespolitischer Hinsicht behauptete Bautzen seine Vorrangstellung. Die Stadt war Sitz des kurfürstlichen Oberamts, der zentralen Verwaltungsbehörde für die Region. Mit Stolz bezeichneten Chronisten Bautzen zu dieser Zeit als Hauptstadt der Oberlausitz. Wie sich das Stadtbild damals präsentierte, hat der Kupferstecher Johann George Schreiber, ein Schüler des hiesigen Gymnasiums, 1709 festgehalten.

Das katholische Kollegiatstift profitierte wiederum davon, dass der sächsische Kurfürst August der Starke im späten 17. Jahrhundert zum katholischen Glauben konvertierte. Unter seinem Sohn August III. wurde der Katholizismus schließlich zur Hauskonfession am Dresdener Hof. Die Bautzener Dekane gehörten zu den ranghöchsten katholischen Würdenträgern innerhalb des Kurfürstentums und wussten das Interesse der Landesherren geschickt zu nutzen. Ein Zeugnis dafür sind die prachtvollen barocken Ausstattungsstücke im katholischen Teil des Petridoms, allen voran der Hauptaltar sowie das Kruzifix, geschaffen vom berühmten Dresdener Barockbildhauer Balthasar Permoser.

In Bautzen waren seit Mitte des 17. Jahrhunderts wieder mehrere Maler- und Bildhauerwerkstätten ansässig. Ihre Werke sind heute in der Domschatzkammer St. Petri, im Bautzener Museum sowie in den Kirchen der Stadt, an Bürgerhäusern und auf dem Taucherfriedhof zu finden.

Wirtschaftlicher Aufschwung und Kriegszeiten

In der ersten Hälfte des 18. Jahrhunderts profitierte die Stadt vom enormen Aufschwung der Textilproduktion in der südlichen Oberlausitz. Bautzener Kaufleute handelten die Erzeugnisse der heimischen Weber in ganz Europa und vertrieben sie sogar nach Übersee. Während des Siebenjährigen Krieges gerieten ihre Geschäfte jedoch in eine Krise, als rivalisierende Kriegsparteien Handelsblockaden errichteten. Auch unter den Truppeneinquartierungen und Kriegsabgaben hatte die Stadt zu leiden. Zur Belastung wurden sie insbesondere nach der Schlacht von Hochkirch im Jahr 1758, die sich östlich vor den Toren abspielte und bei der der preußische König Friedrich II. beinahe von den Truppen der habsburgischen Kaiserin Maria Theresia geschlagen worden wäre.

Die zweite Hälfte des 18. Jahrhunderts verdient noch einmal die Bezeichnung als kulturelle Blütezeit: 1782 erschien die erste Bautzener Tageszeitung, 1796 wurde das erste Theater gegründet. Zur gleichen Zeit jedoch begann ein schleichender wirtschaftlicher Bedeutungsverlust. Der Tiefpunkt war während der Napoleonischen Kriege erreicht, als die Umgebung im Mai 1813 erneut zum Schlachtfeld wurde. Östlich von Bautzen trafen damals rund 250 000 Soldaten der französischen sowie der verbündeten russischen, österreichischen und preußischen Truppen aufeinander, und die Stadt musste als Lazarett für mehr als 10 000 Verwundete dienen.

Das wechselhafte 19. Jahrhundert

Nach dem Wiener Kongress 1814/15 ging ein Drittel der Oberlausitz von Sachsen an Preußen über. Der Sechsstädtebund verlor damit endgültig seine einstige Bedeutung. Das Gleiche galt für Bautzen als Hauptort der Region, wo auch die Stände mit der sächsischen Verfassung von 1831 traditionelle Vorrechte einbüßten. Die sächsische Städteordnung von 1832 beendete schließlich das alte Ratsregiment und entmachtete Bautzens städtische Selbstverwaltung.

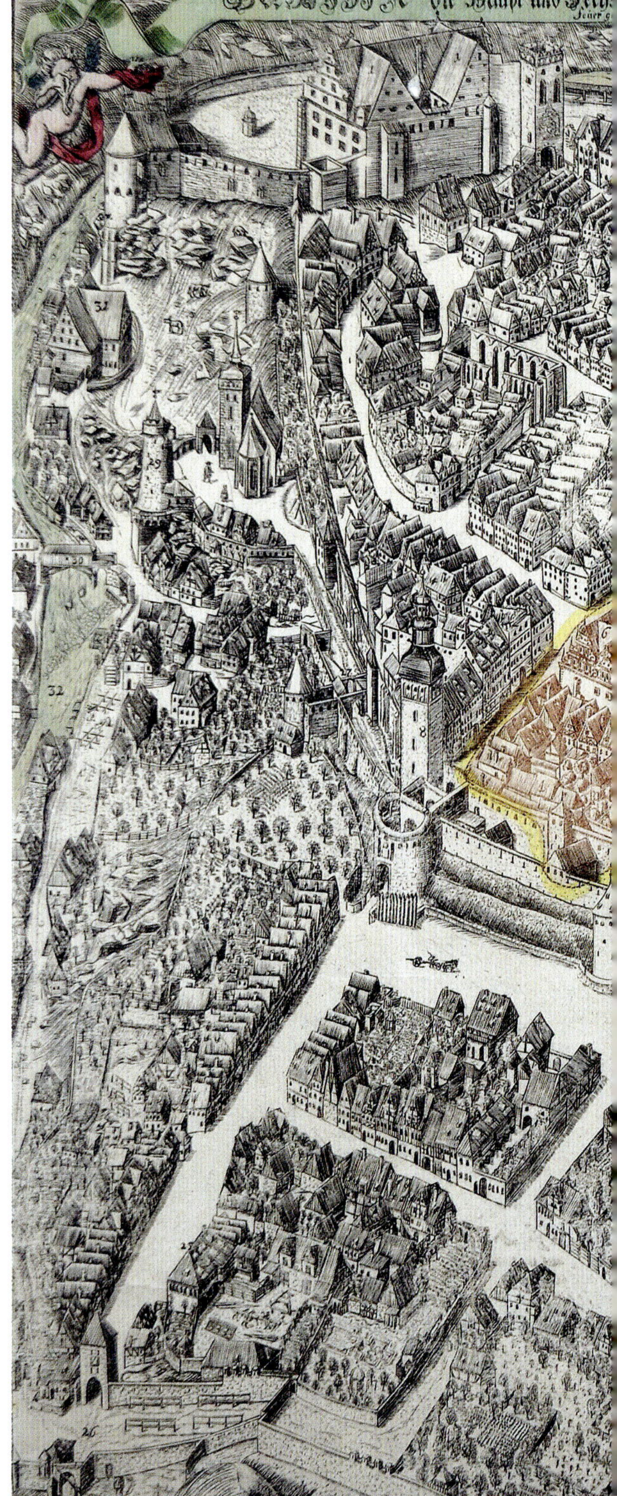

Johann George Schreiber,
Die Haupt- und Sechsstadt Budissin,
1709, Kupferstich
Rot markiert sind jene Teile der Stadt,
die beim Stadtbrand von 1709 in
Mitleidenschaft gezogen wurden.

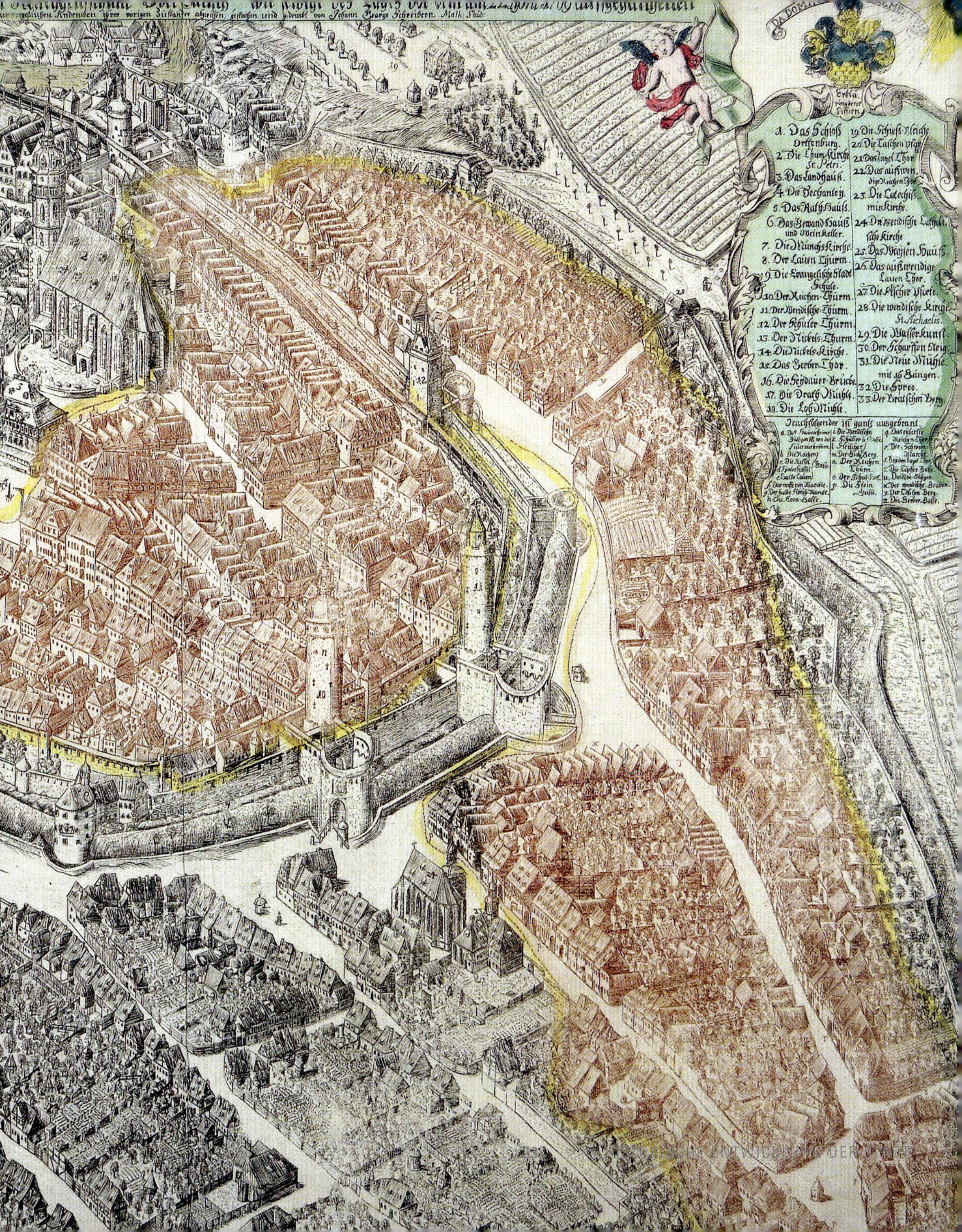
1. Das Schloss Ortenburg.
2. Die Thum-Kirche St. Petri.
3. Das Landhauß.
4. Die Dechaney.
5. Das Rath-Hauß.
6. Das Gewand Hauß und Weinkeller.
7. Die Münchs-Kirche.
8. Der Lauen Thurm.
9. Die Evangelische Stadt Schule.
10. Der Reichen-Thurm.
11. Der Wendische Thurm.
12. Der Schüler Thurm.
13. Der Nickels-Thurm.
14. Die Nickels-Kirche.
15. Das Gerber-Thor.
16. Die Seydauer-Brücke.
17. Die Drath-Mühle.
18. Die Loh-Mühle.
19. Die Schiess-Bleiche.
20. Die Taschen Pfort.
21. Das Ziegel Thor.
22. Das außwendige Reichen Thor.
23. Die Catechismus Kirche.
24. Die wendische Lutherische Kirche.
25. Das Waysen Hauß.
26. Das außwendige Lauen Thor.
27. Die Fischer Pforte.
28. Die wendische Kirche St. Michaelis.
29. Die Wasserkunst.
30. Der Scharffen Steig.
31. Die Neue Mühle mit 16 Gängen.
32. Die Spree.
33. Der Bratschen Berg.
Nachfolgender ist gantz ausgebrant.

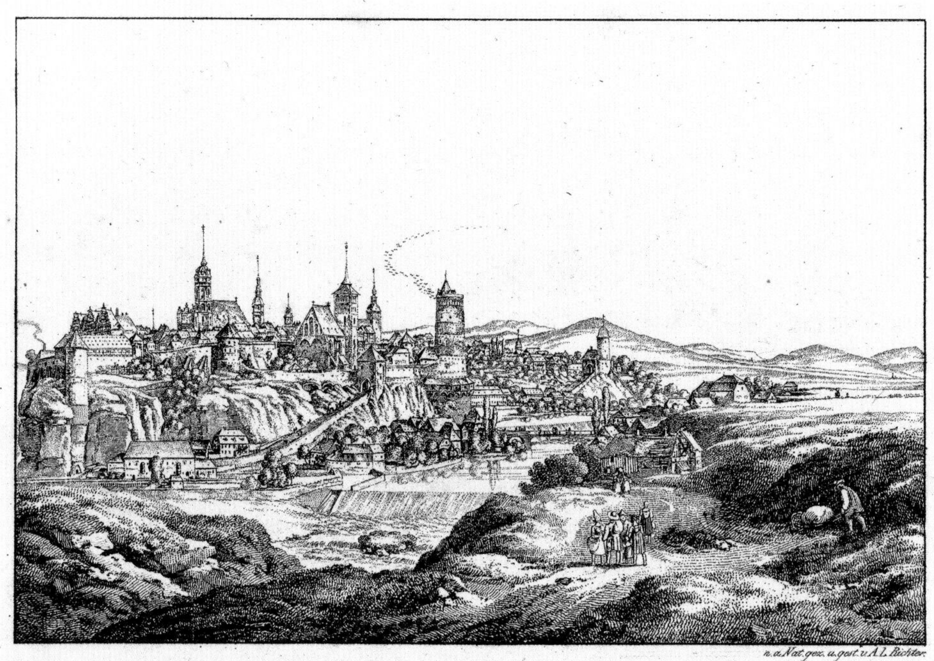

Adrian Ludwig Richter, Ansicht von Bautzen, um 1820, Radierung

Erst in den Gründerjahren nach der Mitte des 19. Jahrhunderts erlebte Bautzen wieder einen wirtschaftlichen Aufstieg. Eine wichtige Voraussetzung dafür bildete der Anschluss an das wachsende Eisenbahnnetz im Jahr 1846. Mühlen und Handwerksbetriebe entwickelten sich zu Fabriken. Dazu gehörten die Vereinigten Papierfabriken, der Kupferhammer oder die Maschinenbauwerkstatt Petzold und Centner, in deren Nachfolge bis heute in Bautzen Waggons gebaut werden.

Mit der wirtschaftlichen Modernisierung gingen einschneidende bauliche Veränderungen einher. Seit den 1830er Jahren wurden große Teile der spätmittelalterlichen Stadtmauern eingerissen, um neue Bauplätze zu schaffen. Darüber hinaus mussten die Stadtzugänge an das wachsende Verkehrsaufkommen angepasst werden.

Die Ansiedlung neuer Behörden und der Neubau mehrerer Schulen stärkten wiederum die Bedeutung Bautzens als regionaler Verwaltungs- und

Bildungsstandort. Aus der bürgerlichen Kultur der Gründerjahre gingen namhafte Persönlichkeiten hervor wie der Philosoph Rudolf Hermann Lotze, die Architekten Carl Adolph Canzler und Ernst Giese oder die Malerin Marianne Britze.

Bedeutend war Bautzen auch für die sorbische Nationalbewegung des 19. Jahrhunderts. Die Gründung der wissenschaftlichen Gesellschaft Maćica Serbska im Jahr 1847, angeregt von tschechischen und polnischen Vorbildern, markierte einen ersten Höhepunkt. Auch die 1912 gegründete Domowina, der Dachverband der sorbischen Vereine, hatte stets seinen Sitz in Bautzen.

Gleichzeitig entwickelte sich die Stadt zum wichtigen Standort des sächsischen Militärs. In der zweiten Hälfte des 19. und zu Beginn des 20. Jahrhunderts wurden mehrere große Kasernen in Bautzen errichtet. Bis 1904 entstand am nordöstlichen Stadtrand außerdem die Königlich Sächsische Strafanstalt, ein gelber Klinkerbau, der im Volksmund bald die Bezeichnung »Gelbes Elend« trug und noch heute als Justizvollzugsanstalt genutzt wird.

Rasantes Stadtwachstum und neue Bürger

Bautzens neuerlicher Aufschwung ging einher mit einer kontinuierlich wachsenden Bevölkerung. Vom Beginn des 15. Jahrhunderts bis zum Beginn des 19. Jahrhunderts blieb die Einwohnerzahl innerhalb der Stadtmauern mit rund 8 000 Bewohnern relativ konstant. Von da stieg sie stetig an und es wurden am Ende des 19. Jahrhunderts bereits rund 25 000 Einwohner gezählt. Der Magistrat reagierte mit dem Bau der heutigen Ostvorstadt, die auf ehemaligen Feldern neu angelegt wurde. Sie diente vorrangig als Wohnstandort für Beamte und Militärangehörige.

Seit den späten 1860er Jahren war es auch Juden wieder möglich, sich in Bautzen niederzulassen. Bis in die Zeit des Nationalsozialismus bildeten jüdische Geschäftsleute und Unternehmer einen wichtigen Teil der Stadtgemeinschaft. Antisemitischen Anfeindungen waren sie dennoch ausgesetzt. Im Jahr 1894 fanden sich die jüdischen Bürger der Stadt zu einer Gemeinde zusammen, die einen Gebetsraum in der Töpferstraße und den bis heute erhaltenen Friedhof an der Muskauer Straße besaß.

Politischer Bedeutungsverlust im 20. Jahrhundert

Durch die sächsischen Verwaltungsreformen des 19. und frühen 20. Jahrhunderts wurden verschiedene bis dato in Bautzen ansässige Institutionen nach Dresden verlegt. Zwar blieb Bautzen als Sitz einer Amtshauptmannschaft sowie von Justiz- und Militärbehörden noch bis in die 1930er Jahre ein bedeutender Ort innerhalb der Oberlausitz. An ihre alte Zentrumsfunktion konnte die Stadt jedoch nicht mehr anknüpfen. Aufgewertet wurde sie hingegen als kirchlicher Hauptort, als 1921 das katholische Bistum Dresden-Meißen wiedergegründet wurde. Der katholische Teil des Petridoms diente als Bistumskathedrale, bis der Bischofssitz 1980 nach Dresden verlegt wurde.

Seite 26/27
Luftbild von Bautzen, um 1925

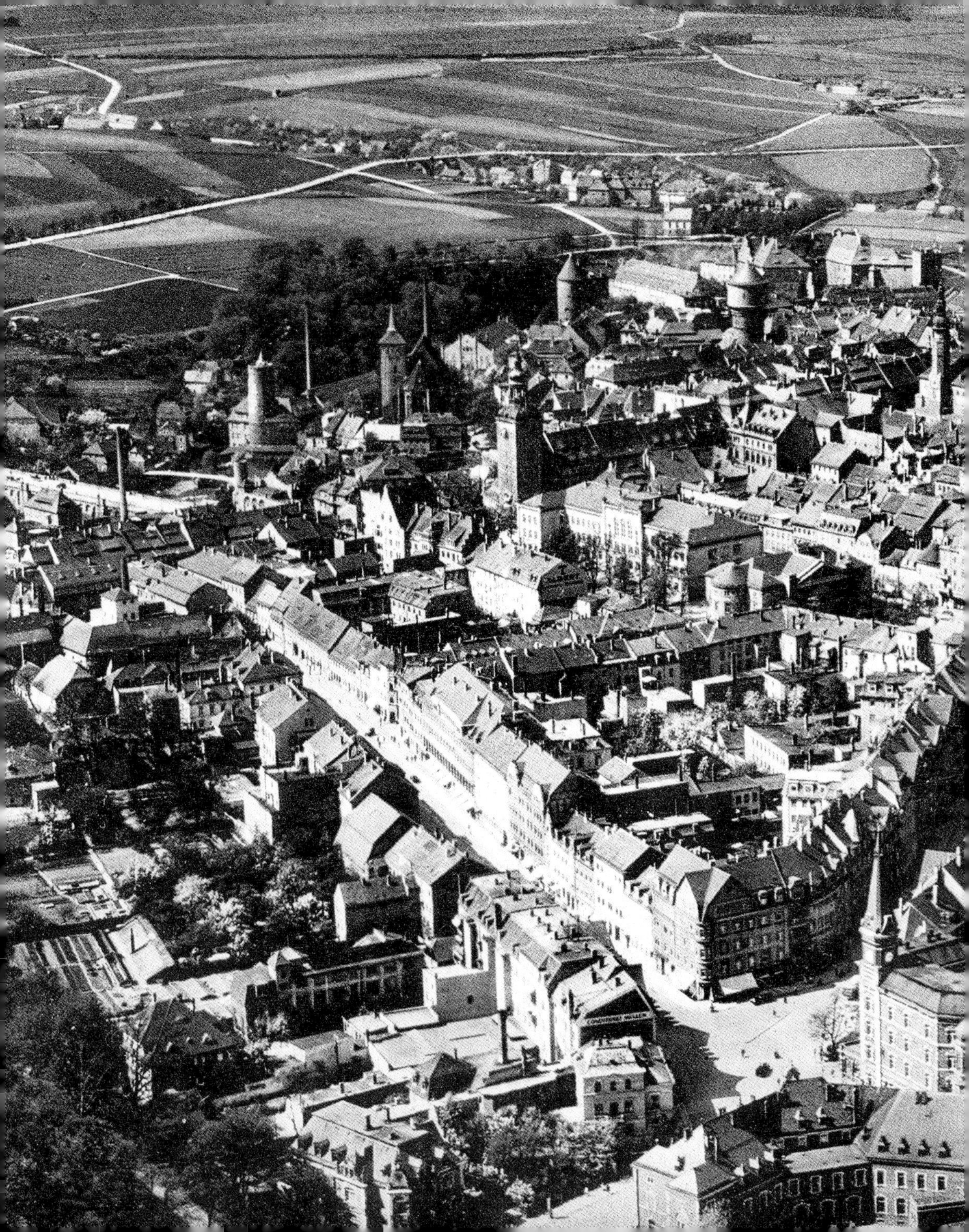

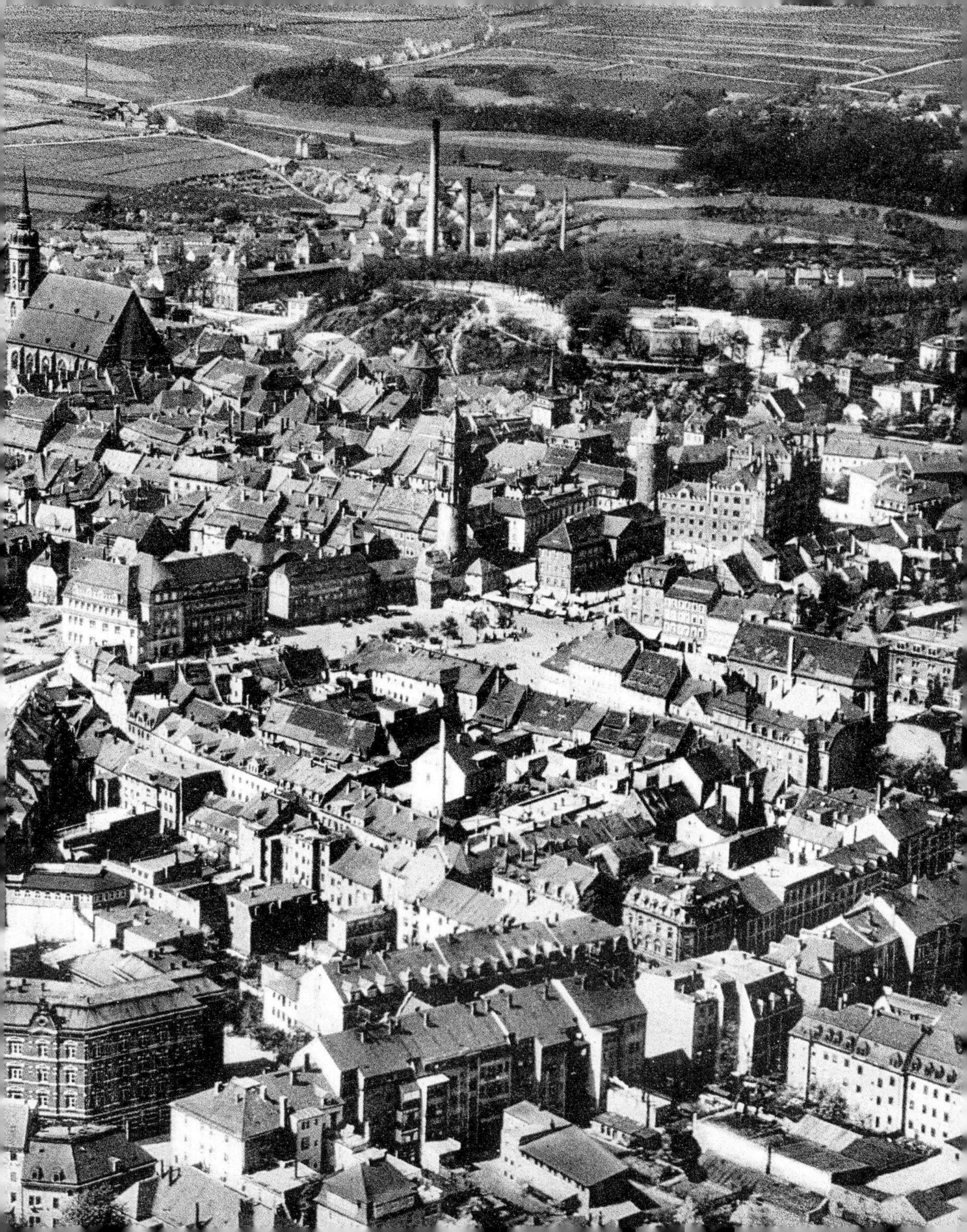

Bautzen zur Zeit des Nationalsozialismus

Während der Inflationszeit und der Weltwirtschaftskrise gingen mehrere große Bautzener Unternehmen bankrott, darunter auch der traditionsreiche Kupferhammer. In den ehemaligen Werksgebäuden richteten die Nationalsozialisten im März 1933 ein Konzentrationslager (KZ) zur Internierung politischer Gegner ein. 1937 wurden sämtliche sorbische Vereine verboten. Auch durften keine sorbischsprachigen Publikationen mehr erscheinen. Sorbische Lehrer wurden in andere Teile des Reiches zwangsversetzt.

Nach der »Reichspogromnacht« 1938 erfolgte die Schließung und Enteignung der letzten noch bestehenden jüdischen Geschäfte und Unternehmen. Gleichzeitig kam es zu Übergriffen auf Bautzens jüdische Bürger, die in Konzentrations- und Vernichtungslager deportiert wurden, sofern sie Deutschland nicht mehr rechtzeitig verlassen konnten.

Der Bau der Autobahn 4 von Dresden nach Breslau, die nördlich an der Stadt vorbeiführt, kam zu Beginn des Zweiten Weltkriegs bei Bautzen zum Erliegen. Bis in die 1990er Jahre endete diese wichtige Ost-West-Verbindung daher hier.

Während des Zweiten Weltkriegs entstanden in Bautzen zahlreiche Zwangsarbeiterlager. Zumeist befanden sie sich in der Nähe der großen Unternehmen, die nunmehr für die Rüstungsindustrie tätig waren. An der Waggonfabrik wurde 1944 ein Außenlager des schlesischen Konzentrationslagers Groß-Rosen eingerichtet, in dem mehr als 1000 Gefangene als Zwangsarbeiter untergebracht waren.

Die letzten Wochen des Krieges hinterließen in der Stadt eine Spur der Zerstörung. Ende April 1945 kam es zu heftigen Kämpfen zwischen deutschen und sowjetischen Truppen, nachdem die Wehrmacht Bautzen zur Festung erklärt hatte. Zweimal ging die Front über die Stadt hinweg. Danach war fast die Hälfte der Gebäude zerstört oder schwer beschädigt, darunter zahlreiche historische Baudenkmäler. Die deutschen Truppen hatten außerdem sämtliche Flussübergänge gesprengt. Die kommunale Infrastruktur kam zum Erliegen.

Wiederaufbau der Stadt

Nach Kriegsende gehörte Bautzen zur sowjetischen Besatzungszone und ab 1949 zur neu gegründeten Deutschen Demokratischen Republik. Die politischen Leitlinien der SED wurden in der Stadt vehement durchgesetzt. In den Nachkriegsjahren hatte zunächst der Wiederaufbau Priorität. Bis Mitte der 1950er Jahre konnten so die schwersten Kriegsschäden behoben werden. Historische Bauwerke wie der Petridom, die Ortenburg, die Alte Wasserkunst, die Michaeliskirche und der Lauenturm wurden wiederhergestellt. Auch die wichtigen Spreebrücken errichtete man neu. Die ehemalige Kronprinzenbrücke trägt seit ihrer Wiedereinweihung im Jahr 1949 den Namen Friedensbrücke. Bedeutsam sind auch die Wiederaufbauleistungen am Postplatz. Dort entstanden in der ersten Hälfte der 1950er Jahre das neue Hauptpostgebäude und das Haus der Sorben. In den späten 1960er Jahren gab es Pläne, die historischen Vorstädte abzureißen und mit Hochhäusern »sozialistisch« umzugestalten. Ausgeführt wurde lediglich ein Hochhaus am Kornmarkt (»Haus der Mode«), das Ende der 1990er Jahre wieder verschwand.

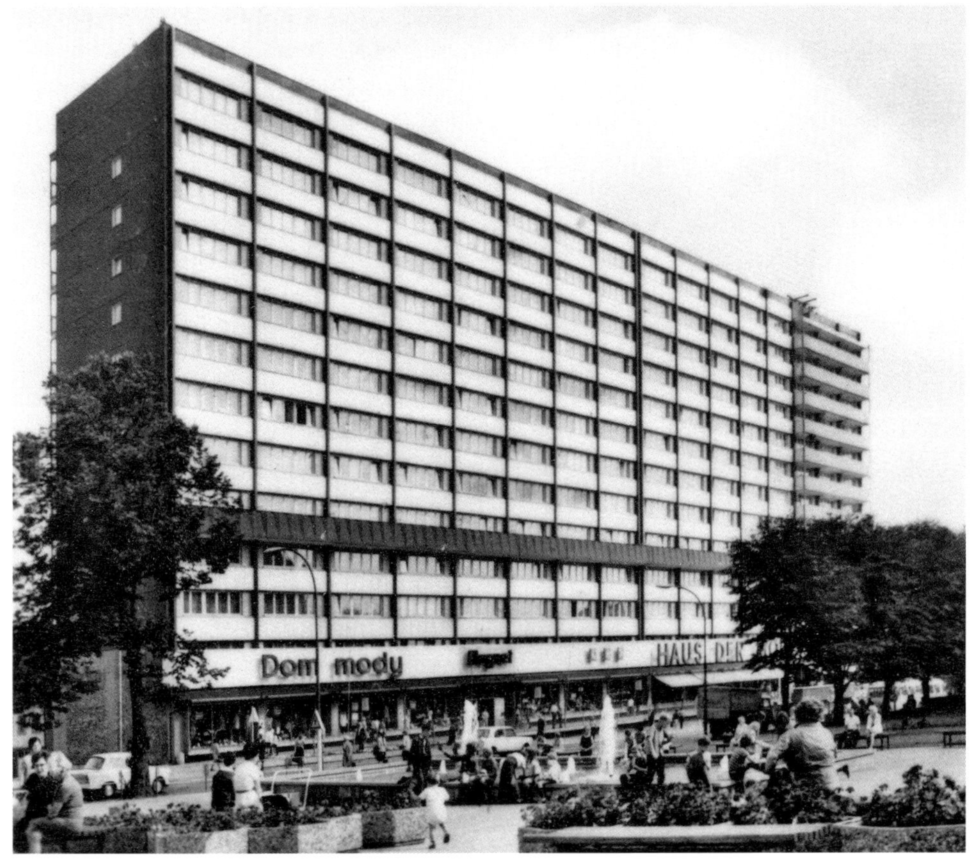

Der 13-stöckige Experimentalbau »Haus der Mode«, 1971 errichtet, 1999 abgerissen

Sorbische Kulturinstitutionen

Nachdem die sorbische Kultur in der Zeit des Nationalsozialismus rücksichtslos unterdrückt worden war, erlebte sie nach dem Ende des Zweiten Weltkriegs eine besondere Förderung. So konnte schon am 10. Mai 1945 die Domowina wieder gegründet werden, die 1937 verboten und aufgelöst worden war. Im Frühjahr 1948 beschloss der Sächsische Landtag das Gesetz zur Wahrung der Rechte der sorbischen Bevölkerung. In ihm wurde erstmals in der Geschichte des Volkes ein Anspruch auf die Wahrung der sorbischen Sprache und Kultur festgeschrieben.

Bautzen wurde seit den 1950er Jahren durch die Neugründung mehrerer Institutionen zum Zentrum der sorbischen Kultur ausgebaut. So entstanden das Sorbische Volkstheater (1963 mit dem Stadttheater zum Deutsch-Sorbischen Volkstheater fusioniert), das Sorbische National-Ensemble, das Sorbische Museum, das Sorbische Institut (bis 1990 der Berliner Akademie der Wissenschaften angegliedert), das Sorbische Institut für Lehrerbildung (1991 geschlossen), das Sorbische Trickfilmstudio der DEFA (1990 geschlossen), der Sorbische Rundfunk (seit 1992 Studio des Mitteldeutschen Rundfunks) und der Domowina-Verlag.

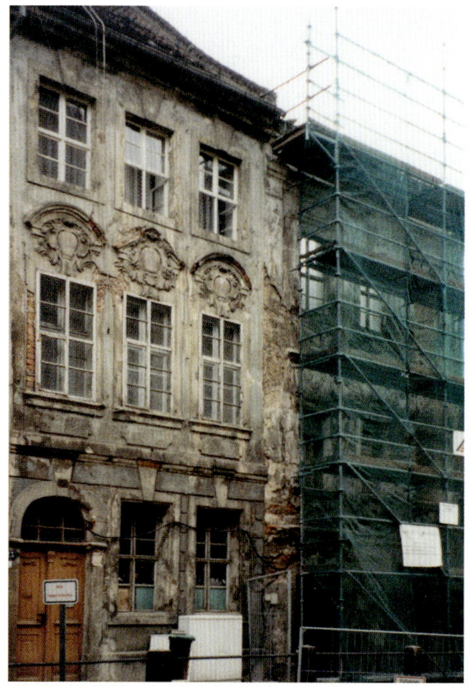

Ende der 1980er Jahre befanden sich weite Teile der Bautzener Altstadt in desolatem Zustand und wurden nach 1990 aufwendig saniert.

Bautzen in der DDR

Im Jahr 1956 richtete das Ministerium für Staatssicherheit in Bautzen eine Sonderhaftanstalt ein – den berüchtigten »Stasi-Knast« Bautzen II. Bis 1989 wurden hier vor allem politische Gefangene aus der ganzen DDR unter unmenschlichen Bedingungen inhaftiert, ab 1963 auch Frauen. Obwohl das Wachpersonal überwiegend aus Bautzen und Umgebung stammte, herrschte in der Stadt weitgehendes Schweigen über diese Haftanstalt.

In den Jahren der DDR wurden die Bautzener Unternehmen durchweg verstaatlicht. Die größten Industriebetriebe produzierten Fahrzeuge, Maschinen und Textilien, die vor allem in die Staaten des Ostblocks geliefert wurden. Ein Teil der Produktion ging allerdings auch in die damalige Bundesrepublik.

Zum Ende der 1970er Jahre wurde am nördlichen Stadtrand ein Plattenwerk errichtet, das Bauelemente der Wohnungsbauserie 70 produzierte. Mit diesen Standard-Elementen wurde zwischen 1979 und 1990 der neu angelegte Stadtteil Gesundbrunnen errichtet. Zum Ende der DDR lebten dort rund 15 000 Einwohner.

Parallel dazu nahm der Verfall der historischen Altstadt und der angrenzenden Vorstadtquartiere seit den 1970er Jahren dramatische Dimensionen an. Vor allem die Straßen zwischen Hauptmarkt und Ortenburg boten in den 1980er Jahren ein trostloses Bild. Kurz vor dem Mauerfall waren weite Teile der Altstadt bereits für den Abriss und eine Neubebauung mit Plattenbauten vorgesehen. »Rettet die Altstadt!« war daher ein Ruf auf den Montagsdemonstrationen, die ab Spätherbst 1989 durch die

Bautzener Straßen zogen. Die zweite große Sorge der Demonstranten, die sich in der Maria-Martha-Kirche und auf dem Hauptmarkt versammelten, galt den Bedingungen in der Haftanstalt Bautzen II. Auch auf Druck der Demonstranten wurden alle politischen Gefangenen im Dezember 1989 freigelassen.

Stadtentwicklung im wiedervereinigten Deutschland

Nach der Wiedervereinigung wurde Bautzen zu einem Förderschwerpunkt der Stadtsanierung in den fünf neuen Bundesländern. Durch staatliche Unterstützung und das Engagement zahlreicher privater Investoren war es möglich, die Altstadt innerhalb von rund 20 Jahren grundlegend zu sanieren. Heute ist die Bautzener Altstadt ein attraktiver Wohn- und Geschäftsstandort.

Nach 1990 kam es jedoch zunächst zur Schließung zahlreicher Industriebetriebe und einem immensen Bevölkerungsrückgang. Von den rund 52 000 Einwohnern im Jahr der friedlichen Revolution waren 25 Jahre später nur noch etwa 40 000 geblieben. Auch umfangreiche Eingemeindungen konnten diesen Trend nicht stoppen. Der Bevölkerungsanstieg, den die Stadt in der DDR infolge des Ausbaus als Industrie- und Verwaltungsstandort erlebt hatte, kehrte sich wieder um. Am deutlichsten bekam diesen Schwund der Stadtteil Gesundbrunnen zu spüren, dessen Einwohnerzahl sich während der 1990er Jahre halbierte. In den vergangenen Jahren ist der Bevölkerungsverlust jedoch zum Stillstand gekommen und die Einwohnerzahl Bautzens steigt wieder leicht an.

Heute ist Bautzen, gemessen an seiner Einwohnerzahl, die achtgrößte Kommune im Freistaat Sachsen und nach wie vor Sitz eines großen Landkreises, zu dem weite Teile der Oberlausitz gehören und in dem rund 330 000 Menschen zu Hause sind. Die Stadt profitiert aber auch von der Nähe zu Dresden: Viele Berufspendler leben in Bautzen und gehen in der Landeshauptstadt ihrer Arbeit nach. Bedeutende industrielle Arbeitgeber in Bautzen sind heute die Bombardier Transportation, die die Waggonbautradition der Stadt fortsetzt, die deutschlandweit mit dem Bau von Brücken und Schienenwegen befasste Hentschke Bau GmbH oder auch die DEBAG GmbH, die zu den wichtigsten deutschen Herstellern für Backöfen gehört.

Auf den Spuren der Stadtgeschichte

Die Kultur des Spazierengehens ist in Bautzen seit dem 18. Jahrhundert zu Hause. Mit ihrer reizvollen Lage an der Spree und ihren zahlreichen bedeutenden Baudenkmälern, Kunst- und Kulturschätzen, die von einer langen und abwechslungsreichen Historie zeugen, bietet sich die Stadt dafür besonders an. Zu den Spuren der Bautzener Geschichte führen daher mehrere Spaziergänge:

Die ersten vier Rundgänge laden zur Erkundung der Bautzener Altstadt ein, mit ihren zahlreichen Baudenkmälern des Mittelalters und der Neuzeit. Die fünfte Route führt entlang der äußeren Stadtmauer durch die Vorstädte, die von Bauten des 19. und 20. Jahrhunderts geprägt sind. Der sechste Spaziergang folgt einer Strecke, die bereits beim Bautzener Bürgertum des späten 18. Jahrhunderts beliebt war: An der Spree entlang führt der Weg von der Altstadt nach Süden, einschließlich herrlicher Aussichten und eines reizvollen Wechsels von Natur und Historie.

Hauptmarkt und Fleisch- markt

BÜRGERSTOLZ UND GOTTESFURCHT

Der Hauptmarkt und der Fleischmarkt bilden die historische Mitte Bautzens. Beide Plätze sind gesäumt von prachtvollen Bürgerhäusern aus der Barockzeit. Von der ereignisreichen Geschichte der Stadt zeugen unter anderem das Rathaus und der Petridom mit seiner wertvollen Ausstattung.

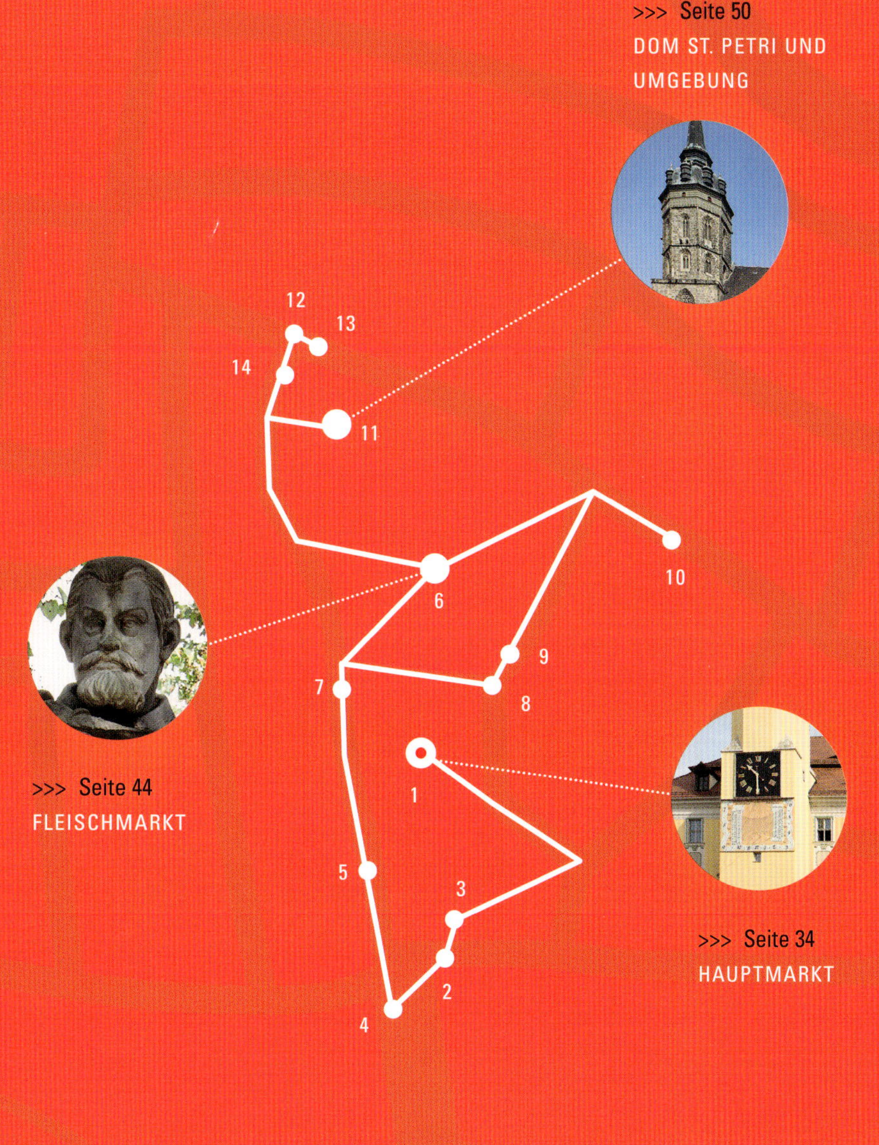
>>> Seite 50
DOM ST. PETRI UND UMGEBUNG
12
13
14
11
10
6
9
7
8
1
>>> Seite 44
FLEISCHMARKT
5
3
2
4
>>> Seite 34
HAUPTMARKT

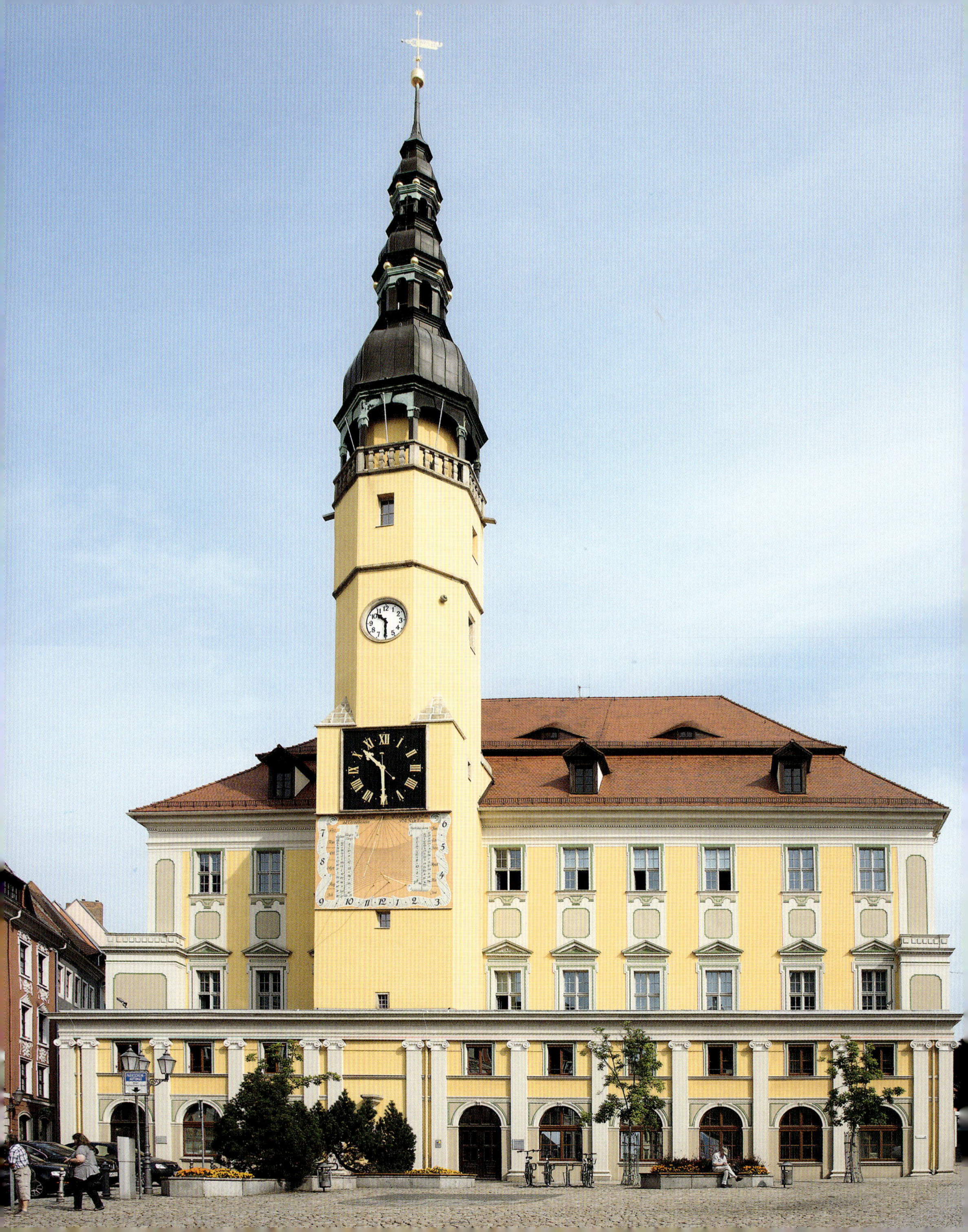

Hauptmarkt

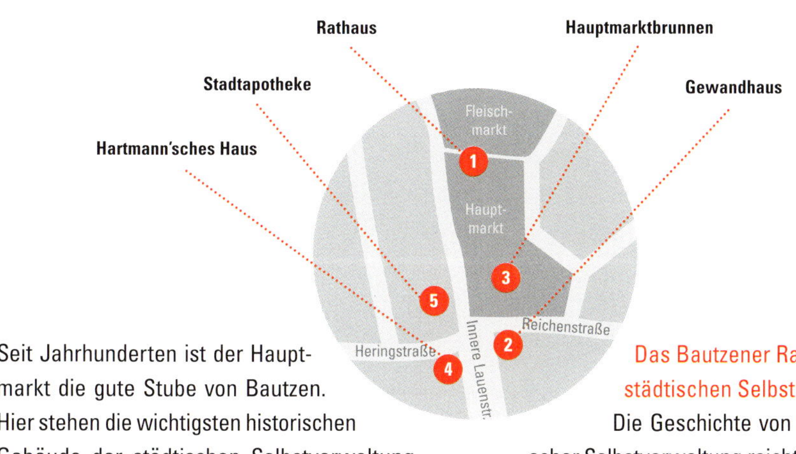

Seit Jahrhunderten ist der Hauptmarkt die gute Stube von Bautzen. Hier stehen die wichtigsten historischen Gebäude der städtischen Selbstverwaltung, und barocke Bürgerhäuser aus der Zeit der großen Kaufmannsdynastien bilden eine eindrucksvolle Kulisse.

Im Spätmittelalter und in der Frühen Neuzeit war der Platz das Zentrum des Handels und des öffentlichen Lebens. Hier befand sich auch der städtische Pranger, wo nicht nur kleinere Strafen gesühnt wurden: 1408 fand auf dem Hauptmarkt eine öffentliche Hinrichtung aufständischer Handwerker statt – vor den Augen des böhmischen Königs Wenzel IV. und seiner Gemahlin. In der jüngeren Geschichte formierten sich hier die Montagsdemonstrationen der friedlichen Revolution, die ab dem 6. November 1989 in Bautzen stattfanden.

Fassade des Rathauses zum Hauptmarkt

Das Bautzener Rathaus – Zeugnis städtischen Selbstbewusstseins

Die Geschichte von Bautzens städtischer Selbstverwaltung reicht zurück bis in die erste Hälfte des 13. Jahrhunderts. Aus dieser Zeit stammen auch die ältesten Teile des 1 **Rathauses**, das sich an der Nordseite des Hauptmarkts erhebt. Bereits um 1300 muss es eine Fassadenverzierung aus Backstein besessen haben, deren Reste 1990 bei Sanierungsarbeiten an der Westseite entdeckt wurden.

Seit seiner Entstehung diente das Rathaus auch als Handelsort für verschiedene Handwerke und Gewerbe. So besaßen auf der Hauptmarktseite seit den 1280er Jahren die Tuchscherer ihre Lager- und Verkaufsgewölbe. Darüber entstand Ende des 15. Jahrhunderts ein neues Geschoss für die Ratsstube, die Gerichtsstube und die Kanzlei.

Mit diesem Ausbau hatte das Rathaus im Wesentlichen seine heutige Größe erreicht. Seine Fassaden, die auf alten Stadtansichten noch zu sehen

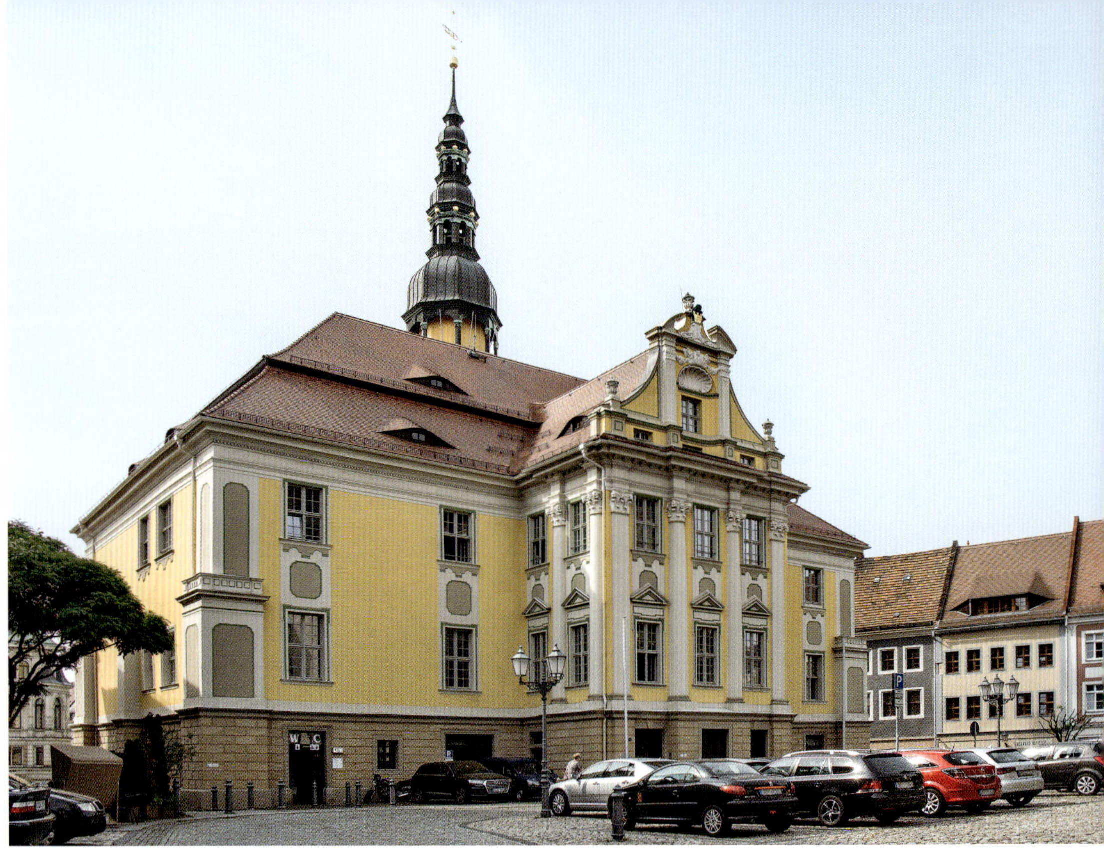

Fassade des Rathauses zum Fleischmarkt

sind, waren aufwendig gestaltet: Spätgotische Vorhangbogenfenster und hohe Maßwerkgiebel kündeten von der bedeutenden politischen und wirtschaftlichen Stellung Bautzens. Ein weithin sichtbares Symbol städtischen Selbstbewusstseins ist auch der **Rathausturm**, der in den Jahren 1489 bis 1493 auf der Hauptmarktseite entstand. Ursprünglich war er nur etwa halb so hoch wie heute. Er reichte bis zum steinernen Gesims, das rings um den Turm herumläuft, und beherbergte eine Uhr und die dazugehörigen Glocken. Aufgestockt wurde der Turm in den 1580er Jahren, da die Häuser um den Markt immer höher wurden und die Stundenglocke auch weiterhin über ihre Dächer hinweg in der ganzen Stadt zu hören sein sollte. Seinen barocken Abschluss mit zwei Laternen erhielt der Rathausturm schließlich 1707. Die Zifferblätter der mechanischen Turmuhr sowie die große Sonnenuhr stammen aus dem 18. und 19. Jahrhundert.

Die Stadtbrände von 1634 und 1709 sowie andere Katastrophen hinterließen auch am Rathaus ihre Spuren. Die Schäden des Dreißigjährigen Krieges konnten in den 1650er und 1670er Jahren unter dem Ratsmaurermeister Matthäus Pötzsch behoben werden. Aus dieser Zeit stammt auch die kunstfertige **Innenausstattung** der Ratsstube mit Stuckdekorationen und Holzvertäfelungen.

Auch die bis heute erhaltenen **Fassaden** stammen aus dem Barock und lassen die spätmittelalterliche Entstehung des Rathauses kaum mehr vermuten. Charakteristisch sind die senkrechten Fensterachsen und die Putzgliederungen der Außenwände. Auf der Hauptmarktseite baute man 1863 ein vorgelagertes Verkaufsgewölbe an, das seit Mitte des 20. Jahrhunderts auch für Verwaltungszwecke genutzt wird.

Der **Eingang** ins Rathaus liegt auf der dem Fleischmarkt zugewandten Seite. Im mittig hervortretenden Risalit befindet sich ein doppelläufiges Treppenhaus, das auf einen Entwurf des Dresdener Generalakzisbaudirektors Johann Christoph von Naumann aus dem Jahr 1729 zurückgeht. Der Treppenhausbau ist mit korinthischen Säulen gegliedert, die zwei Geschosse überspannen. Darüber thront ein geschwungener Giebel mit einer Muschelnische. Die imposante Gestaltung spiegelt die gehobenen Ansprüche der Bautzener Stadtregierung im Barock: Die Schäden des Dreißigjährigen Krieges waren überwunden, die Stadt betrieb überregionalen Handel und erlebte unter kursächsischer Herrschaft einen wirtschaftlichen Aufschwung.

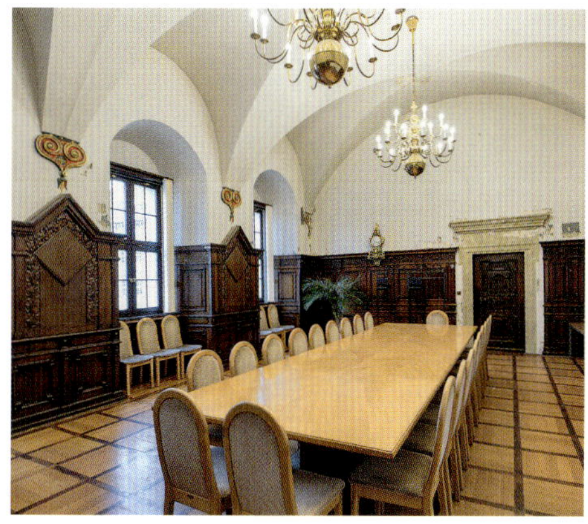

Ratsstube im ersten Obergeschoss des Rathauses (heute Ratssitzungssaal)

Bedeutende Bauten rings um den Hauptmarkt

Rechts neben dem Rathaus steht das sogenannte **Stadthaus** oder Syndikatshaus, in dem heute die Tourismus-Information untergebracht ist. Die klassizistische Fassade des Gebäudes lässt nicht vermuten, dass seine Geschichte bis ins 14. Jahrhundert zurückreicht. Hier fanden zeitweise die Zusammenkünfte des Oberlausitzer Sechsstädtebundes statt. Zu anderen Zeiten lebten und arbeiteten im Stadthaus hohe städtische Beamte. Im 19. Jahrhundert war zeitweise die städtische Sparkasse hier untergebracht, später beherbergte das Haus die Steuerverwaltung. Auch die Polizeiwache befand sich von 1732 bis 1893 an diesem Ort, worauf ein großes Rechteck im Pflaster direkt vor dem Stadthaus noch heute verweist.

Das Haus **Hauptmarkt 3** an der Ecke zur Kornstraße ist das ehemalige Wohnhaus des Bautzener

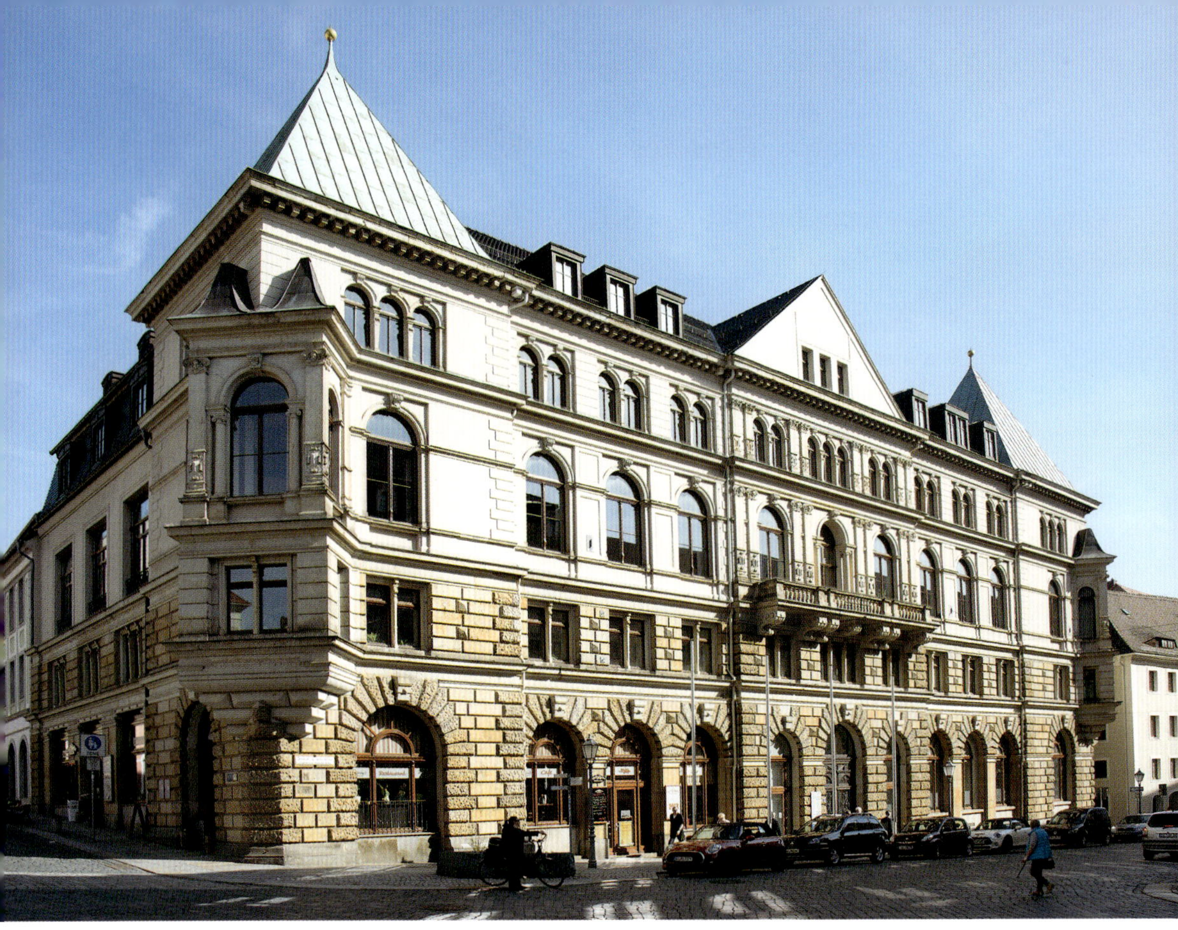

Fassade des Gewandhauses an der Inneren Lauenstraße

Arztes, Ratsherrn und Wohltäters Gregorius Mättig, der 1650 hier verstarb. Eine sandsteinerne Tafel an der Seitenfassade erinnert an ihn. Verwandt war Mättig mit dem ebenfalls aus Bautzen stammenden Kirchenreformer, Naturwissenschaftler und Schriftsteller Caspar Peucer, einem Schwiegersohn Philipp Melanchthons. Ein Denkmal für Peucer, das von dem Dresdener Bildhauer Klaus-Michael Stephan im Jahr 2002 geschaffen wurde, befindet sich in der Kornstraße.

An der Ostseite des Hauptmarkts steht am Übergang zur Kornstraße das sogenannte **Handtuchhaus**. Seinen Eigennamen erhielt es aufgrund der nur geringen Breite bei einer beachtlichen Höhe von fünf Geschossen. Die verhältnismäßig kleine Grundfläche entspricht einer spätmittelalterlichen Parzelle. Auch die steinernen Fenstereinfassungen weisen darauf hin, dass die Bausubstanz zum Teil noch aus der Zeit vor dem großen Stadtbrand von 1634 stammt. In den nachfolgenden Jahrhunderten wurde das Haus mehrfach aufgestockt. Der begehrte Baugrund um den Hauptmarkt wurde knapp. So war selbst ein kleines Grundstück in dieser Lage von großem Wert und wurde durch den Bau in die Höhe bestmöglich genutzt.

Auf der Südseite des Platzes erhebt sich das 2 **Gewandhaus**. Die Geschichte dieses stattlichen Eckhauses reicht bis in die 1470er Jahre zurück. Im Lauf der Zeit diente es unter anderem als Kaufhaus und städtischer Weinkeller. Hier befand sich auch die Ratswaage, in der sämtliche Waren, die in Bautzen hergestellt und gehandelt wurden, vom Waagemeister geprüft werden mussten.

In den Jahren 1882/83 entstand das Gewandhaus fast völlig neu. Die Gestaltung in Formen der Neorenaissance geht auf einen Entwurf des Architekten Ernst Giese zurück, der aus Bautzen stammte und in Düsseldorf und Dresden tätig war. An älterer Bausubstanz ist lediglich der spätgotische Schankraum des Weinkellers erhalten – das heutige Bürgerbüro, das sich im Erdgeschoss des Lauenstraßenflügels befindet. Das auf einer Mittelstütze ruhende Sterngewölbe des Raumes stammt noch aus der Zeit um 1470.

An der Fassade zur Inneren Lauenstraße ist die historistische Sandsteindekoration noch vorhanden. Die Hauptmarktfassade und das Dach des Gewandhauses wurden hingegen 1976 nach einem Brand vereinfacht wiederhergestellt. Leider vernichtete der Brand auch die historistische Innenausstattung des Ratssaals, darunter mehrere großformatige Gemälde zur Stadtgeschichte.

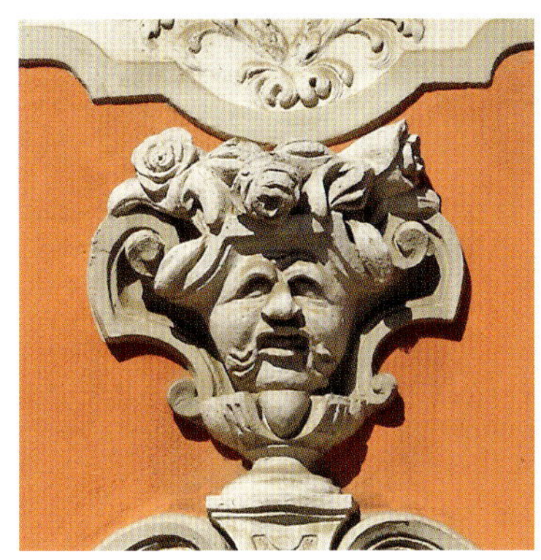

Detail der Fassadenverzierung des Hauses Hauptmarkt 8

Vor dem Gewandhaus steht der 3 **Hauptmarktbrunnen**, ein ehemaliges Reservoir der städtischen Wasserversorgung. Der sogenannte Röhrkasten wurde mit Wasser gespeist, das durch hölzerne Rohre von der Alten Wasserkunst hierher floss. Bereits im Spätmittelalter wurde ein Leitungsnetz angelegt, das das Wasser vom Hauptmarktbrunnen in die verschiedenen Stadtteile weiterleitete. In seiner heutigen Gestaltung ist der Brunnen eine Rekonstruktion aus dem Jahr 1985. Das alte Becken war 1855 abgerissen worden – man hatte in ihm ein Verkehrshindernis gesehen.

An der Brunnenwand schildern Reliefs des Dresdener Bildhauers Johannes Peschel Szenen aus der Stadtgeschichte. Auf einer Säule in der Beckenmitte steht die Sandsteinskulptur eines

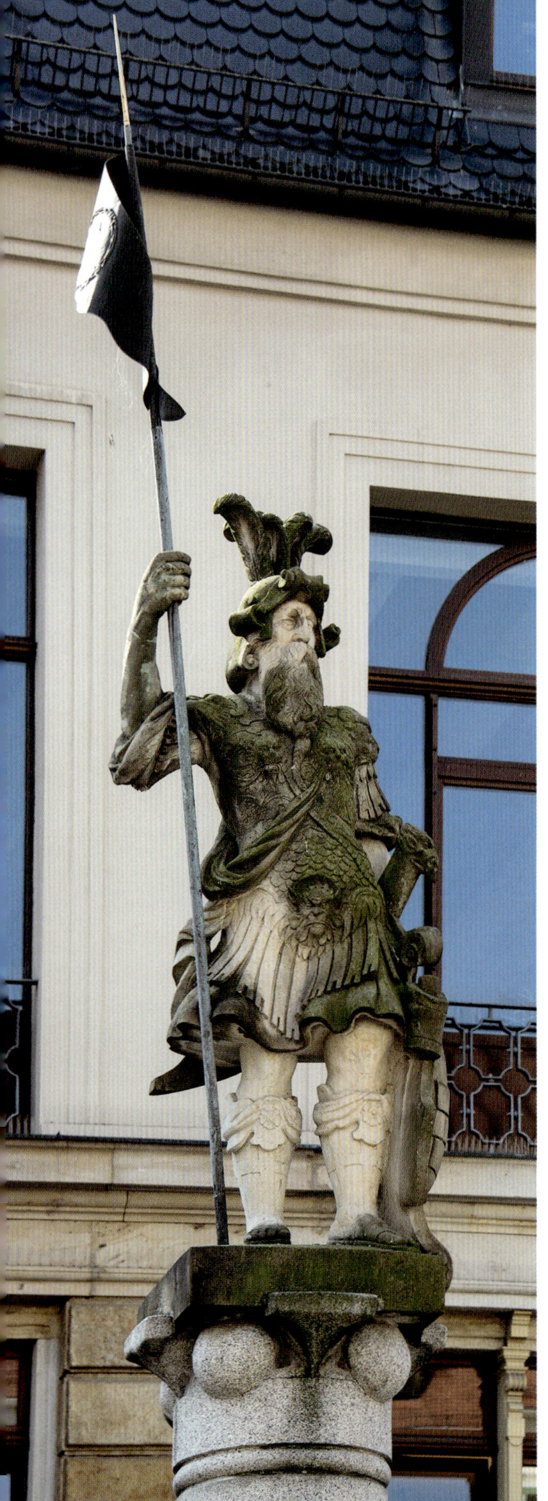

Herolds, die im Volksmund auch als Ritter Dutschmann bezeichnet wird. Geschaffen hat sie der Bildhauer Hans Walther (II) im Jahr 1576. Knapp 30 Jahre nach dem sogenannten Pönfall von 1547 und den anschließenden Strafmaßnahmen des Landesherrn symbolisierte die Skulptur das wiedergewonnene Selbstbewusstsein der Stadt. Das Original wurde in den 1980er Jahren durch eine Kopie ersetzt und befindet sich heute im Bautzener Museum.

An der Ecke von Innerer Lauenstraße und Heringstraße erhebt sich mit dem 4 **Hartmann'schen Haus** (Heringstraße 1) eines der vornehmsten barocken Bürgerhäuser Bautzens. Im Hof befindet sich ein Relief mit der Darstellung der Geburt Christi aus der ersten Hälfte des 16. Jahrhunderts, das offenbar von einem Vorgängerbau übernommen wurde. Den barocken Neubau ließ der vermögende Anwalt Johann Gottlob Pannach erst nach dem Stadtbrand von 1720 errichten. Er wurde innerhalb von vier Jahren fertiggestellt und orientiert sich an einem Typus von Kaufmannshäusern, die mit vier Flügeln einen rechteckigen Hof umschließen.

Die Hauptseite ist der Inneren Lauenstraße zugewandt. Am Hauptportal zeigen Sandsteinskulpturen die irdische und göttliche Wahrheit, um den Ein- und Ausgehenden ein tugendhaftes Beispiel zu geben. Die Obergeschosse des Hauses sind mit mächtigen Pilastern gegliedert. Im bekrönenden Dreiecksgiebel findet sich die Darstellung eines großen Segelschiffs umgeben von Putten mit

Hans Walther (II), Figur auf dem Hauptmarktbrunnen, 1576 (Kopie 1980er Jahre)

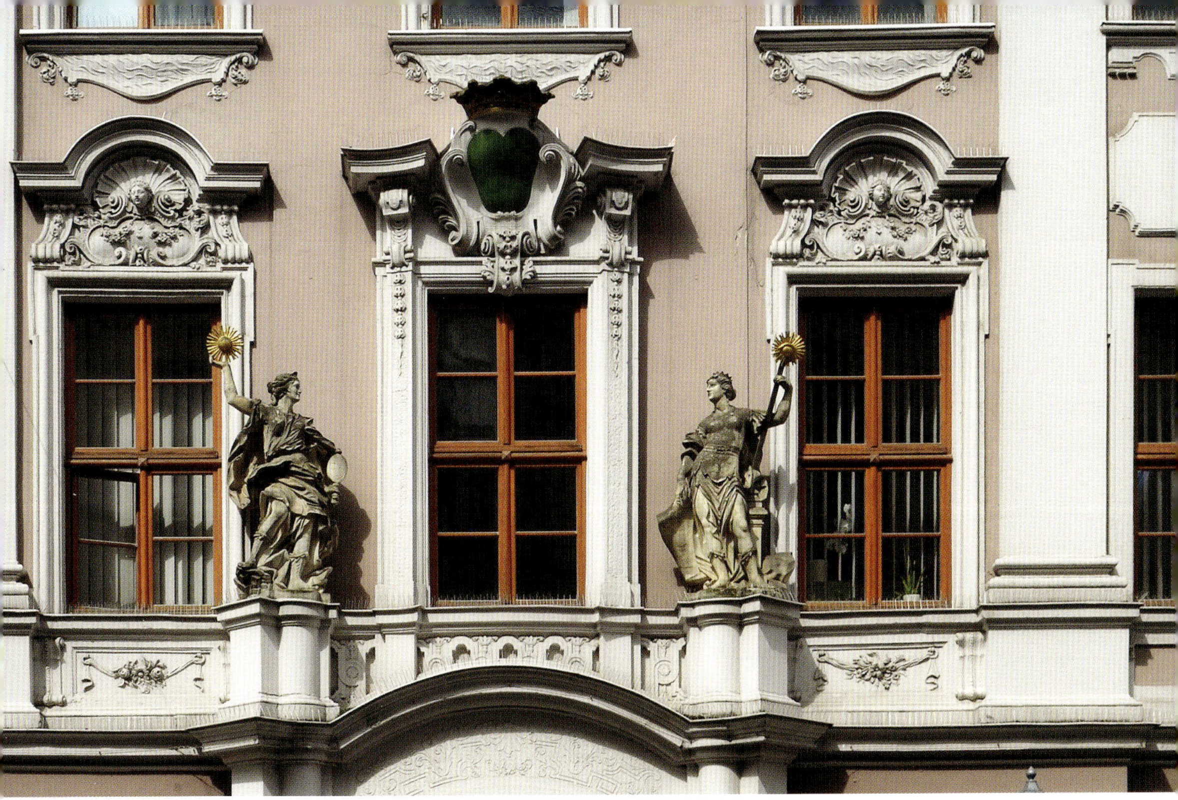

Sandsteinskulpturen der irdischen und göttlichen Wahrheit am Hartmann'schen Haus, nach 1720

Füllhörnern als Sinnbild des weltläufigen Kaufmanns. Ein Erker, der über alle drei Obergeschosse reicht, betont die Ecklage des Hauses. Von der prachtvollen Innenausstattung sind noch mehrere Stuckdecken erhalten. Aufgrund seiner außergewöhnlichen Größe heißt es, das Haus habe 365 Fenster, 52 Zimmer und 12 Schornsteine, was ihm auch den Beinamen »Jahreszeitenhaus« einbrachte.

Der repräsentative Bau diente auch als Herberge für hochrangige Gäste, darunter König Friedrich II. von Preußen (1745), Kaiser Napoleon I. (1807 und 1813), Zar Alexander I. von Russland (1813), die sächsischen Könige August I. (1823) und Anton (1827 und 1829) sowie Prinz Albert von Sachsen (1849).

Ein weiteres Beispiel barocker Baukunst ist das Wohn- und Geschäftshaus an der gegenüberliegenden Straßenecke. Das Gebäude **Hauptmarkt 8**, in dem heute ein Teil der Stadtverwaltung untergebracht ist, entstand erst nach dem Brand von 1720.

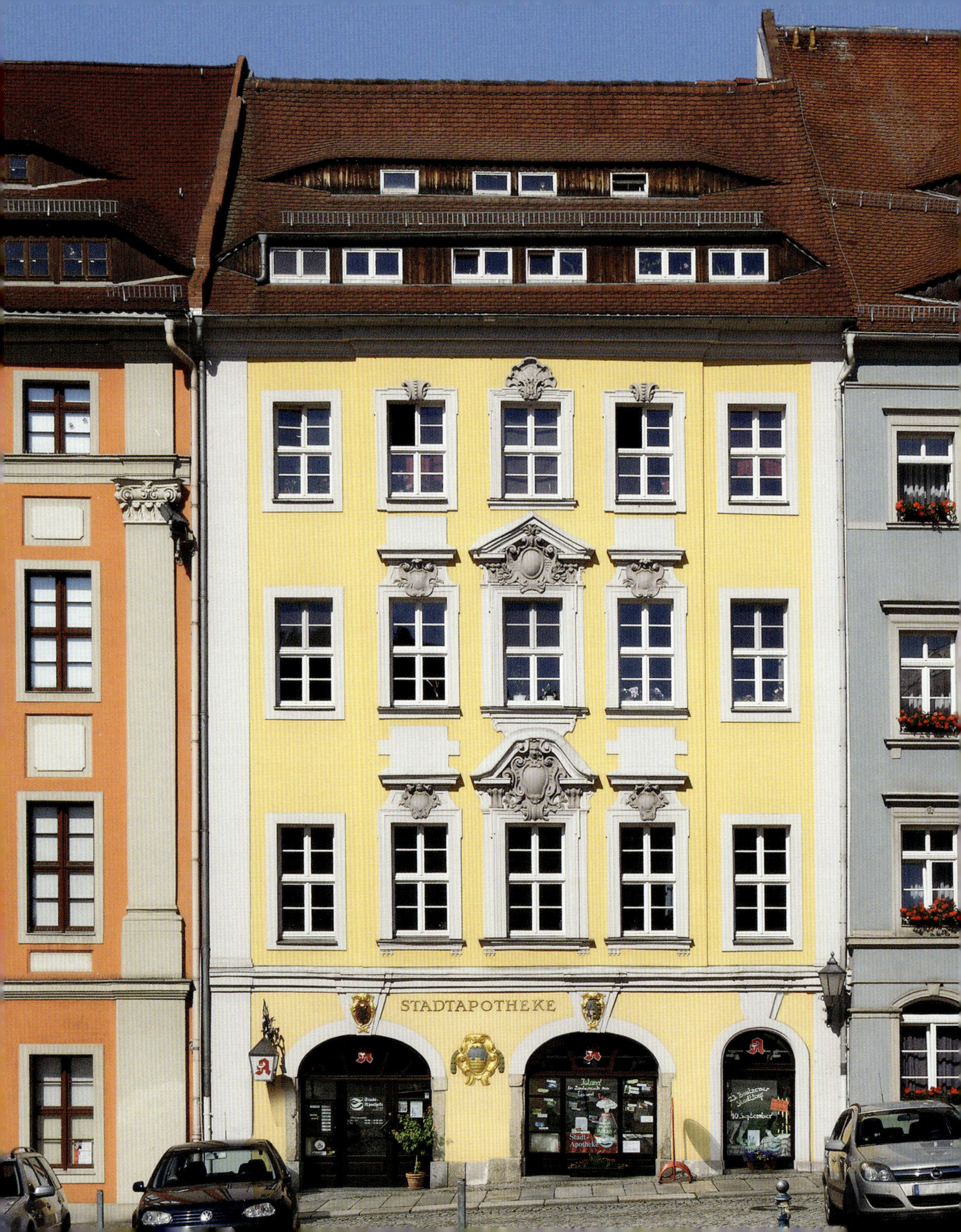
STADTAPOTHEKE

Sein Vorgängergebäude, das dem Stadtbrand zum Opfer gefallen war, hatte sich seit dem 16. Jahrhundert im Besitz verschiedener Bautzener Familien mit klangvollem Namen befunden, darunter die Krottenschmidts, Schönborns oder Mudrachs. 1577 hatte das Haus Kurfürst August I. von Sachsen beherbergt und 1623 Kurfürst Johann Georg I. als Quartier gedient. Die Schaufront zum Hauptmarkt ist dem benachbarten Hartmann'schen Haus verwandt. Im Eingangsbereich wurde in den 1990er Jahren eine bemalte Holzdecke eingebaut, die bereits im frühen 18. Jahrhundert gefertigt wurde und ursprünglich aus einem Haus am Burglehn stammt.

Rechts schließt sich die 5 **Stadtapotheke** (Hauptmarkt 6) an. Bereits seit den 1580er Jahren ist dieser Standort für sie urkundlich belegt. Früher unterstand die Apotheke der Aufsicht des Rates, woran das mittig an der Erdgeschossfassade angebrachte Stadtwappen erinnert. Außerdem erhielt sie Privilegien vom böhmischen König und dem sächsischen Kurfürsten, worauf wiederum die Wappen des Königreichs Böhmen sowie des Kurfürstentums Sachsen verweisen. 1911 wurde die Fassade in neobarocken Formen neu gestaltet, wobei man auch ältere Architekturteile mit einbezog.

Der angrenzende **Gasthof Goldener Adler** blickt auf eine ähnlich lange Geschichte zurück, selbst wenn seine gründerzeitliche Fassade dies nicht vermuten lässt. Bereits seit der Mitte des 16. Jahrhunderts befand sich ein Gast- und Brauhof an diesem Standort. Hier traf sich die Stadtgemeinschaft zu wichtigen Anlässen, u. a. beim jährlichen Festmahl der Schützengesellschaft. Zu den wechselnden Besitzern zählten bedeutende Bautzener Stadtpolitiker, Juristen und Mediziner, etwa der kursächsische Leibmedikus Dr. Johann Christian Vollhardt. 1929 erwarb der Biergroßhändler Carl Heinlein das traditionsreiche Haus, woran die erhaltene historische Werbung an der Fassade erinnert. Heute betreibt einer von Heinleins Nachkommen den Goldenen Adler.

Gegenüber der Seitenfassade des Rathauses bildet das Haus **Zum Goldenen Buch** den Abschluss der westlichen Häuserreihe am Hauptmarkt. Es entstand nach dem Stadtbrand von 1709. Für den Bau wurden zwei Bürgerhäuser aus dem 15. bzw. 16. Jahrhundert zusammengelegt, was an der Fassade noch abzulesen ist. An der Schauseite sind ältere Fenstereinfassungen sowie Stuckverzierungen erhalten. Seinen Namen trägt das Haus seit 1771, als ein vergoldetes Buch als Hauszeichen an der Fassade angebracht wurde.

Fassade der Stadtapotheke
am Hauptmarkt

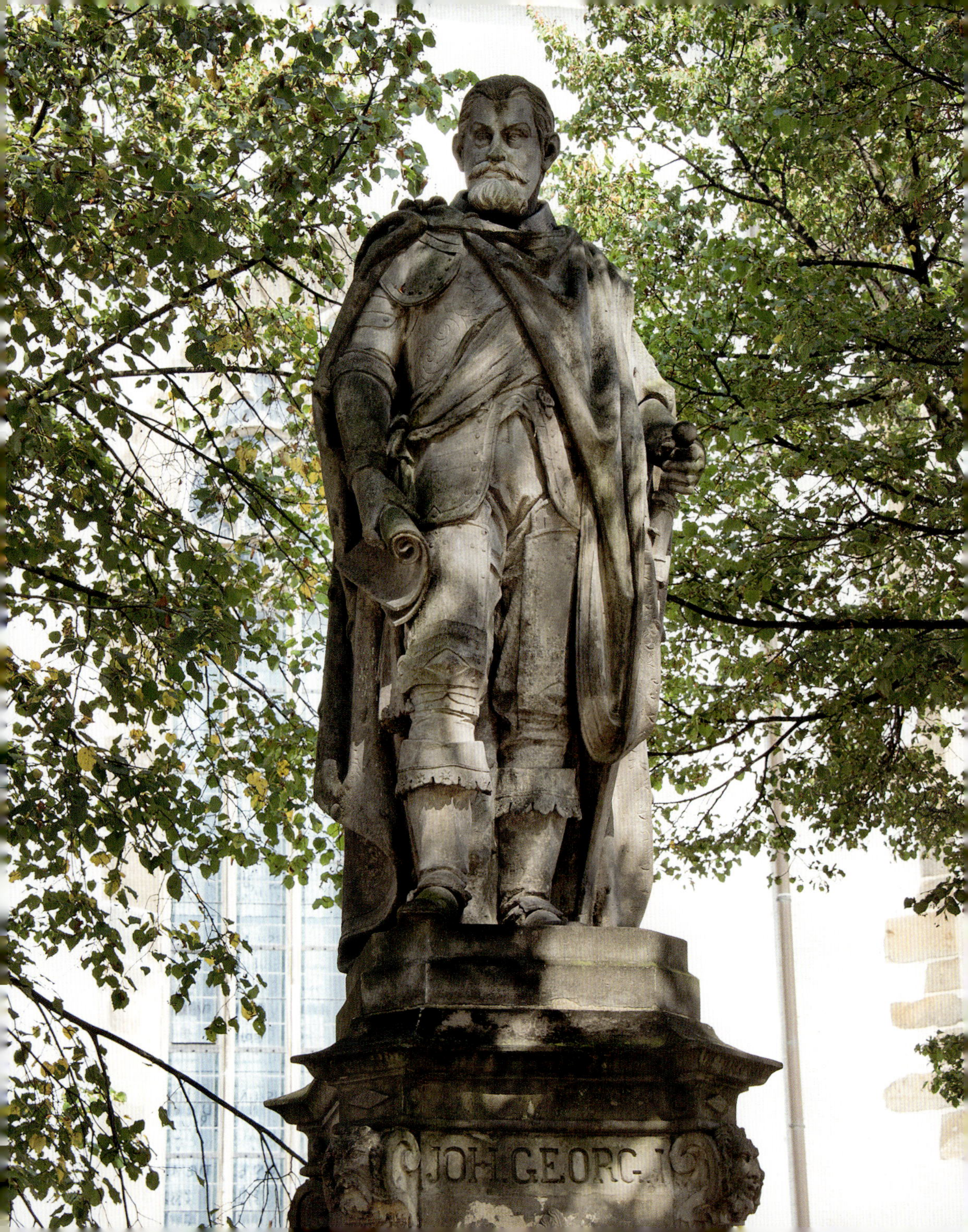
JOH. GEORG. I

Fleischmarkt

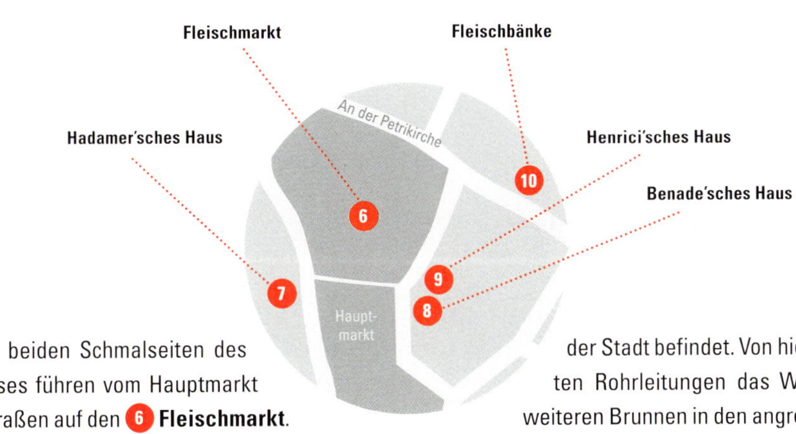

An den beiden Schmalseiten des Rathauses führen vom Hauptmarkt zwei Straßen auf den 6 **Fleischmarkt**. Der Platz entstand auf der Fläche des früheren Friedhofs von St. Petri, auf dem über Jahrhunderte Tote bestattet wurden, bis der Rat 1523 den Taucherfriedhof vor den Toren der Stadt anlegen ließ. Endgültig aufgehoben und eingeebnet wurde der Petri-Friedhof jedoch erst 1799. Das Areal außerhalb der Friedhofsmauer hatte bereits seit dem Spätmittelalter als Marktfläche der Bautzener Fleischer gedient, was dem Platz seinen Namen verlieh.

In der Platzmitte steht unter vier Linden ein weiterer Brunnen der frühneuzeitlichen Bautzener Wasserversorgung. Seit 1558 führte die Hauptleitung von der Alten Wasserkunst bis zu diesem Becken, das sich an der höchstgelegenen Stelle der Stadt befindet. Von hier verteilten Rohrleitungen das Wasser zu weiteren Brunnen in den angrenzenden Straßen. Inmitten des Wasserbeckens steht seit 1865 eine Sandsteinstatue des sächsischen Kurfürsten Johann Georg I. Geschaffen hat sie der Dresdener Bildhauer Wilhelm Schwenk, ein Schüler Ernst Rietschels. Der dargestellte Kurfürst hatte Bautzen 1620 eingenommen. Nach dem Beschluss des Prager Friedens von 1635 war er in den Besitz der gesamten Oberlausitz gelangt, die damit dauerhaft von Böhmen an Sachsen fiel.

Auch die Spuren des Wiederaufbaus nach dem Dreißigjährigen Krieg lassen sich am Fleischmarkt nachvollziehen. Nachdem Bautzen in Schutt und Asche gelegt worden war, dauerte es fast ein Jahrhundert, bis die Stadt sich erholte. Betroffen war auch das 7 **Hadamer'sche Haus** an der Straße, die westlich vom Hauptmarkt heraufführt (Nr. 3). In den Jahren 1653 bis 1657, unmittelbar im Anschluss an den Dreißigjährigen Krieg, befand

Denkmal des sächsischen Kurfürsten Johann Georg I. auf dem Fleischmarktbrunnen, geschaffen 1865 von Wilhelm Schwenk

Immer den richtigen Senf dazugeben

EINE BAUTZ'NER TRADITION

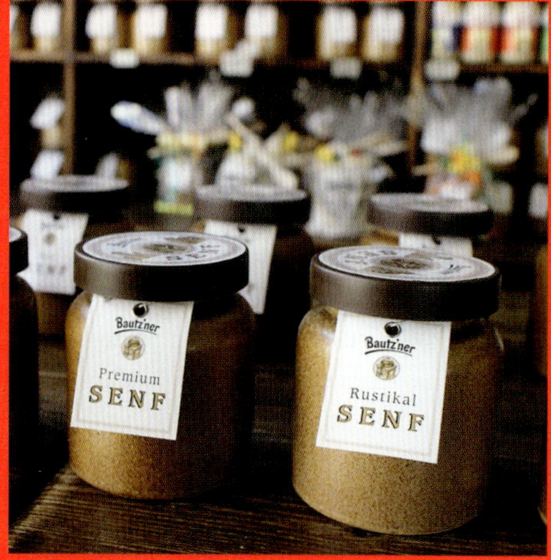

Der Bautz'ner Senfladen am Fleischmarkt 5 beherbergt eine Manufaktur und ein Senfmuseum.

Überregional bekannt ist Bautzen nicht nur für seine reizvolle Altstadt, sondern auch für ein hier hergestelltes, traditionsreiches Lebensmittel: den Bautz'ner Senf. Seine Wurzeln reichen bis in die 1860er Jahre zurück. Seit den 1930er Jahren produzierte die Firma Britze & Söhne in der Äußeren Lauenstraße den Bautz'ner Senf neben Essig, Gemüsekonserven und Fruchtweinen. Dass die Tochter des Firmeninhabers, Marianne Britze, nicht in das Geschäft einstieg, sondern zu einer deutschlandweit bekannten Malerin des Expressionismus wurde, gibt der Geschichte des Familienbetriebs eine besondere Note. Die ehemalige Villa der Britzes an der Bahnhofstraße beherbergt heute das Sorbische Institut, die wichtigste wissenschaftliche Einrichtung zur sorbischen Sprach- und Kulturforschung. Übrigens heißt Senf auf sorbisch žonop. Nach Ende des Zweiten Weltkriegs wurde Britze & Söhne wie viele andere Unternehmen in der sowjetischen Besatzungszone und späteren DDR enteignet und verstaatlicht. Es firmierte nunmehr als VEB Essig- und Senffabrik Bautzen, ab 1972 schließlich als VEB Lebensmittelbetrieb Bautzen und nutzte weiterhin die angestammten Geschäftsräume in der Äußeren Lauenstraße.

Bereits in der ehemaligen DDR war Bautz'ner Senf weit verbreitet. Nach der friedlichen Revolution gelangte das Unternehmen zunächst in die Verwaltung der Treuhandanstalt. Zum Glück hielten die ostdeutschen Kunden dem Bautz'ner Senf in dieser schwierigen Zeit die Treue, sodass das Unternehmen für Investoren attraktiv war: 1992 kaufte die Münchener Develey Holding das Bautzener Werk und errichtete im Vorort Kleinwelka einen völlig neuen Produktionsstandort. Überlegungen, die Senfrezeptur zu verändern, wurden schnell wieder fallen gelassen, da das althergebrachte Rezept viel zu erfolgreich war.

Heute gehören wie schon in den 1930er Jahren auch Essig und Konserven zur Produktpalette. Das Hauptgeschäft ist und bleibt aber der Senf und diesen gibt es in den klassischen Sorten scharf, mittelscharf und pikant-süß sowie in zahlreichen fruchtig-würzigen Geschmackskompositionen. Inzwischen liegt der Marktanteil von Bautz'ner Senf in Deutschland bei rund 25 Prozent, in Ostdeutschland sogar bei 70 Prozent. Die verarbeitete Senfsaat kommt derzeit noch aus verschiedenen europäischen Ländern sowie aus Kanada. Das Unternehmen strebt jedoch mittelfristig an, dass der Senfanbau in Gänze in der Region erfolgen soll. An die Geschichte des Bautz'ner Senfs erinnert seit 2008 im Haus Fleischmarkt 9 ein kleines Senfmuseum, in dem man auch die große Vielfalt der Senfsorten probieren kann.

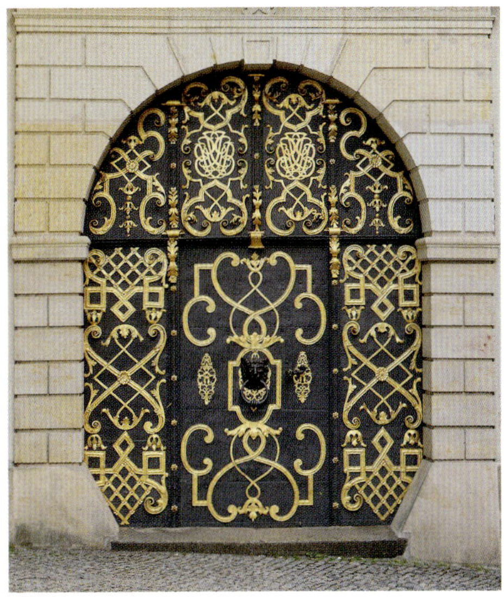

Portal des Benade'schen Hauses
auf dem Fleischmarkt (Nr. 6), 1670

sich das Haus im Besitz des bedeutenden Bautzener Stadtsyndikus Andreas Ulrich Hadamer. Er ließ das Gebäude in seiner heutigen Form wiederherstellen. Das vergoldete Hauszeichen aus einem Anker und einem verschlungenen Buchstaben B, das unter dem mittleren Fenster des ersten Obergeschosses angebracht ist, deutet jedoch auf den Kaufmann Wilhelm Paul Beyer, der das Haus zu Beginn des 19. Jahrhunderts besaß. Im Nachbarhaus hat seit einigen Jahren die Bautz'ner Senfstube ihren Standort, wo man nicht nur vielfältige Sorten probieren, sondern auch etwas über die Geschichte des Bautz'ner Senfs erfahren kann.

Auf der gegenüberliegenden Platzseite erhebt sich das 8 **Benade'sche Haus** (Nr. 6) – ein

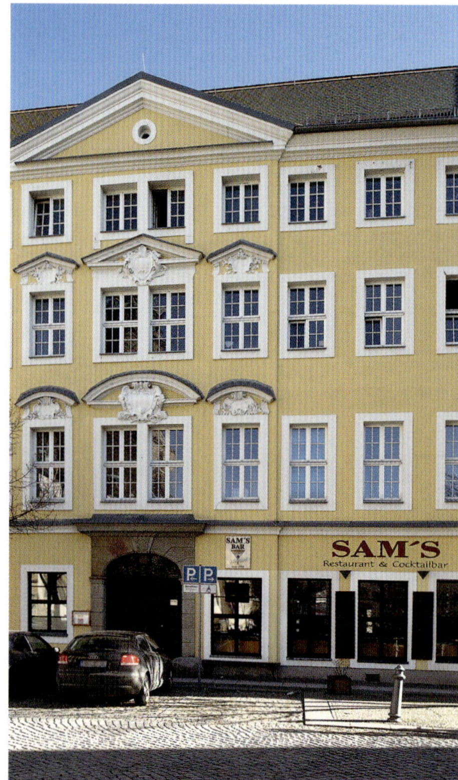

Henrici'sches Haus auf dem Fleischmarkt (Nr. 4), errichtet in den 1720er Jahren

weiteres Bürgerhaus aus der zweiten Hälfte des 17. Jahrhunderts. Erster Eigentümer war der Ratskämmerer und Kaufmann Hans Benade. Der einzige Schmuck der schlichten Fassade ist das Tor aus Sandsteinquadern mit einem Dreiecksgiebel. An ihm befindet sich eine Kartusche, die das Baujahr 1670 angibt. Außerdem sind Monogramm und Hauszeichen des Bauherrn Hans Benade zu erkennen. Einen genaueren Blick verdienen auch die eisenbeschlagenen Türblätter mit vergoldetem Bandelwerk, die vermutlich aus den 1720er Jahren stammen. Die Spiegelmonogramme im oberen Teil der Türen lassen sich zu J G B auflösen. Sie verweisen auf Johann Georg Benade, den Sohn des Erbauers dieses stattlichen Kaufmannshauses.

Links schließt sich das prachtvolle 9 **Henrici'sche Haus** an (Nr. 4), das sich über Generationen im Besitz der Kaufmannsfamilie Henrici befand, die mehrere Ratsmitglieder hervorbrachte. Dem imposanten Neubau mussten in den 1720er Jahren mehrere ältere Bürgerhäuser weichen. Im Inneren des Hauses sind noch ursprüngliche Stuckdekorationen erhalten. Wegen seiner prächtigen Außen- und Innengestaltung diente das Haus am 17. und 18. Mai 1769 als Quartier für den sächsischen Kurfürsten und späteren König Friedrich August III., der sich auf seiner Huldigungsreise in der Oberlausitz befand. Als eines der ersten Bürgerhäuser in der Bautzener Altstadt wurde das Henrici'sche Haus mit dem angrenzenden Innenhof in den 1970er Jahren modellhaft saniert – ein hoffnungsvoller Ansatz, der in der Zeit der DDR aber leider nicht fortgesetzt wurde.

Die Häuserreihen auf der West- und Nordseite des Fleischmarkts, die zum Ende des Zweiten Weltkriegs größtenteils zerstört wurden, konnten erst in den Jahren 1989 bis 1993 wieder geschlossen werden. Hier finden sich **Neubauten**, die sich an die historische Umgebung anpassen.

An der Straße, die im Nordwesten vom Fleischmarkt abzweigt, liegt das ehemalige Gebäude der 10 **Fleischbänke**. In ihm boten die Bautzener Flei-

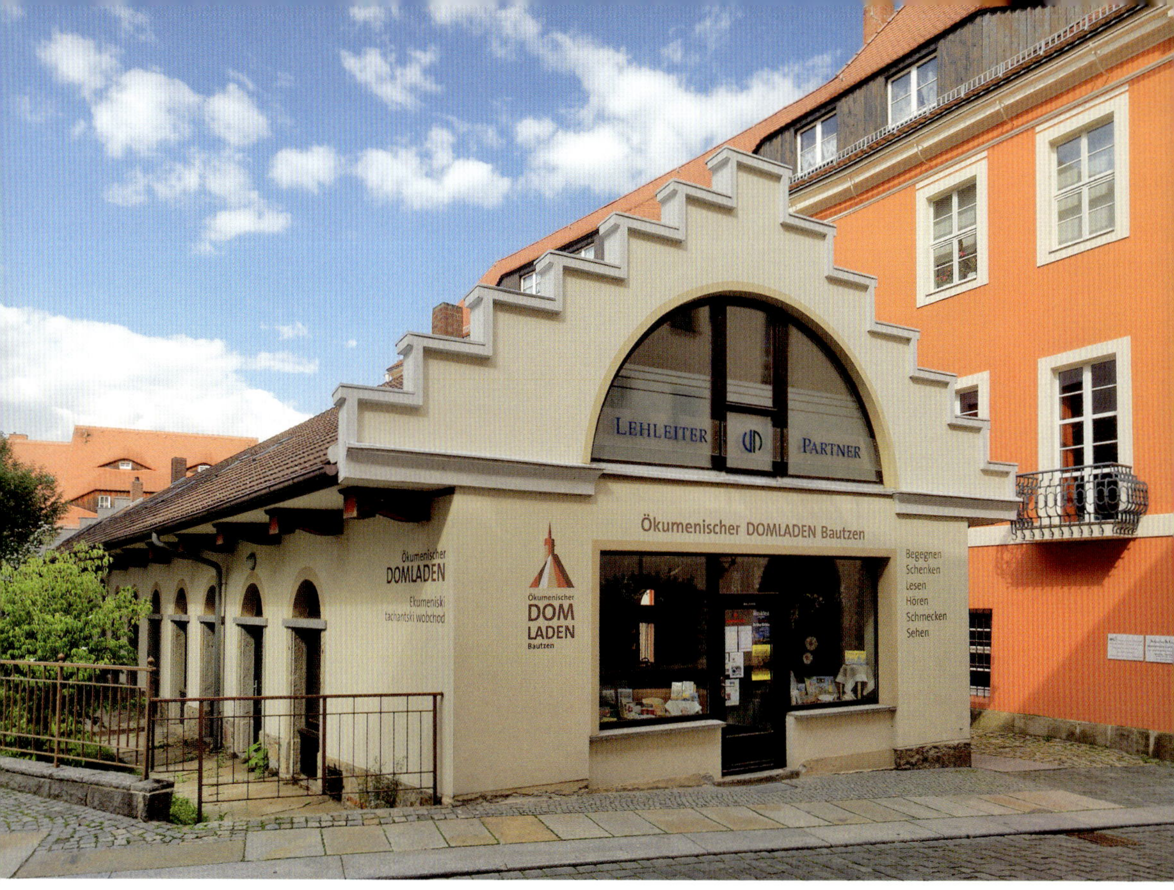

Ehemaliges Gebäude der Fleischbänke,
heute Standort der Dombuchhandlung St. Petri

scher bis in die zweite Hälfte des 19. Jahrhunderts ihre Waren feil. Zu diesem Zweck gab es auf den beiden Langseiten Verkaufsstände, die ihnen von der Zunft zugewiesen wurden. Die Konzentration des Verkaufs auf einen zentralen Ort diente nicht nur der besseren Preiskontrolle, sondern auch zur Überwachung der strengen Hygienevorschriften, die der Bautzener Rat erlassen hatte. Heute befindet sich in dem Gebäude die ökumenische Dombuchhandlung St. Petri.

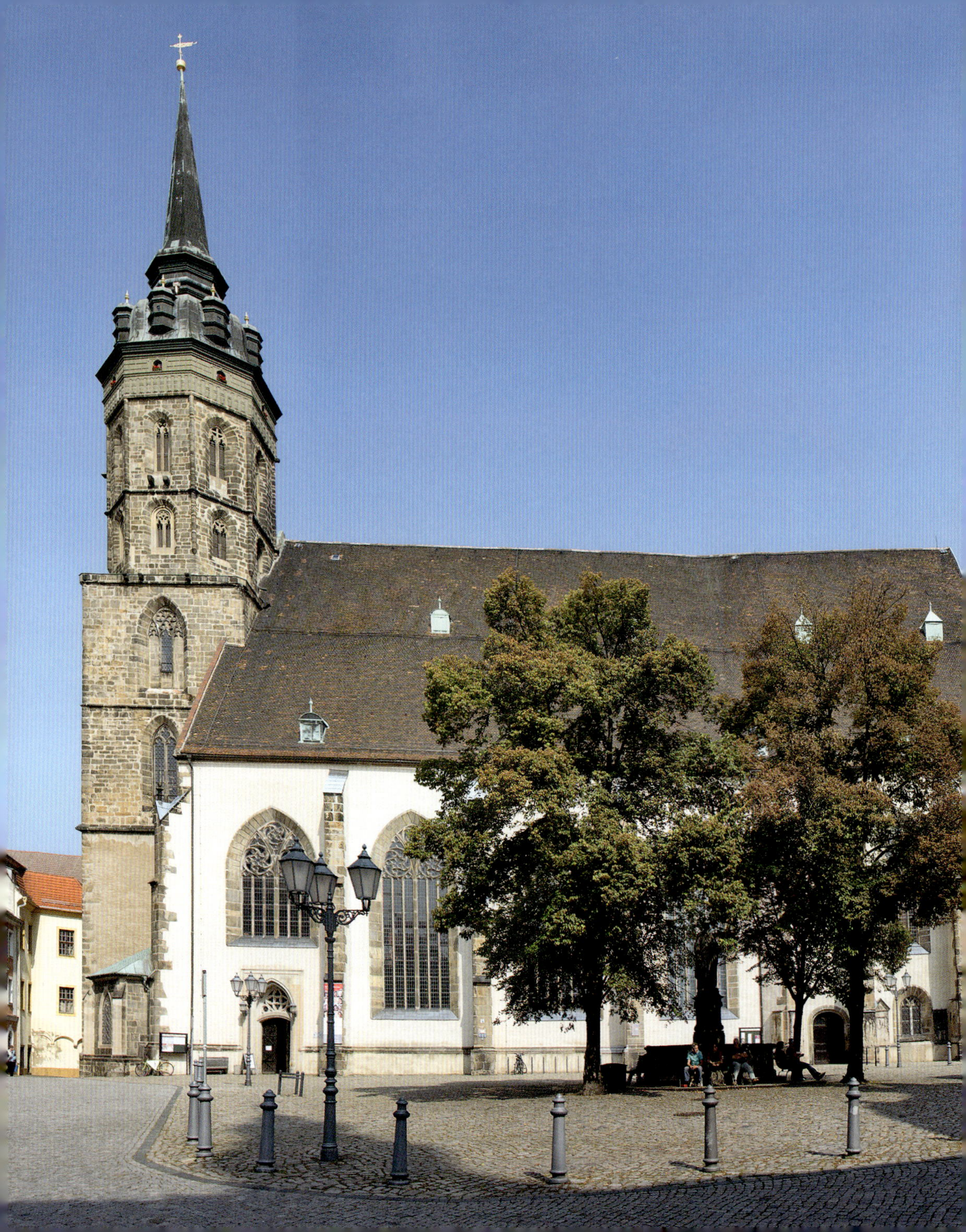

Dom St. Petri und Umgebung

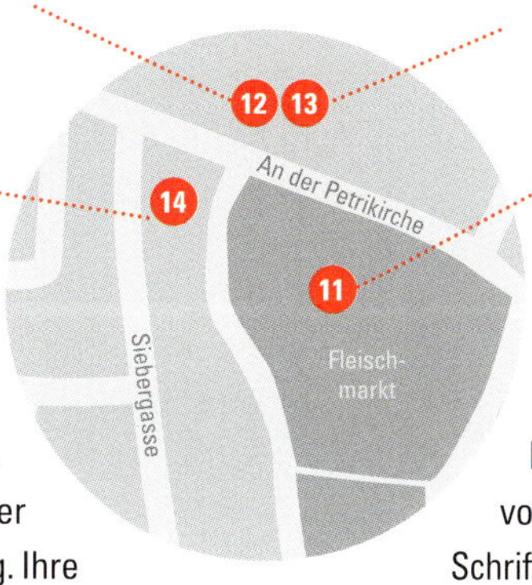

An der Nordseite des Platzes erhebt sich der 11 **Dom St. Petri**, die traditionsreiche Hauptkirche der Stadt Bautzen und ihrer Umgebung. Ihre Geschichte reicht bis ins Hochmittelalter zurück, als die Gebiete östlich der Elbe missioniert wurden. Im Lauf der Jahrhunderte wurde der Dom vielfach umgestaltet und erweitert. Seine kunsthistorisch bedeutsame Ausstattung gibt Aufschluss über die wechselhafte Stadtgeschichte. Bis heute ist der Dom ein herausragendes Beispiel gotischer Baukunst und gelebter Ökumene.

Von der Missionskirche zum Kollegiatstift St. Petri

Vermutlich um das Jahr 1000 entstand in der Burgsiedlung Budissin eine erste Kirche am heutigen Standort des Domes. Sie war die Hauptkirche des Bautzener Landes mit einem weitläufigen Pfarrsprengel und gehörte von Beginn an zum Bistum Meißen. Schriftliche Quellen zu diesem Sakralbau, der zunächst Johannes dem Täufer geweiht war, finden sich jedoch erst ab dem 13. Jahrhundert: Damals erhielt das Gotteshaus eine Reliquie des heiligen Petrus und daraufhin mit St. Petri einen neuen Schutzpatron. Zur selben Zeit siedelten der Meißener Bischof Bruno II. und der böhmische König Přemysl Ottokar I. an St. Petri ein Kollegiatstift an. Ab den 1220er Jahren wirkten die Stiftsherren als Pfarrer an St. Petri sowie an einigen Gotteshäusern der Umgebung und vertraten den Bischof als höchste kirchliche Würdenträger in der Ober- und Niederlausitz.

Dom St. Petri, eine der ersten Simultankirchen Mitteleuropas, Ansicht von Süden (Fleischmarkt)

Architektonischer Übergang von der Romanik zur Gotik

Mit der Gründung des Stifts gewann St. Petri weiter an Bedeutung. Zudem wurden einige bauliche Veränderungen notwendig. So ist aus einer Urkunde

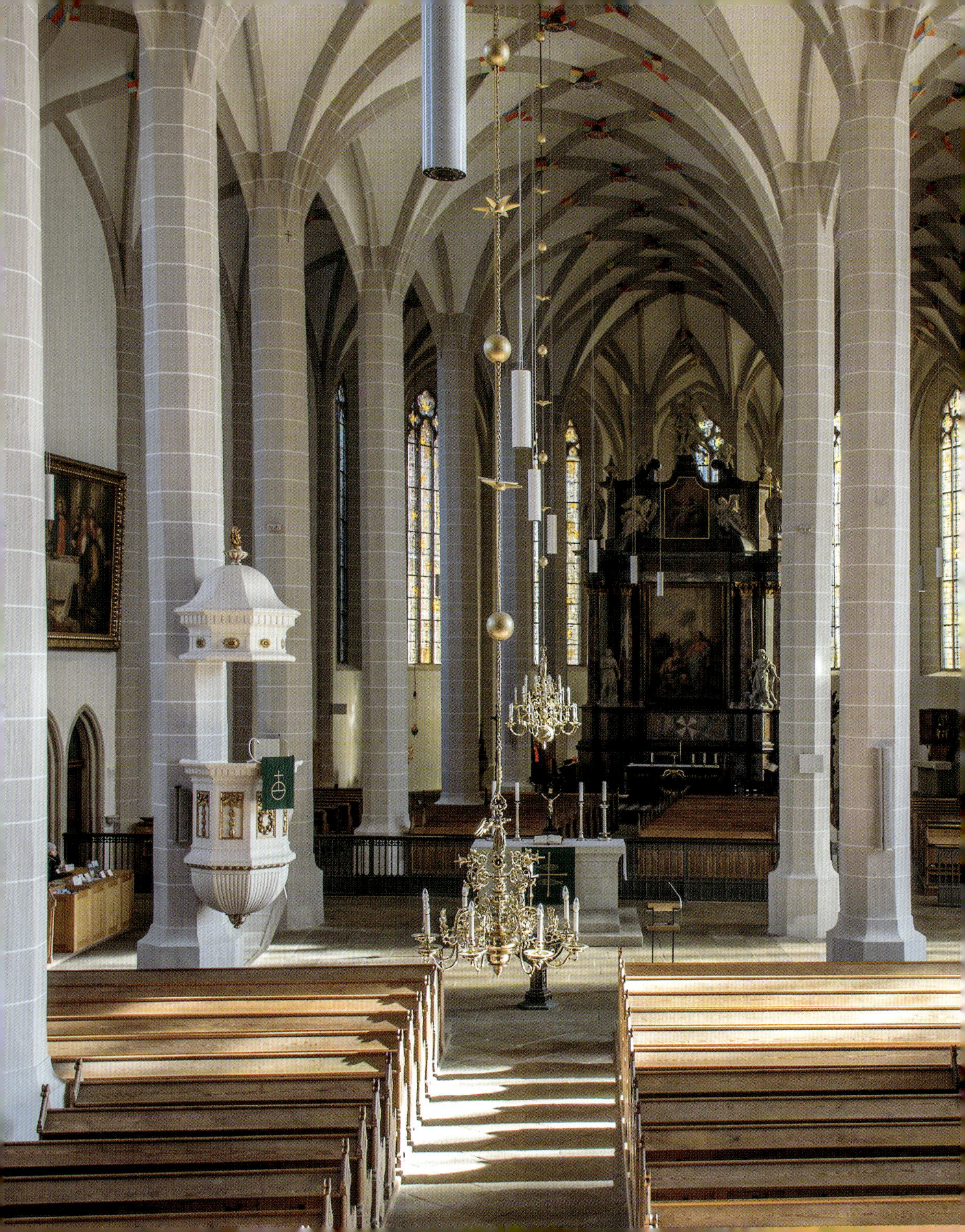

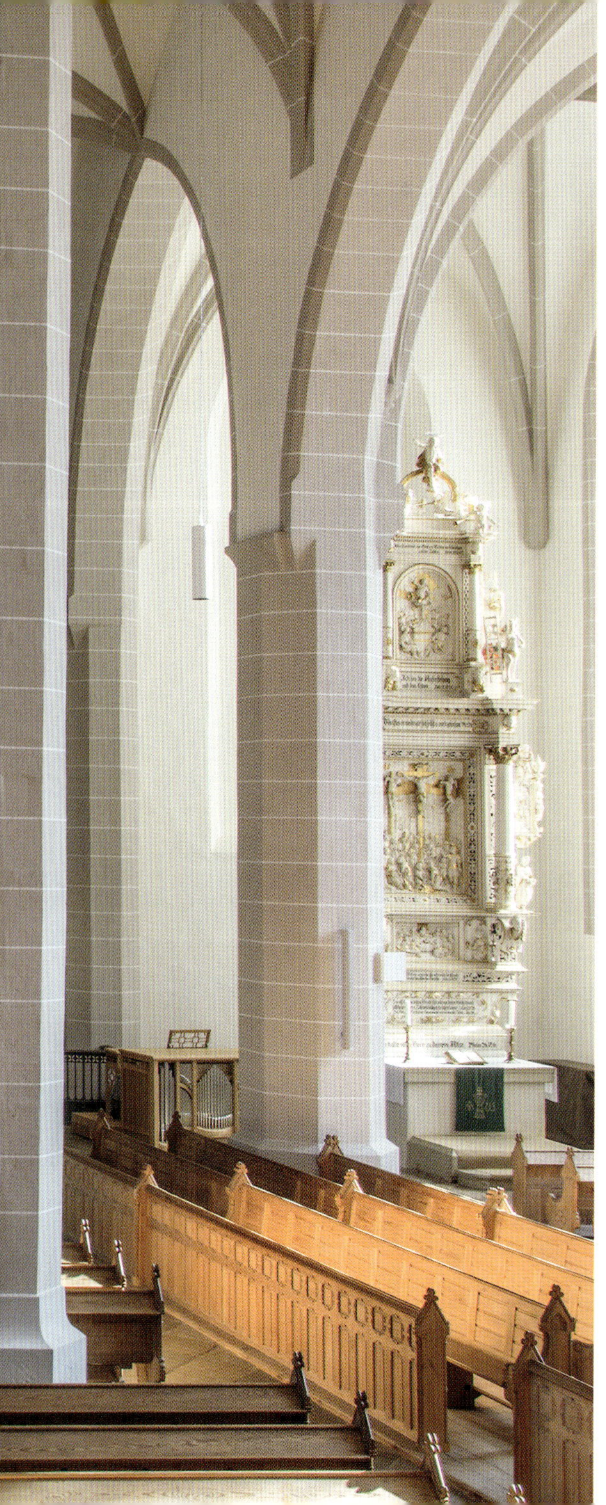

von 1221 zu erfahren, dass für die Stiftsherren ein größerer Chorraum errichtet wurde. Die ältesten noch sichtbaren Teile des Gotteshauses finden sich auf seiner Westseite. Hier wurde vermutlich um die Mitte des 13. Jahrhunderts mit dem Bau eines Kirchturms begonnen, der jedoch unvollendet blieb. Verziert ist der Turmstumpf auf der Höhe des Obergeschosses mit einem spätromanischen Zackenfries. Auch das Portal darunter weist Formen des Übergangs von der späten Romanik zur frühen Gotik auf. Vermutlich um das Jahr 1300 wurde die ehemalige Basilika zu einer Halle umgestaltet. Auf diese Umbaukampagne gehen Teile der Langhaus-Nordwand zurück. Wohl in den 1330er Jahren kamen auf beiden Seiten des unvollendeten Turmes Gebäudeteile hinzu, die das Hallenlanghaus verlängerten. So entstand ein mächtiger Westbau, in dem sich vermutlich zwei Kapellen befanden.

Spätgotische Umbauarbeiten

Wohl noch im ausgehenden 14. Jahrhundert entstand über dem Westbau der hohe Kirchturm des Petridoms. Vor allem ab der Mitte des 15. Jahrhunderts fanden an St. Petri weitere tiefgreifende Umbauten statt, die bis heute das Erscheinungsbild prägen. Ausgangspunkt war die Konzeption eines großen Chorneubaus ab 1457. Zusätzlich entstand an der Südseite, die dem Rathaus zugewandt ist, ein viertes Seitenschiff. Es diente als Kapelle der Bautzener Marienbruderschaft, einer von Kaufleuten und Ratsmitgliedern getragenen Vereinigung.

Dom St. Petri, Blick von der Westempore

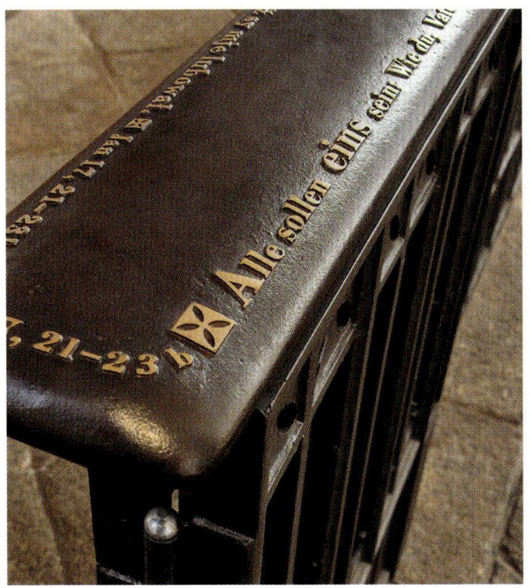

Dom St. Petri, Trenngitter zwischen evangelischem und katholischem Teil mit Zitat aus dem Johannesevangelium in deutscher und sorbischer Sprache

Da die neue Südfassade die Hauptschauseite der Kirche darstellte, erhielt der Anbau vier aufwendig gestaltete Fenster mit filigranen Maßwerken. Sie sind der Nordfassade der Görlitzer Peterskirche nachempfunden und gehen vermutlich auf denselben Werkmeister zurück. Die Bruderschaftskapelle konnte bereits 1464 fertiggestellt werden. Anders verhielt es sich mit dem Chorneubau, an dem sich die Arbeiten bis in die 1470er Jahre hinzogen. Der Hallenumgangschor war geräumig konzipiert, um reichlich Platz für die regelmäßigen Gebete der Stiftskanoniker und das Aufstellen zahlreicher Altäre zu bieten.

Ein deutlicher Knick in der Längsachse des Kirchengebäudes markiert noch heute den Übergang zwischen dem älteren Langhaus und dem jüngeren Chor. Diese leichte Verschiebung des Chores nach Südosten rettete mehrere angrenzende Häuser auf der Nordseite des Domes vor dem Abriss. Mit der Errichtung neuer Gewölbe in Langhaus und Chor wurden die Umbauarbeiten in den späten 1490er Jahren abgeschlossen. Ein einheitliches Gewölbe aus parallelen Rippenfigurationen verbindet die älteren mit den neueren Raumteilen. Die Schlusssteine der Gewölbe im Presbyterium sind mit Darstellungen Christi, Mariens und der Apostel Petrus und Paulus geschmückt. An den Schlusssteinen im Mittelschiff des Langhauses finden sich wiederum die Wappen jener Städte und Institutionen, die nach dem Dreißigjährigen Krieg Geld für den Wiederaufbau von St. Petri gestiftet hatten.

Neogotische Erneuerung

Nach den Umbauten des 15. Jahrhunderts blieb der Dom jahrhundertelang weitgehend unverändert. Erst in den 1880er Jahren erfolgten weitere Arbeiten an der architektonischen Hülle, die im Zuge einer umfangreichen neogotischen Erneuerung nach Entwürfen des Zittauer Architekten Hermann Knothe-Seeck vorgenommen wurden. So erhielten die Chorfenster neue Maßwerke, deren schlichter Stil jedoch nicht zur spätgotischen Architektur dieses Gebäudeteils passt. Aus dieser Zeit stammen auch der Neubau der lutherischen Sakristei an der Südwestecke sowie das Südwestportal, das auf einen

Dom St. Petri, Retabel des Abendmahlsaltars im evangelischen Teil, 1644

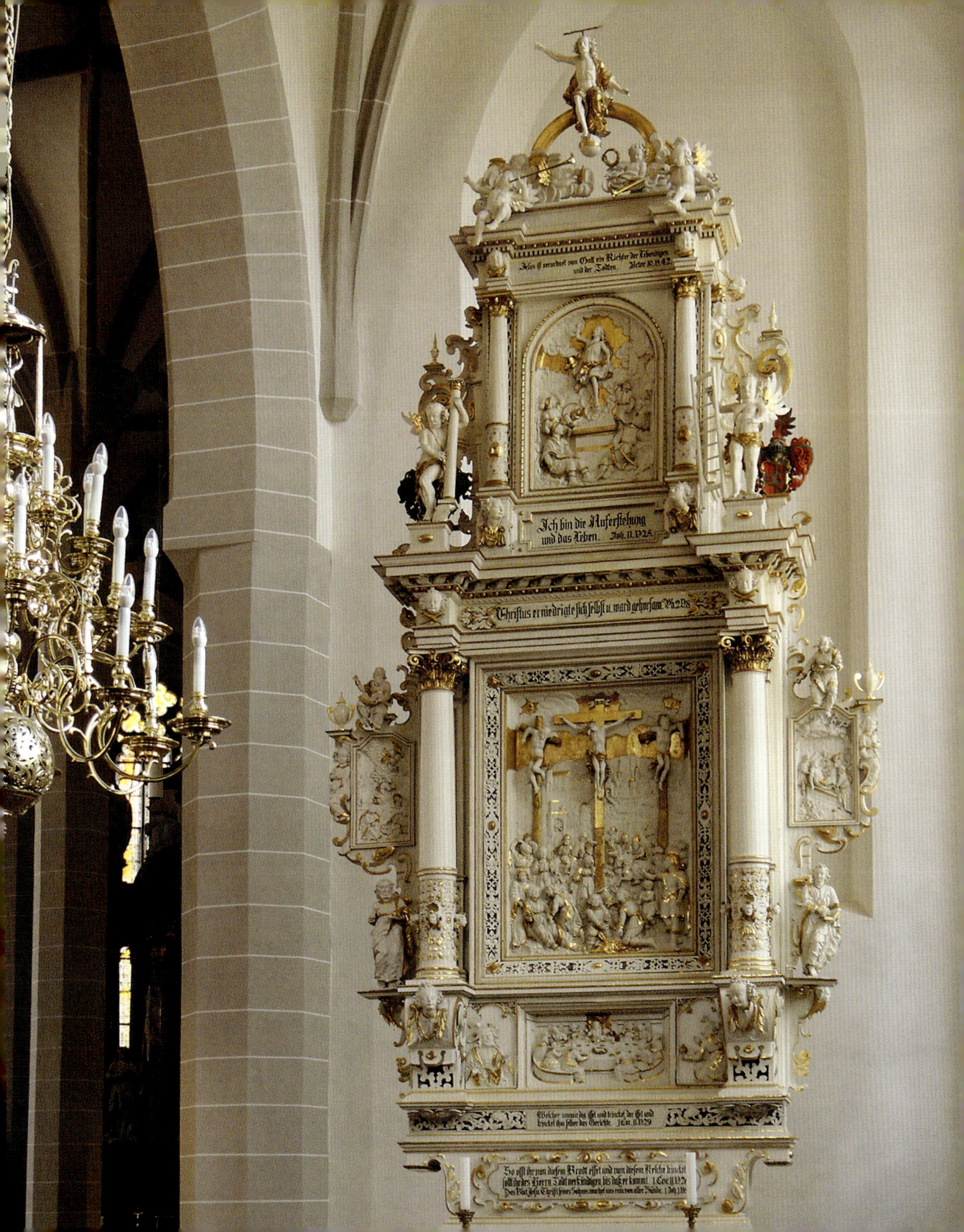
Ich bin die Auferstehung
und das Leben. Joh. 11 V 25
Christus erniedrigte sich selbst u. ward gehorsam Ph 2 V 8

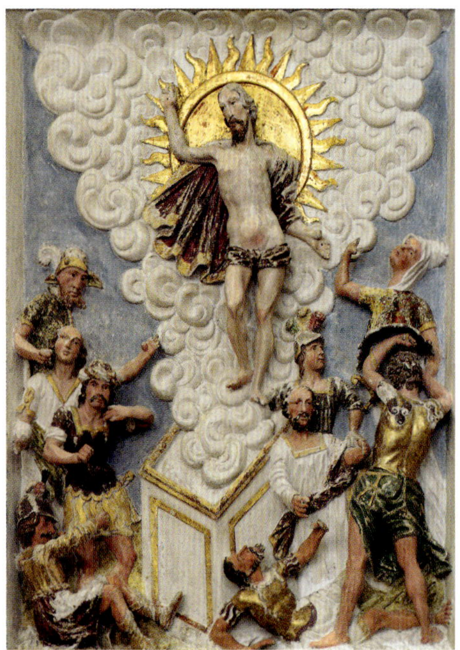

David Hübner, Relief mit der Darstellung der Auferstehung Christi am Epitaph des Dr. Gregorius Mättig, 1655 – 1661

Entwurf des bekannten in Dresden und Leipzig tätigen Architekten Constantin Lipsius zurückgeht.

Ökumenische Tradition

St. Petri ist vor allem dafür bekannt, dass Katholiken und Lutheraner das Gotteshaus seit der Reformationszeit simultan nutzen. Heute ist es sowohl eine evangelisch-lutherische Pfarrkirche als auch eine römisch-katholische Pfarrkirche und als Konkathedrale das zweitwichtigste Gotteshaus des Bistums Dresden-Meißen. Diese Besonderheit lässt sich bis ins zweite Viertel des 16. Jahrhunderts zurückführen, als die Ideen Martin Luthers in Bautzen Fuß fassten. Seinerzeit bekannte sich die Bürgerschaft unter der Regierung des Rates zum evangelischen Glaubensverständnis. Die Stiftsherren von St. Petri hielten hingegen überwiegend am katholischen Glauben fest. Beide Parteien einigten sich in verschiedenen Vertragswerken, die Hauptkirche zu teilen. Das bisherige Chorgitter wurde daraufhin zur konfessionellen Grenze: Während der Chorraum beim katholischen Stift verblieb, nutzte die lutherische Stadtgemeinde fortan das Langhaus. Bis heute ist die Kirche von einem Gitter durchzogen, das allerdings seit der Reformationszeit mehrfach versetzt und umgestaltet wurde. Ab Mitte des 19. Jahrhunderts besaß das Gitter eine Höhe von rund vier Metern und zog sich wie ein undurchlässiger Zaun durch den Kirchenraum. In den 1950er Jahren ließen beide Konfessionsparteien das Gitter als Zeichen der Ökumene jedoch auf seine heutige Höhe von rund einem Meter herabsetzen und einen Durchgang anlegen. Im Zuge der jüngsten Restaurierung des Petridoms erhielt das Gitter schließlich einen breiteren, stets geöffneten Durchgang. Neu gestaltet ist auch der obere Abschluss mit einem Zitat aus dem Johannesevangelium, das in deutscher und sorbischer Sprache auf die Einheit der Christenheit verweist.

Das Interieur des Petridoms

Beide Teile des Kirchenraums weisen bedeutende Ausstattungsstücke auf, die seit der Mitte des 17. Jahrhunderts entstanden. Die mittelalterliche Einrichtung ging durch den Stadtbrand von 1634 gänzlich verloren, darunter mehr als 20 historische Altäre. Über die zerstörten Ausstattungsstücke ist nur noch etwas aus den Schriftquellen zu erfahren. Einige Kunstwerke, die bei späteren Modernisierungen aus dem Kirchenraum entfernt wurden, befinden sich heute in der Domschatzkammer St. Petri und im Bautzener Museum.

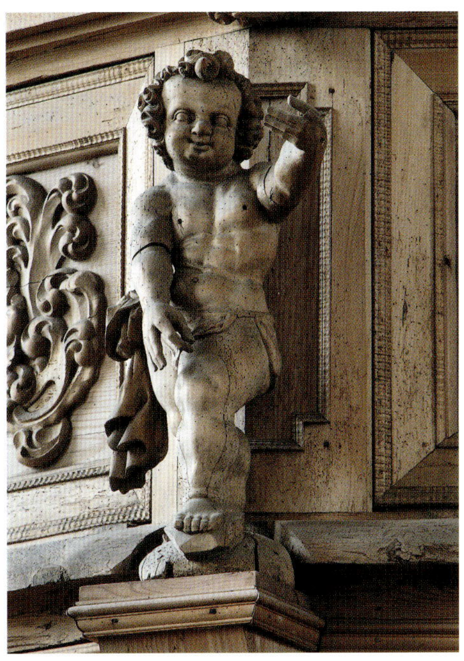

Putto an der landesherrlichen Loge
in St. Petri, 1673/74

Lutherischer Gebäudeteil

Der **Altar** im Südschiff des Domes wurde zunächst von der Marienbruderschaft genutzt und diente seit der Reformationszeit der lutherischen Stadtgemeinde für ihre Abendmahlsgottesdienste. Der Altaraufsatz geht auf eine Stiftung der Ratsherren Ambrosius Hadamer und Antonius Rosenhain zurück und wurde 1644 von einem Zittauer Bildhauer geschaffen. Die Schnitzreliefs in der Mittelachse und den seitlichen Wangenbrettern zeigen Szenen aus der Passion Christi. Den oberen Abschluss bildet die Figur des Weltenrichters. Er wird von Engeln begleitet, die die Marterwerkzeuge präsentieren und mit Posaunenspiel das Jüngste Gericht einleiten. Zitate aus der Heiligen Schrift ergänzen die bildlichen Szenen. Ursprünglich besaß der Altaraufsatz eine reiche farbige Fassung. Im 18. Jahrhundert wurde diese jedoch durch die heute sichtbare Polierweißfassung ersetzt.

Einen **weiteren Altar** ließ die lutherische Gemeinde Mitte der 1950er Jahre in der Mittelachse des Langhauses errichten. Somit gibt es heute zwei Altäre im lutherischen Teil von St. Petri, die von der Gemeinde zu unterschiedlichen Anlässen genutzt werden.

Vor dem jüngeren Abendmahlsaltar steht das 1849 erworbene gusseiserne **Taufbecken** in Formen der Neogotik aus der Einsiedel'schen Kunstgießerei Lauchhammer. Auch die **Kanzel** des lutherischen Teils wurde im Lauf der Jahrhunderte mehrfach erneuert. So wurde das Predigtmöbel, das der Bautzener Arzt und Ratsherr Gregorius Mättig 1643 gestiftet hatte, im Jahr 1813 von napoleonischen Truppen zerstört, die während der Schlacht bei Bautzen im Dom biwakierten. Vier Jahre später ließ der Rat eine neue Kanzel in zurückhaltenden klassizistischen Formen anfertigen, die der Bautzener Tischler Johann Bernhard Voigt und

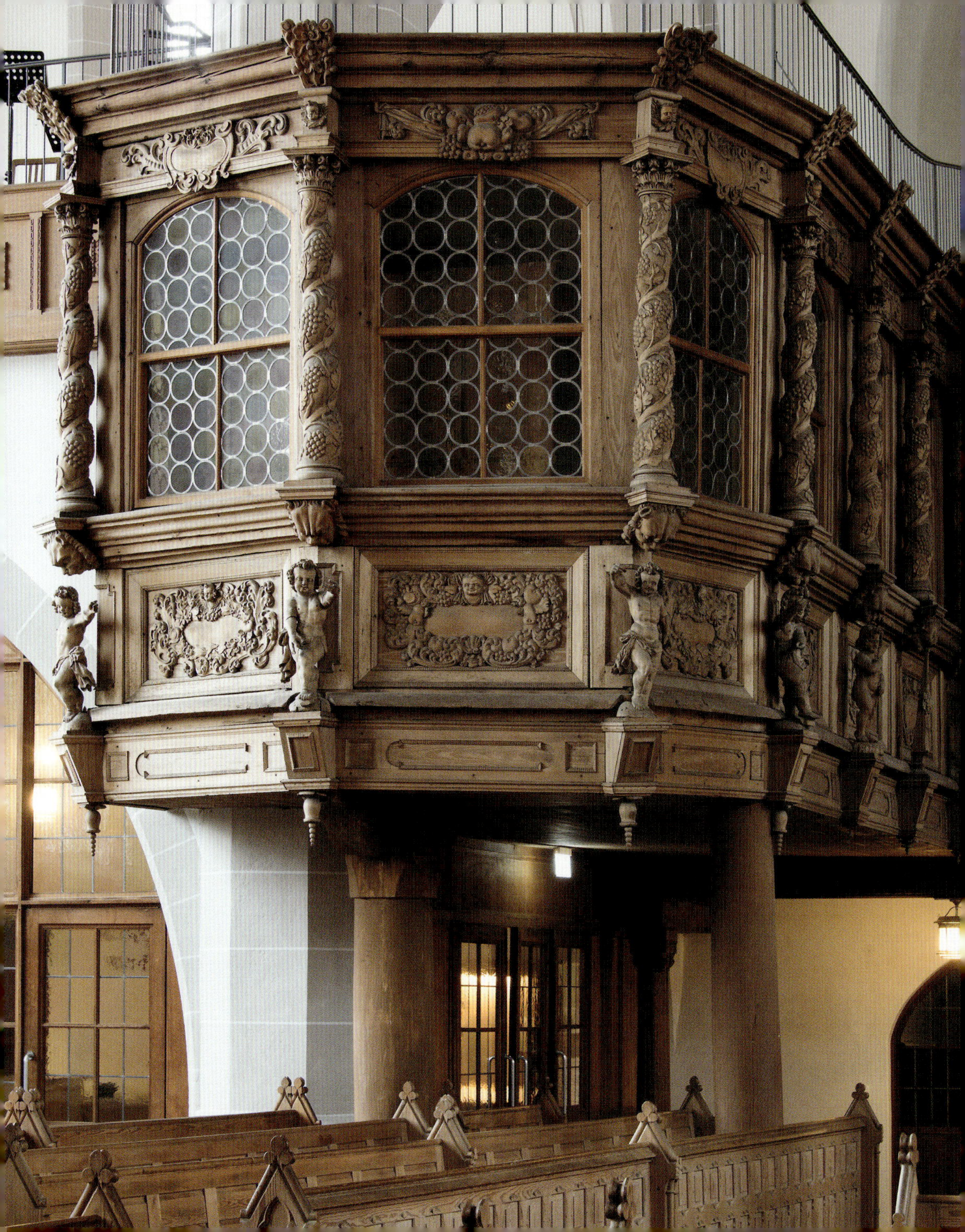

der Bildhauer Gottlieb Gottreich Wilke gestalteten. Kanzelkorb und Aufgang sind mit vergoldeten Blütenkränzen und Fruchtgehängen verziert.

An der Südwand des lutherischen Kirchenteils sind zwei frühneuzeitliche **Grabdenkmale** angebracht. Das größere von beiden erinnert an den in St. Petri bestatteten Dr. Gregorius Mättig, der als Arzt, Ratsherr und Stifter für die Bautzener Stadtgeschichte bedeutsam war (siehe S. 18/19). Sein Epitaph entstand in den Jahren 1655 bis 1661 als Werk des Bautzener Bildhauers David Hübner. Das nahezu acht Meter hohe Kunstwerk zeigt in zwei großen Reliefs die Szenen der Auferstehung Christi sowie des Jüngsten Gerichts. Eine Inschriftentafel und ein kleines Porträtgemälde erinnern an den Verstorbenen. Weiter links hängt ein zweites Epitaph für den kurfürstlich sächsischen Rat und Landeshauptmann der Oberlausitz, Christoph Vitzthum von Eckstädt. Dieser fand 1688 im Dom seine letzte Ruhestätte. Sein prachtvolles Denkmal zeigt das Wappen des Toten, das mittig von zwei Engeln präsentiert und von Akanthusranken eingefasst wird. Zudem ist es umgeben von den Wappen seiner Vorfahren, während ein weiblicher Genius am unteren Rand auf den Lebenswandel des Vitzthum von Eckstädt anspielt.

Eine mehrgeschossige **Empore** nimmt die gesamte Westseite des lutherischen Teils von St. Petri ein. Sie entstand in den Jahren 1909/10 nach einem Entwurf des bekannten Reformarchitekten und Gründungsmitglieds des Deutschen Werkbundes, Fritz Schumacher, der später großen Einfluss auf das Stadtbild Hamburgs nehmen sollte. Die Bautzener Orgelbaufirma Eule errichtete die **Orgel** auf dem zweiten Emporengeschoss, deren Prospekt ebenfalls auf Schumacher zurückgeht. Sie ist das größte Instrument, das jemals unter der Leitung des Firmengründers Hermann Eule gebaut wurde. Integriert wurde in die Schumacher-Empore zudem eine historische **Loge**, die bereits 1673/74 für den Landvogt und Kurprinzen Johann Georg (III.) von Sachsen errichtet worden war. Ihre Schaufronten sind mit geschnitztem Knorpelwerk, Obelisken sowie Putten verziert. Die großen Fensteröffnungen werden gerahmt von gedrehten und mit Wein umschlungenen Säulen, Girlanden und Masken. Der Name des ausführenden Bildhauers ist nicht überliefert. Er dürfte aber unter den Bautzener Meistern der 1670er Jahre zu vermuten sein.

Gewissermaßen als symbolische Brücke zwischen den beiden Kirchenteilen dient das **großformatige Gemälde** mit der Darstellung des letzten Abendmahls, das an der Nordwand genau über dem Trenngitter angebracht ist. Es ist ein Werk des aus Nordböhmen stammenden und in Dresden tätigen Historienmalers Wenzel Schwarz aus dem Jahr 1881. Seit Ende der 1970er Jahre befindet es sich an seinem heutigen Standort. Dort dient es als ein Zeichen des ökumenischen Miteinanders beider Konfessionen unter einem Dach, für die das Sakrament des Abendmahls bzw. der Eucharistie gleichermaßen von zentraler Bedeutung ist.

Dom St. Petri,
Landesherrliche Loge,
1673/74

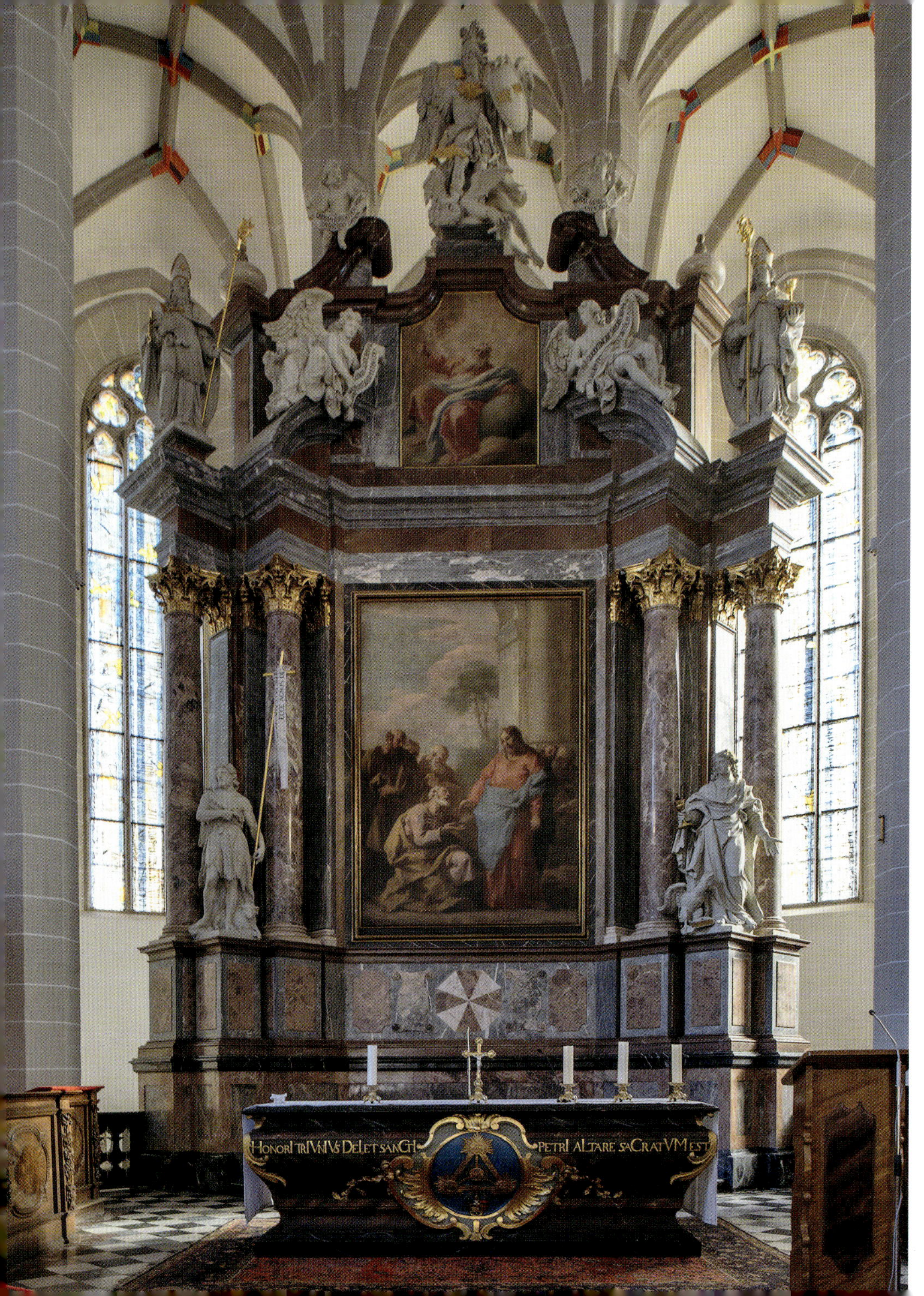
HONORI TRIVNIVS DEI ET SANCTI
PETRI ALTARE SACRATVM EST

Ausstattung im katholischen Gebäudeteil

Den katholischen Teil von St. Petri bestimmt der barocke **Hochaltar**, den namhafte Dresdener Hofkünstler in den Jahren 1722 bis 1725 schufen. Den aus Marmor gearbeiteten Altaraufbau errichteten der Steinmetz Giovanni Maria Fossati und seine Werkstatt. Das Altargemälde mit der Darstellung der Schlüsselübergabe an Petrus sowie das kleinere Gemälde mit dem aus den Wolken herabschauenden Gottvater sind Werke des venezianischen Malers Giovanni Antonio Pellegrini. Die Skulpturen zeigen wiederum Johannes den Täufer, den Evangelisten Johannes, die heiligen Bischöfe Benno von Meißen und Donatus von Arezzo sowie den Erzengel Michael, der den Satan aus dem Himmel auf die Erde herabstößt. Geschaffen hat sie der Hofbildhauer und Permoser-Schüler Johann Benjamin Thomae. In den 1880er Jahren wurde das Altargemälde durch ein Bild des Malers Wenzel Schwarz ersetzt, das gleichermaßen die Schlüsselübergabe an Petrus zeigt. Nachdem das ursprüngliche Altarblatt in den 1950er Jahren wieder an seinen Platz zurückkehrte, ist das jüngere Gemälde heute auf der Rückseite des Altars angebracht.

Zu beiden Seiten des Hochaltars steht das **Gestühl der Stiftsherren**, das vermutlich ebenfalls in den 1720er Jahren entstand. Besonders aufwendig gestaltet sind die durchbrochenen Rückwände mit opulent geschnitzten Fruchtgirlanden und Blütengehängen. Darüber erhebt sich eine Bekrönung aus verschlungenen Akanthusranken. Als Schöpfer können Künstler aus dem nahen Böhmen vermutet werden, wo ähnliche Gestühle überliefert sind.

Giovanni Maria Fossati, Johann Benjamin Thomae und Giovanni Antonio Pellegrini, Hochaltar im kath. Teil von St. Petri, 1722 – 1725

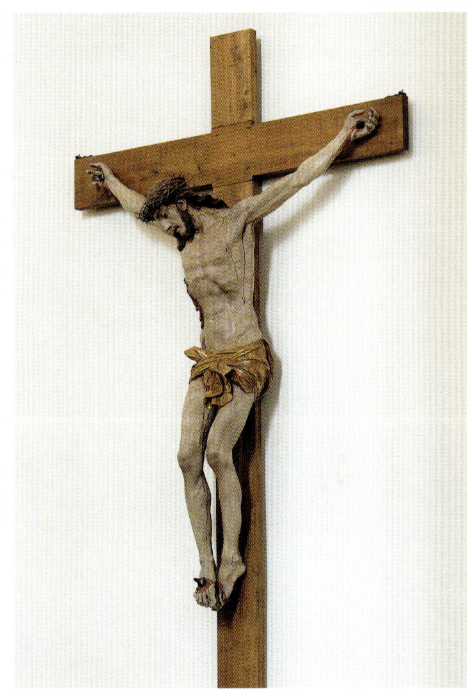

Balthasar Permoser, Kruzifix des Heilig-Kreuz-Altars im katholischen Teil von St. Petri, 1713

An der Südwand des katholischen Teils ist über dem Heilig-Kreuz-Altar ein weiteres herausragendes Kunstwerk der Barockzeit angebracht: das **monumentale Kruzifix** des Dresdener Hofbildhauers Balthasar Permoser, das dieser 1713 dem Dom geschenkt haben soll. Die Christusfigur zählt zu Permosers Hauptwerken und entstand etwa zeit-

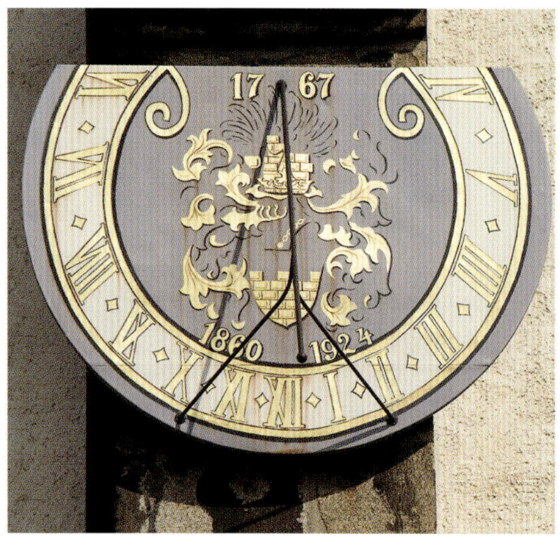

Sonnenuhr an der Südseite von St. Petri

gleich mit seiner Kanzel in der Dresdener Hofkirche. Das unmittelbare Vorbild findet sich in Florenz, wo Permoser bereits 1688/90 ein ähnliches Kruzifix für die Klosterkirche S. Elisabetta delle Convertite des Augustinerinnenordens schuf. Auch das Bautzener Werk steht unter dem Eindruck des italienischen Hochbarock, dessen Gestaltungsideen Permoser noch einmal aufgriff. Eindrücklich schildert sein Kunstwerk das Leiden Christi durch die naturalistische Gestaltung des Körpers, die durch die aufwendige Farbfassung noch verstärkt wird.

Den **Marienaltar** im Chorumgang ziert seit der Mitte des 20. Jahrhunderts ein spätgotischer Altaraufsatz aus der Zeit um 1520. Im Schrein stehen die Figuren der Gottesmutter, begleitet von den Heiligen Bartholomäus und Nikolaus. Ursprünglich befand sich der Aufsatz in der Kirche von Nauwalde bei Großenhain. Erst 1904 gelangte er in die Sammlung des Königlich Sächsischen Altertumsvereins, der ihn im Palais im Großen Garten in Dresden ausstellte. Bei den Luftangriffen auf Dresden im Februar 1945 verbrannten beide Flügel vollständig. In den 1950er Jahren gelangte der Altaraufsatz schließlich als Leihgabe der sächsischen Denkmalpflege in den Petridom, wofür die Flügel neutral ergänzt wurden. Ebenfalls im Chorumgang steht der **Taufstein** der katholischen Domgemeinde, der in neogotischen Formen gestaltet ist und aus den 1880er Jahren stammt. Während der Großteil der historistischen Ausstattung im katholischen Teil nach dem Zweiten Weltkrieg beseitigt wurde, ist auf der Empore die historistische **Orgel** der Bautzener Orgelbauwerkstatt Leopold Kohl aus den 1860er Jahren erhalten. Ihr Prospekt wurde in neogotischen Formen gestaltet, wobei die Pfeifen in drei spitzbogigen Öffnungen sichtbar sind.

Unterhalb der Orgel ist hinter einem spätgotischen Portal die **Sakristei** gelegenen. Das originale Türblatt aus der Zeit um 1460 hat alle Brände und Zerstörungen der Geschichte überstanden. Im Inneren der Sakristei befindet sich ein spätbarocker Altar aus der Werkstatt des nordböhmischen Bildhauers Johann Hajek von 1783. Die Tür des Altartabernakels ist mit einem Kruzifix verziert. Darüber ruht das Lamm Gottes auf dem siebenfach versiegelten Buch der Offenbarung. Auf den beiden Beichtstühlen rechts und links vom Altar stehen die Figuren des Schutzheiligen Petrus sowie der heiligen Maria Magdalena. Das durch die Fensteröffnungen hinter dem Altar einfallende Licht verleiht dem gesamten Werk eine mystische Aura – ein Gestaltungsprinzip, dessen Wurzeln im süddeutschen Barock liegen.

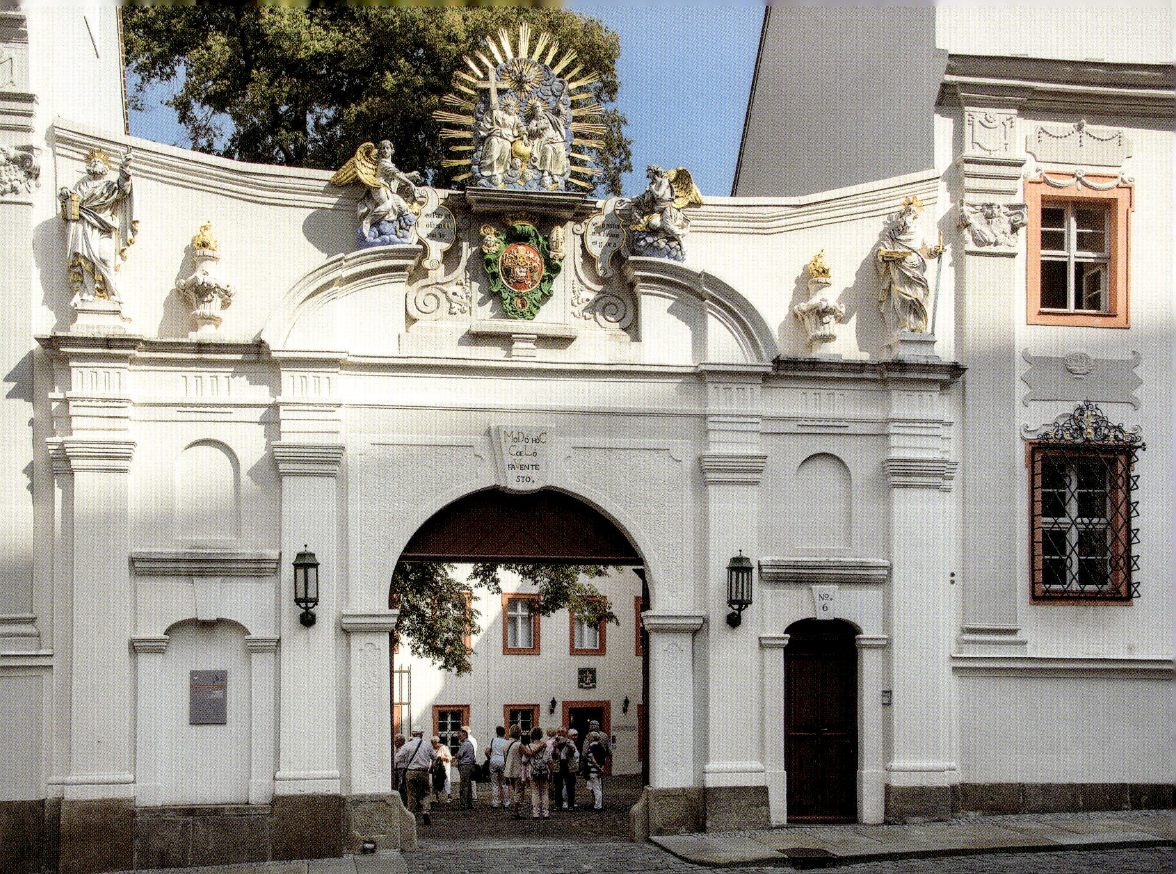

Hauptportal des Domstifts, 1750er Jahre

Der Kirchturm und die Türmerwohnung

Während der Sommermonate ist der mehr als 80 Meter hohe Turm des Petridoms öffentlich zugänglich. Ein Aufstieg lohnt sich nicht nur wegen der herrlichen Aussicht über die gesamte Stadt und ihr Umland. Der Weg führt auch durch die **Glockenstube** mit einem fünfteiligen Geläut, das 1827 in der Glockengießerei von Friedrich Gruhl in Kleinwelka bei Bautzen gefertigt wurde.

Unterhalb der Turmhaube, die in den 1660er Jahren nach einem Entwurf des Bautzener Ratsmaurermeisters Martin Pötzsch entstand, liegt die **Türmerwohnung**. Die in ihr wohnenden Türmer überwachten in früheren Jahrhunderten, ob in der Stadt ein Feuer ausgebrochen war. Noch heute wird die Wohnung von Nachfahren der letzten Türmerfamilie saisonal

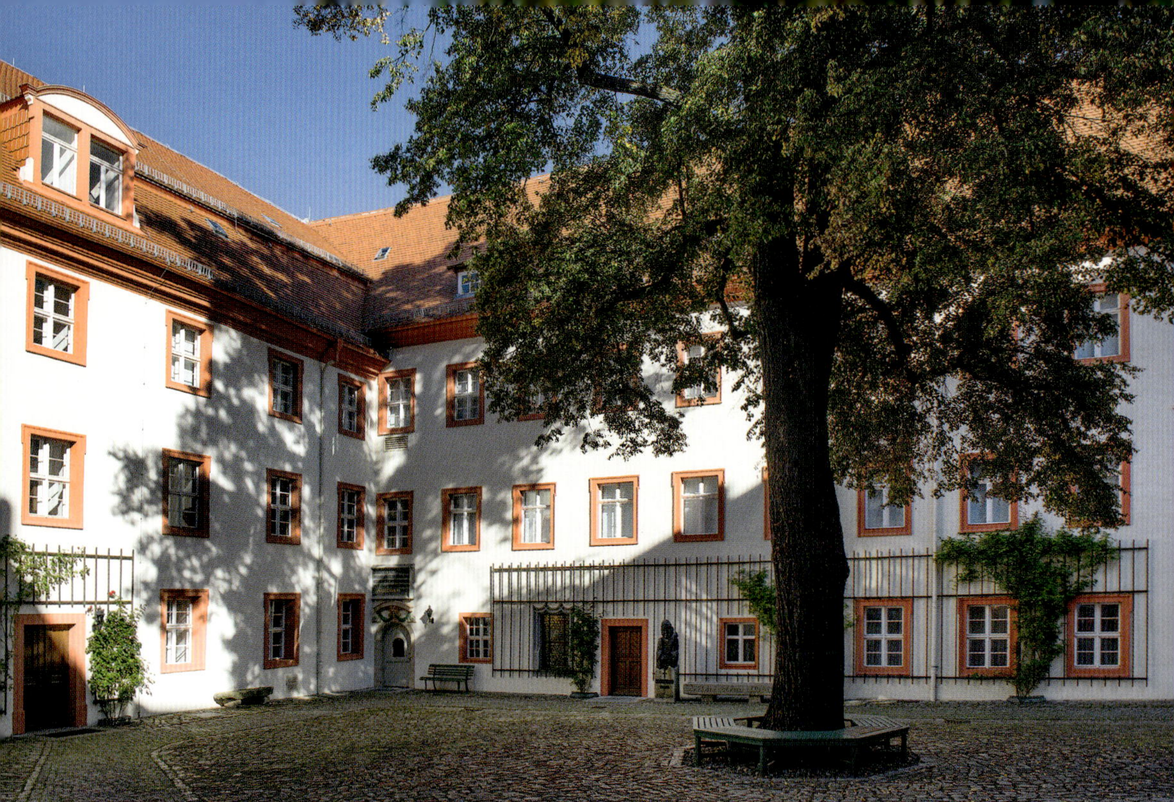

Innenhof des Domstifts

bewohnt. Der Aufstieg zum Turm führt durch ihren reizvoll mit historischen Möbeln eingerichteten Flur.

Rings um den Dom

Entlang der Straße An der Petrikirche liegen unmittelbar nördlich des Petridoms die ehemaligen Domkurienhäuser. Heute befinden sie sich überwiegend im Besitz des Bistums Dresden-Meißen sowie der katholischen Dompfarrei St. Petri. In früheren Jahrhunderten bildeten die Kurienhäuser mit weiteren Gebäuden des Stifts einen eigenen kirchlichen Rechtsbezirk: Sie unterstanden dem Stiftsdekan und nicht etwa den Gesetzen des Stadtrats.

Das bedeutendste Gebäude ist das sogenannte 12 **Domstift,** das früher als Wohnhaus und Repräsentationsgebäude des Stiftsdekans von St. Petri diente. Seine Baugeschichte reicht bis in die Gründungszeit des Stifts in der ersten Hälfte des 13. Jahrhunderts zurück.

Architektur und Ausstattung des Domstifts

Besonders prachtvoll ist die dem Dom zugewandte Schaufassade gestaltet. Das verzierte Hauptportal führt in einen Innenhof und geht zurück auf ein ehrgeiziges Umbauprojekt, dass der Bautzener Baumeister Christian Jehnel unter Stiftsdekan Jakob Wosky von Bärenstamm in den 1750er Jahren entwarf. Es sah ein mehrgeschossiges, von einem Dachreiter bekröntes Eingangsgebäude vor. Seine Ausführung überstieg jedoch die finanziellen Möglichkeiten des Kollegiatstifts. Umgesetzt wurde daher nur das eindrucksvolle Portal, das die ehemalige Residenz eines katholischen geistlichen und weltlichen Würdenträgers effektvoll in Szene setzt.

Die Hauptdurchfahrt sowie der kleinere Eingang für Fußgänger sind mit dorischen Pilastern eingefasst. Der Figurenschmuck über dem Gebälk geht auf den Bautzener Bildhauer Jakub Delenka zurück. Oberhalb der beiden äußeren Pilaster stehen die Figuren der Apostel Petrus und Paulus, während sich mittig ein Relief mit der Darstellung der Heiligen Dreifaltigkeit befindet. Unterhalb sind das Wappen des Kollegiatstifts St. Petri sowie das kleine Wappen des Dekans Wosky von Bärenstamm angebracht. Zwei Engelsfiguren halten Schilde mit lateinischen Inschriften und verschlüsselten Angaben zur Bauzeit, wie sie sich auch in der Aufschrift am Schlussstein finden.

Hinter dieser Schauwand verläuft ein hölzerner Laufgang. Nachdem der geplante Mitteltrakt nicht errichtet worden war, stellte er eine kurze Verbindung zwischen den beiden Seitenflügeln her.

Die Fassaden zum Innenhof zeigen sich schlichter. Sie entsprechen den Formen des 17. Jahrhunderts sowie den damals begrenzten finanziellen Möglichkeiten des Stifts. Bemerkenswert ist der Schornsteinkopf auf dem vorderen Teil des Westflügels. Aus seinem oberen Abschluss schaut eine männliche Figur in Richtung des Domes heraus, die vermutlich in der zweiten Hälfte des 17. Jahrhunderts angebracht wurde. Die Figur erinnert an Domdekan Augustin Widerin von Ottersbach, der im Jahr 1619 durch einen Schornstein geflüchtet sein soll, als protestantische Bautzener Bürger das Domstift stürmten.

Gegenüber der Durchfahrt liegt der Haupttrakt des Stiftsgebäudes. Ein spätgotisches Vorhangbogenfenster im Erdgeschoss gehört zu einem Umbau, den der Dekan Caspar Emmerich 1507 durchführen ließ. Eine Inschriftentafel, die links über einer Nebeneingangstür angebracht ist, erinnert an diese Umgestaltung.

Einige Gebäudeteile des Stifts sind mit historischen Interieurs ausgestattet, jedoch nicht öffentlich zugänglich. Hervorzuheben ist die Hauskapelle. In ihr befindet sich ein aus dem Dom stammender Altar mit einer Darstellung des heiligen Benno von Meißen, die 1750 vom Dresdener Hofmaler Stefano Torelli angefertigt wurde. Im Vorsaal der ehemaligen Dekanswohnung, die heute als Domschatzkammer genutzt wird, finden sich Wandmalereien und eine prachtvolle hölzerne Wendeltreppe. Die angrenzenden Räume wurden im ausgehenden 17. und während des 18. Jahrhunderts mit Stuckdecken ausgestattet.

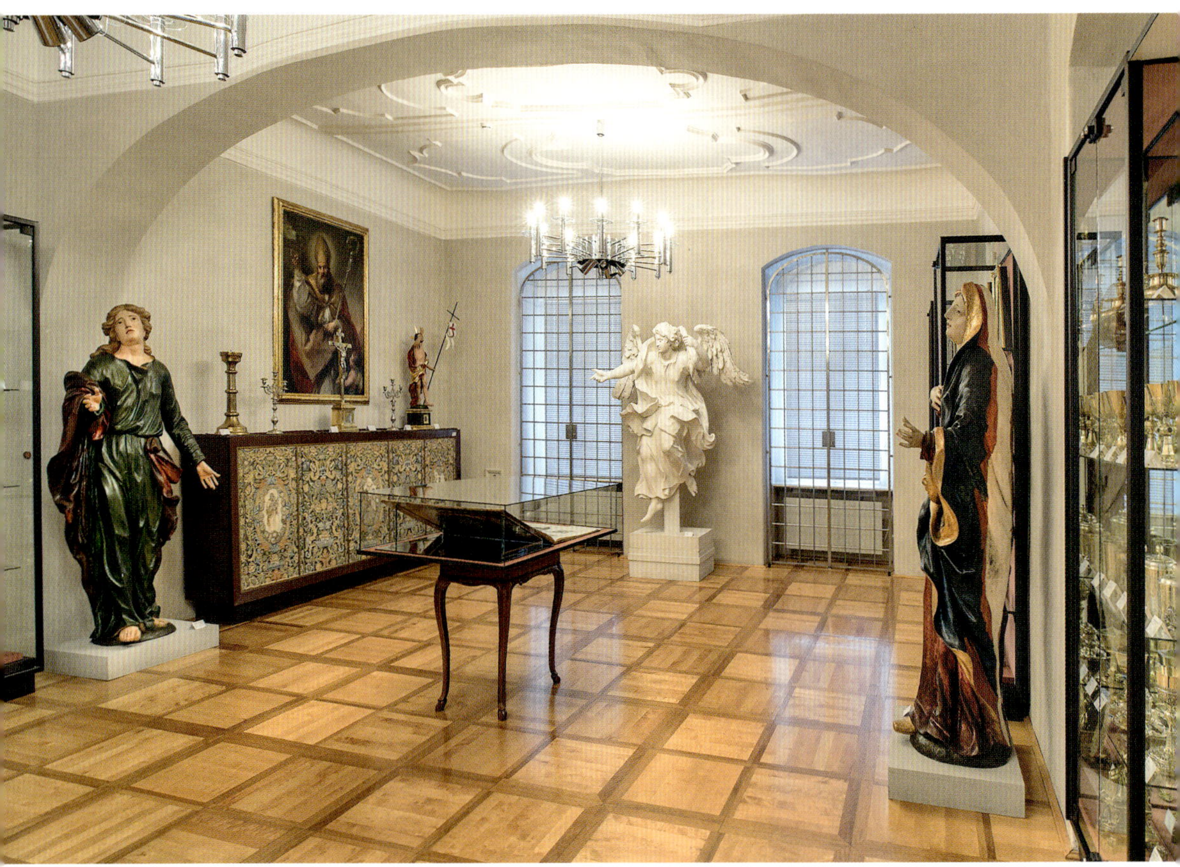

Domschatzkammer St. Petri mit wertvollen Schätzen aus dem katholischen Teil des Petridoms

Domschatzkammer St. Petri

Bis 1980 war das Domstiftsgebäude der Sitz des 1921 wiedergegründeten Bistums Dresden-Meißen. Heute beherbergt es das Archiv des Bistums mit Schriftstücken, die bis ins 13. Jahrhundert zurückreichen, sowie die 13 **Domschatzkammer St. Petri**. In der Schatzkammer finden sich Gemälde, Skulpturen, Goldschmiedearbeiten und wertvolle Textilien aus dem katholischen Teil des Petridoms. Dazu gehört als ältestes Objekt ein Tafelreliquiar, das in der ersten Hälfte des 13. Jahrhunderts im französischen Limoges hergestellt wurde. Bedeutend sind auch ein turmförmiges, um 1400 entstandenes Reliquiar sowie ein vermutlich aus der Bautzener Franziskanerkirche stammendes, aufwendig gestaltetes Reliquienkreuz. Darüber hinaus zählen zwei wahrscheinlich um 1520 in Bautzen geschaffene Statuettenreliquiare der Heiligen Petrus und Bartholomäus zur Ausstellung. Zu den wertvollsten barocken Stücken der Schatzkammer gehören Figuren vom sogenannten Dresdener Altar Balthasar Permosers und seiner Werkstatt sowie ein von Erzherzogin Maria Josepha, Tochter Kaiser Josephs I. und Gemahlin des sächsischen Kurprinzen Friedrich August III., gestifteter Ornat, der aus ihrem Hochzeitskleid gearbeitet wurde.

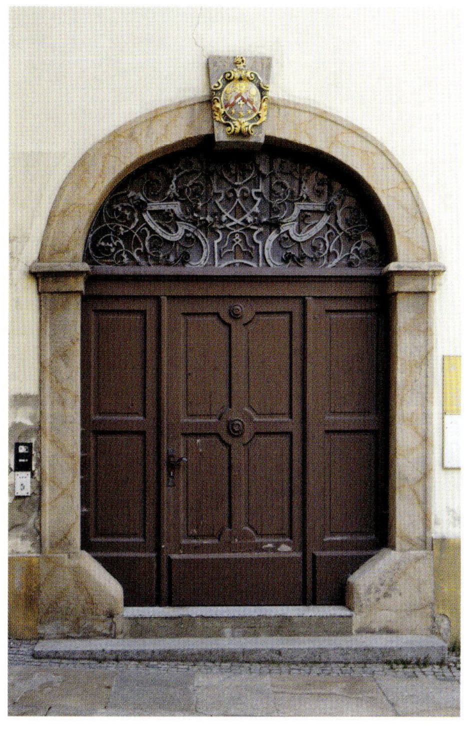

Portal am Stadthaus des Zisterzienserinnenklosters St. Marienstern

Stadthaus des Klosters St. Marienstern

Gegenüber dem Domstiftsgebäude erhebt sich an der Ecke das große 14 **Stadthaus des Klosters St. Marienstern** (An der Petrikirche 4). Ursprünglich handelte es sich um das Wohnhaus des (katholischen) Pfarrers von St. Petri. Nachdem das Gebäude im Dreißigjährigen Krieg zerstört worden war, verkaufte das Kollegiatstift die Ruine an die Zisterzienserinnenabtei St. Marienstern, die westlich von Bautzen liegt. Äbtissin Cordula Sommer ließ bis 1722 den barocken Neubau errichten, woran ihr Wappen am Schlussstein der Eingangstür erinnert. Das Haus diente den Nonnen sowie dem Propst des Klosters als Unterkunft während ihrer Aufenthalte in der Spreestadt. Im Jahr 1851 erwarb das Kollegiatstift das Stadthaus wieder zurück und richtete darin ein katholisches Lehrerseminar ein, das bis 1903 in dem Haus verblieb.

Ortenburg und Burg-lehnviertel

LANDESHERRSCHAFT, ADELSKULTUR UND MITTELALTERLICHE FRÖMMIGKEIT

Jahrhundertelang war die Ortenburg der politische Mittelpunkt der Oberlausitz. Heute beherbergt sie unter anderem das Sorbische Museum und die überlebensgroßen Figuren des Rietschelgiebels – ein Meisterwerk der Bildhauerkunst des 19. Jahrhunderts. Im Vorfeld der Burg befindet sich das Burglehnviertel mit den Stadthäusern des Oberlausitzer Adels und dem ehemaligen Franziskanerkloster.

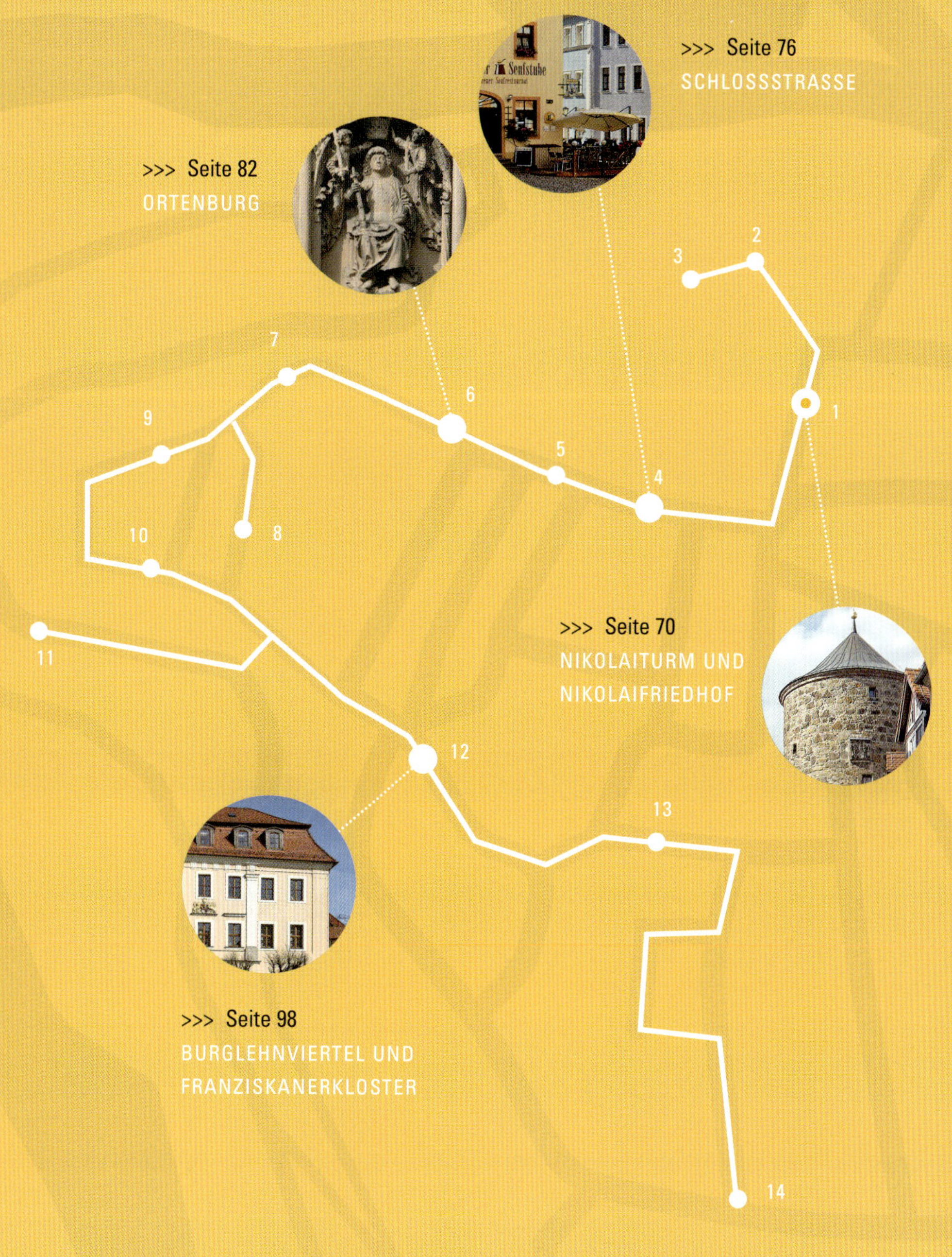

>>> Seite 76
SCHLOSSSTRASSE
>>> Seite 82
ORTENBURG
>>> Seite 70
NIKOLAITURM UND
NIKOLAIFRIEDHOF
>>> Seite 98
BURGLEHNVIERTEL UND
FRANZISKANERKLOSTER
1
2
3
4
5
6
7
8
9
10
11
12
13
14

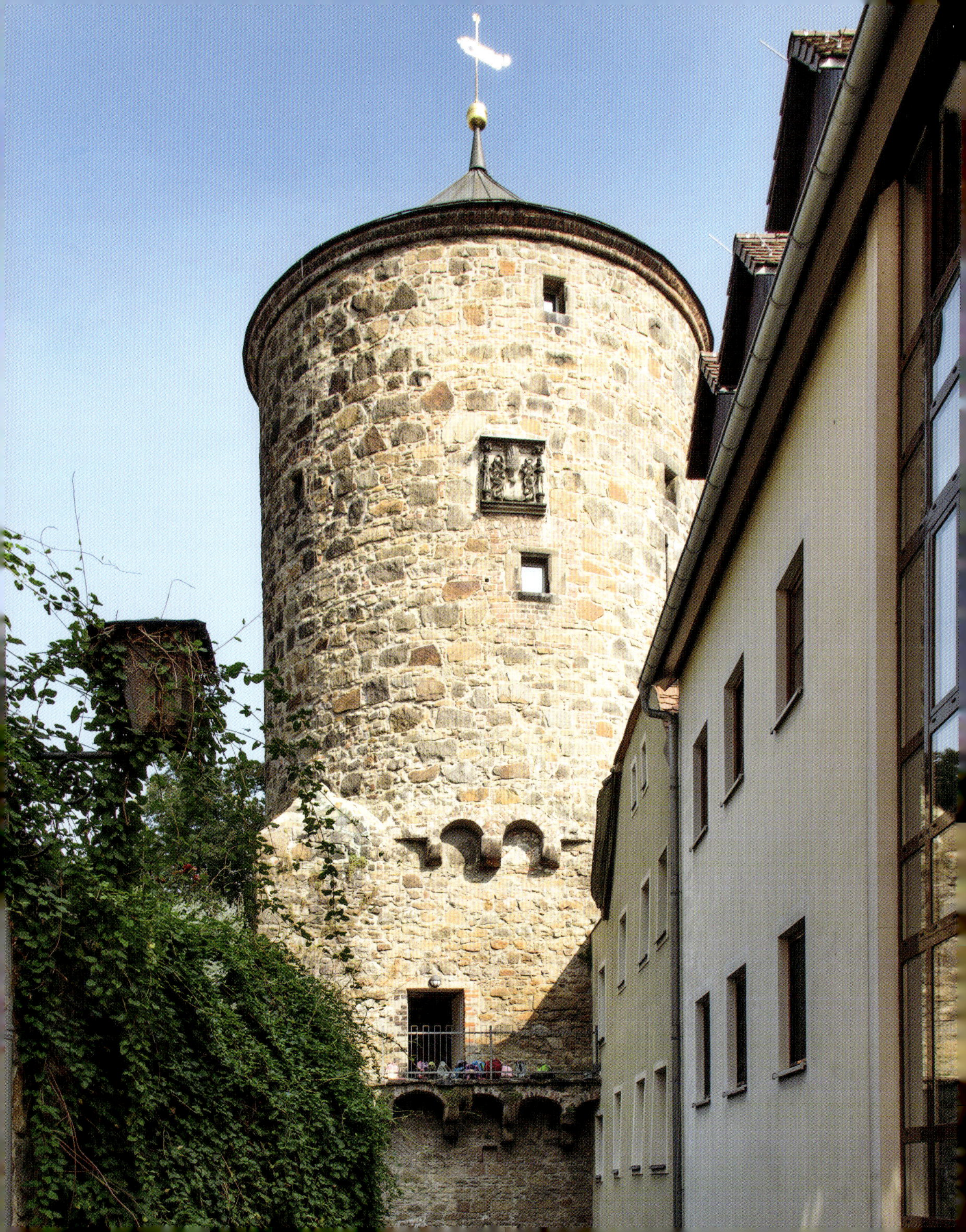

Nikolaiturm und Nikolaifriedhof

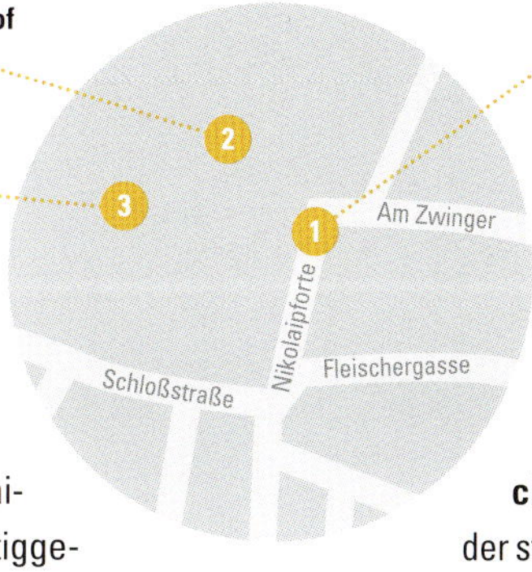

Nikolaikirche und Nikolaifriedhof

Nikolaiturm

Pulverturm

Am Zwinger

Nikolaipforte

Fleischergasse

Schloßstraße

Zunächst führt der Weg zum 1 **Nikolaiturm,** einer Torbefestigung des inneren Stadtmauerrings. Er erhebt sich über der Nikolaipforte und wurde im Jahr 1522 fertiggestellt. Seinen Namen verdankt er der unmittelbar vor der Stadtmauer gelegenen Nikolaikirche. Ihr Schutzpatron ist am Schlussstein des Torbogens dargestellt, wobei die bärtige Figur seit langer Zeit auch als der Stadtschreiber Peter Preischwitz gilt: Dieser wollte – so die Sage – Bautzen 1429 an die belagernden Hussiten verraten und fand dafür den Tod. An der Stadtseite des Turmes ist ein spätgotisches Stadtwappen angebracht. Es entstand um 1490 und wird von zwei Rittern präsentiert. Im Turminneren befindet sich eine Dauerausstellung zur Geschichte der Handelsstraße Via Regia. Der Besuch der Ausstellung ist im Rahmen einer Führung möglich, die über das Museum Bautzen gebucht werden kann.

Der Nikolaiturm, eine Torbefestigung des inneren Stadtmauerrings von 1522, beherbergt heute eine Ausstellung.

Links hinter der Tordurchfahrt erreicht man den 2 **Nikolaifriedhof** und die **Ruine der Nikolaikirche**. Der Friedhof ist zweifellos einer der stimmungsvollsten Orte der Altstadt.

Wie eine vorgeschobene Bastion liegt das Gelände oberhalb des Spreetals und wird auf allen Seiten von der Stadtmauer umschlossen. Bis 1408 befand sich hier der Weinberg des Bautzener Bürgermeisters Hermann von Uhna, der sein Grundstück der schnell wachsenden Stadtgemeinschaft stiftete, als der Friedhof von St. Petri zu klein zu werden drohte.

Die ehemalige Nikolaikirche – pittoreske Ruine über der Spree

Auf dem Nikolaifriedhof errichtete man zunächst eine Kapelle, die dem heiligen Nikolaus von Myra, der heiligen Barbara sowie dem heiligen Kreuz geweiht war. 1429 wurde die Kapelle jedoch von den Hussiten zerstört. In den 1460er und frühen 1470er Jahren entstand ein Neubau, der kaum zweihundert Jahre als Kirche genutzt wurde und heute nur noch als Ruine erhalten ist.

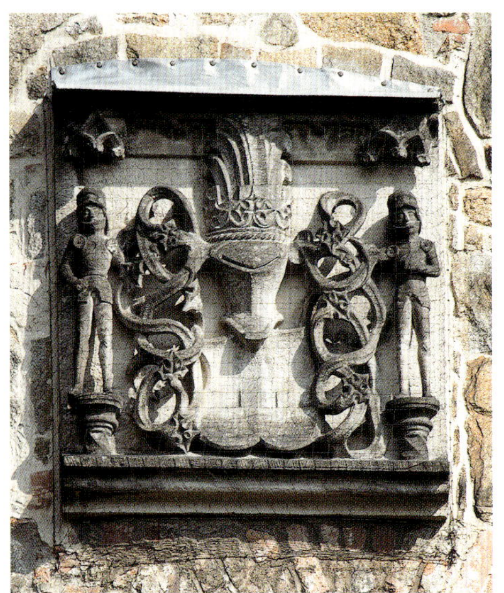

Bautzener Stadtwappen am Nikolaiturm, um 1490

Wegen des felsigen Untergrunds, der zur Spree hin steil abfällt, war der Bau eine große Herausforderung. Die Baumeister errichteten mächtige Unterbauten, um ein stabiles Fundament zu schaffen. Noch heute liegen sie wie ein Sockel unter der Kirchenruine und sind aus dem Spreetal gut zu erkennen. Die Nikolaikirche bestand aus einem zweischiffigen Langhaus und einem polygonalen Chorraum. An der Südseite befand sich ein Turm, in dessen Resten heute die Friedhofskapelle untergebracht ist. Um die Nord- und Westseite der Ruine herum führt der Wehrgang der Stadtmauer, der früher auch für Prozessionen genutzt wurde.

St. Nikolai war eine Nebenkirche von St. Petri und geistlicher Anlaufpunkt für die Dorfbewohner aus der Bautzener Umgebung. Zudem nahm die alljährliche Fronleichnamsprozession hier ihren Ausgang. Sie verlief zunächst um die Kirche herum, bevor sie durch die Altstadt bis zum Petridom führte. Eine hier ansässige Vikarsbruderschaft hielt tägliche Stundengebete zum Gedenken der Passion Christi ab. Die Vikare wohnten in einem Gebäude am Rand des Kirchhofs, das heute allerdings nicht mehr erhalten ist.

Nach der Reformation blieb das Gotteshaus unter der Obhut der katholischen Stiftsherren. 1620, als die evangelische Bürgerschaft die Kanoniker aus St. Petri vertrieben hatte, diente die Nikolaikirche sogar kurzzeitig als katholische Stiftskirche. Noch im selben Jahr erlitt der Bau aber schwere Schäden, als Bautzen durch die Truppen des sächsischen Kurfürsten Johann Georg I. belagert wurde. Die Verteidiger der Stadt trugen Teile des Daches ab, um sie für Verschanzungen zu verwenden. Der nunmehr offene Dachstuhl geriet durch Beschuss in Brand, stürzte ein und zerstörte die Gewölbe. Da die Schäden auch in der Folgezeit nicht behoben wurden, verfiel die Kirche nach und nach zur Ruine.

Lediglich der Friedhof wurde weiterhin für Bestattungen genutzt und seit dem frühen 18. Jahrhundert auf den ehemaligen Innenraum der Kirche ausgedehnt. Im Zeitalter der Romantik wurde die Ruine als Sehenswürdigkeit der Stadt Bautzen entdeckt und erstmals gesichert. Seitdem erfolgten mehrmals aufwendige Sanierungen des Mauerwerks.

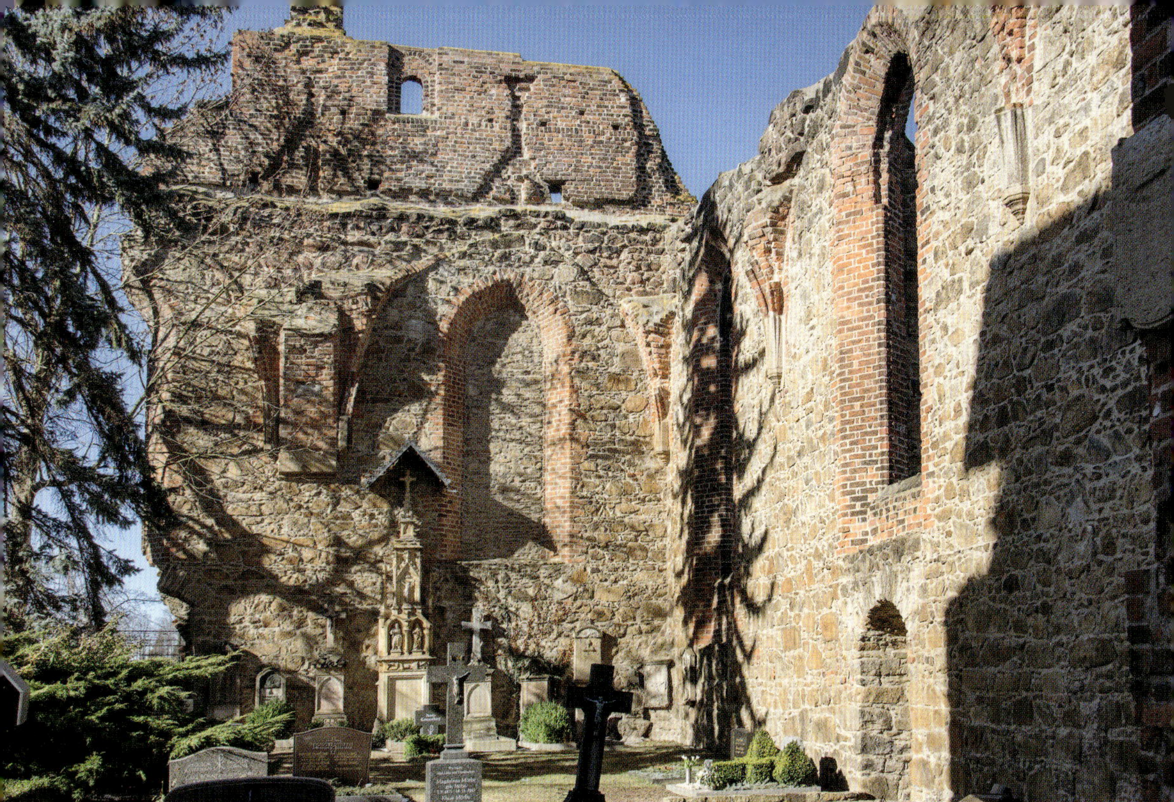

Ruine der Kirche St. Nikolai

Der Nikolaifriedhof – letzte Ruhestätte für Kleriker und bedeutende Sorben

Bis heute dient der Nikolaifriedhof als Begräbnisplatz der katholischen Domgemeinde St. Petri. Im ehemaligen Chorraum sowie an der Westwand finden sich die Grabstätten von Kanonikern des Kollegiatstifts. An der Ostseite der Friedhofskapelle fanden Petrus Legge und Otto Spülbeck, zwei Bischöfe des Bistums Dresden-Meißen, ihre letzte Ruhestätte. Außerdem sind auf dem Friedhof mehrere namhafte sorbische Persönlichkeiten bestattet. Zu ihnen zählen der Bildhauer Jakub Delenka, der Kleriker, Wissenschaftler und Publizist Michał Hórnik, der Domdekan und Sprachforscher Jurij Łušćanski, der Domdekan Jakub Skala, die Schriftstellerin Marja Mlynkowa, der Regisseur, Schauspieler und Gründer des Sorbischen Nationalensembles Jan Krawc, die Malerin und Grafikerin Božena Nawka-Kunysz sowie der Komponist und Dirigent Jan Bulank.

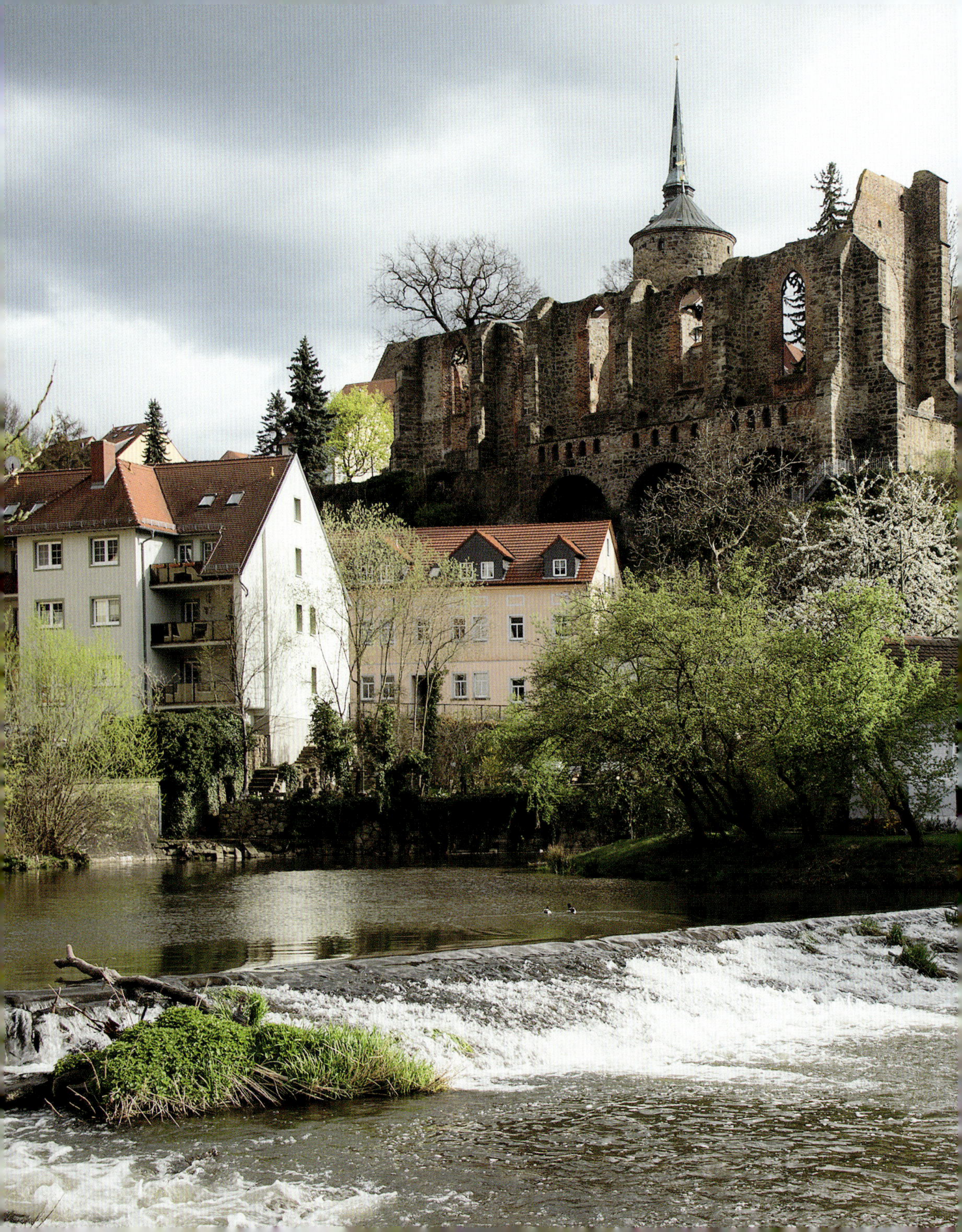

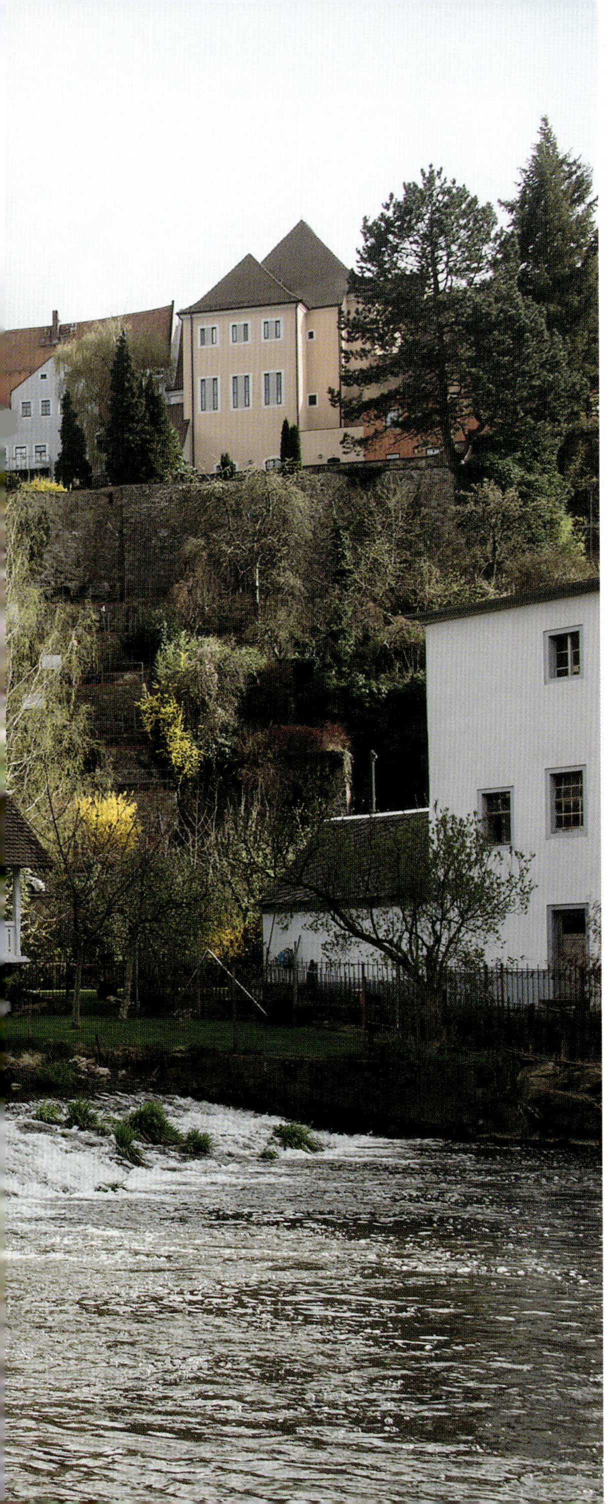

Der Pulverturm – Stadtverteidigung und Gedenkstätte

Am westlichen Rand des Nikolaifriedhofs befindet sich die Ruine des 3 **Pulverturms**, der für die Stadtverteidigung wesentlich war. Seine Überreste sind heute fast vollständig mit Efeu bewachsen und wurden nach dem Zweiten Weltkrieg als Gedenkstätte für die Opfer von Krieg und Gewalt gestaltet. Der Schalenturm ist zur Feldseite halbrund gemauert. Die zur Stadt gewandte Seite ist flach und war ehemals durch Fachwerk geschlossen. In den Untergeschossen des Turmes befinden sich mächtige Gewölbe. Diese dienten als Lagerplatz für die wertvollen und gleichsam gefährlichen Pulvervorräte. Ihretwegen musste der Pulverturm möglichst geschützt liegen, um im Belagerungsfall nicht feindlichem Beschuss ausgesetzt zu sein. Sein Standort unmittelbar am Rand des Nikolaikirchhofs erfüllte diese Bedingungen.

Von der Stadtmauer an der Nikolaikirche aus genießt man einen schönen **Ausblick ins Spreetal** und zum gegenüberliegenden Protschenberg. Unterhalb des Aussichtspunkts liegt die Seidauer Spreebrücke. Der Flussübergang wurde schon im Mittelalter als Teil der Hohen Straße (Via Regia) genutzt und begünstigte das Aufblühen Bautzens. Hier steht auch die Hammermühle, deren Geschichte bis ins Spätmittelalter zurückreicht. Die Mühle befindet sich bis heute in Familienbesitz und ist mit ihrer Ausstattung ein Beispiel für gut erhaltene historische Mühlentechnik des 19. und frühen 20. Jahrhunderts.

Blick aus dem Spreetal zur Ruine der Nikolaikirche

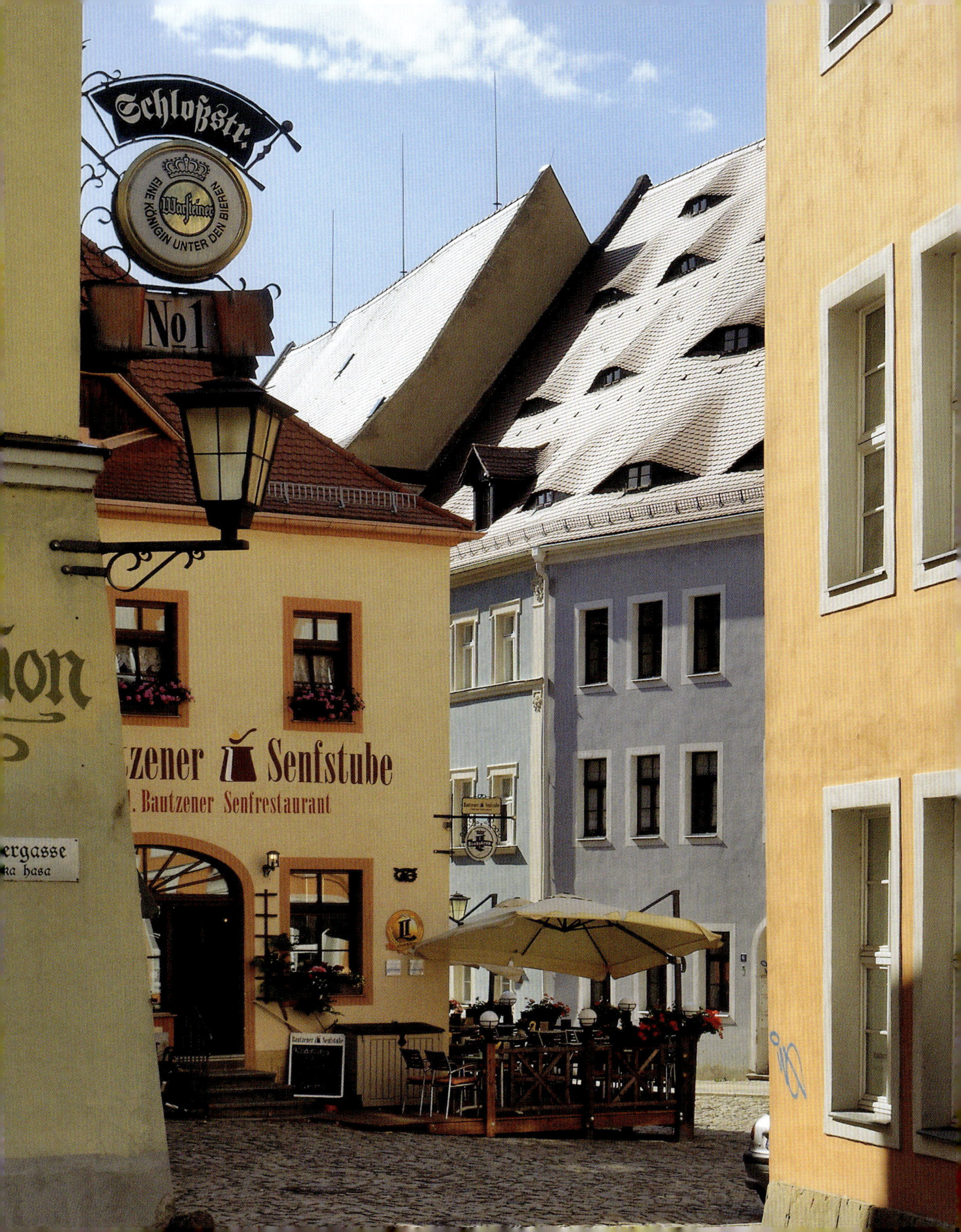
Schloßstr.
EINE KÖNIGIN UNTER DEN BIEREN
Warsteiner
No1
zener Senfstube
Bautzener Senfrestaurant
ergasse

Schloßstraße

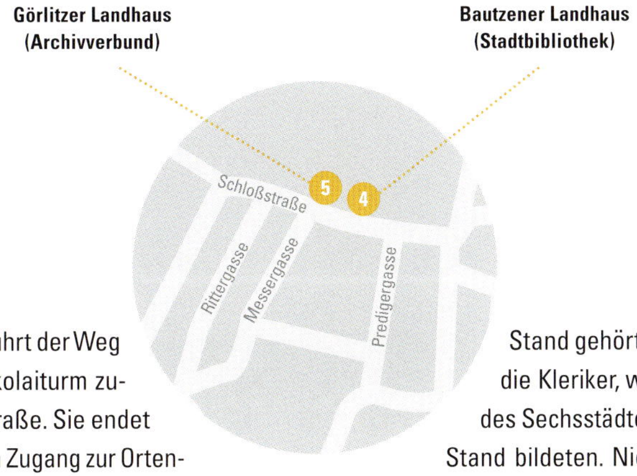

Görlitzer Landhaus (Archivverbund)

Bautzener Landhaus (Stadtbibliothek)

Schloßstraße

Rittergasse

Messergasse

Predigergasse

Vom Nikolaifriedhof führt der Weg wieder durch den Nikolaiturm zurück auf die Schloßstraße. Sie endet am Matthiasturm, dem Zugang zur Ortenburg. Die Burg unterstand dem Gesetz des Landesherrn, weshalb auch Teile der Schloßstraße in dessen Hoheitsbereich fielen. Wichtige Institutionen der Landesverwaltung hatten hier ihren Sitz, darunter die sogenannten Landstände.

Die Häuser der Ständevertretungen des Bautzener und des Görlitzer Kreises

Die beiden Häuser der Landstände liegen auf der Nordseite der Schloßstraße. Sie verweisen auf die Tradition der ständischen Ordnung in der Oberlausitz, die sich im Hochmittelalter herausbildete und bis in die Moderne von Bedeutung war. Zum ersten Stand gehörten der Landadel und die Kleriker, während die Vertreter des Sechsstädtebundes den zweiten Stand bildeten. Nicht immer herrschte Einigkeit zwischen den verschiedenen Parteien. Jedoch verstanden es die Stände, über Jahrhunderte hinweg Macht und Herrschaft auszuüben und sich gegenüber wechselnden Monarchen zu behaupten.

Blick in die Schloßstraße

Das größere der beiden Ständehäuser war das 4 **Bautzener Landhaus.** Es wurde in den Jahren 1667/68 errichtet, nachdem ein Brand das Vorgängergebäude zerstört hatte. Zur Straße präsentiert es sich in schlichten, frühbarocken Formen. Der heutige Eingang diente früher als Durchfahrt zum Wirtschaftstrakt, während das einstige Hauptportal seit dem 19. Jahrhundert vermauert ist. In seinem Sprenggiebel hielten einmal zwei Löwen das Wappen des Markgraftums Oberlausitz. Das Wappen wurde jedoch nach 1907 an einen Neubau in der Bahnhofstraße versetzt, der zunächst die

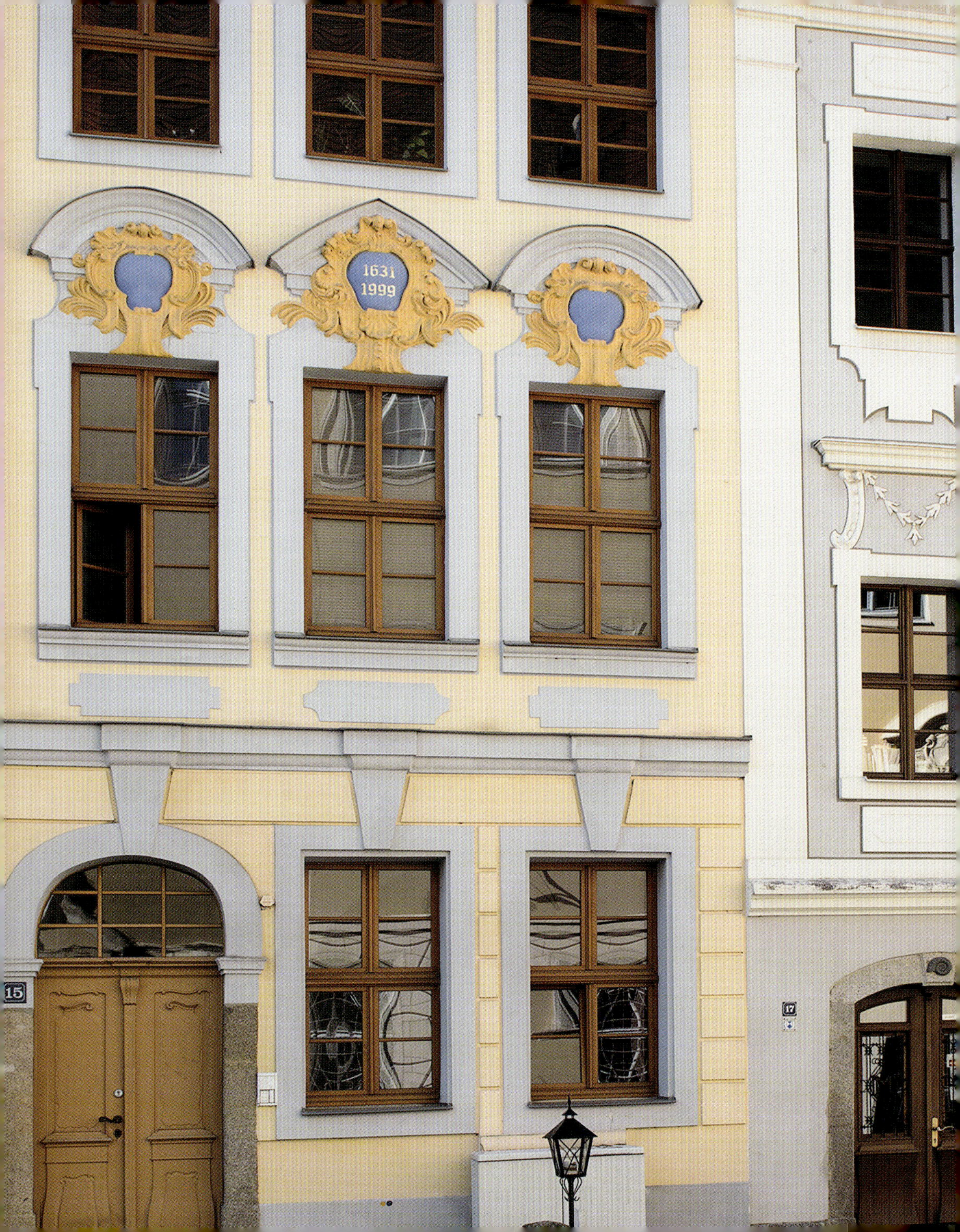
1631
1999
15
17

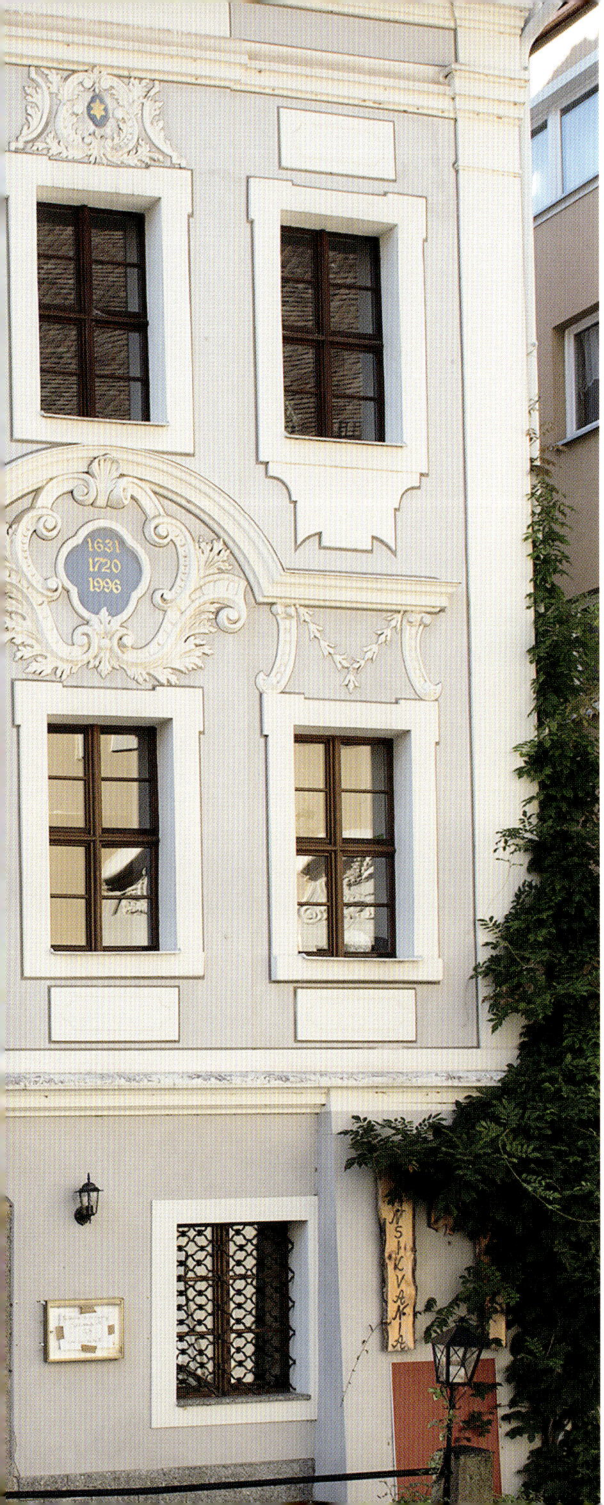

Landständische Bank beherbergte und heute als Landratsamtsgebäude dient. Stattdessen prangt am Haus der Landstände seit 2002 der sogenannte Bücherwurm und verweist auf die heutige Nutzung des Gebäudes als Sitz der Stadtbibliothek.

Im Inneren des Gebäudes war genügend Platz für die alljährlichen Zusammenkünfte der Landstände und die Unterbringung ihres Archivs. Der ehemalige Versammlungssaal im ersten Obergeschoss ist noch originalgetreu erhalten und dient heute als Lesesaal. Neben den Leihmedien beherbergt die Bautzener Stadtbibliothek einen wertvollen Bestand an alten Handschriften und Druckwerken des Spätmittelalters und der Frühen Neuzeit. Hervorzuheben ist die reiche Gersdorff'sche Bibliothek, die sich bis in die 1920er Jahre im Gersdorff'schen Palais am Burgplatz befand. Sie geht zurück auf den Oberlausitzer Adeligen und Wissenschaftler Hans von Gersdorff, der sie im 17. Jahrhundert anlegte. Bis 1945 zählten die Gersdorffs zu den namhaftesten Adelsfamilien in der Oberlausitz.

Unmittelbar daneben schließt sich das 5 **Görlitzer Landhaus** an, das von den Landständen des Görlitzer Kreises der Oberlausitz genutzt wurde. Es ist etwas kleiner als das Nachbargebäude, hatte aber die gleichen Funktionen und besitzt einen

Barocke Bürgerhäuser in der Schloßstraße (Nr. 15 und 17), 1720er Jahre

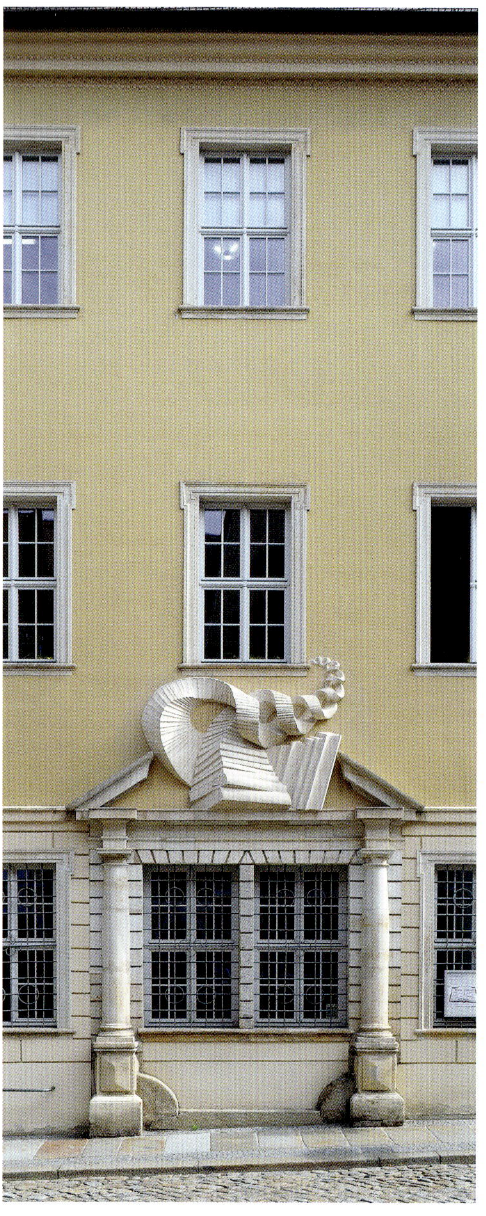

ähnlichen Innenaufbau. Nach der Teilung der Oberlausitz 1815 in einen sächsischen und einen preußischen Teil wurden die Landstände des Görlitzer Kreises zu Untertanen des preußischen Königs. Ihr Ständehaus in Bautzen lag nun im sächsischen Ausland, weswegen sie sich in Görlitz einen Neubau errichteten. Heute hat im ehemaligen Gebäude der Görlitzer Landstände der Archivverbund Bautzen seinen Sitz. Zu ihm gehören sowohl das Staatsfilialarchiv als auch das Stadtarchiv mit umfangreichen Quellenbeständen zur Landesgeschichte der Oberlausitz sowie zur Bautzener Stadtgeschichte.

Auf der gegenüberliegenden Straßenseite betreibt der **Bautzener Kunstverein** im Haus Schloßstraße 19 seine Galerie, in der regelmäßig wechselnd Werke der zeitgenössischen Kunst zu sehen sind.

Auf der Südseite der Schloßstraße und in den abzweigenden Gassen finden sich deutlich kleinere Häuser. Hier wohnten früher vorrangig Handwerker und Bedienstete der Burg. Einige der Wohnhäuser besitzen aufwendige barocke Fassadenverzierungen, die zumeist nach den Stadtbränden von 1709 und 1720 entstanden, etwa an den beiden Häusern Schloßstraße 15 und 17.

Der sogenannte Bücherwurm, Verzierung an der Fassade des heute als Stadtbibliothek genutzten Bautzener Landhauses

Ein Ort für die zeit-genössische Kunst

DER BAUTZENER KUNSTVEREIN

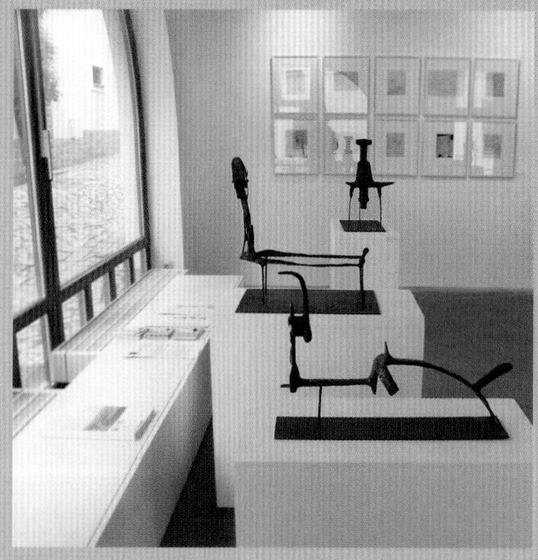

Ausstellungsraum in der Galerie des Bautzener Kunstvereins

Mit seiner ehrenamtlich betriebenen Galerie Budissin in der Schloßstraße 19 sorgt der Bautzener Kunstverein seit beinahe drei Jahrzehnten dafür, dass regelmäßig wechselnde Ausstellungen zeitgenössischer Kunst in der Spreestadt zu sehen sind. Die jährlich fünf bis sechs Schauen zeigen Werke der Malerei, Grafik und Bildhauerei. Bereits 1911 wurde ein Verein von kunstsinnigen Bautzener Bürgern gegründet und entwickelte sich schnell zu einem überregional bekannten Akteur. Nach dem Zweiten Weltkrieg musste er seine Arbeit jedoch einstellen. Erst seit den 1980er Jahren gab es dann mit der Verkaufsgalerie des Kunsthandels der DDR in Bautzen wieder einen Ort, an dem Werke von lokalen Künstlern ausgestellt und verkauft werden konnten. 1990 wurde der Kunstverein auf Initiative des Bautzener Bildhauers Horst Weiße neu gegründet. Zunächst nutzte man noch die Ausstellungsräume des zwischenzeitlich aufgelösten Kunsthandels der DDR, später richtete man eine Galerie im Haus An den Fleischbänken 7 ein, um schließlich 2015 ins neue Domizil in der Schloßstraße 19 umzuziehen. Hier gehören Künstlerinnen und Künstler aus der Oberlausitz sowie aus Polen und Tschechien gleichermaßen zum Programm wie international bekannte Namen. Seit 1996 organisiert der Kunstverein auch bisher zehn Herbstsalons, die an wechselnden Orten in der Stadt stattfinden und auf denen jeweils um die 100 Künstlerinnen und Künstler mit ihren Werken vertreten sind. Außerdem vergab der Verein über viele Jahre hinweg den Bautzener Kunstpreis sowie einen Preis für gelungene Restaurierungen von Baudenkmalen in der Bautzener Altstadt. Beliebt sind auch die Exkursionen und Kunstreisen des Vereins sowie die in der Vorweihnachtszeit stattfindenden Verkaufsausstellungen.

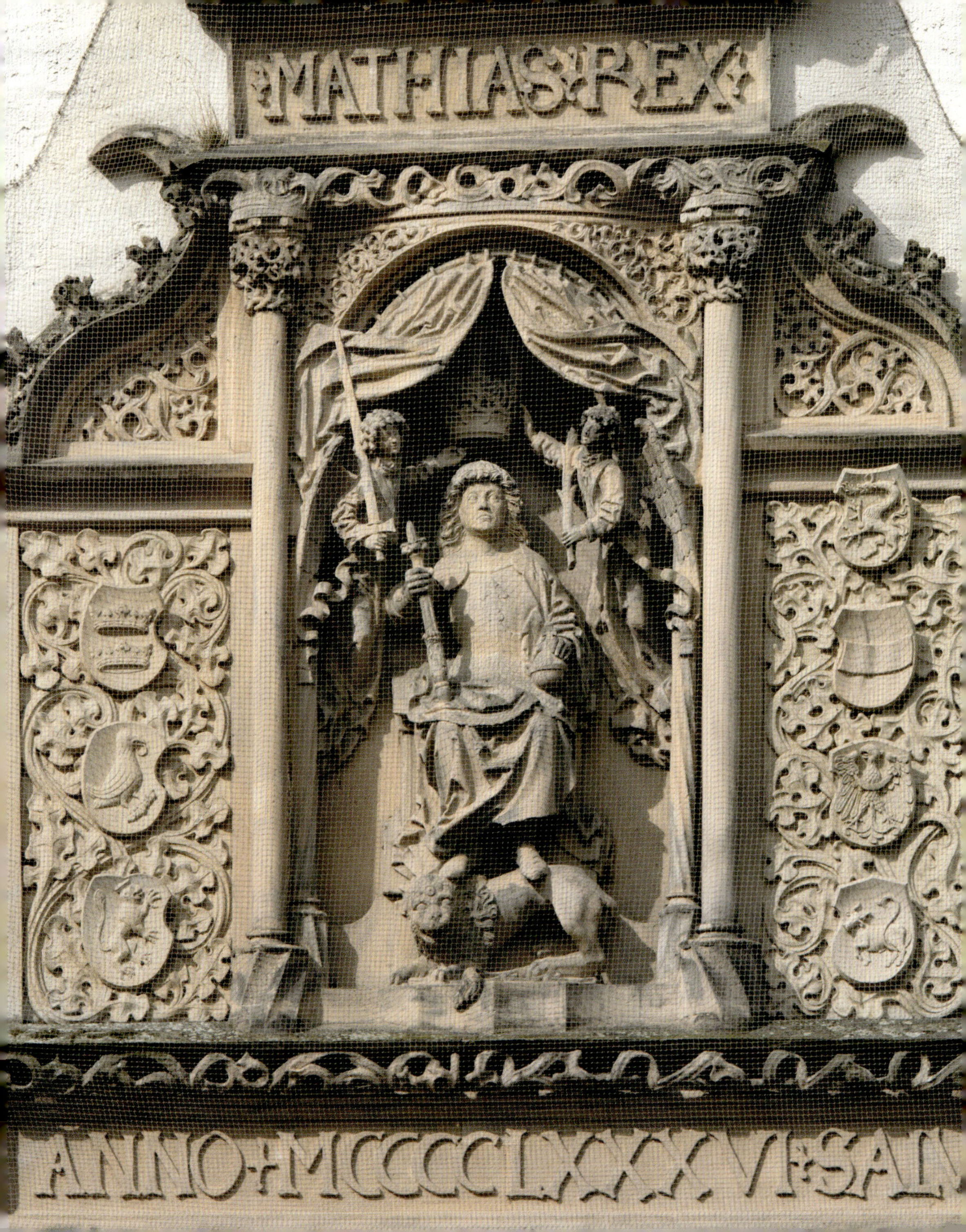
MATHIAS REX
ANNO MCCCCLXXXVI SAL

Ortenburg

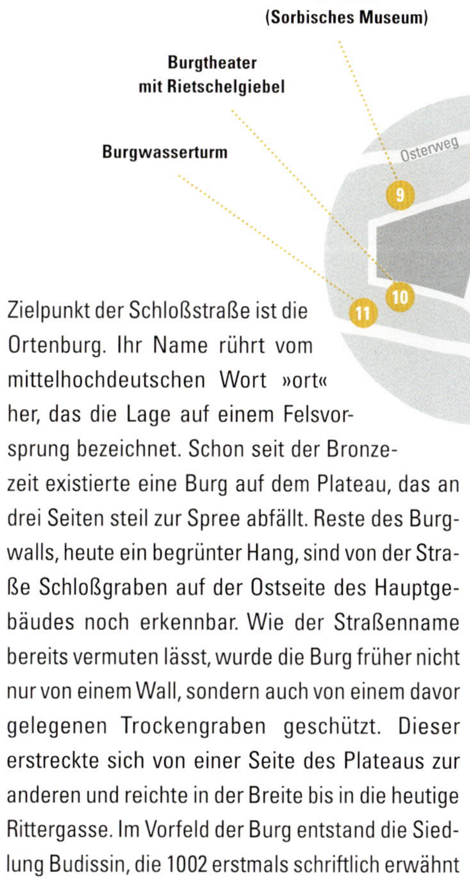

Zielpunkt der Schloßstraße ist die Ortenburg. Ihr Name rührt vom mittelhochdeutschen Wort »ort« her, das die Lage auf einem Felsvorsprung bezeichnet. Schon seit der Bronzezeit existierte eine Burg auf dem Plateau, das an drei Seiten steil zur Spree abfällt. Reste des Burgwalls, heute ein begrünter Hang, sind von der Straße Schloßgraben auf der Ostseite des Hauptgebäudes noch erkennbar. Wie der Straßenname bereits vermuten lässt, wurde die Burg früher nicht nur von einem Wall, sondern auch von einem davor gelegenen Trockengraben geschützt. Dieser erstreckte sich von einer Seite des Plateaus zur anderen und reichte in der Breite bis in die heutige Rittergasse. Im Vorfeld der Burg entstand die Siedlung Budissin, die 1002 erstmals schriftlich erwähnt wurde und sich während des Mittelalters zunehmend in Richtung Osten und Süden ausdehnte.

Briccius Gauske (?), Denkmal für den böhmisch-ungarischen König Matthias Corvinus am Matthiasturm, 1486

Die Ortenburg als politischer und juristischer Mittelpunkt der Oberlausitz

Mit dem Landvogt und später dem Landeshauptmann hatten die höchsten Verwaltungsbeamten der Oberlausitz in der Ortenburg ihren Dienstsitz. Außerdem waren das Oberamt als höchste Verwaltungsbehörde sowie das oberste Gericht hier angesiedelt. Während ihrer regelmäßigen Besuche in der Stadt residierten die Landesherren in der Ortenburg. Den Vertretern der Stände diente sie zudem als Versammlungsort für ihre alljährlichen Landtage.

Die Ortenburg als Verteidigungsanlage

Entsprechender Aufwand wurde bei der militärischen Sicherung der Burg betrieben. Sie bildete eine eigenständige Verteidigungsanlage, die zwar mit dem Stadtmauerring verbunden war, jedoch auch losgelöst von diesem verteidigt werden konnte. Um das Jahr 1000 wurde die Burg Budissin heftig umkämpft. Vermutlich verstärkte man damals den ursprünglichen Wall, der noch aus der Bronzezeit stammte.

Die Ortenburg als Herrschersitz

Im Januar 1018 schlossen auf der Ortenburg der deutsche Kaiser Heinrich II. und der polnische König Bolesław Chrobry den Frieden von Bautzen, der einen anderthalb Jahrzehnte dauernden Krieg beendete. Zu dieser Zeit war das Burgareal mit hölzernen Wegen ausgestattet, die von zahlreichen Holzhäusern in dichten Reihen gesäumt wurden.

Im ausgehenden 11. und frühen 12. Jahrhundert war die Ortenburg Residenz des Markgrafen Wiprecht von Groitzsch. Dieser hatte die Oberlausitz als Mitgift seiner Gattin, der böhmischen Herzogstocher Judith, erhalten. Judith verstarb 1108 auf der Ortenburg, wurde aber nicht in Bautzen, sondern in der Familiengrabanlage, im Benediktinerkloster Pegau südlich von Leipzig, bestattet. Vermutlich im 12. Jahrhundert erhielt die Ortenburg einen mächtigen Bergfried, der inmitten des heutigen Hofes stand. Er wurde aber bereits im 15. Jahrhundert wieder abgebrochen.

Während der ersten Hälfte des 13. Jahrhunderts residierte der böhmische Prinz Wenzel II. regelmäßig auf der Ortenburg. Von seinem Vater, dem böhmischen König Přemysl Ottokar I., war er zum Herzog des Bautzener Landes ernannt worden, bevor er selbst den böhmischen Königsthron bestieg.

In den nachfolgenden Jahrhunderten wurde die Oberlausitz von verschiedenen Dynastien regiert

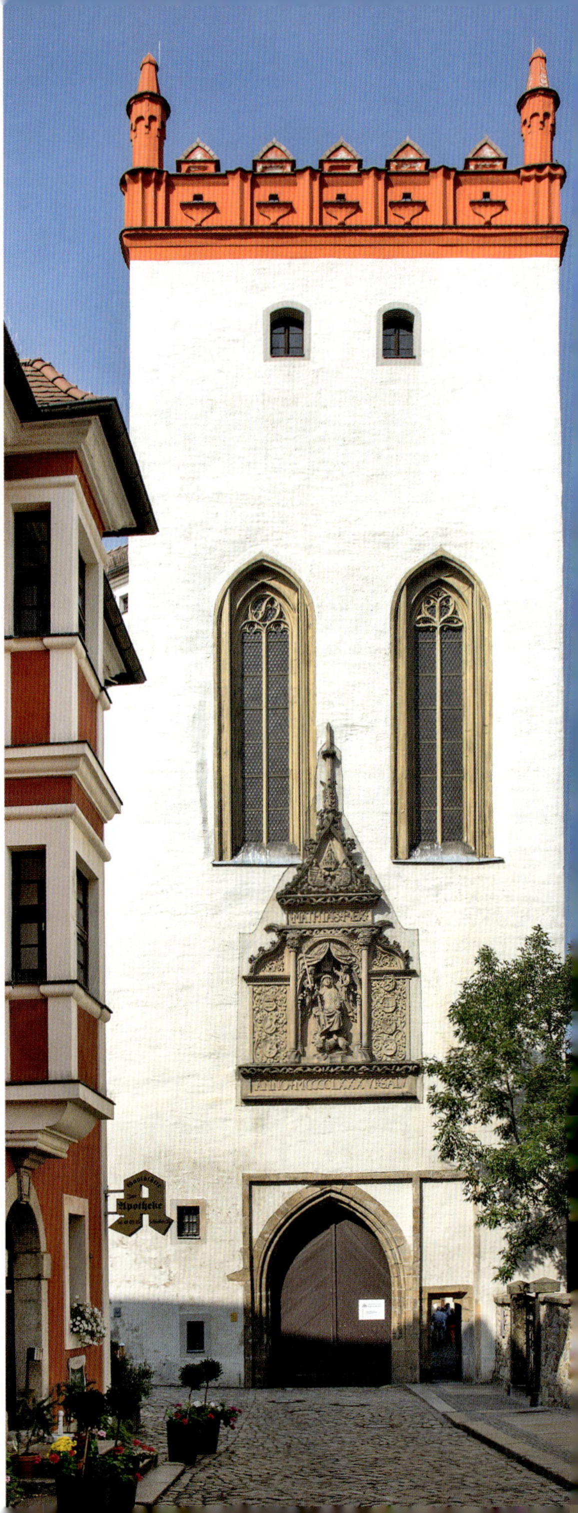

Matthiasturm mit dem Denkmal
des Namensgebers Matthias Corvinus

(Luxemburger, Jagiellonen, Habsburger, Wettiner). Die wechselnden Herrscher hielten sich meist aber nur noch für kurze Zeit in der Ortenburg auf.

Im Dreißigjährigen Krieg und am Ende des Zweiten Weltkriegs wurde die Anlage zwar stark beschädigt, jedoch immer wieder instand gesetzt.

Zugang zur Burg durch den Matthiasturm

Den Eingang zur Burg bildet der imposante 6 **Matthiasturm**, der auch das westliche Ende der Schloßstraße markiert. Seine Tore waren einst mit Zugbrücken gesichert, die den Schlossgraben überspannten. Ein größeres Tor diente für Wagen, ein kleineres für Fußgänger. Der Bau entstand in zwei Phasen: Vermutlich in der zweiten Hälfte des 14. Jahrhunderts wurde ein erster Torturm errichtet, der nur etwa ein Drittel so hoch war wie der heutige. In den 1480er Jahren erfolgte dann eine Aufstockung um zwei weitere Geschosse.

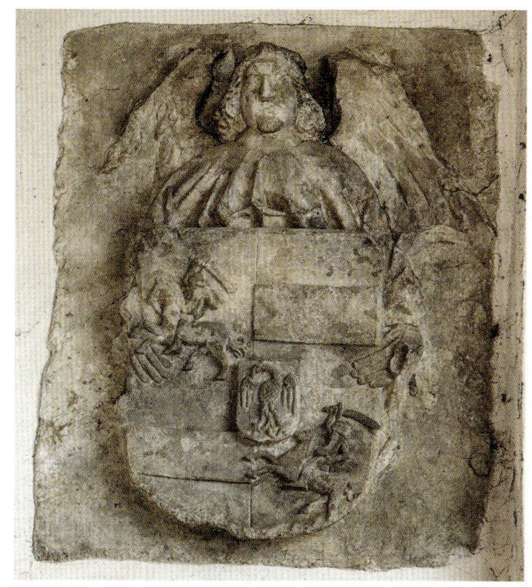

Wappenstein des Sigismund Jagiello, Landvogt der Oberlausitz und später polnischer König, in der Durchfahrt des Matthiasturms, 1504

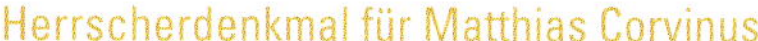

Herrscherdenkmal für Matthias Corvinus

Über der Tordurchfahrt an der Ostfassade des Turmes befindet sich das Denkmal für den böhmisch-ungarischen König Matthias Corvinus. Der Monarch, der die Oberlausitz von 1469 bis 1490 regierte, wird in vollem Ornat auf seinem Thron dargestellt. Er ist mit den Insignien seiner Macht ausgestattet und wird äußerst originell präsentiert: Zwei Engelsfiguren scheinen einen Vorhang vor der Bildnische zur Seite zu ziehen und den Blick auf Matthias Corvinus freizugeben. Ober- und unterhalb der Königsfigur nennen Inschriften den Namen des Herrschers und das Entstehungsjahr 1486. Im Giebel sind außerdem – unter einer Krone vereint – die Wappen der Königreiche Böhmen und Ungarn eingesetzt. Auf beiden Seiten der Königsfigur finden sich weitere Wappen jener Länder, die ebenfalls von Matthias Corvinus regiert wurden. Hierbei handelt es sich allerdings um moderne Rekonstruktionen, die nach einer grafischen Vorlage aus dem 18. Jahrhundert gestaltet wurden. Das Denkmal, das wohl unter der Regie des Landvogts Georg von Stein entstand, wird dem Bildhauer Briccius Gauske zugeschrieben, der auch in Görlitz, Breslau und Kuttenberg (Kutná hora) tätig war.

Die außergewöhnliche Königsdarstellung hatte eine unmissverständliche politische Funktion: Sie führte den Oberlausitzer Untertanen ihren Landesherrn ständig vor Augen, obwohl er während seiner

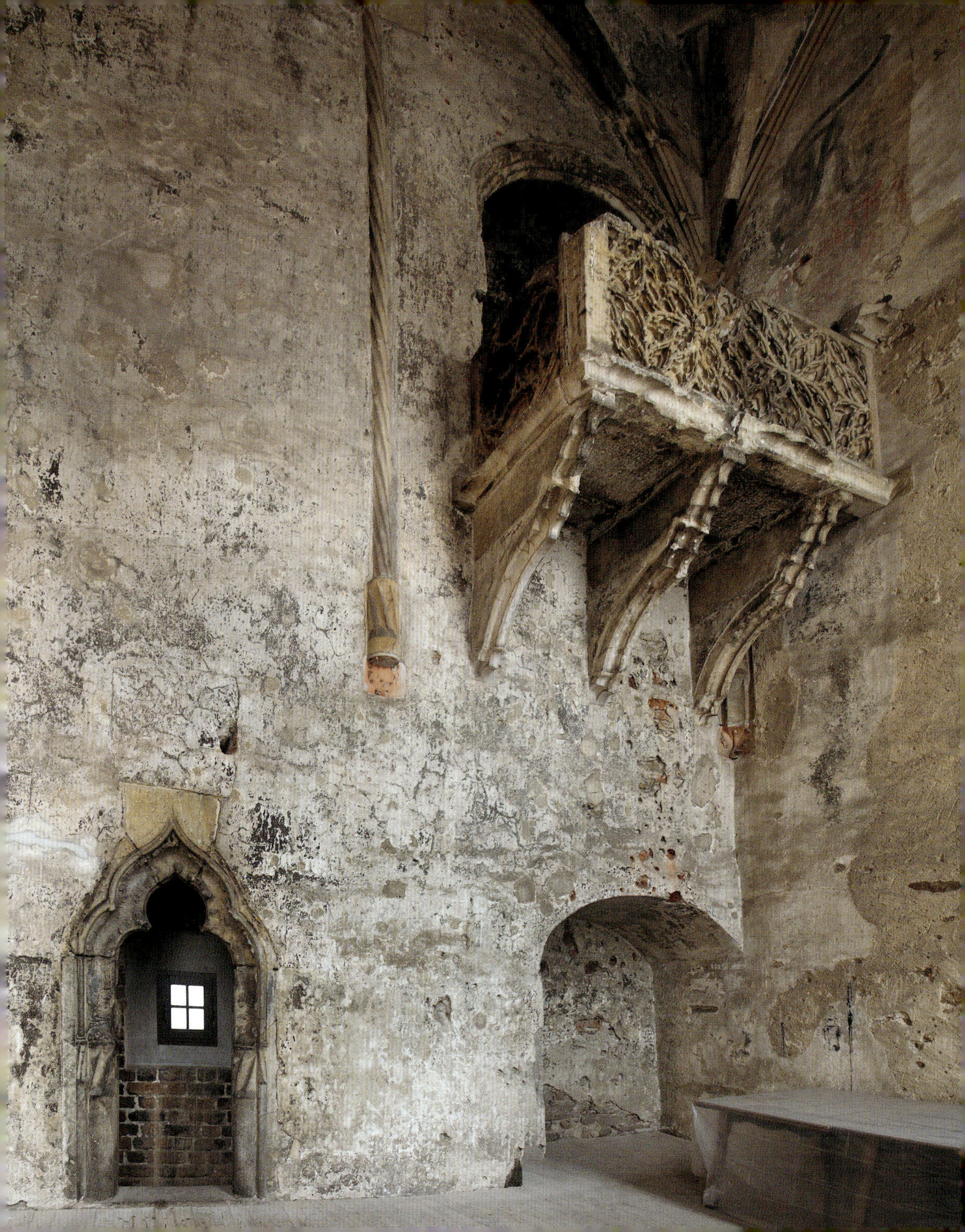

gesamten Regierungszeit nicht ein einziges Mal ins Land kam. Mit dieser demonstrativen Aussage und seiner aufwendigen Komposition gehört das Denkmal zu den wichtigsten Herrscherbildnissen der späten Gotik in Mitteleuropa. Vor allem die ungarische Landesgeschichtsforschung misst ihm große Bedeutung bei. So wurden im ausgehenden 19. Jahrhundert drei Kopien des Denkmals hergestellt und an der Matthiaskirche auf der Burg von Budapest, an der ehemaligen Franziskanerkirche von Szeged sowie am Schloss von Král'ova Lehota in der heutigen Slowakei angebracht.

Wappen des polnischen Prinzen Sigismund Jagiello

In der Tordurchfahrt des Matthiasturms findet sich ein weiteres bedeutendes Denkmal der Oberlausitzer Landesgeschichte: Von einem Engel wird das sandsteinerne Wappen des polnischen Prinzen Sigismund Jagiello präsentiert. Sigismund amtierte von 1504 bis 1506 zunächst als Landvogt der Oberlausitz, bevor er 1507 den polnischen Königsthron bestieg. Unter dem Namen Sigismund der Alte gilt er bis heute als eine der wichtigsten polnischen Herrscherpersönlichkeiten. Der Bautzener Wappenstein ist das einzige erhaltene Monument aus seiner Prinzenzeit.

Ruine der Schlosskapelle im Matthiasturm

Im Inneren des Matthiasturms

Der Turm kann gelegentlich im Rahmen von Führungen bzw. zum Tag des offenen Denkmals besichtigt werden. Sein Eingang befindet sich in der Toreinfahrt. Von dort führt eine Treppe, die in der Außenwand verläuft, zunächst in einen Raum über der Durchfahrt. An den Wänden dieses Raumes sind Reste von Malereien des späten 15. und frühen 16. Jahrhunderts erhalten, die das Wappen des Matthias Corvinus zeigen, sowie eine illusionistische Kassettendecke in frühen Renaissanceformen.

Ein Stockwerk höher liegt die ehemalige Schlosskapelle, die seit dem Dreißigjährigen Krieg jedoch eine Ruine ist. Ihr Raum wird durch zwei hohe Fenster in der Ostseite des Turmes beleuchtet. Erhalten sind Reste des Sterngewölbes, zwei spätgotische Portale sowie die Herrschaftsempore, die mit zierlichem Astwerk verziert ist. Zum Emporenraum gehören außerdem ein kleines spätgotisches Zellengewölbe und ein Fenster, an dessen Gewände eine Szene aus dem Leben des heiligen Franziskus zu finden ist.

Oberhalb der Kapelle liegt ein weiterer Raum, der ursprünglich die Verbindung zwischen dem Schlossgebäude und dem Turm herstellte. Von hier aus erreicht man schließlich die mit einem Zinnenkranz eingefasste Plattform des Turmes. Sie bietet einen wunderbaren Ausblick über die Bautzener Altstadt und ins Spreetal.

Auf dem Zugangsweg zum Burghof

Zum großen Burghof führt vom Matthiasturm die historische Auffahrt, die auf beiden Seiten von Mauern eingefasst ist. Linker Hand ist noch eine

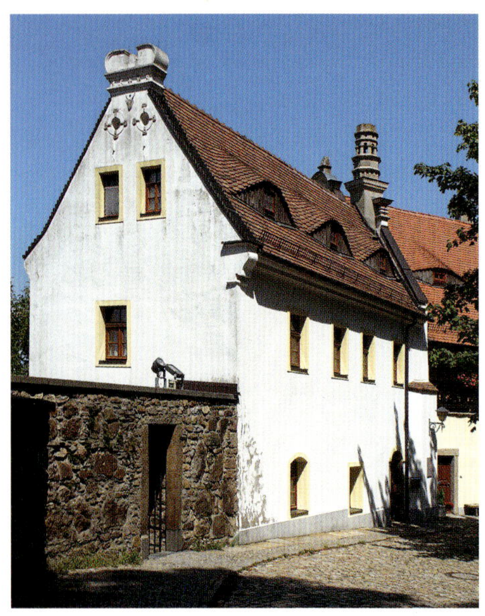

Hofrichterhaus mit Glockentürmchen

Pferdeausspanne aus dem 18. Jahrhundert erhalten. Rechts folgen zwei frühere Wohnhäuser von Burgbediensteten. Eines davon ist das 7 **Hofrichterhaus**. Auf dem Dach trägt es ein Glockentürmchen aus der zweiten Hälfte des 17. Jahrhunderts, das irrtümlich oft für einen Schornsteinkopf gehalten wird. Die einst darin befestigte Glocke soll bei Hinrichtungen auf dem Burghof geläutet haben.

Das Hauptgebäude der Ortenburg

Am Burghof liegt das 8 **Hauptgebäude der Ortenburg**, dessen drei Flügel um einen kleineren Innenhof gruppiert sind. Es steht zum Teil auf den Resten des bronzezeitlichen Burgwalls. Die ältesten Teile des Hauptgebäudes stammen noch aus dem 14. Jahrhundert. Dazu gehört ein ehemaliger Turm, der in den unmittelbar an den Matthiasturm anschließenden Flügel integriert wurde und an dessen Stirnseite ein großes spitzbogiges Fenster erhalten ist. Vorrangig entstand das aus verputztem Backstein errichtete Hauptgebäude in den 1480er Jahren unter dem Landvogt Georg von Stein. Verantwortlich für den spätgotischen Bau waren vermutlich Handwerker von der Meißener Albrechtsburg.

Wegweisend für die spätgotische Entstehungszeit des Gebäudes sind seine senkrechten, regelmäßig angeordneten Fensterachsen. An der Hauptfassade, die dem Burghof zugewandt ist, wechseln die Fenster sich mit sechs Strebepfeilern ab. Bis zum Dreißigjährigen Krieg waren die Pfeiler mit hohen Spitzdächern bekrönt, was sie wie sechs schlanke Türme aussehen ließ. Diese Gestaltung stellte vermutlich ein architektonisches Sinnbild für das Land der Sechsstädte, die frühere Bezeichnung der Oberlausitz, dar. Damit dieses architektonische Sinnbild weithin sichtbar war, wurden im Zuge des spätgotischen Neubaus alle älteren Gebäude auf dem Burghof abgebrochen. Heute ist die Silhouette des Hauptgebäudes von fünf hohen Schaugiebeln des 17. Jahrhunderts geprägt. Sie entstanden beim Wiederaufbau unter den sächsischen Landbaumeistern Ezechiel Eckhardt und Wolf Caspar von Klengel, nachdem die Ortenburg im Dreißigjährigen Krieg schwere Schäden erlitten

Schaufassade des Hauptgebäudes der Ortenburg

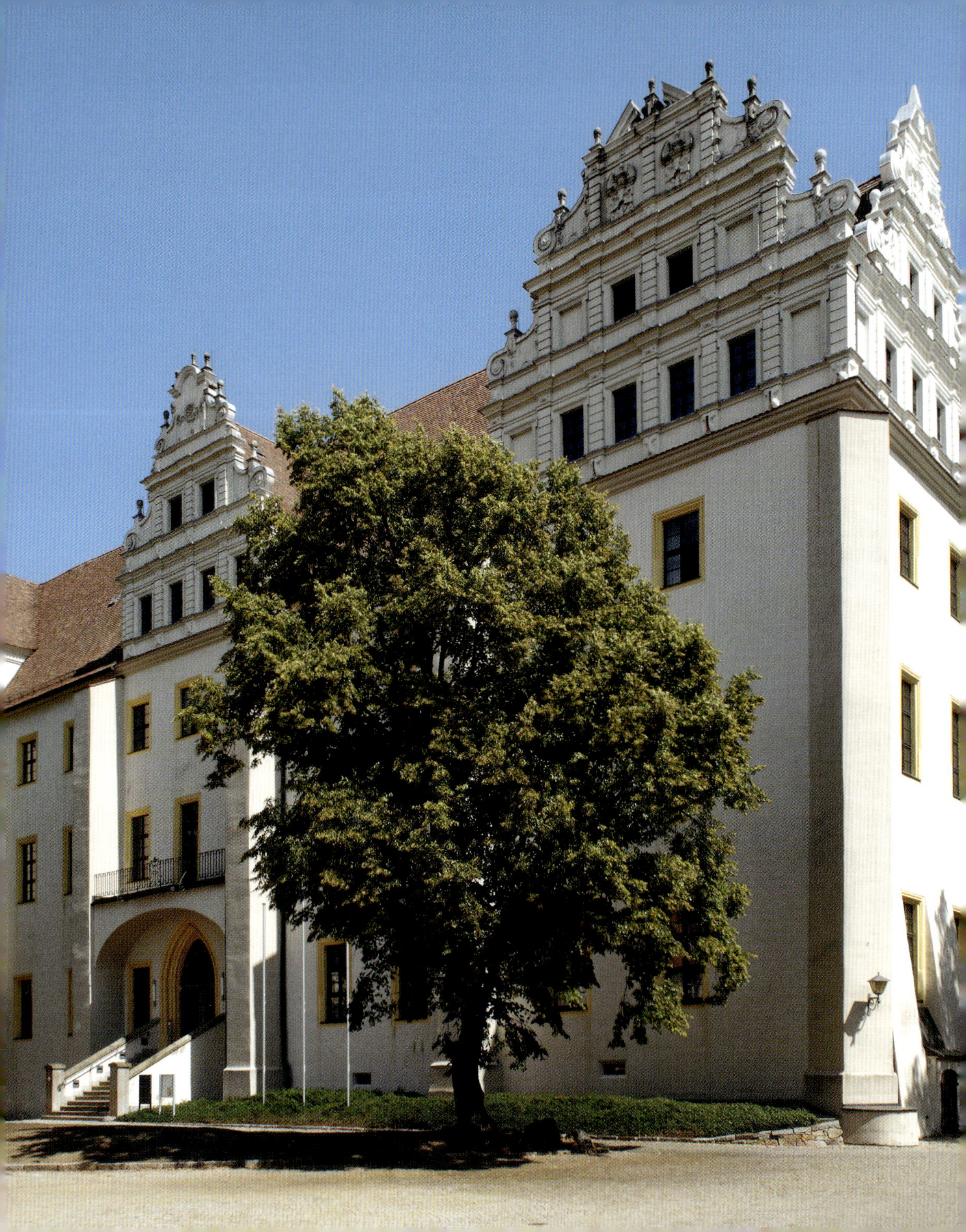

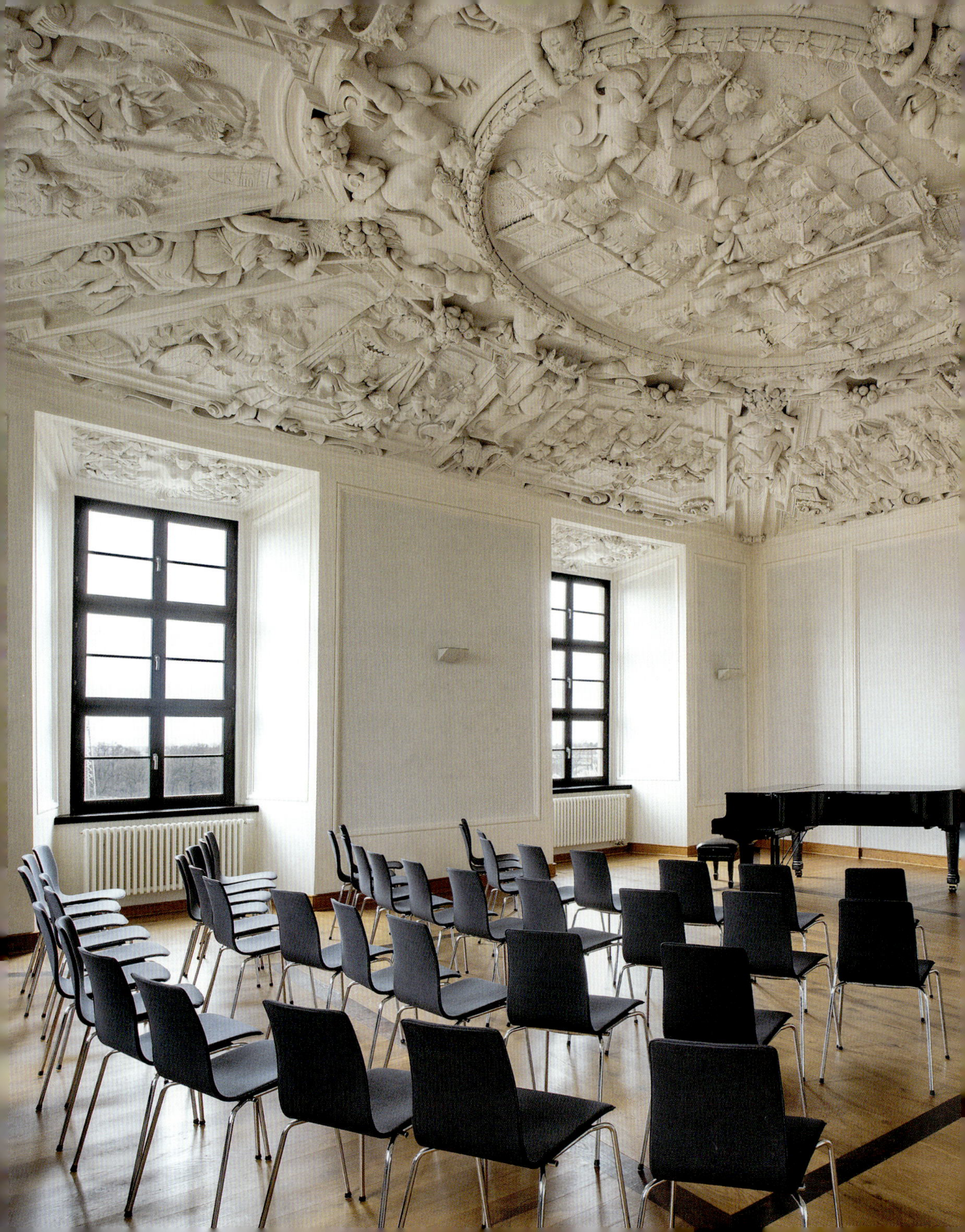

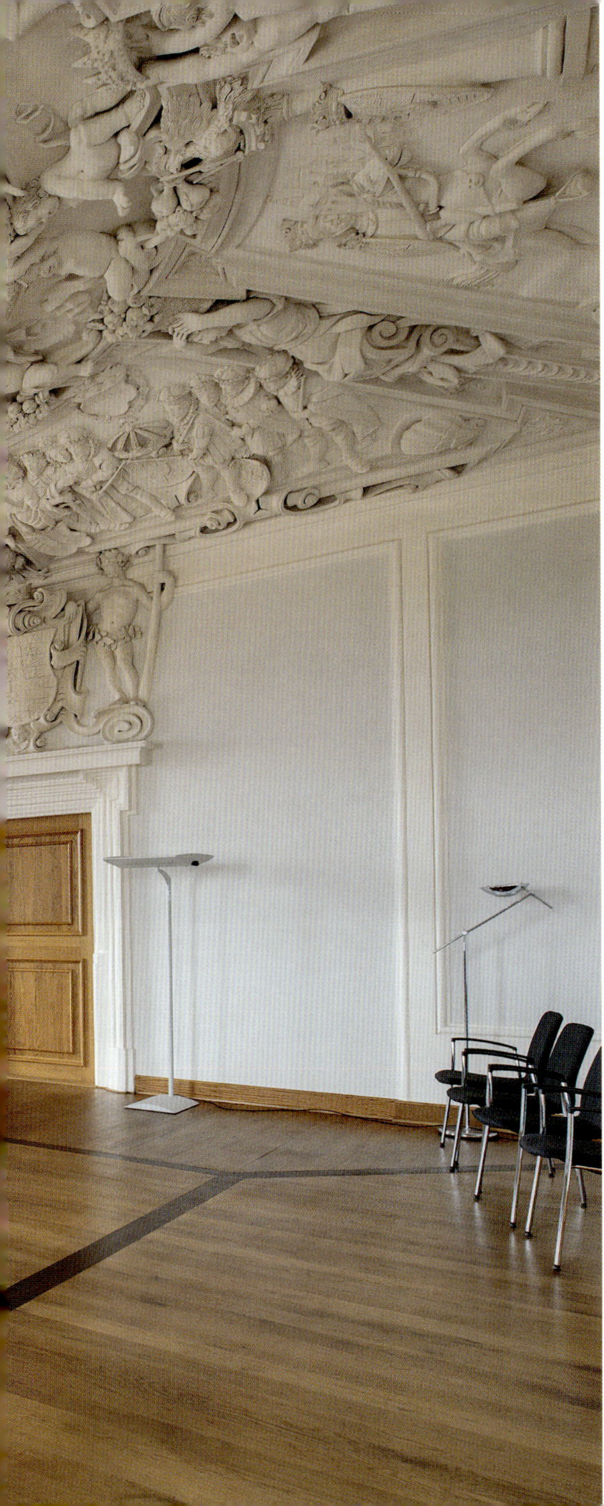

hatte. Der weitere Ausbau wurde 1699 unter dem polnischen König und sächsischen Kurfürsten August I. (der Starke) abrupt beendet. Das Monogramm »A R« am Balkongitter über dem Hauptportal erinnert noch an seine Herrschaft.

Im Inneren des Hauptgebäudes

Das Hauptgebäude wird heute vom Sächsischen Oberverwaltungsgericht genutzt, weshalb die Räume nur zu besonderen Anlässen besichtigt werden können. Im ersten Obergeschoss sind Teile der Innengestaltung aus der zweiten Hälfte des 17. Jahrhunderts erhalten. Im Nordflügel liegen die ehemaligen Wohnräume des Landesherrn, die in den 1660er Jahren unter dem sächsischen Kurfürsten Johann Georg II. neu gestaltet wurden. Aus dieser Zeit stammen mehrere Holzbalkendecken, die mit figürlichen Zyklen bemalt sind. Den Höhepunkt bildet die Stuckdecke im nordwestlichen Eckzimmer des ersten Obergeschosses, dem ehemaligen kurfürstlichen Kammergemach. Die Decke ist aufwendig verziert mit Szenen aus der Herrschaftsgeschichte der Oberlausitz: Ausgangspunkt ist die eher mythische Vergabe des Landes an den Wettiner Herzog Widukind, der die Oberlausitz einst als Lehen von Kaiser Karl dem Großen erhalten haben soll. Daran schließen sich weitere Belehnungsszenen bzw. Porträts von Herrschern an, die die Oberlausitz in Mittelalter und Früher Neuzeit regierten. Höhepunkt der Darstellung ist ein zentrales Reliefbild, das die Übergabe der

Giovanni Bartolomeo Cometa, Giulio Vanetti, Stuckdecke im ehemaligen kurfürstlichen Kammergemach der Ortenburg, 1661

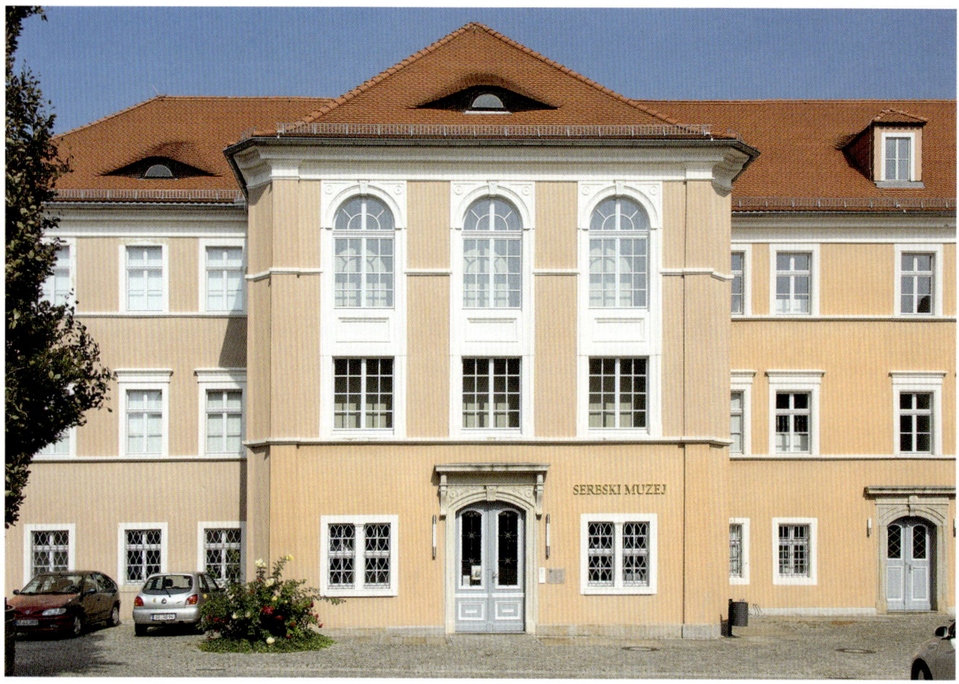

Salzhaus der Ortenburg
(heute Sorbisches Museum)

Oberlausitz durch Kaiser Ferdinand II. an den sächsischen Kurfürsten Johann Georg I. zeigt. Die Deckengestaltung wurde von den Stuckateuren Giovanni Bartolomeo Cometa und Giulio Vanetti ausgeführt, die aus dem Tessin stammten und auch in Böhmen sowie der Niederlausitz tätig waren. Die Auswahl der Szenen geht vermutlich auf den Landesbeamten Benjamin Leuber zurück, der sich auch als Historiker hervorgetan hatte. Da er jedoch stets das Haus Wettin in den Vordergrund rückte, stieß seine Sicht der Oberlausitzer Geschichte bereits zu Lebzeiten auf heftige Kritik.

Die wechselhafte Geschichte des Salzhauses

In der Mitte des Burghofs liegt ein spätmittelalterlicher, in den Fels geschlagener Brunnen. An der Nordseite befindet sich das ehemalige 9 **Salzhaus**. Es stammt aus dem Jahr 1782 und wurde direkt auf der äußeren Burgmauer als Salzdepot errichtet. Ab 1834 wurde das Salz jedoch im Bautzener Rathaus gelagert und das ehemalige

Sorbisches Museum

SERBSKI MUZEJ

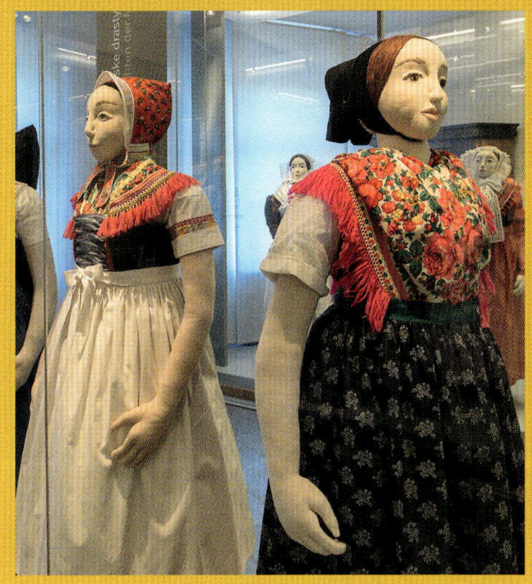

Historische sorbische Trachten in der Dauerausstellung des Sorbischen Museums

Seit Jahrhunderten lebt das westslawische Volk der Sorben in der Oberlausitz. Wer ihre vielseitige Geschichte und Kultur kennenlernen will, ist im Sorbischen Museum auf der Ortenburg an der richtigen Adresse.

Wissenschaftlich dokumentiert wurde sorbisches Leben in der Oberlausitz ab 1847 von der Bautzener Gesellschaft Maćica Serbska. Sie stellte ihre Sammlungen ab 1904 im Wendischen Haus (Serbski dum) aus, das allerdings auf Druck der Nationalsozialisten 1937 geschlossen werden musste. Die Objekte gelangten daraufhin in den Bestand des Bautzener Stadtmuseums, wo viele bei Kriegsende verloren gingen. Ab den 1950er Jahren gab es Bestrebungen, die Sammlungen neu aufzubauen und an einem geeigneten Standort wieder auszustellen. Die Wahl fiel schließlich auf das ehemalige Salzhaus der Ortenburg, das 1974 als Sorbisches Museum eröffnet wurde.

Heute umfassen die Sammlungen des Museums rund 35 000 Exponate aus den Bereichen der Kultur- und Kunstgeschichte. Hervorzuheben sind die sorbischen Trachten, deren älteste Stücke aus dem 18. Jahrhundert stammen. Auch bedeutende Werke sorbischer bildender Künstlerinnen und Künstler sind im Museum zu finden. Auf einer Fläche von 1 000 Quadratmetern bieten die jüngst erneuerten Dauerausstellungen spannende Einblicke in »Sorbische Lebenswelten vom Spätmittelalter bis zur Moderne«, erzählen über die »Sorbische Nationalbewegung im 19. und frühen 20. Jahrhundert« und zeigen die »Sorbische Bildende Kunst vom 19. bis 21. Jahrhundert«. Zusätzlich finden mehrmals jährlich wechselnde Sonderausstellungen zu Themen der sorbischen Kultur- und Kunstgeschichte statt.

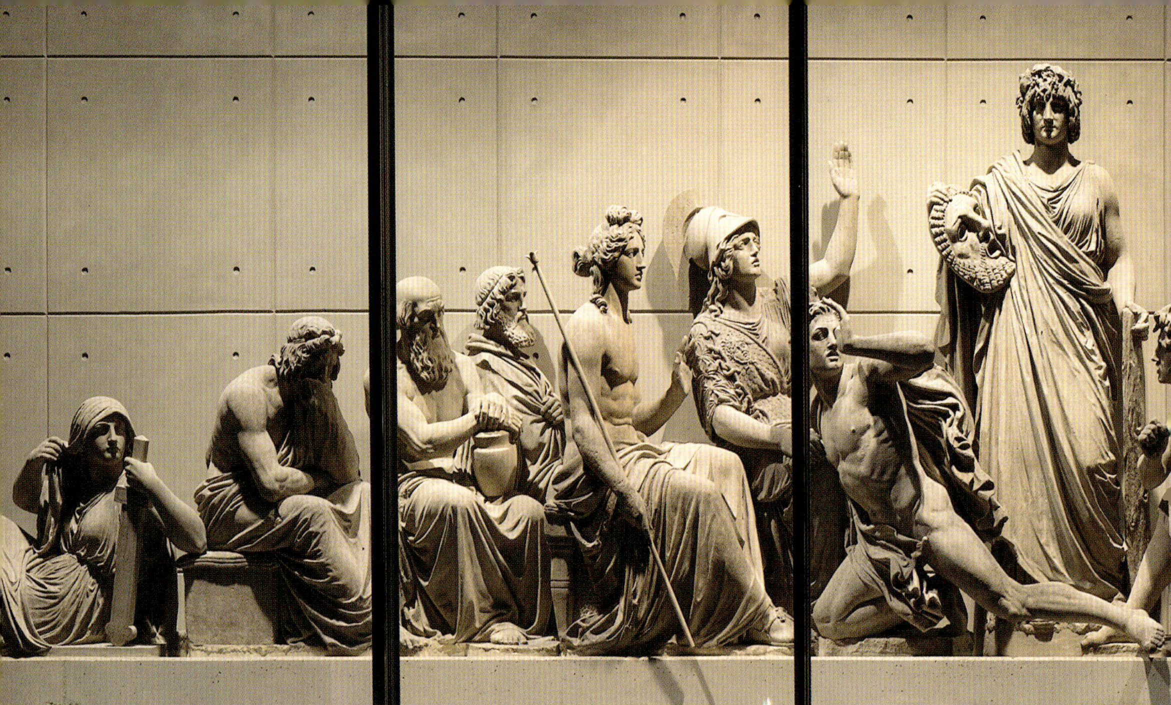

Salzhaus umgebaut. Es diente nun als Sitz für verschiedene Verwaltungsbehörden sowie das königlich sächsische Appellationsgericht, die oberste Justizbehörde in der Oberlausitz. Daraufhin erhielt das ehemalige Salzhaus einen repräsentativen Saal, der in spätklassizistischen Formen gestaltet wurde. Er erstreckt sich über beide Obergeschosse und liegt in dem der Hofseite zugewandten Risalit. In der Zeit des Nationalsozialismus hatte die Gestapo ihren Sitz im ehemaligen Salzhaus. Heute beherbergt das Gebäude das Sorbische Museum mit seinen reichhaltigen Sammlungen und Ausstellungen zur Kultur und Geschichte der Sorben in der Oberlausitz.

Der Rietschelgiebel am Burgtheater

Auf der Südseite des Burghofs stand ursprünglich ein Kornspeicher, der im Zweiten Weltkrieg zerstört wurde. An seiner Stelle befindet sich seit 2003 der Neubau des Burgtheaters. Dieses kleine Haus des Deutsch-Sorbischen Volkstheaters dient ebenso für Kammerinszenierungen wie als Spielstätte des Puppentheaters. In seiner Architektur, die vom Bautzener Carsten Ehrlich entworfen wurde, verbinden sich zeitgenössische Formen mit erhaltenen Teilen der alten Burgbefestigung.

An der Fassade des Theaterneubaus wurde die Figurengruppe des sogenannten 10 **Rietschelgiebels** aufgestellt, die hinter einer Glasfront wie

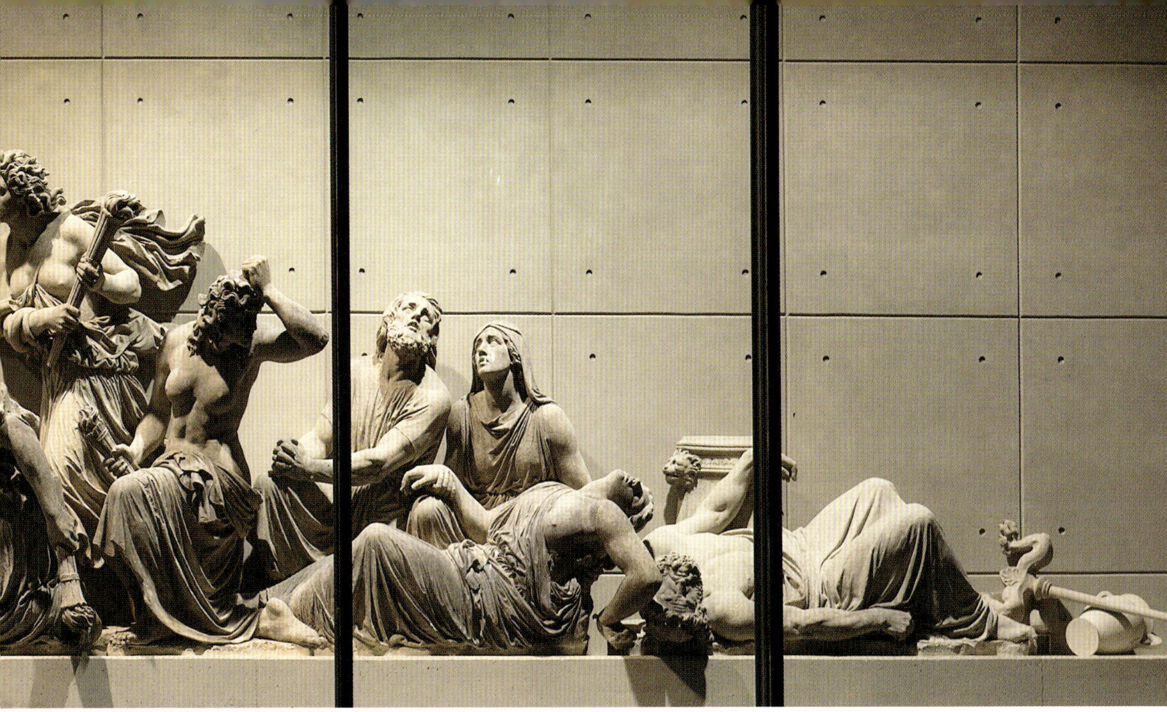

in einer großen Vitrine zu sehen ist. Dieses Meisterwerk der Bildhauerkunst unter dem Titel »Allegorie der Tragödie« wurde von Ernst Rietschel, dem Künstler des Weimarer Goethe-Schiller-Denkmals und des Wormser Luther-Denkmals, im Jahr 1844 gefertigt. Ursprünglich befand es sich am Nordgiebel des Dresdener Hoftheaters, dem Vorgängerbau der heutigen Semperoper. Als das Hoftheater 1869 durch einen Brand völlig zerstört wurde, konnten die überlebensgroßen Giebelfiguren geborgen werden. König Albert von Sachsen schenkte sie auf Bitten des Bautzener Bürgermeisters Johannes Kaeubler 1902 der Stadt. Hier fanden sie zunächst am alten Bautzener Stadttheater einen neuen Standort, wo eigens ein Giebelfeld für sie errichtet wurde. Nachdem das Theatergebäude jedoch 1969 dem Abriss zum Opfer fiel, lagerten die Figuren mehrere Jahrzehnte an wechselnden Standorten. Erst nach der friedlichen Revolution wurden sie aufwendig restauriert und anschließend am Burgtheater wieder aufgestellt.

Ernst Rietschel, Die Allegorie der Tragödie
(Giebelfeld des ersten Dresdener Hoftheaters), 1844

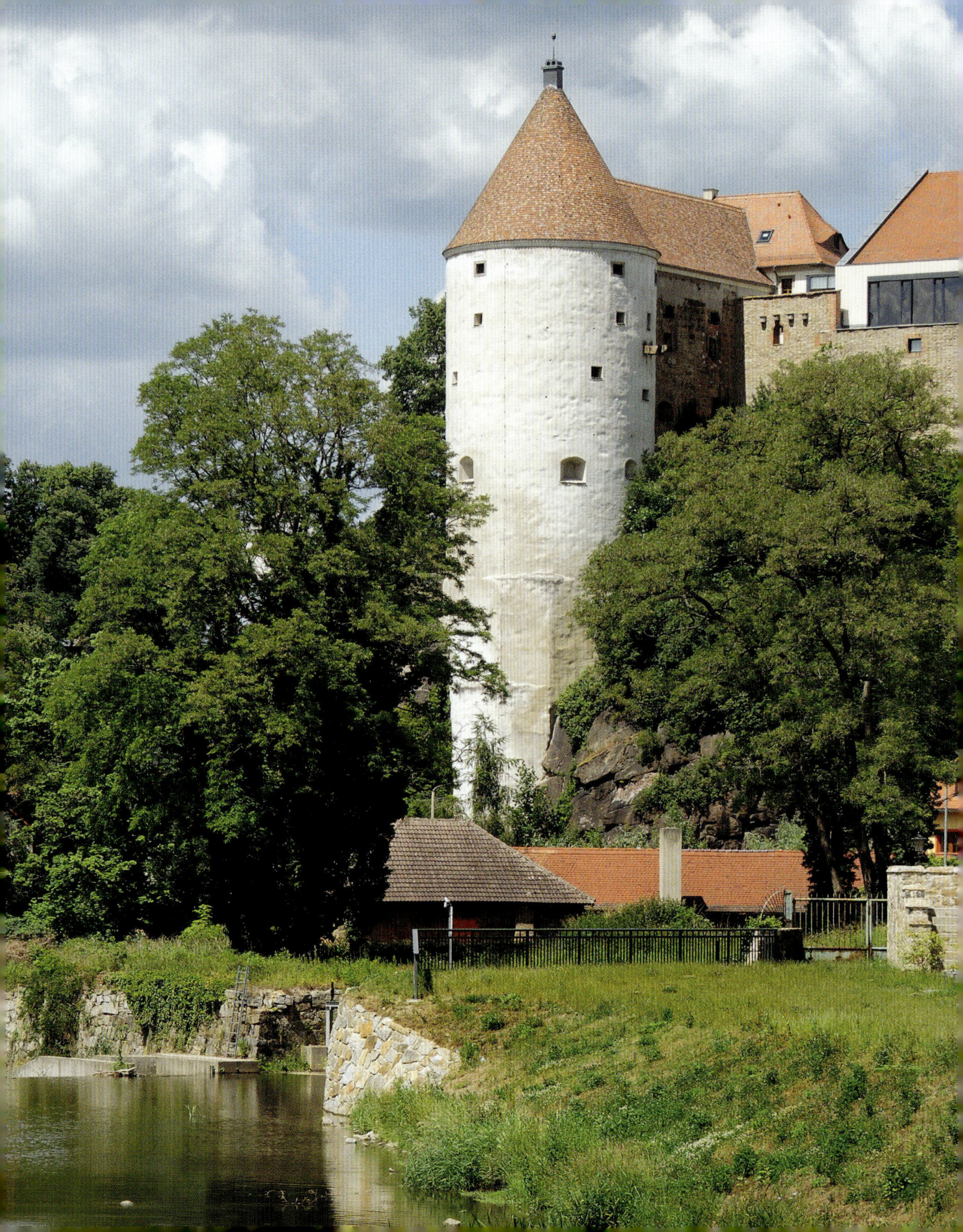

Die Figuren des ehemaligen Giebelfelds versinnbildlichen die antike Tragödie. Rietschel wählte dafür eine Schlüsselszene aus der Orestie des griechischen Dramatikers Aischylos: Orest tötet seine Mutter Klytaimnestra, um deren Ehebruch zu sühnen. Wegen dieser Bluttat wird er von den Erinyen, wütenden Rachegöttinnen mit Schlangenhäuptern, gejagt und flüchtet sich zu Pallas Athene. Der Areopag, das Gericht der weisen Bürger Athens, trifft jedoch durch demokratische Abstimmung schließlich die Entscheidung, Orest für den Mord nicht weiter zu verfolgen. Rietschel griff mit dieser Szene einen Klassiker der antiken Tragödie auf und schuf gleichzeitig ein Denkmal republikanischen Denkens des 19. Jahrhunderts.

Auf dem Osterweg an der Außenmauer der Ortenburg entlang

Vom Burghof führt der Weg durch das südöstliche Tor aus der Ortenburg wieder heraus. Links neben der Durchfahrt, die erst im 18. Jahrhundert angelegt wurde, erhebt sich der Stumpf eines weiteren Turmes. Wegen seines schlechten baulichen Zustands wurde dieser Turm, der einst etwa so hoch wie der Matthiasturm war, bereits im 18. Jahrhundert zurückgebaut.

Unmittelbar rechts hinter dem Burgtor befindet sich ein Durchgang in der Stadtmauer. Dort gelangt man auf den sogenannten Osterweg, der seit den 1930er Jahren um die gesamte Außenmauer der Ortenburg herumführt. Ein Spaziergang bietet eindrucksvolle Ausblicke in das Spreetal. Auch der mächtige 11 **Burgwasserturm** ist über den Osterweg zu erreichen. Er entstand vermutlich im letzten Viertel des 15. Jahrhunderts und hatte drei Funktionen zu erfüllen. Wie sein Name bereits andeutet, versorgte der Turm die Burganlage mit Wasser, was durch seine besondere Konstruktion bis auf den Talgrund möglich war: Im Inneren des Turmes gab es einen Brunnen, in dem sich Grundwasser sammelte. Eine weitere Aufgabe bestand in der Verteidigung des Schlosses gegen mögliche Angreifer vom nahen Protschenberg. Darauf deuten die mächtigen Geschützöffnungen an den Außenseiten des Turmes hin. Und schließlich diente er als Gefängnis, dessen Zellen zwischen Rundturm und Burgmauer lagen. Zu den ehemaligen Insassen dieser sogenannten Fronfeste gehörte Johannes Karasek. Im ausgehenden 18. Jahrhundert erlangten er und seine Bande durch spektakuläre Einbrüche und Raubüberfälle in der Nähe von Zittau Bekanntheit. In der Oberlausitz wird Karasek noch heute als eine Art Robin Hood verklärt.

Der Burgwasserturm diente zur Wasserversorgung, als Verteidigungsanlage und Gefängnis.

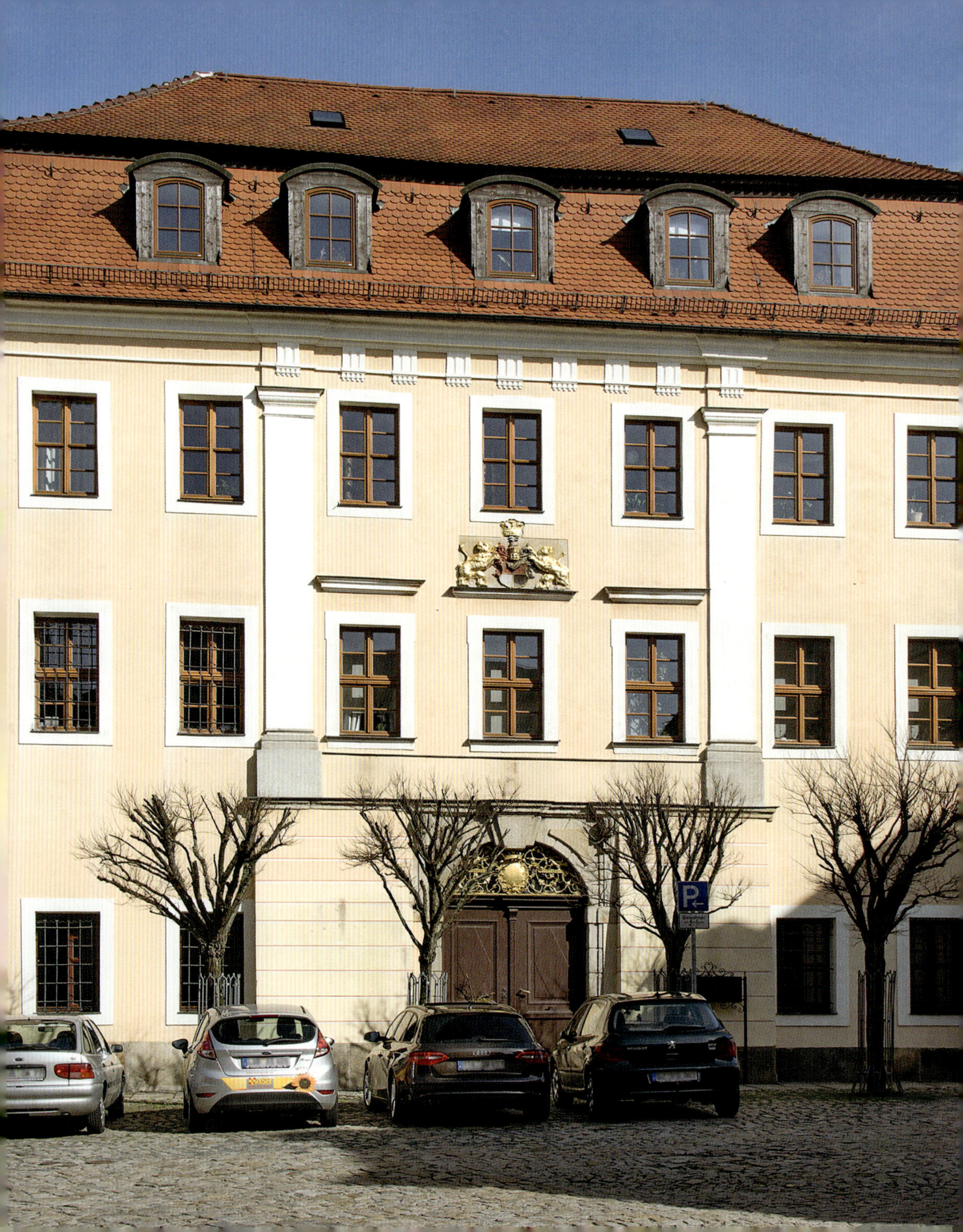
P

Burglehnviertel und Franziskanerkloster

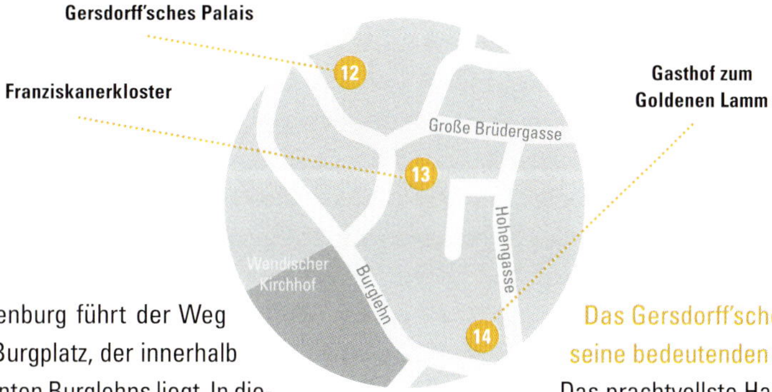

Von der Ortenburg führt der Weg weiter zum Burgplatz, der innerhalb des sogenannten Burglehns liegt. In diesem Stadtbereich befanden sich seit dem Hochmittelalter die Häuser namhafter Oberlausitzer Adelsfamilien. Als »Burgmannen« hatten sie die Aufgabe, die Burg zu schützen und an der Verwaltung des Landes mitzuwirken. Auch in juristischer Hinsicht unterstand dieser Stadtteil der Landesherrschaft und nicht etwa den Gesetzen des Stadtrats. Zum Ende des Zweiten Weltkriegs und in den Jahren der DDR wurde das Quartier stark zerstört und dem Verfall überlassen. Einige der Adelshäuser sind dennoch bis heute erhalten und an Familienwappen erkennbar.

Gersdorff'sches Palais,
Fassade zum Burgplatz

Das Gersdorff'sche Palais und seine bedeutenden Sammlungen

Das prachtvollste Haus im Burglehnviertel ist zweifellos das 12 **Gersdorff'sche Palais**. Es trägt seinen Namen nach seinem Bauherrn, Hans von Gersdorff, der es um 1680 errichten ließ. Die Fassade zum Burgplatz ist in den Obergeschossen mit dorischen Pilastern gestaltet. An zentraler Stelle halten zwei Löwen den Wappenschild der Familie von Gersdorff.

Das Palais beherbergte bis in die 1920er Jahre die bedeutenden Sammlungen des Oberlausitzer Adeligen Hans von Gersdorff. Der weitgereiste Gelehrte war verheiratet mit Anna von Logau, der Tochter des bekannten schlesischen Barockdichters Friedrich von Logau. Gersdorff interessierte sich vor allem für Astronomie, Medizin sowie Kunstgeschichte und schloss Bekanntschaft mit namhaften Wissenschaftlern seiner Zeit wie dem Magdeburger Physiker Otto von Guericke. In seinem Palais trug er eine rund 2500 Bände umfassende Bibliothek zusammen. Diese enthielt nicht nur die wichtigste Forschungsliteratur seiner Zeit, sondern auch wertvolle mittelalterliche Handschriften, unter anderem vom böhmischen Reformator Jan Hus. Darüber hinaus besaß Gersdorff wertvolle wissenschaftliche Instrumente der Physik und Astronomie. Hinzu kam eine Kunstsammlung, die unter anderem Druckgrafiken von Albrecht Dürer, Martin Schongauer und Lucas Cranach d. Ä. umfasste.

Nach Gersdorffs Tod verblieben die Objekte und die Bibliothek im Palais und wurden in eine Stiftung umgewandelt. Sie standen Gelehrten offen, die weite Reisen auf sich nahmen, um die Materialien zu studieren. Schon um 1800 gehörte die Gersdorff'sche Bibliothek zu den bedeutenden Sehenswürdigkeiten in Bautzen. Nach dem Tod des Stifters wurden die Bestände durch eigens angestellte Bibliothekare gezielt erweitert. Der frühere Standort der Bibliothek ist an den vergitterten Fenstern im ersten Obergeschoss noch gut zu erkennen.

Erst die Inflationszeit und die Weltwirtschaftskrise der 1920er Jahre führten die Stiftung an den Rand des finanziellen Ruins. Die Buchbestände wurden daraufhin aus dem Palais in die Bautzener Stadtbibliothek überführt. Die wissenschaftlichen Instrumente und Kunstwerke gelangten in das Bautzener Museum, wo sie heute teilweise in die Dauerausstellung integriert sind.

Rechts am Palais vorbei führt der Weg weiter zur **Großen Brüdergasse**. Sie weitet sich zu einem Platz und wird auf der Nordseite von Häusern eingefasst. Die Geschichte dieser Gebäude reicht teilweise bis ins späte 15. bzw. 16. Jahrhundert zurück. Haus Nr. 14 musste nach schweren Kriegsschäden in den 1950er Jahren neu errichtet werden. Dabei konnte jedoch ein Sitznischenportal aus dem ausgehenden 16. Jahrhundert übernommen werden, das vom Vorgängerbau noch erhalten war. Es ist das einzige in Bautzen noch zu findende Beispiel für diese typische Portalgestaltung der mitteleuropäischen Renaissance.

Klosterleben in Bautzen

Die Südseite der Großen Brüdergasse nimmt die Ruine des (13) **Franziskanerklosters** und seiner Kirche St. Marien ein. Im Volksmund wird sie auch als Mönchskirche bezeichnet. Bereits vor der Mitte des 13. Jahrhunderts ließen sich die Mönche des Franziskanerordens in Bautzen nieder. Sie erhielten von adeligen Familien Grundstücke im Bereich des Burglehns geschenkt und errichteten darauf ihr Kloster, das einst zu den bedeutendsten Konventen der Franziskanerprovinz Saxonia gehörte.

Während der Reformationszeit starb das Kloster langsam aus, da viele Mönche den Konvent verließen. In den 1560er Jahren übergab der letzte Bruder die Anlage mit Erlaubnis des böhmischen Königs an das Kollegiatstift St. Petri. 1598 brannten Kirche und Konvent schließlich nieder und wurden nicht wieder aufgebaut.

Die Ruine der Klosterkirche St. Marien

Von der einstigen Klosterkirche sind lediglich Teile der Nord- und Südfassade erhalten. Das Gotteshaus aus Granitbruchstein- und Backsteinmauerwerk entstand in der zweiten Hälfte des 13. Jahrhunderts. Ehemals prägten sein hoher Dachstuhl und ein schlanker Turm auf der Ostseite die Stadtsilhouette. Mit einer ursprünglichen Länge von etwa

Ruine der Franziskanerklosterkirche St. Marien

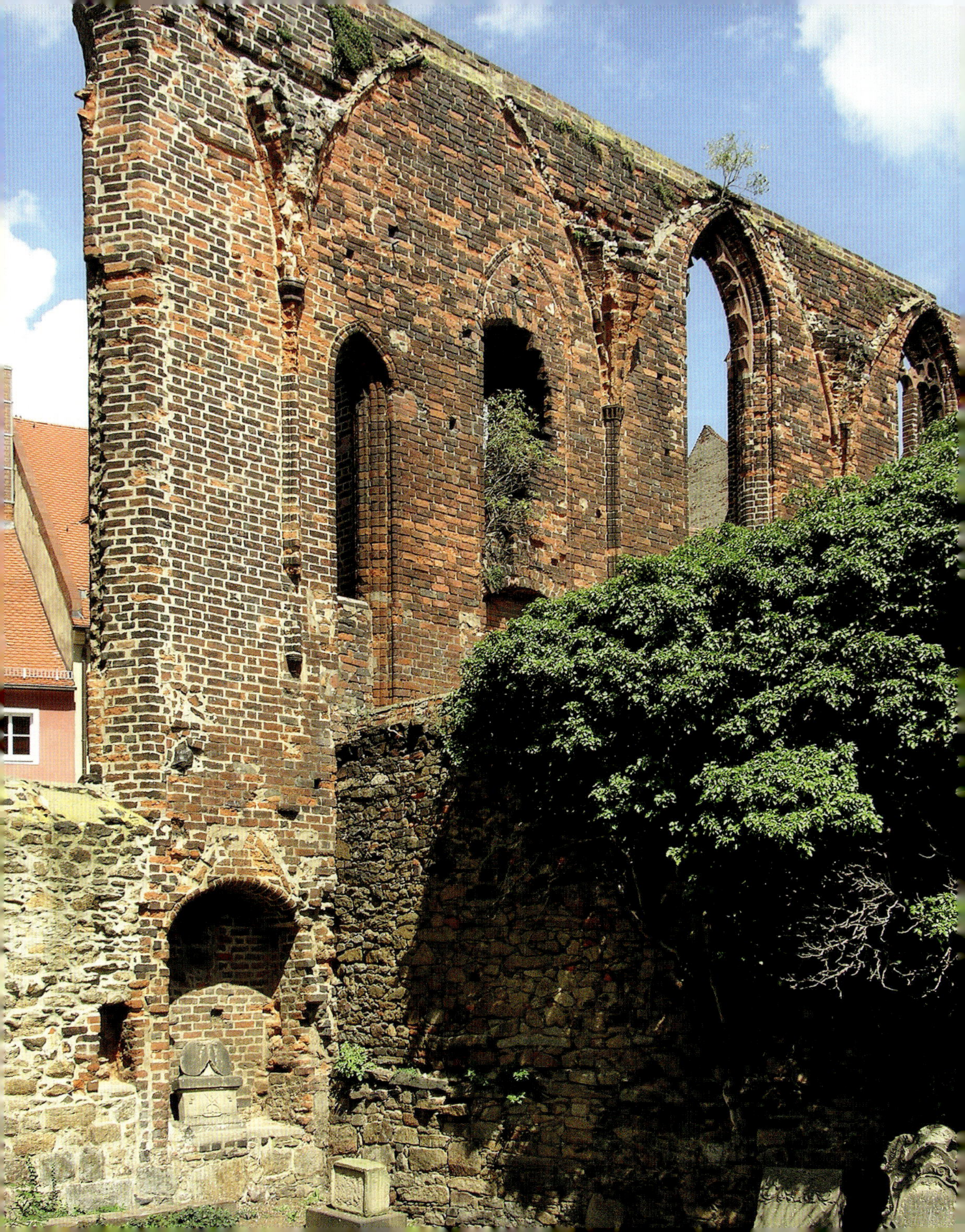

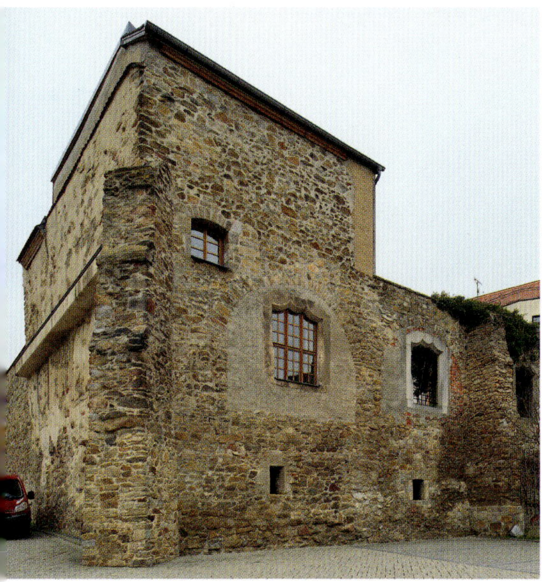

Ruine des Refektoriums des Franziskanerklosters

50 Metern und einer Breite von knapp 20 Metern war das zweischiffige Gebäude nach dem Petridom das zweitgrößte Gotteshaus Bautzens.

Die Kirche besaß einst einen reichen Bestand an liturgischen Geräten und Textilien, die größtenteils auf Stiftungen von Bautzener Bürgern und Adeligen aus der näheren Umgebung zurückgingen. An diesen früheren Kirchenschatz erinnert noch eine Sage, nach der an bestimmten Tagen in den Fenstern der Ruine goldene Gefäße sichtbar sein sollen.

Architektonische Besonderheiten sind das Hauptportal mit seinem hohen Wimperg sowie die Konsolen, die einst die Gewölbe trugen. Einige dieser Formsteine befinden sich heute im Bautzener Museum. Sie zeigen Masken und geometrische Muster. Ihre nächsten Parallelen haben sie in der Backsteinkunst der Mark Brandenburg, etwa in den Formsteinen des Klosters Chorin. Daher ist zu vermuten, dass die brandenburgischen Kurfürsten, die die Oberlausitz in der zweiten Hälfte des 13. Jahrhunderts regierten, den Bau der Franziskanerkirche förderten.

Die Reste des Franziskanerklosters

Südlich der Kirche befand sich der Klausurbereich der Mönche mit dem Schlafsaal, dem Speisesaal und weiteren Gebäuden des Klosterlebens. Den Mittelpunkt bildete der Kreuzgang, der um einen rechteckigen Hof angelegt war. Erhalten sind lediglich einige niedrige spitzbogige Arkaden des Nordflügels, der einst in das Seitenschiff der Kirche integriert war. Während des Spätmittelalters diente der Kreuzgang auch als Friedhof für die Mönche sowie für Bürger und Adelige, wie durch Schriftquellen und archäologische Grabungen belegt ist. Die heute in der Kirchenruine aufgestellten Grabsteine stammen jedoch vom Taucherfriedhof und wurden erst im frühen 20. Jahrhundert hierher versetzt.

Die Klosterruine als Armensiedlung und Wasserreservoir

Heute bildet der ehemalige Klosterkomplex den Hofbereich mehrerer jüngerer Wohnhäuser. Ein lohnender Weg hinein führt über die angrenzende Hohengasse. Dass die Ruinen der Kirche und des ehemaligen Konvents erhalten blieben, verdankt sich wohl vor allem einem langwierigen Streit zwischen dem lutherischen Stadtrat und dem katholischen Kollegiatstift: Das Stift hoffte lange Zeit auf eine Wiederbesiedlung des Klosters und ließ die Reste deshalb nicht abreißen. Seit Ende des Dreißigjährigen Krieges dienten sie zunehmend als **Armensiedlung** und wurden zu kleinen Häuschen umgebaut, die mehr als 200 Bewohnern Platz boten. Ein Großfeuer zerstörte diese Siedlung jedoch 1894.

Von den ehemals 18 Häuschen blieben nur drei erhalten. Eines steht in der Ecke der Ruine des südlichen Konventsflügels. Obwohl von diesem ehemals großen Gebäude nur noch Teile der Außenmauern stehen, zeugen sie von der aufwendigen spätgotischen Baugestaltung. Das Sockelgeschoss ist mit mächtigen Gewölben ausgebaut, die als Lagerräume für den angrenzenden Wirtschaftshof des Klosters dienten. Der darüber liegende Speisesaal besaß wiederum zierliche Vorhangbogenfenster – eine Gestaltungsform, die in den 1470er Jahren auf der kurfürstlich sächsischen Meißener Albrechtsburg entwickelt worden war.

1877 ließ der Bautzener Rat einen **Wasserturm** im westlichen Teil der Kirchenruine errichten und dafür Teile des ehemaligen Gotteshauses beseitigen. Er diente als zentrales Reservoir für das moderne Wasserversorgungsnetz der Altstadt. Der Schaft des Turmes ist mit Granitstein verkleidet, der Wasserbehälter mit Holz verschalt, womit er sich in das Stadtbild einpasst. In den 1960er Jahren ging der Wasserturm außer Betrieb. Seine technischen Anlagen blieben aber weitgehend erhalten.

Ein schmaler Durchgang führt zwischen den Gartenzäunen der Höfe zurück auf die **Hohengasse**. Unter den Häusern dieser Gasse, die im Spätmittelalter und der Frühen Neuzeit vor allem von Handwerkern bewohnt wurden, ragt Nr. 12 heraus.

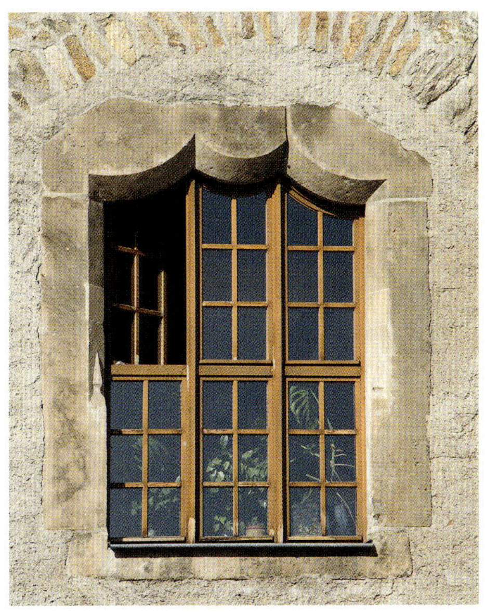

Spätgotisches Vorhangbogenfenster am ehemaligen Speisesaal des Franziskanerklosters

Das barocke Haus besitzt ein Sandsteinportal mit dem Hauszeichen und den Initialen des Bauherrn.

An der Ecke von Hohengasse und Heringstraße steht das große Gebäude des ehemaligen 14 **Gasthofs zum Goldenen Lamm**. An seiner Stelle befanden sich einst Teile des Wirtschafshofs der Franziskaner. Nach der Aufhebung des Klosters fiel das Gebäude an das Kollegiatstift St. Petri. Das Stift ließ das Haus nach dem Stadtbrand von 1720 neu errichten, wobei auch ältere Bausubstanz verwendet wurde. Bis heute erinnert das Wappen des Kollegiatstifts, das an der Gebäudeecke eingesetzt ist, an den Wiederaufbau.

Rund um die Alte Wasserkunst

WEHRHAFTIGKEIT UND INGENIEURSKUNST

Erstaunliche technische Leistungen des Spätmittelalters und der Frühen Neuzeit, Türme der Stadtmauer, eine evangelische Kirche und barocke Bürgerhäuser – all das gibt es rund um die Alte Wasserkunst, eines der Wahrzeichen Bautzens, zu entdecken.

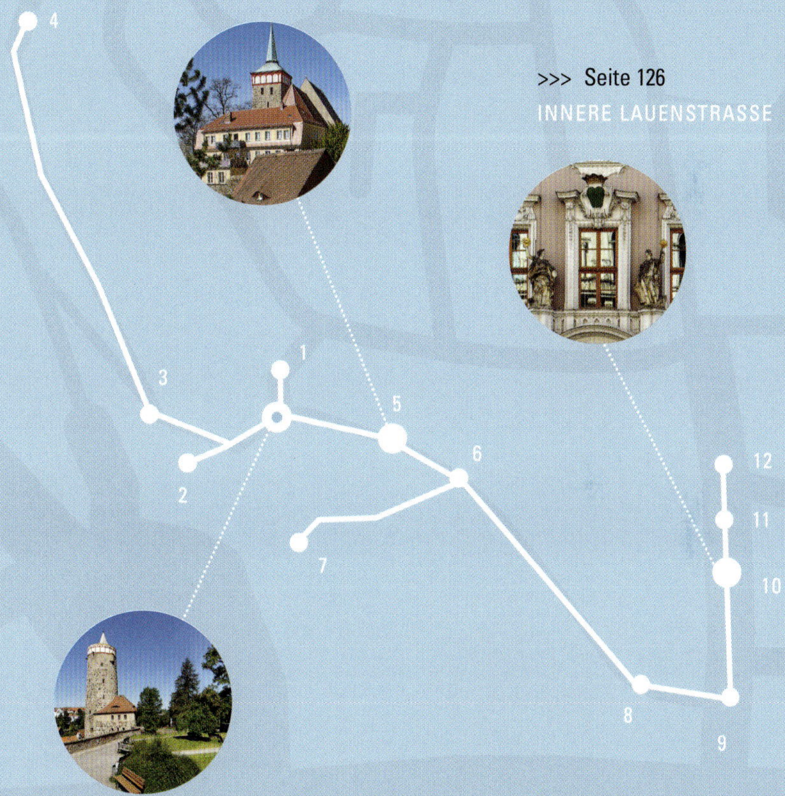
>>> Seite 118
ENTLANG DER STADTMAUER
BIS ZUM LAUENTURM
>>> Seite 126
INNERE LAUENSTRASSE
4
3
1
5
6
2
7
12
11
10
8
9
>>> Seite 106
WENDISCHER KIRCHHOF

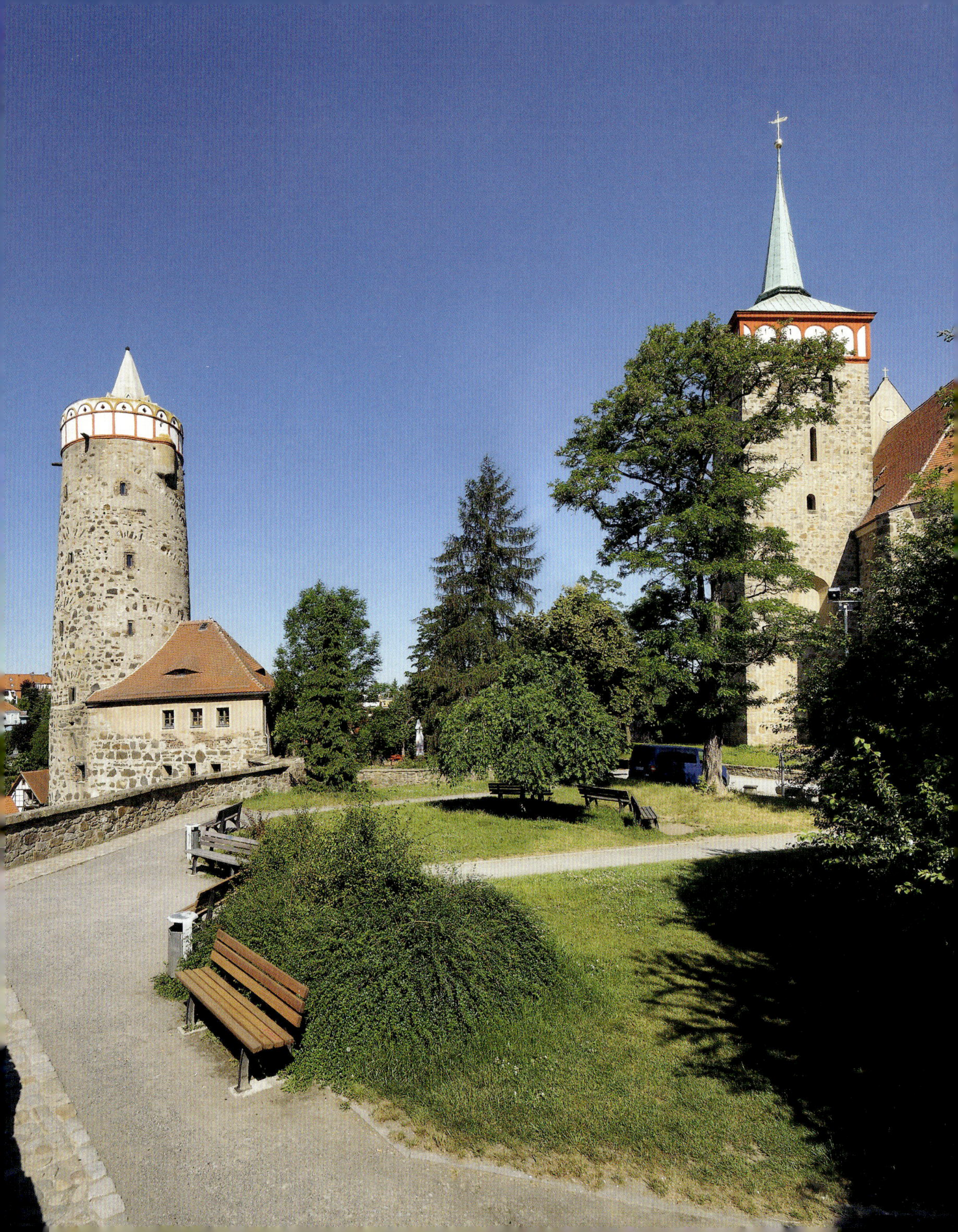

Wendischer Kirchhof

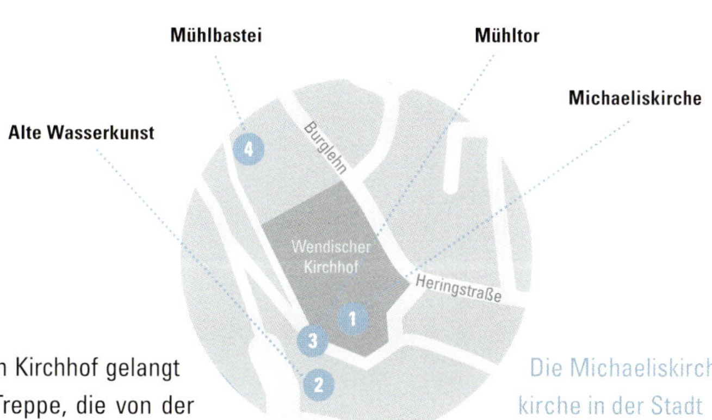

Zum Wendischen Kirchhof gelangt man über eine Treppe, die von der Heringstraße hinabführt. Ähnlich wie der Nikolaifriedhof liegt auch der Wendische Kirchhof auf einer Felsterrasse vor der Stadt, die eine Erweiterung der inneren Stadtmauer notwendig machte. Welche Gefahr von dieser ungeschützten Stelle drohte, zeigte sich 1429, als die Hussiten die Stadt hier fast erobern konnten. Schnell ließ der Rat die Schwachstelle im Verteidigungssystem schließen. So wird der Platz bis heute auf allen Seiten von der Stadtmauer eingefasst. Der Name des Kirchhofs verweist auf sorbische Traditionen. Schließlich gehört der Kirchhof zur lutherischen 1 **Michaeliskirche**, die seit dem Dreißigjährigen Krieg als Pfarrkirche für die überwiegend sorbischsprachige Bevölkerung aus der Umgebung Bautzens diente.

Wendischer Kirchhof mit Blick auf die Alte Wasserkunst (links) und die Michaeliskirche (rechts)

Die Michaeliskirche – eine Dorfkirche in der Stadt

Noch heute bilden die Dorfbewohner aus dem Bautzener Umland die Pfarrgemeinde der Michaeliskirche, die man auch als Dorfkirche in der Stadt bezeichnen kann. Ihre Ursprünge hängen mit der hussitischen Belagerung im Jahre 1429 zusammen: Der Sage nach konnte die Stadt nur mit Hilfe des Erzengels Michael erfolgreich verteidigt werden. Fortan galt er als Schutzpatron Bautzens, wo man ihm zu Ehren bald nach dem Angriff eine Kapelle errichtete. In den 1470er Jahren wurde die Kapelle durch den Bau der Michaeliskirche ersetzt.

Architektonisch handelt es sich bei der Michaeliskirche um die kleinere Schwester der Nikolaikirche. Beide besitzen einen weitgehend identischen Grundriss, wobei aber das Langhaus der Michaeliskirche um ein Joch kürzer ausfällt und eine annähernd quadratische Form aufweist. Die Bauarbeiten zogen sich über mehrere Jahrzehnte hin.

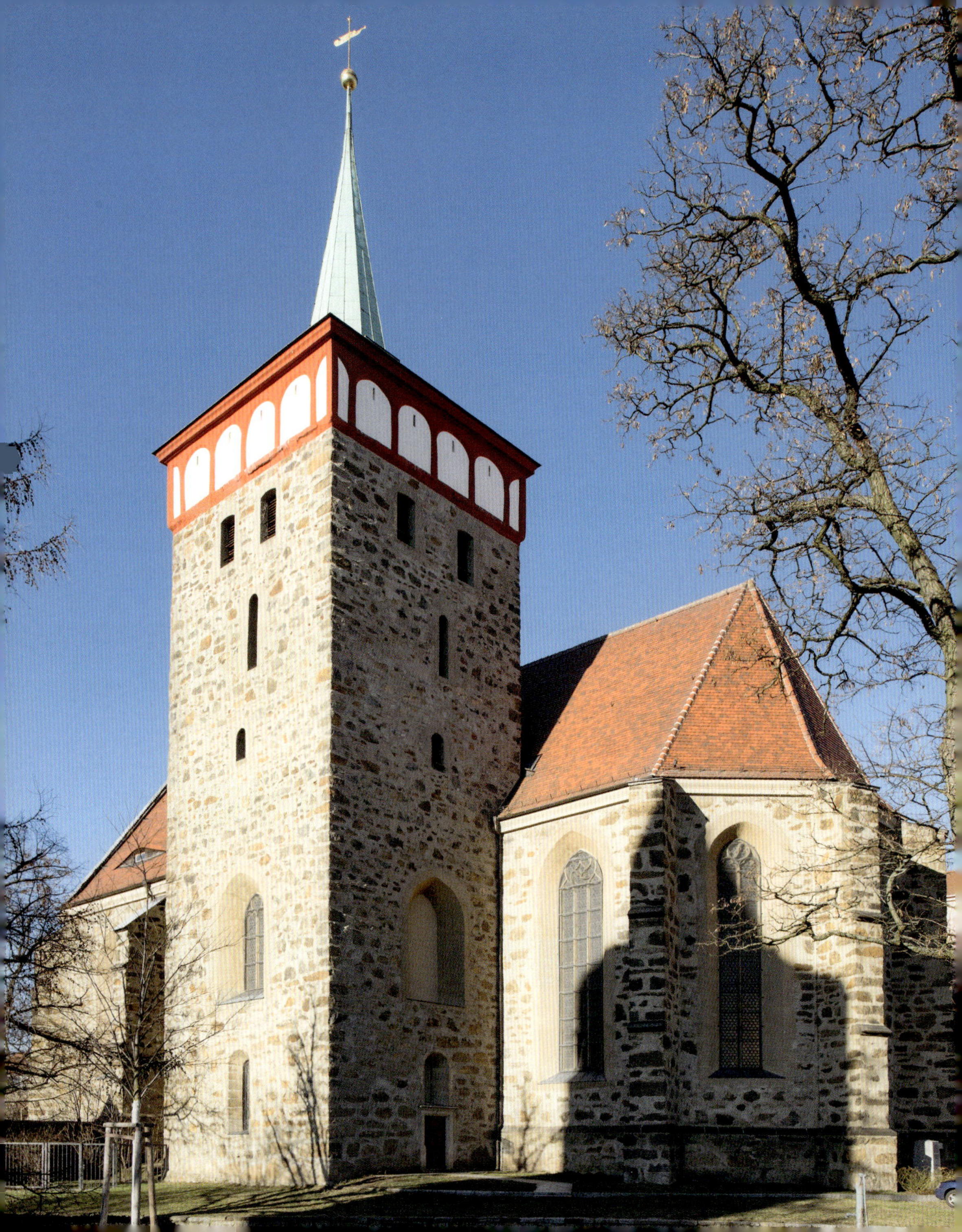

Erst 1498 erhielt der Chorraum ein Gewölbe; das Langhaus sogar noch einmal rund 20 Jahre später. Für das Langhaus war zunächst wohl ein aufwendiges Sterngewölbe auf einer großen Mittelstütze vorgesehen. Gebaut wurde letztlich aber eine dreischiffige Halle.

Auf ihrer Südseite besitzt die Kirche einen massiven Turm. Er diente nicht nur als Glockenturm, sondern auch als Wehranlage. Ursprünglich hatte er daher eine offene, von einem Zinnenkranz eingefasste Plattform. Der Zinnenkranz mit kleinen Schießscharten ist als oberer Abschluss des Turmes noch vorhanden, wurde später aber mit einer kupfernen Dachspitze überbaut.

Ausstattung der Michaeliskirche

Im Kircheninneren mit seiner eindrucksvollen Raumwirkung sind verschiedene Ausstattungsstücke hervorzuheben. Den **Altar** ziert ein Aufsatz, den 1693 der Bautzener Tischler Joachim Stöckel und der ebenfalls hier ansässige Maler Sigismund Kauderbach schufen. Die Schnitzereien stammen möglicherweise vom Bildhauer Georg Gerber, mit dem beide im Jahr zuvor an einem ähnlichen Altaraufsatz für die Königsbrücker Stadtkirche zusammengearbeitet hatten. Das Zentrum bildet ein Tafelbild mit einer figurenreichen Darstellung der Kreuzigung, die auf einen Kupferstich von Aegidius Sadeler

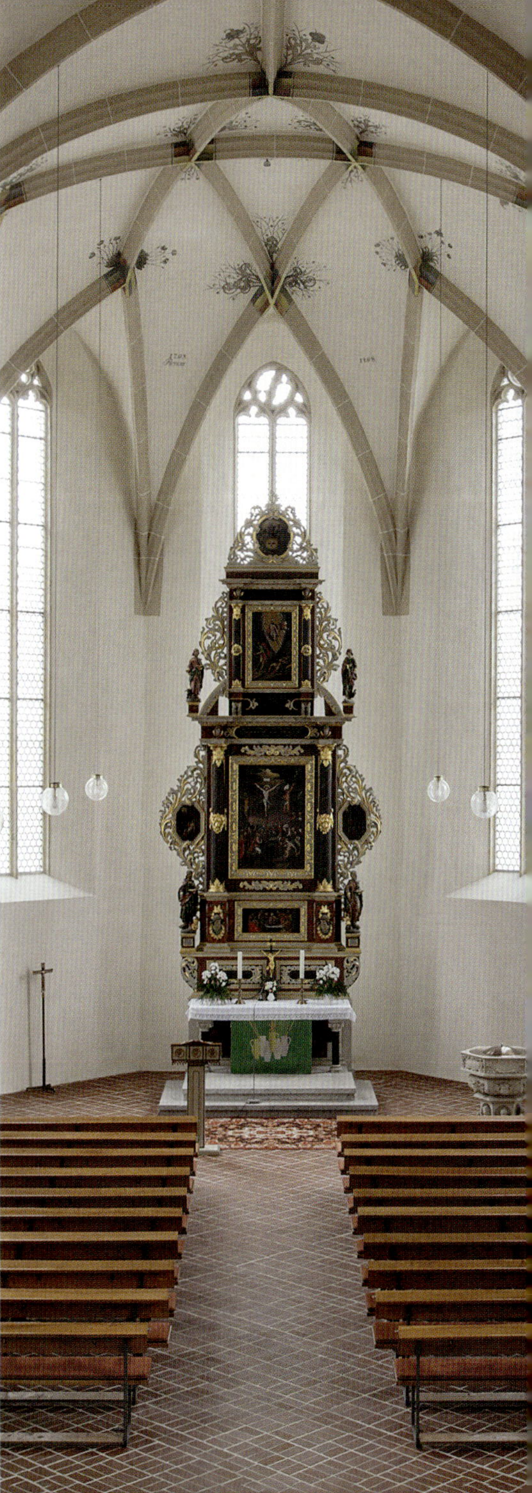

links: Ev.-luth. Pfarrkirche St. Michael

rechts: St. Michael,
Blick von der Westempore

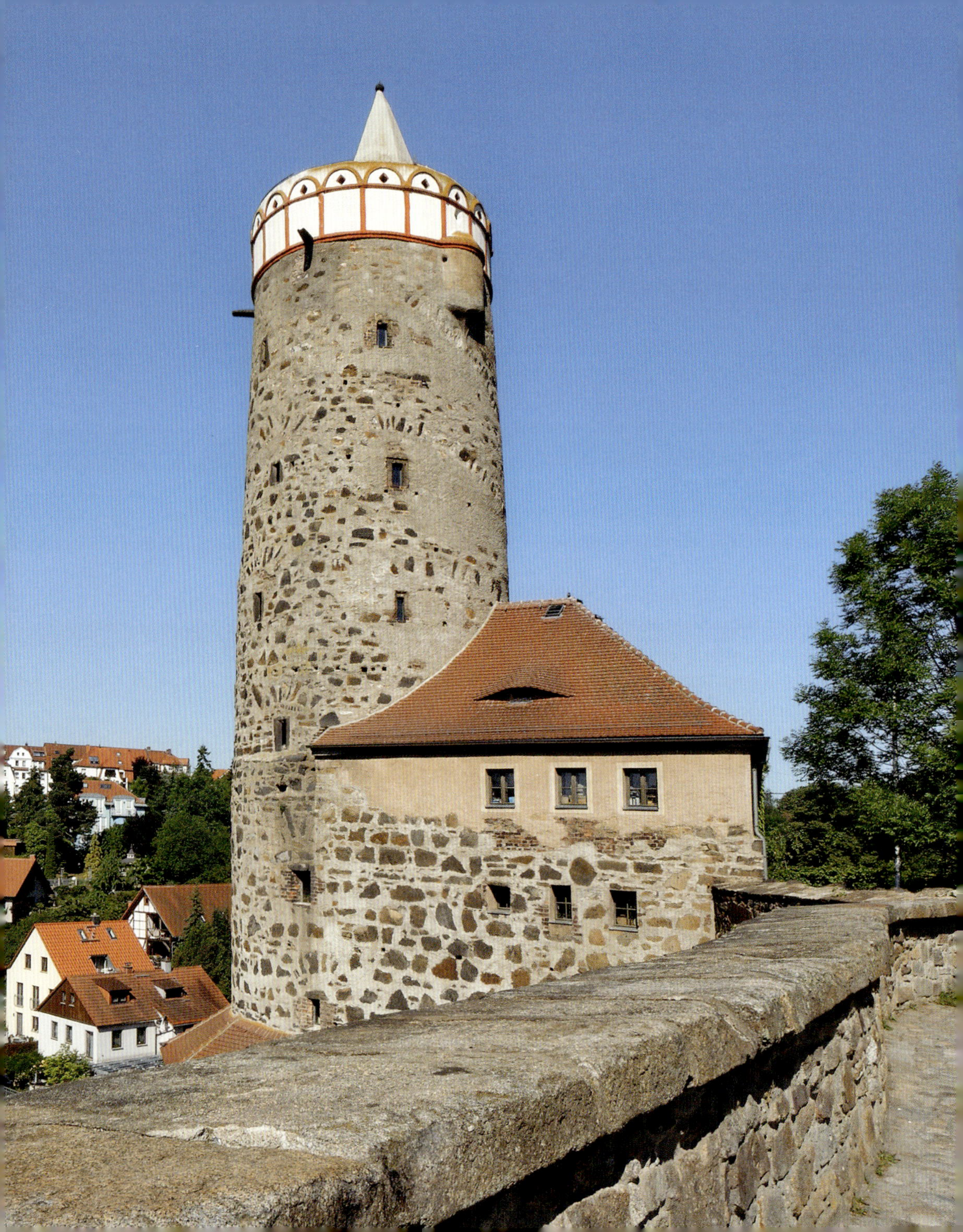

zurückgeht. Der Altaraufsatz gehört zu den Hauptwerken der genannten Bautzener Künstler und markiert den Übergang von den Formen des frühen Barock hin zum Hochbarock.

Ebenfalls im Chor aufgestellt ist der kunstvoll gearbeitete **Taufstein** von 1597, der ursprünglich für den lutherischen Teil des Petridoms bestimmt war. Er gelangte erst 1619 nach St. Michael und ist das Werk des Pirnaer Bildhauers Michael Schwencke. Sein sechseckiger Fuß ist mit einer Scheinarkade verziert, in deren Bögen Kinderfiguren sitzen. Sie reichen sich Trauben als Sinnbild für das Blut Christi. In diesem Motiv finden sich die Sakramente Taufe und Abendmahl symbolisch vereint.

Die Entstehung des Taufsteins ist mit einem Schlüsselmoment der Bautzener Kirchengeschichte verbunden: Das katholische Kollegiatstift und der lutherische Rat führten seinerzeit einen Streit um das Pfarrrecht der Taufe, der erst durch König Rudolf II. geschlichtet wurde.

Mit der **Kanzel** aus der zweiten Hälfte des 17. Jahrhunderts besitzt die Michaeliskirche noch ein drittes frühneuzeitliches Kunstwerk. Allerdings gehört die Kanzel nicht zur ursprünglichen Ausstattung. Sie stammt vielmehr aus der Rochlitzer Petrikirche und gelangte erst 1976 nach Bautzen, als der Innenraum von St. Michael neu gestaltet wurde.

Die Alte Wasserkunst diente zur Wasserversorgung und als Verteidigungsanlage.

Die Alte Wasserkunst – ein Meisterwerk frühneuzeitlicher Ingenieurskunst

In unmittelbarer Nachbarschaft der Michaeliskirche steht die 2 **Alte Wasserkunst**, eines der Wahrzeichen Bautzens. Sie ist gleichzeitig ein Denkmal der Architektur und Ingenieurskunst von überregionalem Rang. Ihre Baugeschichte reicht bis in die Jahre 1495/96 zurück: Zunächst entstand an ihrer Stelle ein Pumpwerk mit einem hölzernen Turm. Als die Holzkonstruktion jedoch mehrfach abgebrannt war, entschloss sich der Rat im Jahr 1558, einen steinernen Turm zu errichten. Mit dem Bau wurde der Ratsbaumeister Wenzel Röhrscheidt d. Ä. beauftragt.

Der Turm als Bollwerk der Stadtmauer

Der Turm der Alten Wasserkunst ist sowohl das Gehäuse einer technischen Anlage als auch ein zentrales Verteidigungsbauwerk der Stadt. Seine Wehrgeschosse sowie der Wehrgang, der am Sockelgeschoss verläuft, und die obere Plattform mit Zinnenkranz dienten zur Abwehr feindlicher Belagerer. Nicht nur die Stadtmauer musste an dieser Stelle vor Angreifern geschützt werden, sondern auch der Spreeübergang unterhalb des Turmes und vor allem die Versorgungsanlage der Alten Wasserkunst, die im Angriffs- oder Belagerungsfall für die Stadt überlebenswichtig war.

Die technische Anlage der Alten Wasserkunst

Mit zunehmender Höhe nimmt die Stärke des Mauerwerks ab, was dem Turm seine unverwechselbare, sich verjüngende Silhouette verleiht. Im massiven Sockel befand sich das Herzstück der Anlage: ein

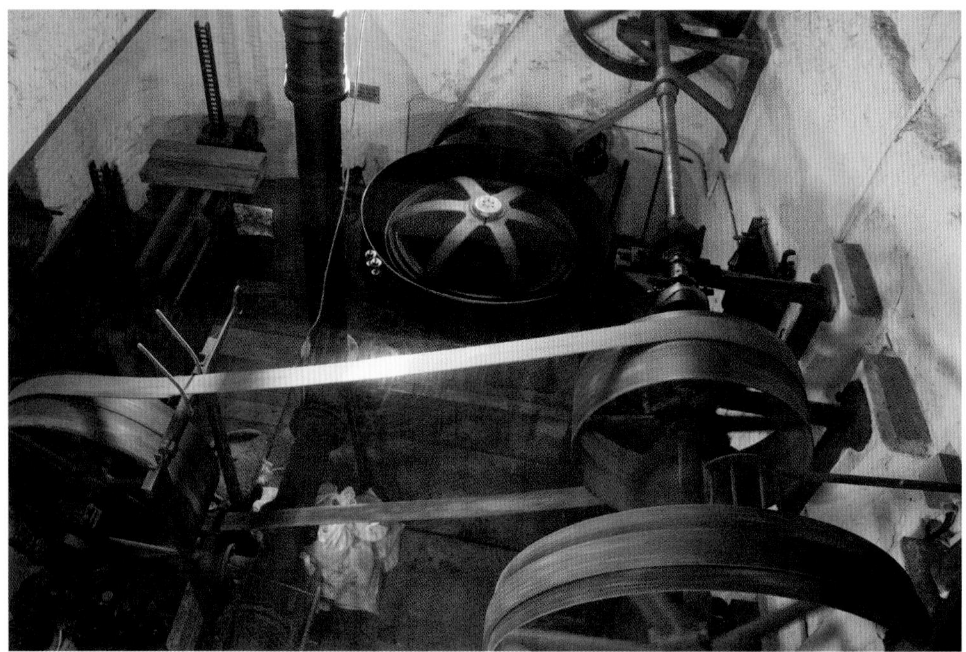

Pumpwerk im Sockel der Alten Wasserkunst

Pumpwerk, das von einem großen Wasserrad angetrieben wurde. Um das Rad zu bewegen, wurde Spreewasser angestaut und über einen Kanal durch den Fuß des Turmes geleitet. Das dazugehörige Stauwehr wird bis heute genutzt. Mithilfe des großen Wasserrads wurden mehrere Pumpen in Gang gehalten, die das Wasser aus sogenannten Sumpfgruben in ein senkrecht nach oben gehendes Rohr drückten. Es führte bis in die Spitze des Turmes, wo das Wasser sich in einem kleinen Becken sammelte. Aus diesem Becken lief das Wasser in einer zweiten Röhre mithilfe der Schwerkraft wieder hinab und wurde zu den Röhrkästen auf dem Fleisch- und Hauptmarkt geleitet. Damit dieses System funktionierte, liegt die Turmspitze etwas höher als das höchste in der Stadt zu versorgende Wasserbecken. Falls das Abfließen in die Reservoirs im Stadtgebiet zu langsam vonstattenging und das Pumpwerk nicht schnell genug abgestellt wurde, lief das kleine Becken in der Turmspitze zu voll. Für diesen Fall befanden sich rund um die Turmplattform Abläufe mit Kragsteinen, die ein regelrechtes Überlaufen

Bautzens Wasserversorgung in Spätmittelalter und Früher Neuzeit

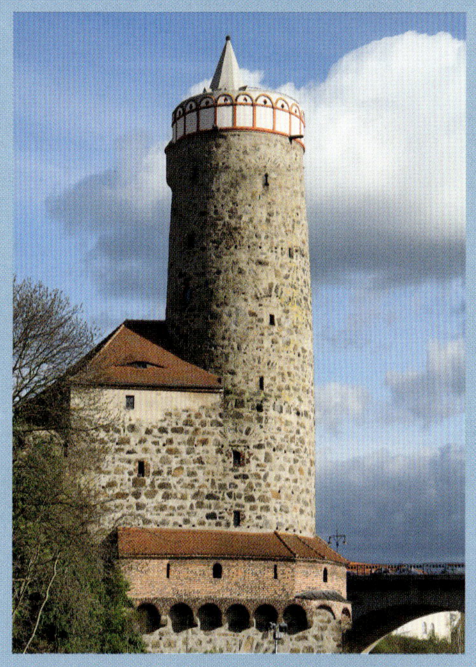

Die Alte Wasserkunst ist ein einzigartiges Zeugnis der Wasserversorgung in Spätmittelalter und Früher Neuzeit.

Städtischer Bau von Wasserkünsten

Seit dem Spätmittelalter stellte die Frage der Wasserversorgung für jede größere Stadt eine Herausforderung dar. Wasser wurde als tägliches Lebensmittel in immer größeren Mengen gebraucht – ob zum Kochen und Bierbrauen, für spezielle Handwerkszweige oder zum Brandschutz. Lagen die Städte günstig an Flüssen oder Quellen, dann konnten sie ihr Wasser mittels hölzerner Rohre oder offener Kanäle einleiten. Wo dies nicht möglich war, entwickelten Ingenieure seit dem späten Mittelalter Pumpsysteme, die verzweigte Rohrleitungsnetze speisten. Die Städte Augsburg, Breslau, Nürnberg und Prag galten im Heiligen Römischen Reich als führend auf diesem Gebiet. Sie besaßen jeweils mehrere Pumpwerke, die auch als Wasserkünste bezeichnet wurden, was sich von der frühneuzeitlichen Bezeichnung der technischen Wissenschaften als Künste ableitet.

Der kostspielige Unterhalt solcher Anlagen erlaubte es nur vermögenden Kommunen, sich ein zentrales Versorgungssystem zu errichten. Mit dem Bau der Alten Wasserkunst leistete sich Bautzen

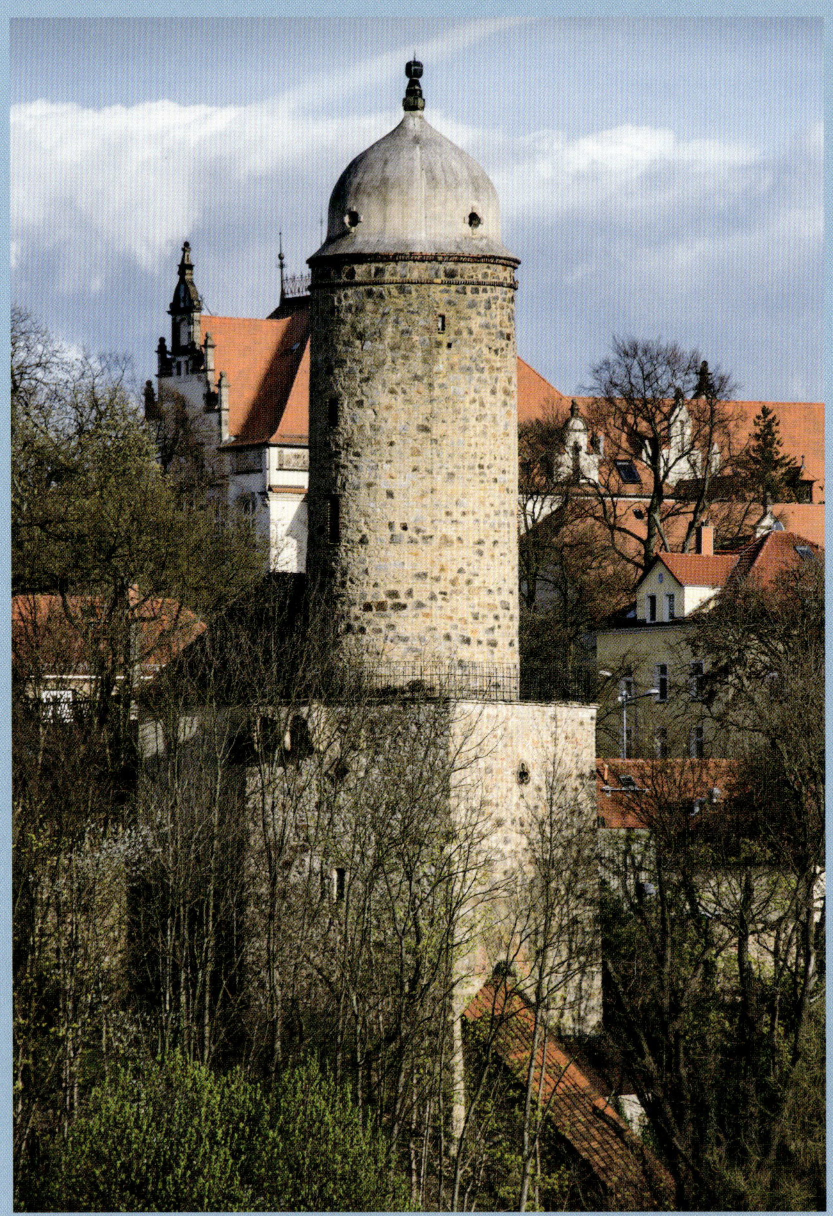

Die Neue Wasserkunst, errichtet
1606 – 1610 zur Verbesserung
der bestehenden Wasserversorgung

bereits im ausgehenden 15. Jahrhundert eine derartige technische Anlage. Dies spricht für die wirtschaftliche Bedeutung und die finanziellen Möglichkeiten, die die Stadt als Hauptort der Oberlausitz damals besaß.

Bautzens historische Wasserversorgung

Allerdings lässt sich der Bau der Alten Wasserkunst in Bautzen auch mit schierer Notwendigkeit erklären: Durch ihre Lage auf einem Felsplateau oberhalb der Spree war die Wasserversorgung der Stadt stets mit großem Aufwand verbunden. Insbesondere während der warmen Sommermonate reichten die in den Felsen getriebenen Brunnen für die immer dichter besiedelte Stadt bei Weitem nicht aus. Aus diesem Grund ließ der Rat zunächst die Alte Wasserkunst bauen. Diese speiste zahlreiche Wasserbecken, die auch als Röhrkästen bezeichnet werden, auf öffentlichen Plätzen aufgestellt und mit Holzrohren untereinander verbunden waren.

Einen direkten Hausanschluss besaßen nur sehr wenige Häuser, wie zum Beispiel der städtische Weinkeller, das Domstiftsgebäude, die Ortenburg oder auch die wichtigen Gasthöfe der Stadt. Sie entrichteten für den Anschluss einen jährlichen Wasserzins, während die übrigen Bewohner sich ihr Wasser an den öffentlichen Reservoiren holen mussten. Für den Transport bis in die Häuser gab es hölzerne Schlitten, auf denen große Bottiche standen. An den Endpunkten des Rohrnetzes lief das überschüssige Wasser wieder in die Spree zurück.

Begrenzte Kapazitäten

Die Versorgung an den Wasserbecken funktionierte nur, wenn das Pumpwerk in der Alten Wasserkunst lief, da der Hochbehälter im Turm kein Wasser speichern konnte. Wenn im Winter die Spree zufror oder der Fluss im Sommer zu wenig Wasser führte, musste die Versorgung eingestellt werden. Dasselbe galt während der ständig notwendigen Wartungsarbeiten an den schnell verschleißenden Anlagen. So waren die Vorräte in den Becken der Röhrkästen oft zu schnell aufgebraucht. Zu Beginn des 17. Jahrhunderts beschloss der Rat daher den Bau der Neuen Wasserkunst, um die Kapazitäten zu steigern.

Wartung und Erneuerung des Leitungssystems

Am weitesten von den Pumpwerken entfernt lagen die Röhrkästen in der Stein- und der Töpferstraße. Das Wasser musste immerhin rund anderthalb Kilometer zurücklegen, um diese beiden Sammelbecken zu erreichen. Für den Unterhalt der beiden Wasserkünste und des verzweigten Rohrnetzes waren mehrere städtische Beamte und Angestellte zuständig. Die bautechnische Überwachung lag in den Händen des Ratsbaumeisters und des Röhrmeisters. In beiden Anlagen überwachten Kunstmeister den Betrieb und die Wartung, die mit ihren Familien auch in den Türmen wohnten. Die hölzernen Röhren, die unter dem Pflaster verliefen, waren anfällig und mussten regelmäßig ausgetauscht werden. Daher entschloss sich der Rat bereits in den Jahren 1798/99, sie durch gusseiserne Rohre zu ersetzen. Bis zur Einführung des modernen Druckwassernetzes in den 1870er Jahren blieb die alte Wasserversorgung der Stadt in Betrieb. Noch in jüngster Zeit wurden bei Bauarbeiten Reste der alten Holzleitungen unter dem Pflaster gefunden.

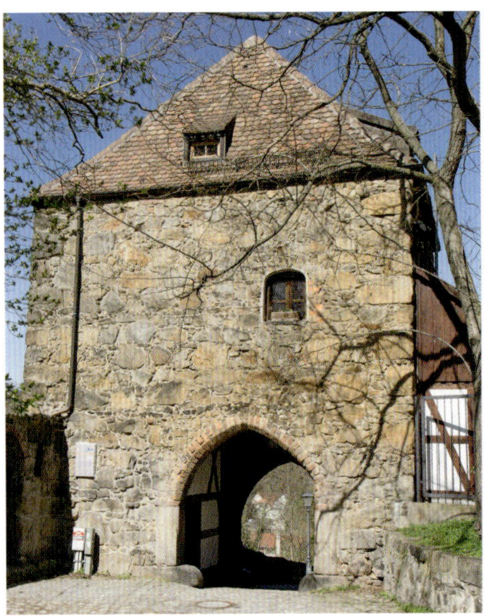

Mühltor, heute Sitz des Altstadtvereins

der Wasserkunst erlaubten. Den Chroniken zufolge drohte ein solches Überlaufen insbesondere in den Wintermonaten, wenn die hölzernen Rohre in der Stadt eingefroren waren.

Die Beaufsichtigung und technische Instandhaltung der Anlage oblag dem Kunstmeister, der in dem an den Turm angebauten Haus wohnte. Im Lauf der Jahrhunderte wurde das System immer wieder auf den neuesten technischen Stand gebracht, bis es 1963 schließlich außer Betrieb ging. Zu diesem Zeitpunkt hatte die Alte Wasserkunst nur noch als Pumpwerk gedient, um Trinkwasser in den Wasserturm auf dem Gelände des ehemaligen Franziskanerklosters zu leiten.

Heutige Nutzung

Die technischen Anlagen, eine Turbine mit liegendem Kammrad sowie zwei einstiefelige Pumpen aus den 1920er Jahren, sind bis heute funktionstüchtig und können im Sockel der Alten Wasserkunst besichtigt werden. Inzwischen sind sie mit einem historischen Generator verbunden und dienen zur Stromerzeugung. In den oberen Geschossen des Turmes befindet sich eine Dauerausstellung zur Geschichte der Bautzener Stadtbefestigung. Von der Plattform genießt man einen schönen Ausblick auf die Altstadt und über das Spreetal bis zu den nahen Bautzener Bergen.

Rund um die Alte Wasserkunst

Neben der Alten Wasserkunst liegt das 3 **Mühltor**, in dem heute der Altstadtverein seinen Sitz hat und eine kleine Dauerausstellung zur Stadtgeschichte präsentiert wird. Das Mühltor ist eines der kleineren Tore in der Stadtbefestigung. Sein Name leitet sich von der **Ratsmühle** ab, die sich unterhalb des Tores an der Spree befand und über den sogenannten Eselsberg zu erreichen war. Vor dem Tor beginnt der Richard-Reymann-Weg, der nach einem bedeutenden Bautzener Chronisten benannt ist. Er führt entlang der Stadtmauer und an der 4 **Mühlbastei** vorbei bis zur Ortenburg. Der im ausgehenden 15. Jahrhundert errichtete Rundturm der Mühlbastei war ebenfalls ein Bauwerk der Stadtverteidigung. Am Ende des Zweiten Weltkriegs brannte er aus und wurde erst in den 1990er Jahren als Wohnhaus wieder aufgebaut.

Mühlbastei, seit den 1990er Jahren als Wohnhaus genutzt

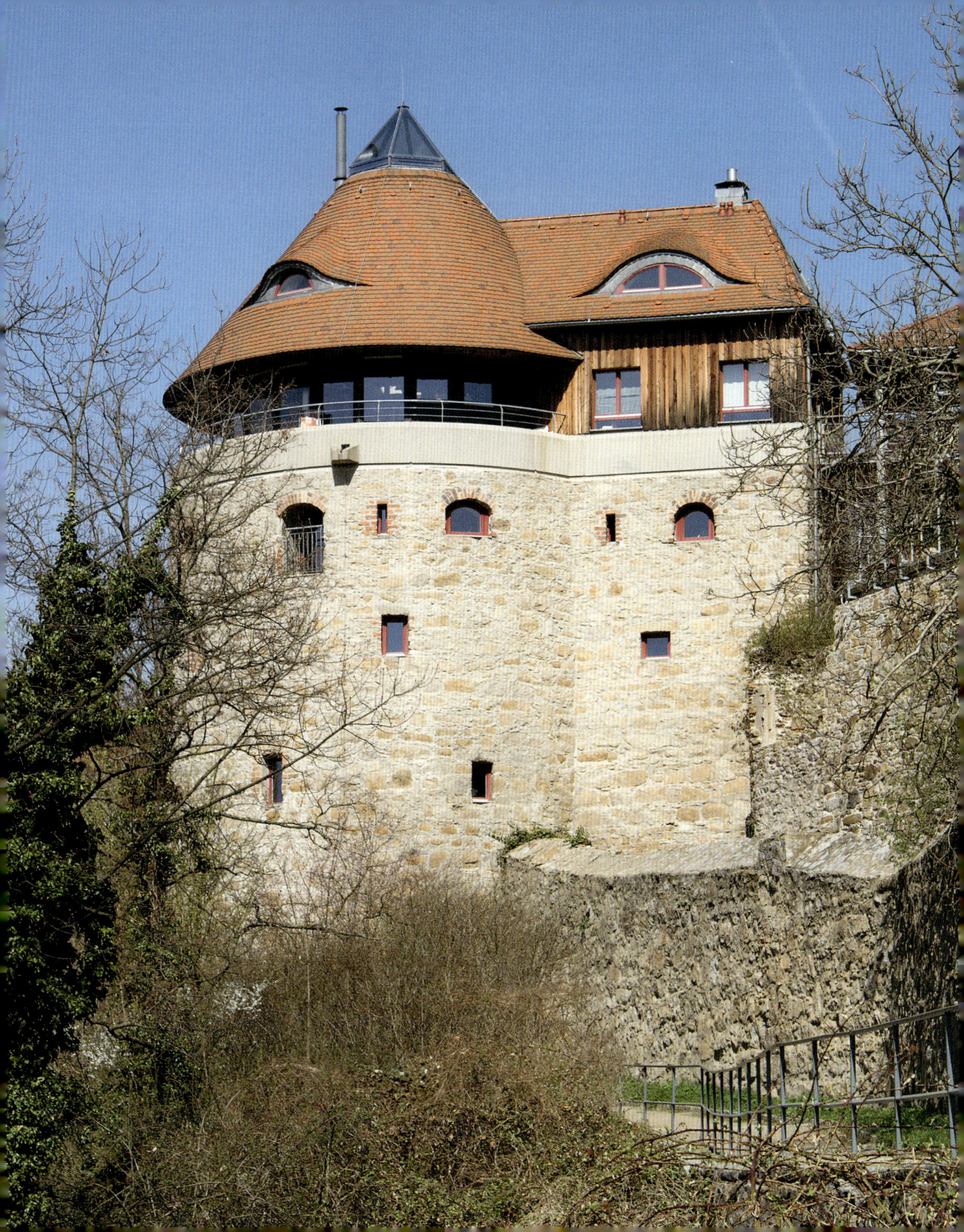

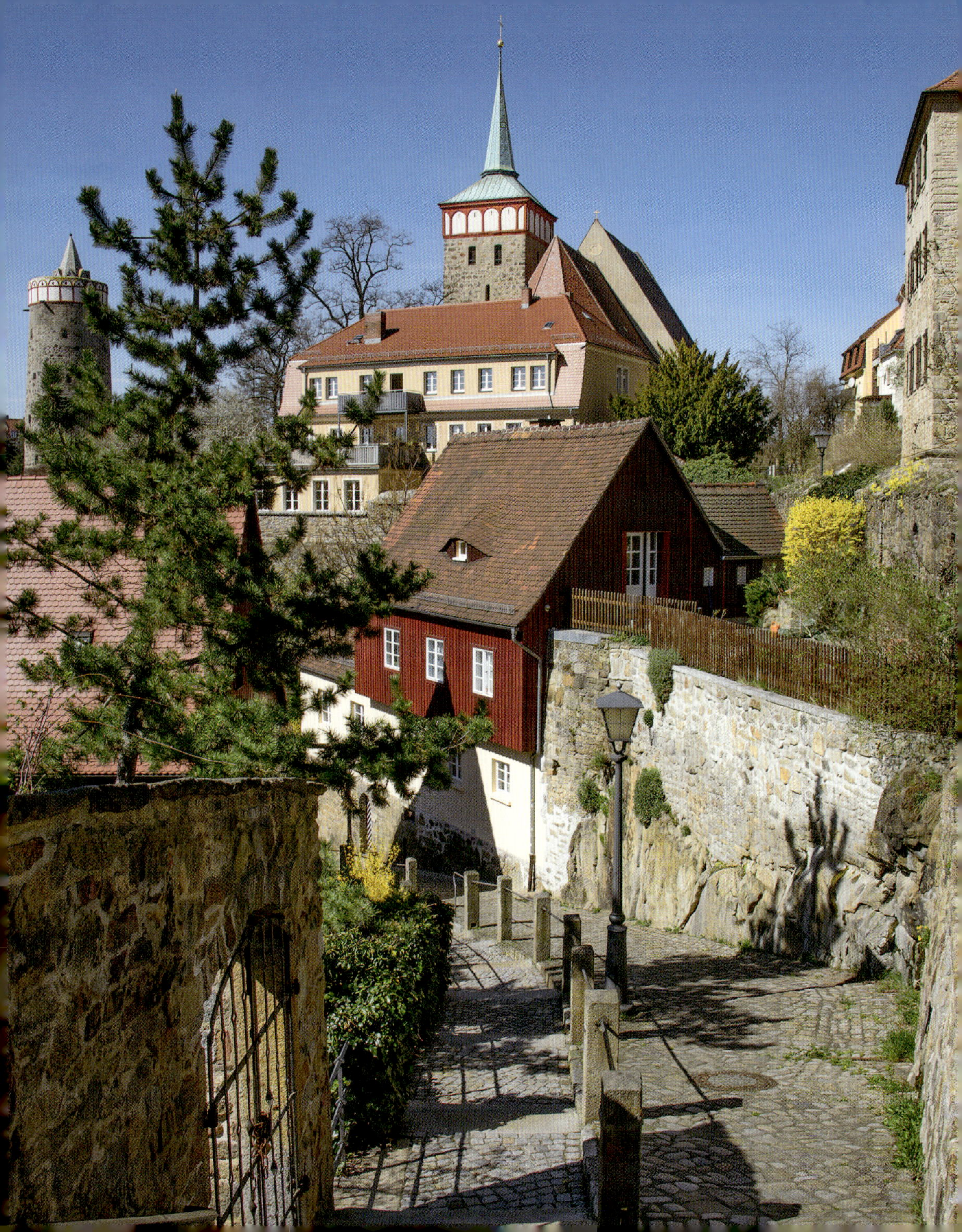

Entlang der Stadtmauer bis zum Lauenturm

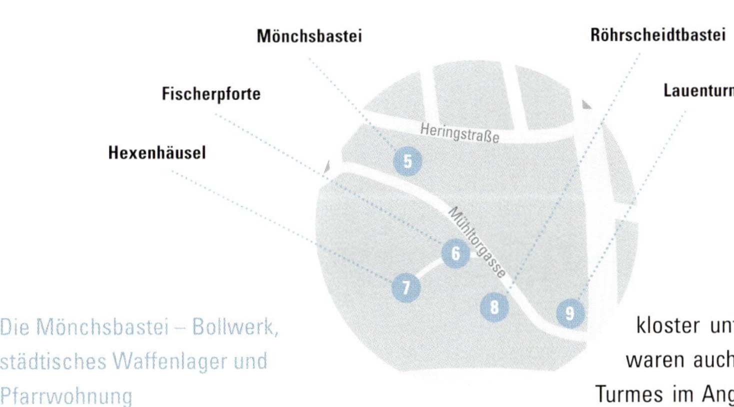

Die Mönchsbastei – Bollwerk, städtisches Waffenlager und Pfarrwohnung

Von der Wasserkunst geht der Spaziergang weiter in Richtung der 5 **Mönchsbastei**, einem weiteren Bauwerk der Stadtmauer am Wendischen Kirchhof. Dem zum Wohnhaus umgebauten ehemaligen Turm ist seine ursprüngliche Nutzung als Verteidigungsanlage kaum mehr anzusehen. Lediglich die früheren Positionen der Schießscharten, die in der restaurierten Fassade noch angedeutet sind, erinnern an die ursprüngliche Funktion.

Die Mönchsbastei gehört zu den ältesten Bauten der Bautzener Stadtverteidigung und soll bereits in den 1320er Jahren entstanden sein. Wie ihr Name andeutet, wurde sie vom Franziskanerkloster unterhalten. Die Mönche waren auch für die Besatzung des Turmes im Angriffsfall verantwortlich. Zu diesem Zweck verband ein überdachter Gang, der über die Heringstraße führte, die Bastei mit der Klosteranlage. Im Turm befand sich außerdem die Latrinenanlage des Konvents.

Nach der Auflösung des Klosters ging die Bastei in städtischen Besitz über. Der Rat ließ das Gebäude zum Zeughaus umbauen und den städtischen Waffen- und Rüstungsvorrat dort unterbringen. Später befand sich darin die Wohnung des Pfarrers der Gemeinde von St. Michael, der der Turm bis heute gehört.

Die Fischerpforte verband den Stadtkern mit der Vorstadt an der Fischergasse.

Im Zwinger der Stadtmauer

An der Mönchsbastei beginnt die Mühltorgasse. Sie verläuft durch den Zwinger der Stadtmauer, welche die Straße auf beiden Seiten einfasst. Auf der rechten Seite folgt nach kurzem Weg die

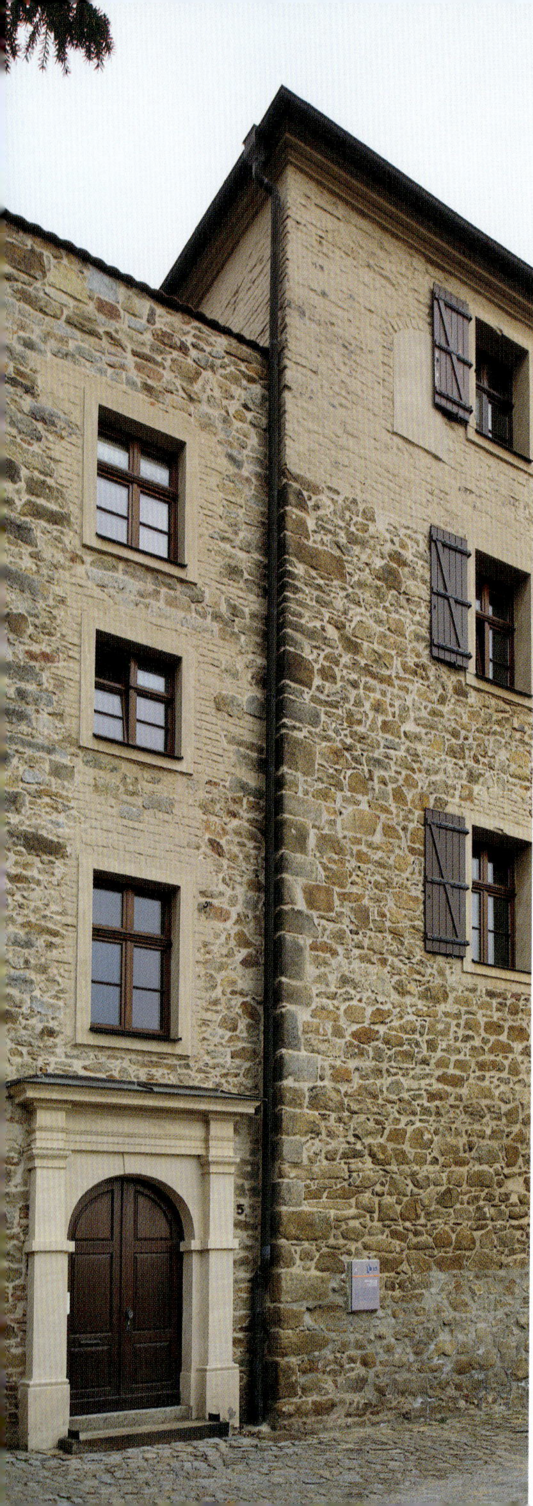

6 **Fischerpforte**, ein alter Stadteingang für Fußgänger. Die Pforte verband den Stadtkern mit der Vorstadt an der Fischergasse, die unterhalb der Alten Wasserkunst in der Nähe des Spreeübergangs liegt.

Das sagenhafte Hexenhäusel

Es lohnt sich, die Stufen hinabzusteigen, denn am Ende der malerischen Fischerpforte liegt das sogenannte 7 **Hexenhäusel**. Dabei handelt es sich um eines der ältesten Vorstadthäuser Bautzens, vermutlich aus der Zeit kurz nach dem Dreißigjährigen Krieg. Das Haus hat einen kleinteiligen, unregelmäßigen Grundriss und ist ein typisches Beispiel für die Wohnhäuser der einfacheren Handwerker und Tagelöhner, die im Kontrast zu den großzügigen Bauten der Kaufleute in der Innenstadt standen. Das historische Erscheinungsbild mit dem steinernen Erdgeschoss, den holzverschalten Giebeln und dem mit Holzschindeln gedeckten Dach ist noch weitgehend erhalten. Der Name Hexenhäusel geht auf eine Sage zurück: Eine Hexe habe einen Feuersegen über das Haus ausgesprochen, weshalb es von allen großen Stadtbränden stets verschont geblieben sein soll. Populär wurde die Bezeichnung aber erst im frühen 20. Jahrhundert. Damals brachte ein Grafiker eine Ansichtskarte von dem Haus mit dieser Bezeichnung heraus, wogegen die damaligen Bewohner noch vor Gericht zogen. Bis heute ist das Haus mit seinem kleinen Garten bewohnt.

links: Mönchsbastei, heute als Wohnhaus genutzt

rechts: Hexenhäusel, eines der ältesten Vorstadthäuser Bautzens

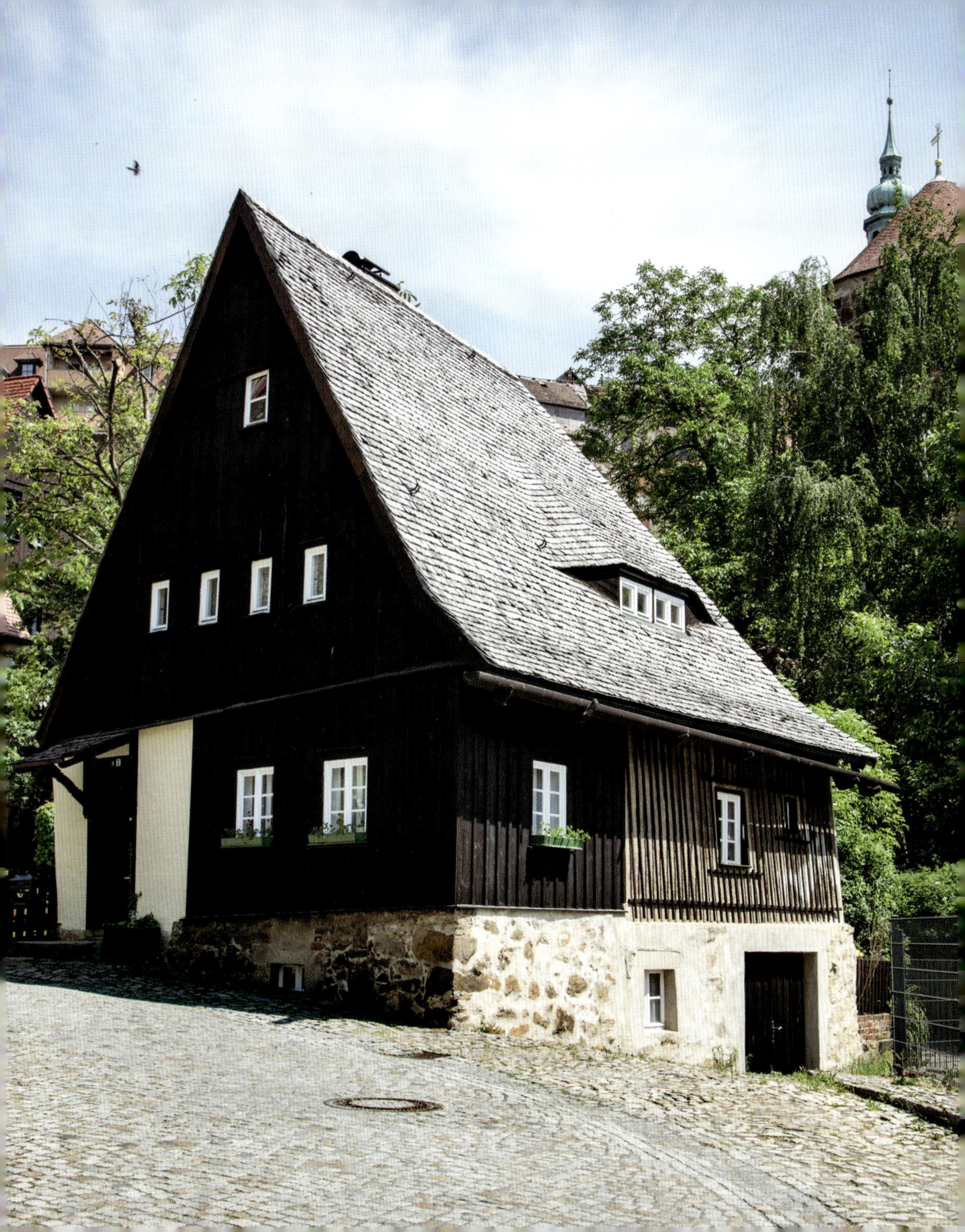

Musik und Tanz auf Sorbisch

DAS SORBISCHE NATIONALENSEMBLE SERBSKI LUDOWY ANSAMBL

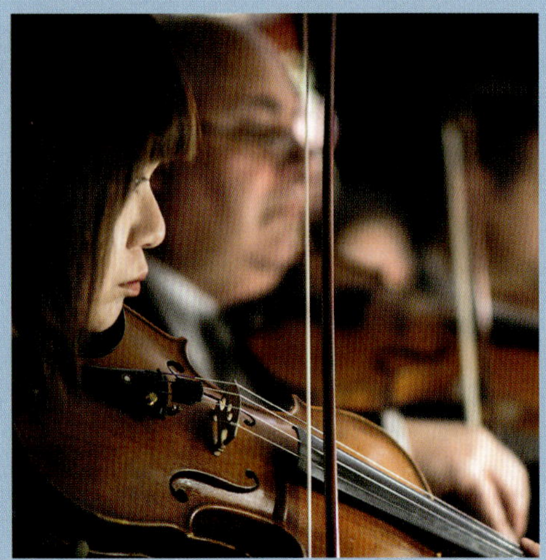

Das Sorbische Nationalensemble bietet Tanz und Ballett sowie Chor- und Kammermusik.

»Musik und Tanz sprechen jede Sprache!«, heißt es beim Sorbischen Nationalensemble. Seit mehr als sechs Jahrzehnten gehört es fest zu den Bautzener Kulturstätten und ist für seine Darbietungen überregional berühmt. Drei künstlerische Sparten zeichnen das Ensemble aus: folkloristische Tanz- und Ballettaufführungen, Chormusik und Kammermusik. Seinen festen Standort hat das Ensemble in unmittelbarer Nachbarschaft der Friedensbrücke im ehemaligen Bürgergarten sowie in der Röhrscheidtbastei.

Die Idee zur Gründung einer sorbischen Institution, in der Musik und Tanz gepflegt werden, entstand schon um die Mitte des 19. Jahrhunderts, als erstmals sorbische Sängerfeste in Bautzen stattfanden. Wenig später begannen der Komponist Korla Awgust Kocor und der Dichter Handrij Zejler,

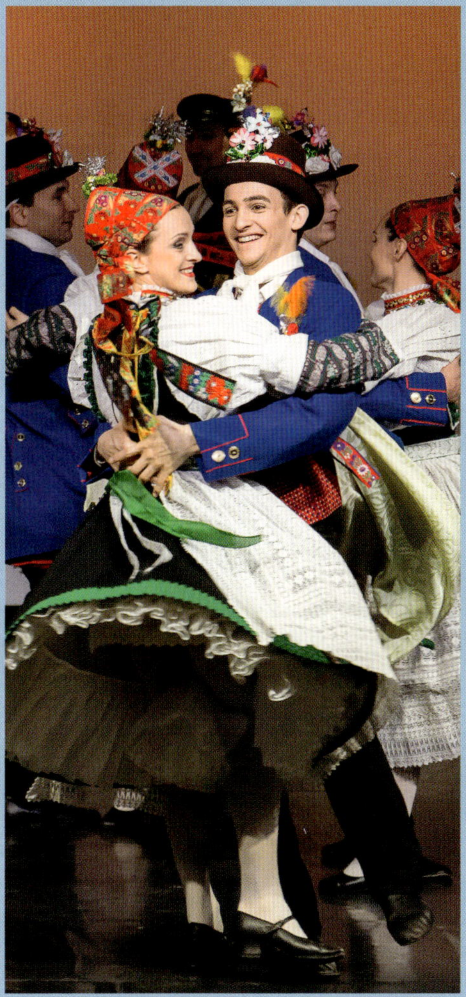

Sehr beliebt sind die folkloristischen Tanzaufführungen des Sorbischen Nationalensembles, bei denen die Künstlerinnen und Künstler in aufwendig gestalteten Trachten auftreten.

große Oratorien zu schreiben, für deren Aufführungen ein Chor und ein Orchester benötigt wurden. Bis eine eigenständige Institution für die Interpretation sorbischsprachiger Musikwerke und folkloristischer Tänze entstehen konnte, sollte jedoch noch einige Zeit vergehen.

Erst 1952 wurde das Ensemble auf Anregung der Domowina, dem Dachverband der sorbischen Vereine, gegründet. Ähnliche Ensembles entstanden zu dieser Zeit nach sowjetischem Vorbild in nahezu allen Ländern des ehemaligen Ostblocks. Durch weltweite Gastspiele wurde das Sorbische Nationalensemble ein wichtiger kultureller Botschafter für die Sorben, die Stadt Bautzen und die gesamte Oberlausitz. Zur Umsetzung seiner künstlerischen Ziele verfügt das heute von der Stiftung für das sorbische Volk getragene Haus über ein festes Ensemble von Tänzern und Musikern. Schon längst kommen sie nicht mehr nur aus der Oberlausitz, sondern auch aus Tschechien, Polen, Ungarn und der Slowakei. Berühmt sind die Aufführungen von Tänzen und Liedern zu sorbischen Volksbräuchen, wie den Programmen zur sorbischen Vogelhochzeit »Ptači kwas«, die beim Publikum seit Jahrzehnten sehr beliebt sind. Gleichermaßen gehören Aufführungen der großen sorbischen Oratorien des 19. Jahrhunderts nach wie vor zum Repertoire.

Seit den 1970er Jahren ist das Ensemble zudem der wichtigste Ort für die Interpretation zeitgenössischer sorbischer Musik, wie der Werke der Komponisten Jan Rawp, Jan Paul Nagel oder Juro Mětšk. Einen weiteren Schwerpunkt des Repertoires bilden Musiktheateraufführungen für Kinder.

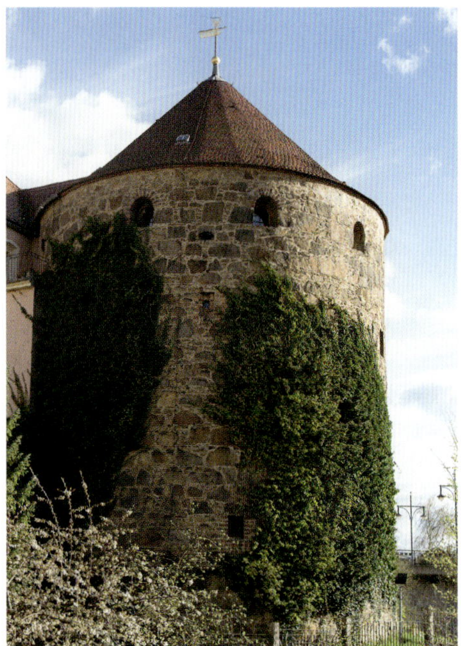

Rundturm der spätmittelalterlichen Röhrscheidtbastei

Sorbisches Nationalensemble in der Röhrscheidtbastei

Die Stufen der Fischerpforte hinauf gelangt man wieder in die Mühltorgasse, die nun leicht bergan steigt. Auf der rechten Seite ist durch eine Toreinfahrt der Rundturm der spätmittelalterlichen 8 **Röhrscheidtbastei** zu sehen. Der Turm dient heute – gemeinsam mit dem benachbarten Gebäude – als Proben- und Aufführungsort des Sorbischen Nationalensembles. In seinen Aufführungen lebt die Folklore als eine eigenständige, mit Elementen des Schauspiels und Balletts angereicherte Kunstform fort.

Der Lauenturm – ältester Torturm der inneren Stadtmauer

Weithin sichtbar überragt der 9 **Lauenturm** seine Umgebung. Sein Name leitet sich vom böhmischen Wappentier ab, dem Löwen oder Leu – schließlich führte die Straße aus Böhmen durch das ehemals neben dem Turm gelegene Innere Lauentor nach Bautzen hinein.

Der Turm, dessen Inneres im Rahmen von Stadtführungen besichtigt werden kann, wurde zu Beginn des 15. Jahrhunderts errichtet. Damit ist er der älteste unter den fünf großen Tortürmen der Stadtmauer. Für seinen Bau sollen unter der Verantwortung des Rates Steine von der Ortenburg entwendet worden sein, was zum Streit mit dem böhmischen König Wenzel IV. führte.

Am Fuß des Turmes lag eine große Toranlage, die die Straße einfasste und sich bis in den Bereich der südlich gelegenen Straßenkreuzung erstreckte. Der Lauenturm hat einen quadratischen Grundriss und ist in seinem oberen Teil mit Blendnischen verziert. Bekrönt wird er von einer Kupferhaube mit Laterne, in der früher eine Stundenglocke hing. Dieser obere Abschluss geht auf einen Umbau im 18. Jahrhundert zurück. Die originale Haube wurde jedoch zum Ende des Zweiten Weltkriegs zerstört und in den 1950er Jahren neu hergestellt.

Der Lauenturm ist der älteste der fünf Tortürme der inneren Stadtmauer.

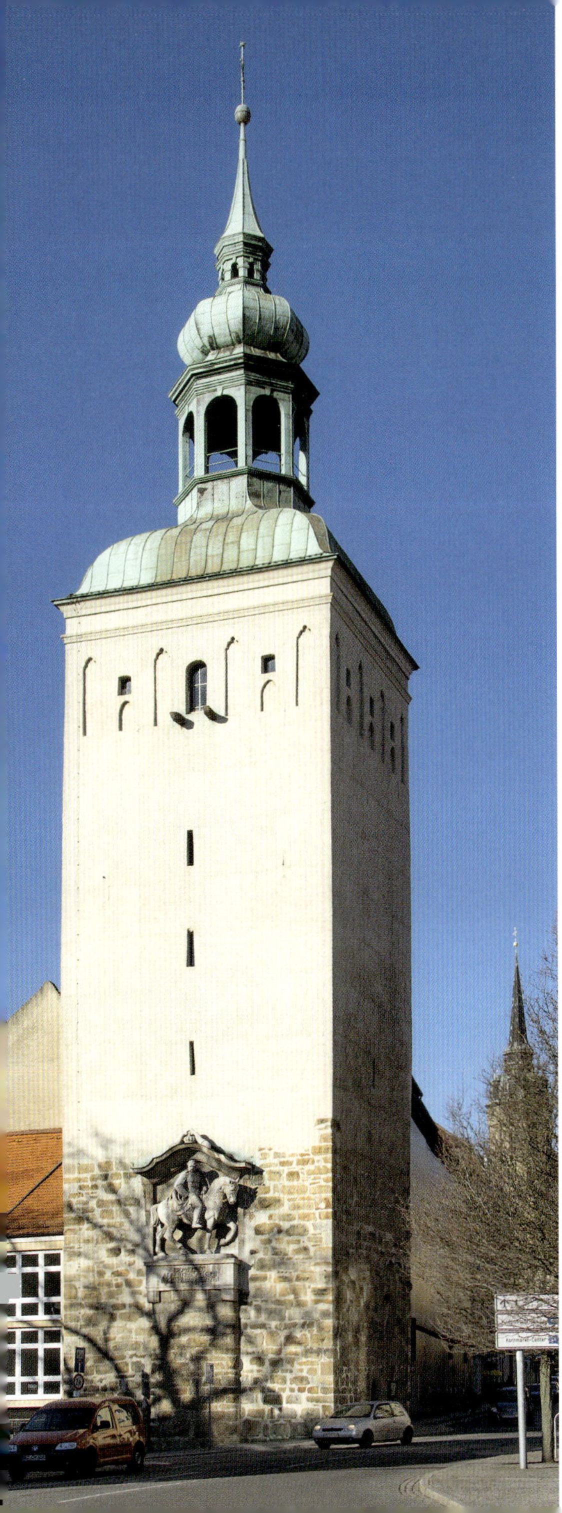

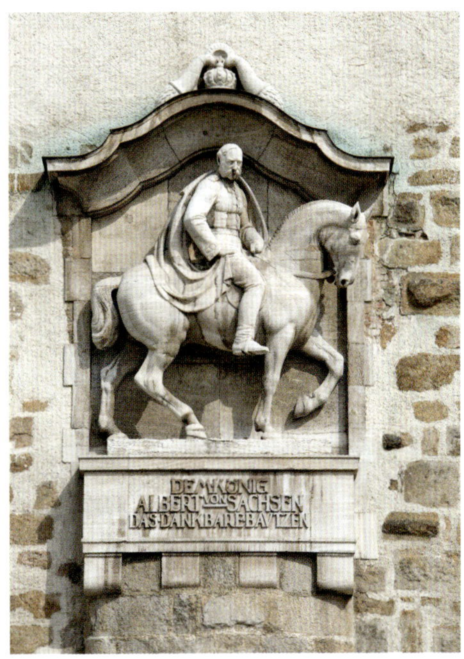

Walter Hauschild, Denkmal für König Albert von Sachsen am Lauenturm, 1913

An der Südseite des Turmes ließ der Bautzener Magistrat 1913 ein Denkmal für den 1902 verstorbenen sächsischen König Albert anbringen, um seine Ehrerbietung und Dankbarkeit auszudrücken. Es handelt sich um ein Werk des Bildhauers Walter Hauschild, der in Leipzig und Berlin tätig war. Das Denkmal zeigt den Monarchen würdevoll auf einem Pferd reitend und greift auf eine antike Darstellungsform zurück, die bereits während der Renaissance in Italien und Frankreich wieder aufgegriffen wurde.

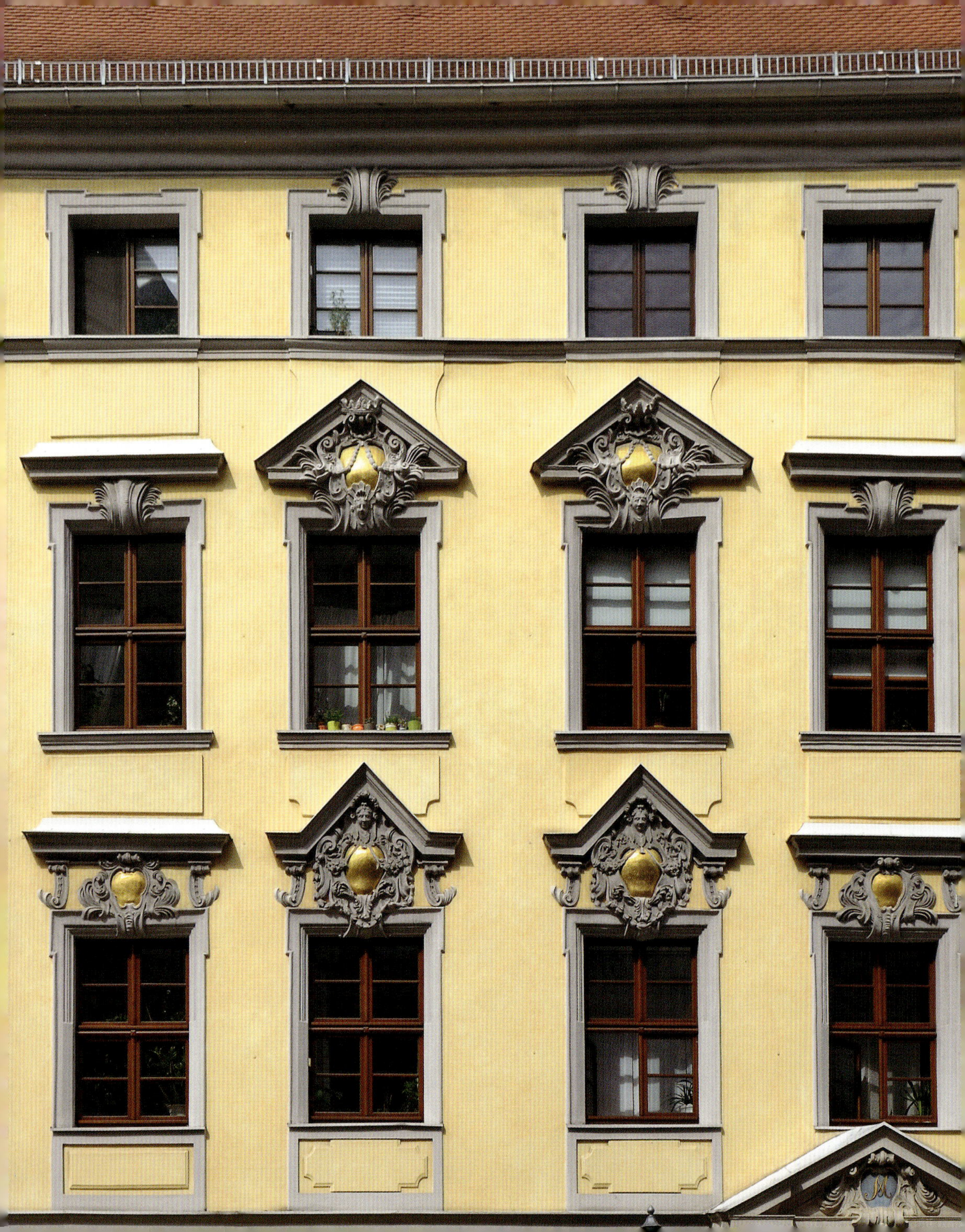

Innere Lauenstraße

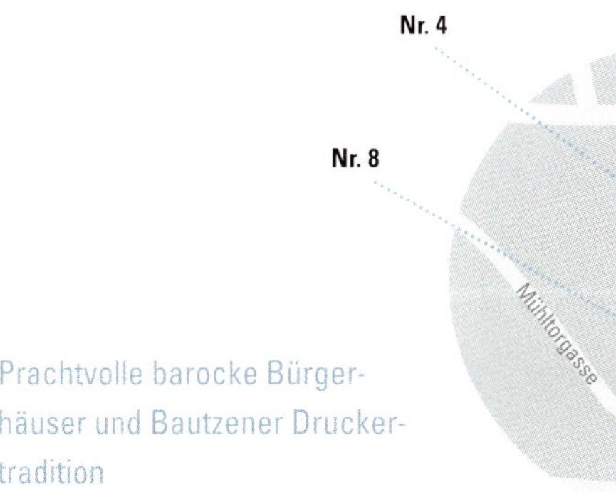

Prachtvolle barocke Bürgerhäuser und Bautzener Druckertradition

Am Fuß des Lauenturms beginnt die Innere Lauenstraße, die in Richtung des Hauptmarkts zunehmend breiter wird. Als eine der Hauptstraßen der Bautzener Innenstadt ist sie von prachtvollen Bürgerhäusern der Barockzeit gesäumt. Hervorzuheben ist die Fassade des Hauses 10 **Nr. 8**, das um 1730 errichtet wurde. Das Haus ist mit korinthischen Pilastern und Fruchtgehängen verziert. Zwischen den Fenstern des ersten und zweiten Obergeschosses sind die Büsten der antiken Gottheiten Merkur und Minerva angebracht, die den Stolz der Kaufleute symbolisieren. In den Jahren 1849/50 wohnte in diesem Haus der spätere sächsische König Albert, der damals als Befehlshaber einer militärischen Einheit in Bautzen stationiert war.

Innere Lauenstraße 4, Standort von Bautzens erster Druckerei

Das benachbarte Haus 11 **Nr. 6** erstreckt sich ebenfalls über vier Geschosse und entstand nach dem Stadtbrand von 1709. Zu dieser Zeit gehörte es dem königlich polnischen und kurfürstlich sächsischen Postmeister Christian Hüttmann. Die Fassade ist reich dekoriert mit Girlanden-Ornamenten und einer Scheinbalustrade im zweiten Obergeschoss. An den Hausecken stehen vier Figuren der Tugenden Glaube, Liebe, Hoffnung und Sanftmut.

Die Fassade des Gebäudes mit der 12 **Nr. 4** ist besonders feingliedrig gestaltet und stammt aus der Zeit nach 1720. Über den mittleren Fenstern des ersten und zweiten Obergeschosses finden sich reich verzierte Kartuschen mit Ranken, Masken und vergoldeter Füllung. Im Inneren des Erdgeschosses ist ein spätgotisches Zellengewölbe erhalten, das noch aus der Zeit um 1500 stammt. Es deutet darauf hin, dass dieses Haus Bausubstanz vieler Jahrhunderte vereint, was auch für zahlreiche weitere Häuser in der Bautzener Altstadt zutrifft.

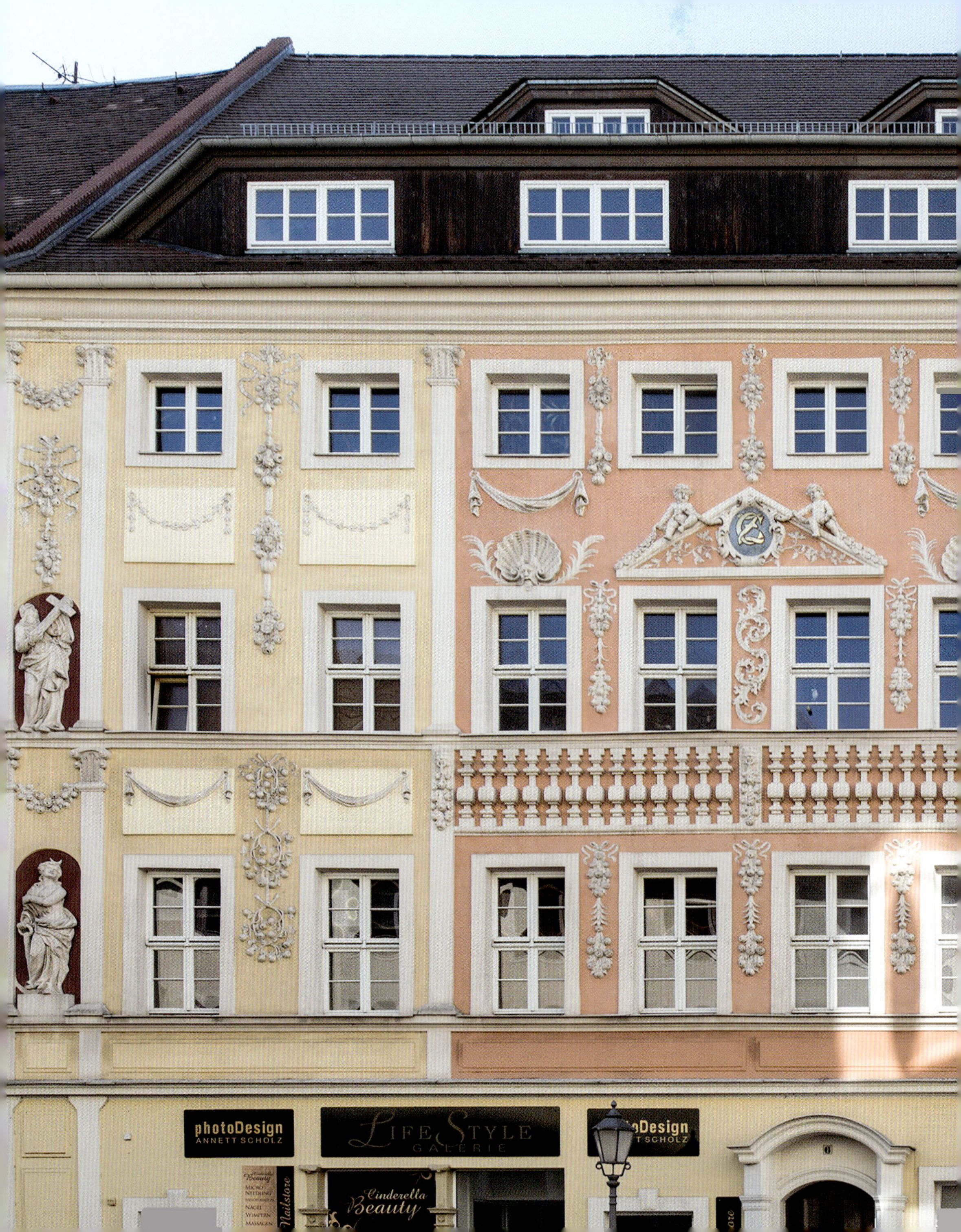
photoDesign
ANNETT SCHOLZ
LIFE STYLE
GALERIE
Cinderella
Beauty
Nailstore

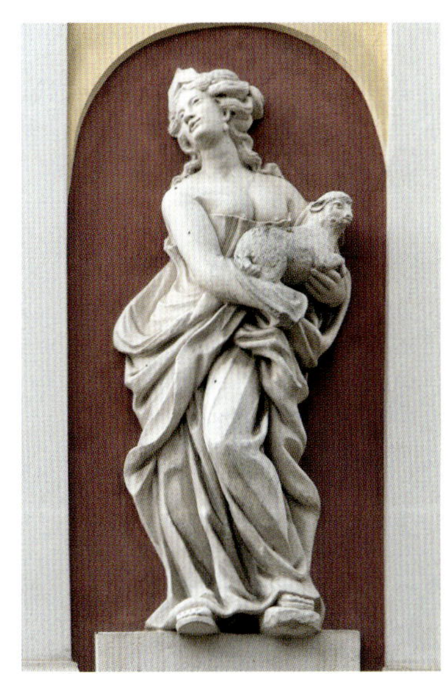

Allegorie der Liebe an der Fassade des Hauses Innere Lauenstraße 6, nach 1709

Kulturgeschichtlich bedeutend ist das Gebäude außerdem als Standort von Bautzens erster Druckerei. Sie wurde 1552 von Nicolaus Wolrab d.Ä. hier eingerichtet, der aus Leipzig über Frankfurt/Oder nach Bautzen gekommen war. 1574 erschien hier das erste gedruckte Buch in sorbischer Sprache. Die Druckertradition setzten mehrere Nachfolger in diesem Gebäude fort. Zuletzt beherbergte es ab 1786 das Druck- und Verlagshaus Monse, das bis in die Mitte des 20. Jahrhunderts hier existierte.

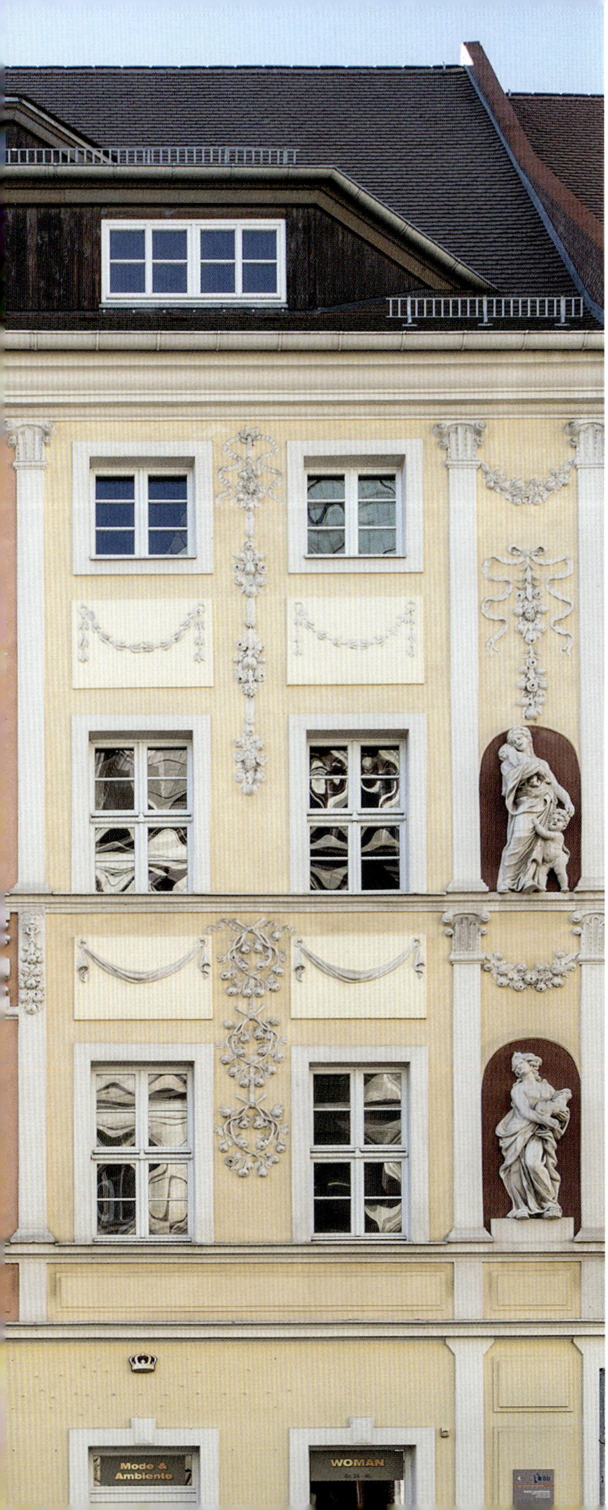

Reich verzierte Fassade des Hauses Innere Lauenstraße 6 mit den vier Allegorien Glaube, Liebe, Hoffnung und Sanftmut

Die östliche Altstadt

KAUFMANNSGEIST, MÄRKTE UND MUSEUM

Prachtvolle barocke Bürgerhäuser, das Bautzener Museum mit seinen wertvollen Sammlungen, eine katholische Kirche, eine neogotische Kaserne und zahlreiche weitere Sehenswürdigkeiten – im östlichen Teil der Altstadt zwischen Reichenstraße und Wendischer Straße gibt es vieles zu erkunden.

>>> Seite 160
WENDISCHE STRASSE, SCHÜLERSTRASSE UND ZWINGER

>>> Seite 132
REICHENSTRASSE UND REICHENTURM

>>> Seite 152
SALZMARKT UND WENDISCHER GRABEN

>>> Seite 144
KORNMARKT

19 18 17 16 15 14 12 13 11 1 2 3 4 5 6 7 10 9 8

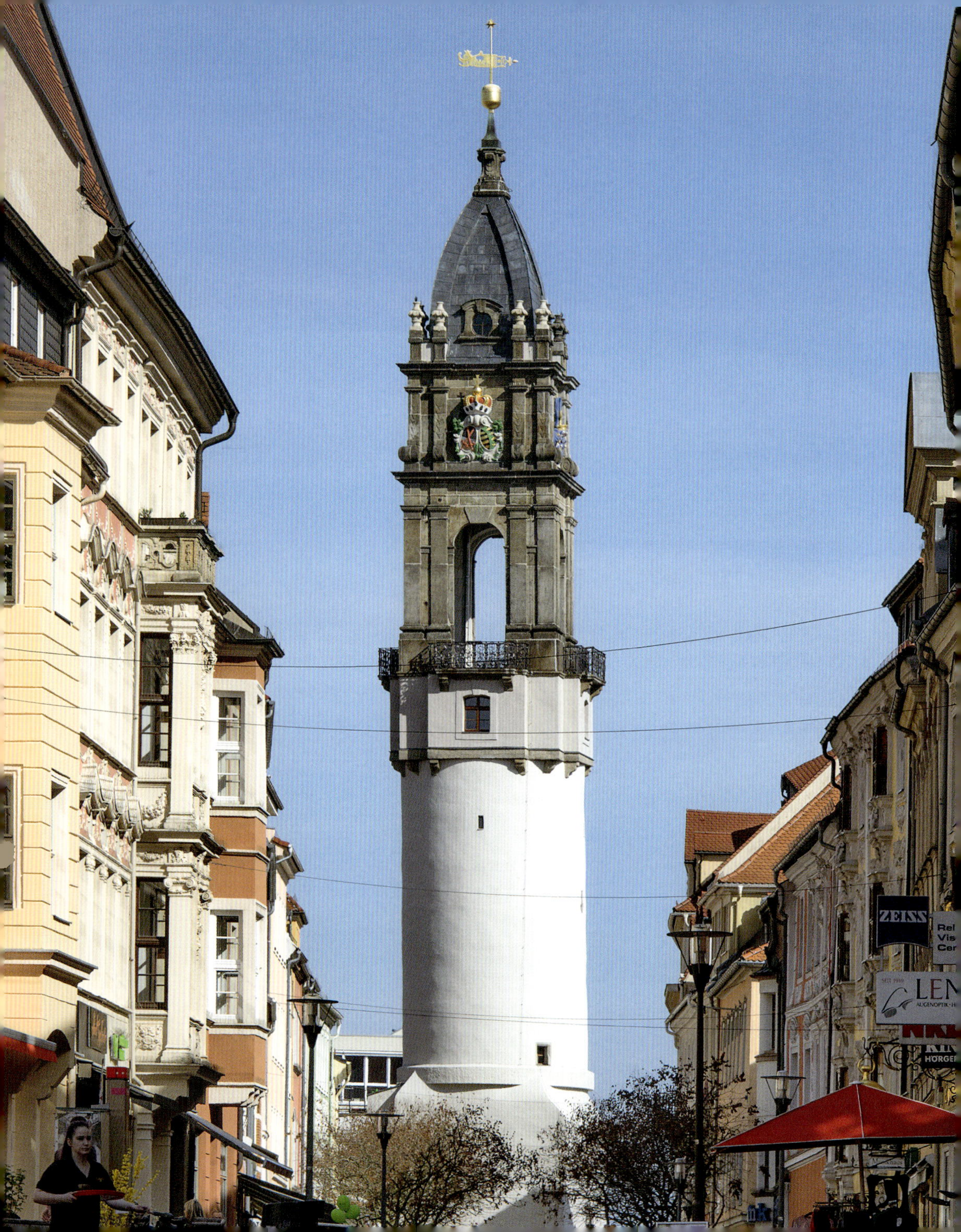
ZEISS

Reichenstraße und Reichenturm

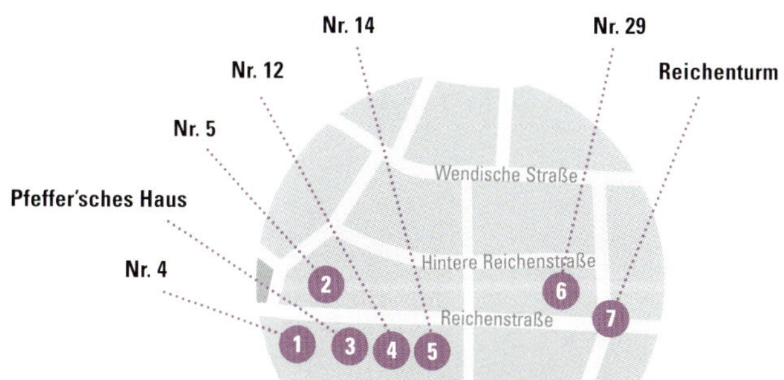

Vom Hauptmarkt führt der Weg nach Osten in die Reichenstraße, die zweite Hauptstraße der Innenstadt. Dieser Teil der Altstadt, zu dem auch die Wendische Straße und die Kesselstraße zählen, entstand in der ersten Hälfte des 13. Jahrhunderts. Damals wurde die Stadt östlich von Lauenstraße, Hauptmarkt und Fleischmarkt planmäßig erweitert.

Die Reichenstraße – Bautzens barocke Pracht

Die Reichenstraße ist, wie ihr Name bereits andeutet, die eigentliche Prachtstraße Bautzens. Vom Spätmittelalter bis ins 19. Jahrhundert wohnte hier die Oberschicht der Stadtgesellschaft, die sich vor allem aus Kaufleuten zusammensetzte. Die Grundstücke der imposanten Bürgerhäuser erstreckten sich bis zur Kesselstraße bzw. Hinteren Reichenstraße, wo die Hintereingänge zu den Werkstatt-, Manufaktur-, Lager- und Wirtschaftsbauten lagen.

Der Reichenturm am östlichen Ende der Reichenstraße

Fast noch am Hauptmarkt steht zur Rechten das Haus (1) **Nr. 4**. Seine Fassade ist in beiden Obergeschossen mit Pilastern aus der Zeit um 1730 verziert. Mitunter liegen sie so dicht neben den Fensteröffnungen, dass sie die Fenstergewände fast überschneiden. Das lässt vermuten, dass eine ältere Fassade lediglich mit der reichen Dekoration verblendet wurde. Über dem mittleren Fenster des ersten Obergeschosses ist ein vergoldetes Segelschiff zu sehen. Es symbolisiert die weltweiten Handelsbeziehungen des Kaufmanns, der dieses Haus umbauen ließ, und findet sich auch an weiteren barocken Häusern der Reichenstraße. Von 1833 bis 1898 hatte die Bautzener Station der königlich sächsischen Post hier ihren Standort. Darauf verweist wiederum die Inschrift in der Kartusche, die sich an zentraler Stelle über dem Erdgeschoss befindet.

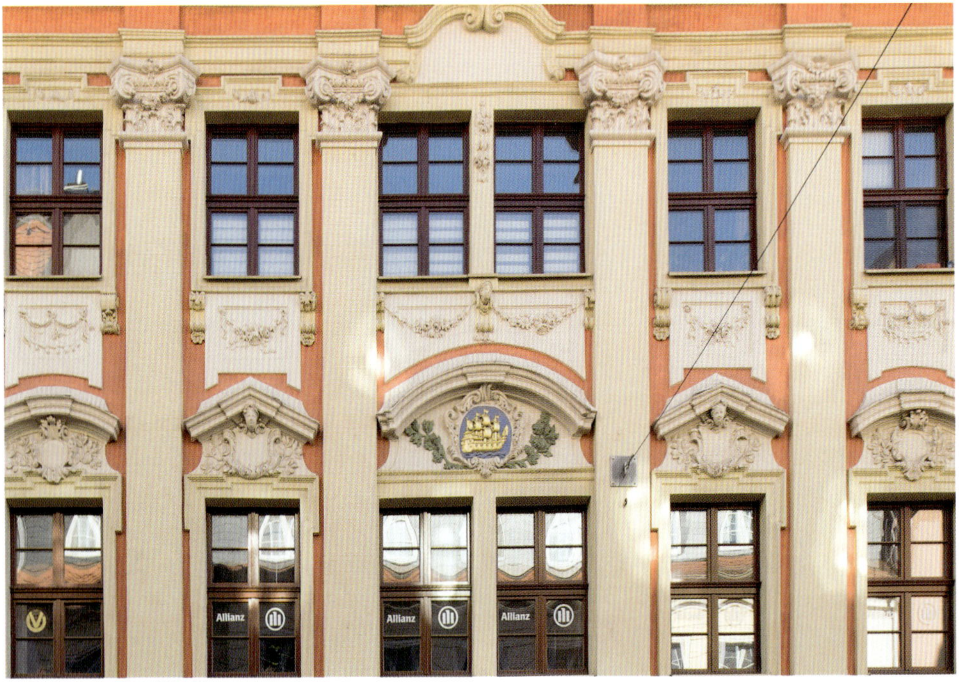

Reichenstraße 4 mit vergoldetem Segelschiff, um 1730

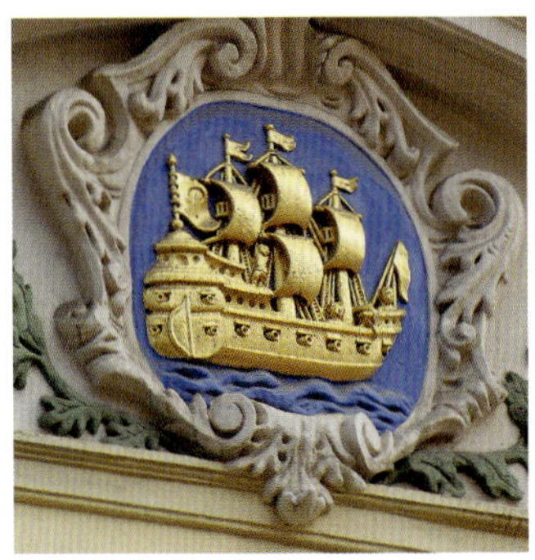

Schräg gegenüber liegt mit der 2 **Nr. 5** eines der prächtigsten Gebäude der Straße. Für den großen Neubau aus der Zeit um 1720 wurden vermutlich mehrere nebeneinanderliegende Grundstücke zusammengefasst. Seine Fassade erstreckt sich über vier Stockwerke und ist über den Fenstern aufwendig mit Schnepfengiebeln und Segmentbögen dekoriert. Besonders reizvoll ist der Erker, der über das erste und zweite Obergeschoss reicht und am oberen Ende als Balkon mit sandsteinerner Balustrade dient. Unter dem Erker liegt der frühere Haupteingang. Dort ist eine Büste des Gottes Hermes angebracht, der in der antiken Mythologie als

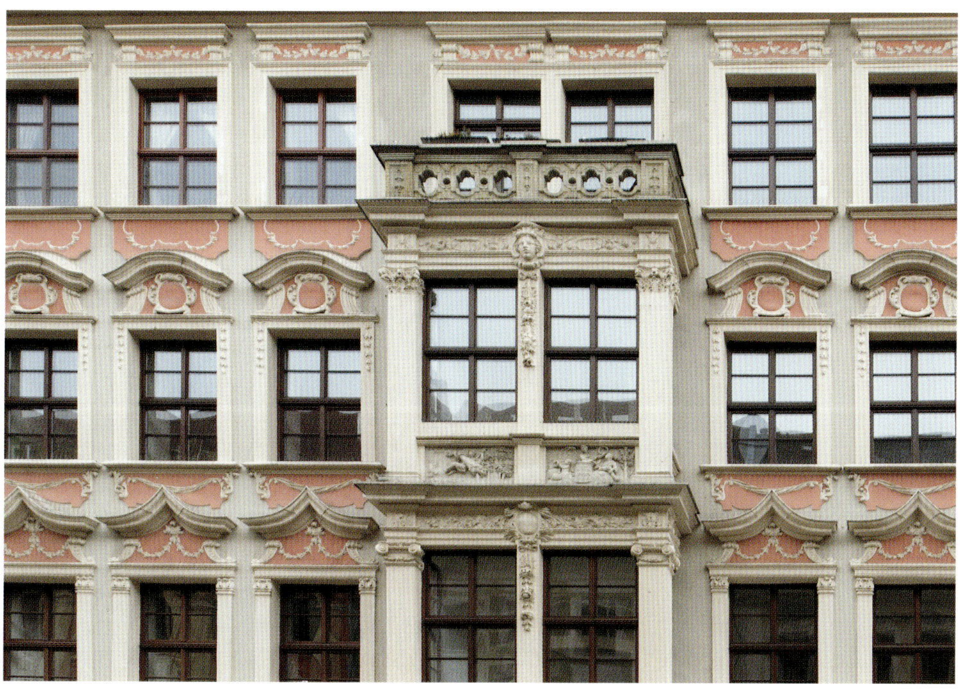

Fassade des Hauses Reichenstraße 5 mit reichverziertem Erker, nach 1720

der Schutzherr der Kaufleute galt. Auf das Geschick des Kaufmanns verweisen auch vier Reliefs an der Brüstung des Erkers mit Szenen aus der antiken Mythologie und der christlichen Überlieferung. Außerdem ist erneut ein Schiff im Sturm zu sehen.

Doch auch in der Reichenstraße konnten sich es nicht alle Familien in der Barockzeit erlauben, solche großen Häuser zu bauen. Zumindest die Fassadengestaltung sollte jedoch mit den vermögenderen Nachbarn Schritt halten. Das zeigt zum Beispiel das 3 **Pfeffer'sche Haus** (Nr. 8) auf der gegenüberliegenden Straßenseite. Sein Bauherr war der vielseitig gebildete Jurist, Bürgermeister und Ratsherr Paul Pfeffer, der sich auch als Dichter christlicher Choräle hervorgetan hat. Die Fassade seines wesentlich kleineren Hauses ist mit feinen Zierformen gestaltet und datiert auf das Jahr 1732.

Ein weiterer Vergleich macht das Gefälle zwischen den Bauherren in der Reichenstraße noch deutlicher: Haus **Nr. 7**, das vermutlich noch aus dem ausgehenden 17. Jahrhundert stammt, erreicht gerade einmal zwei Drittel der Bauhöhe des Nachbarhauses Nr. 5.

Die Stadt als Fest

BAUTZENER STADTFESTE

Im Jahreslauf erlebt Bautzen mehrere große Feste, deren Besuch sich lohnt. Schon in früheren Jahrhunderten war die Stadt für ihre Jahrmärkte berühmt. Aus ihnen entstanden die heutigen Stadtfeste. Am Ostersonntag findet auf dem Protschenberg das traditionelle Eierschieben statt, das stets von einem kleinen Jahrmarkt begleitet wird. Seit rund drei Jahrzehnten lädt die Stadt am Pfingstwochenende zum Bautzener Frühling ein. Dann feiern die Bautzener in den Hauptstraßen der Altstadt die Ankunft des Frühlings mit Live-Musik und Straßentheater, Handwerker- und Trödelmarkt. Aller zwei Jahre verwandelt Ende Juni/Anfang Juli das Internationale Folklore-Festival Bautzen zum Ort für die Kulturen der Welt. Die Ursprünge liegen in den Festivals der sorbischen Kultur, die seit den 1950er Jahren stattfanden. Heute treten Tanz- und Musikgruppen von allen Kontinenten mit mehr als 800 Künstlern auf und ziehen rund 20 000 Besucher an. Damit gehört das Festival, das in Bautzen, Crostwitz und anderen Orten der Umgebung stattfindet, zu den größten Veranstaltungen seiner Art in Deutsch-

Alle zwei Jahre findet in Bautzen und Umgebung das Internationale Folklore-Festival statt – eines der größten seiner Art in Deutschland.

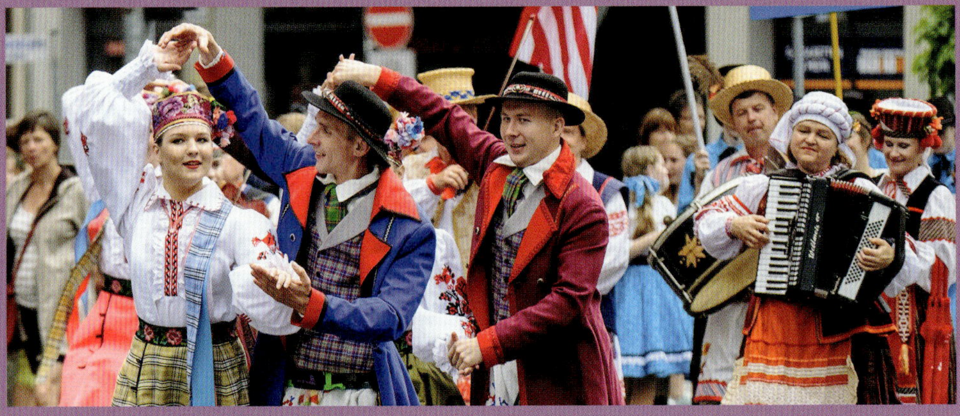

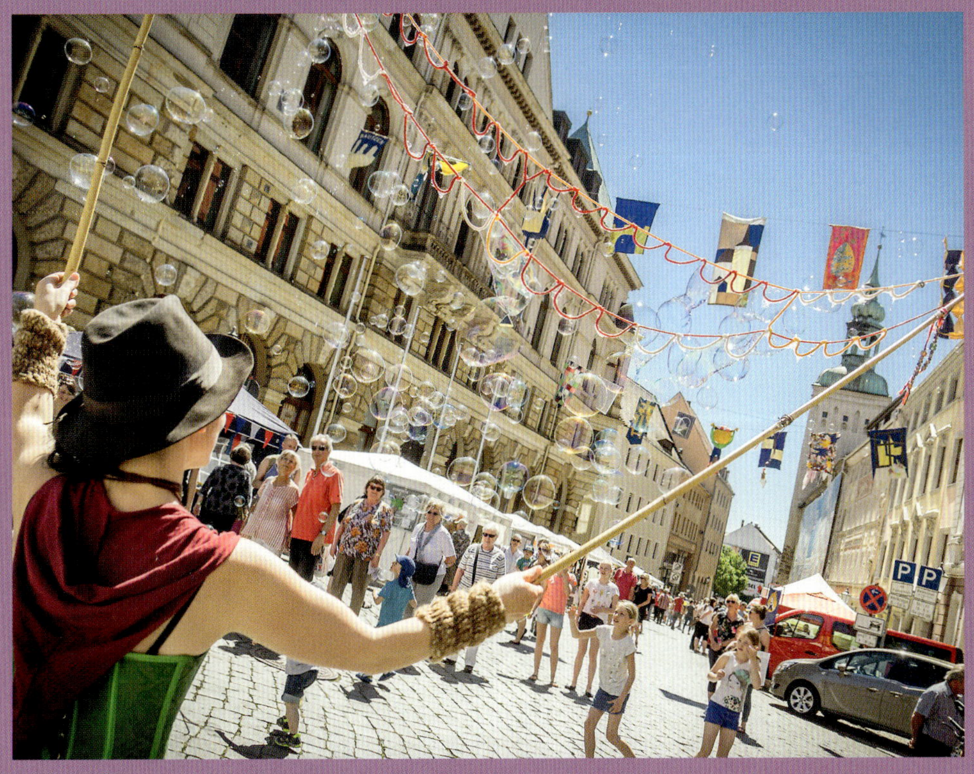

Den Einzug des Frühlings feiert Bautzen alljährlich mit einem mehrtägigen Stadtfest – dem Bautzener Frühling.

land. Ebenfalls im zweijährlichen Rhythmus findet im Juli und August der Lausitzer Musiksommer statt. Er lädt in Bautzen und der gesamten Oberlausitz zu erstklassigen Konzerten klassischer Musik ein, wobei zumeist historische Kirchen als Spielstätten dienen. Noch relativ jung ist das Altstadtfestival »Wasser, Kunst und Licht«, das Ende August/Anfang September die Altstadt und ihre Wahrzeichen feiert. Am ersten Septemberwochenende ermöglicht der Tag des offenen Denkmals spannende Einblicke in historische Gebäude, die sonst nicht öffentlich zugänglich sind. In der Adventszeit lädt der Bautzener Weihnachtsmarkt zum Besuch ein. Er ist wahrscheinlich der älteste Weihnachtsmarkt Deutschlands und geht auf ein Privileg zurück, dass der böhmische König Wenzel IV. 1384 der Stadt verlieh. Daher trägt er auch seit einigen Jahren den Namen »Wenzelsmarkt«.

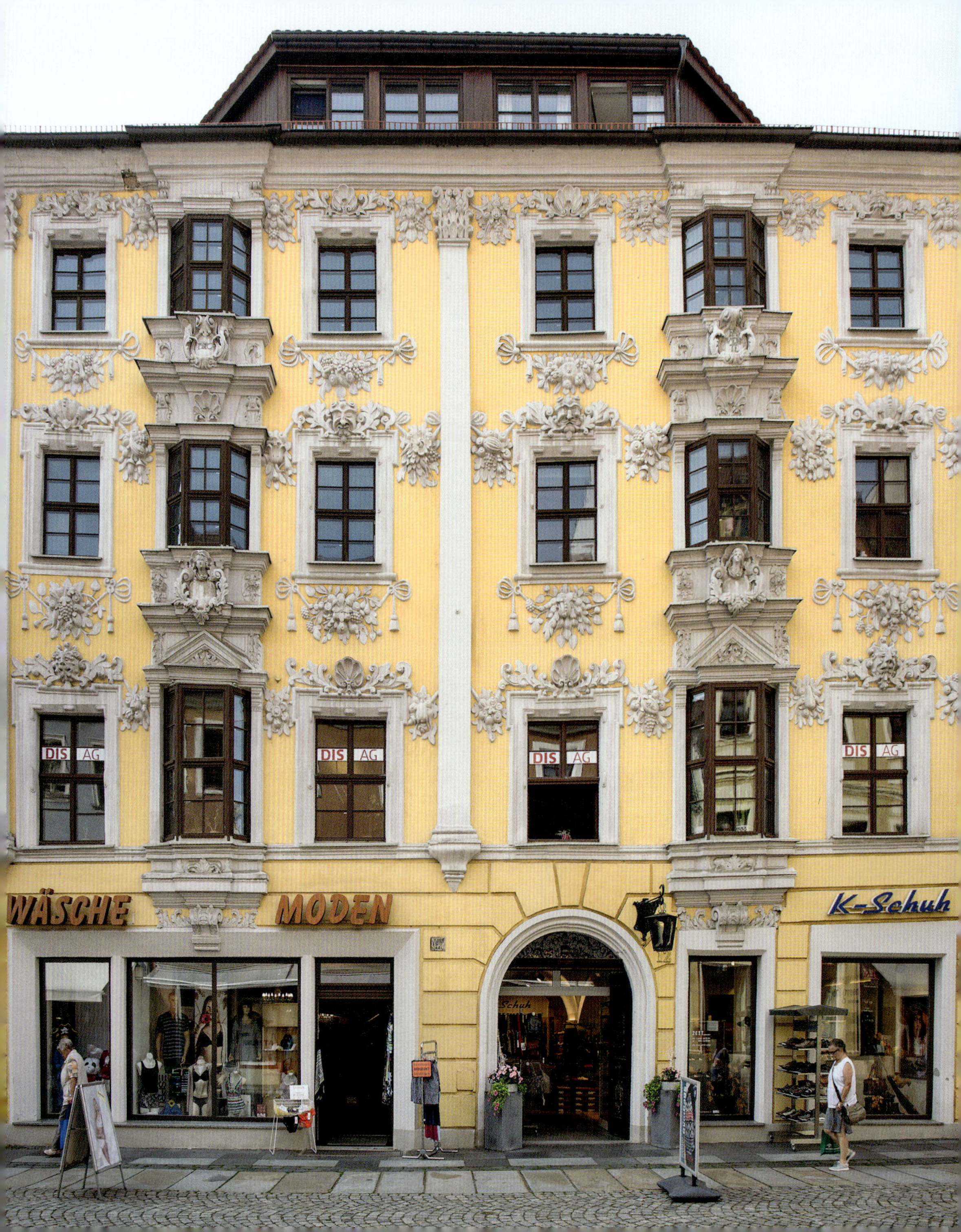
WÄSCHE
MODEN
K-Schuh
DIS AG

Interessant ist auch die **Nr. 11**. Das Gebäude weist zwar nur eine schlichte Fassadengestaltung auf, ist jedoch unübersehbar aus zwei älteren Häusern zusammengewachsen, was die unsymmetrische Anordnung der Fensterachsen verrät.

Auf der gegenüberliegenden Straßenseite folgen mit Nr. 12 und Nr. 14 zwei weitere Gebäude mit prachtvollen Fassaden. Trotz des Brandes von 1709 ist hier noch ältere Bausubstanz erhalten. So stammt das Hauptportal bei **Nr. 12** aus der zweiten Hälfte des 17. Jahrhunderts. Lediglich das Türblatt wurde erst im Zuge des Wiederaufbaus nach dem Stadtbrand eingesetzt und mit einem filigranen schmiedeeisernen Oberlichtgitter ausgestattet. Die drei Obergeschosse werden erneut durch Pilaster gegliedert. Sie teilen die Fassade in zwei ungleich große Bereiche mit jeweils drei Fensterachsen. Auch hier scheinen also zwei Vorgängerbauten in einem Haus aufgegangen zu sein. Die mittleren Fenster treten wie kleine Erker hervor – eine Gestaltung, die in Bautzen in dieser Form kein zweites Mal vorkommt. Die übrigen Fenster sind mit ornamentalen Fruchtgehängen, Masken und Muscheln aufwendig dekoriert.

Die Fassadenteilung wiederholt sich ähnlich am Nachbarhaus **Nr. 14**. Auch hier dienen Ranken, Fruchtgehänge und Muscheln als Zierelemente. Zur Zeit des Stadtbrands von 1709 gehörte das Haus Michael Liefmann, der aus Kaschau (Košice) in der heutigen Slowakei stammte und in Bautzen als lutherischer Pastor von St. Petri amtierte. Auf die Frömmigkeit des einstigen Bauherrn verweisen zwei Schriftbänder unter den mittleren Fenstern des zweiten Obergeschosses: Darauf steht jeweils das hebräische Wort Jahve für Gott.

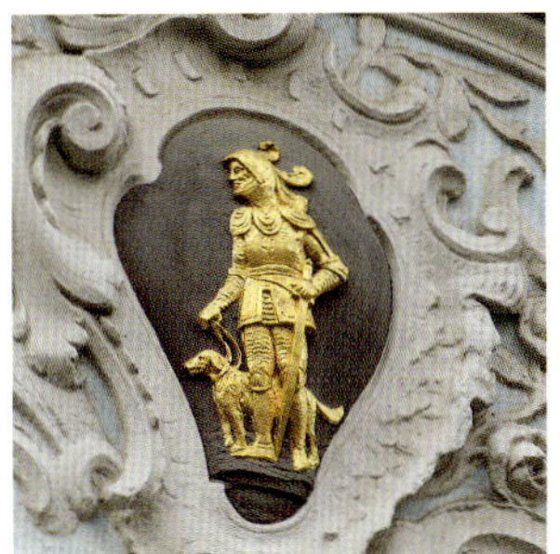

Aufwendig dekorierte Fassade des Hauses Reichenstraße 12, nach 1709

Folgt man der Reichenstraße weiter in Richtung des Reichenturms, trifft man auf die Theatergasse und die Hauensteinergasse, die von rechts und links einmünden. An dieser zentralen Stelle befand sich einst ein Röhrkasten der Bautzener Wasserleitung, der in den 1590er Jahren mit den Insignien des Heiligen Römischen Reiches verziert worden war. Wie schon der Brunnen auf dem Hauptmarkt musste auch dieses Sammelbecken im 19. Jahrhundert dem gesteigerten Verkehrsaufkommen weichen. Heute ist an seiner Stelle ein aus Bronze gegossenes Relief in die Straße eingelassen. Wie eine **Windrose** zeigt es die Richtungen zu den Hauptsehenswürdigkeiten der Stadt an.

An der Ecke zur Hauensteinergasse befand sich früher der Gasthof zum Schwarzen Bären (**Nr. 13**), woran noch das Hauszeichen am Gesims unter der Traufe erinnert. Vor dem Reichenturm liegt auf der

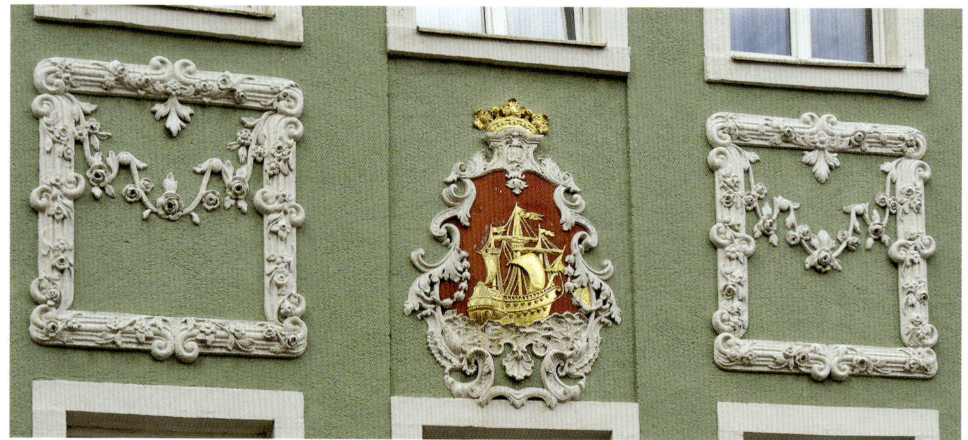

Reichenstraße 29 mit Darstellung eines vergoldeten Dreimasters

rechts: Ausblick vom Reichenturm über die Altstadt

linken Seite mit 6 **Nr. 29** ein weiteres traditionsreiches Gebäude. Es gehörte der Familie Benade, die dieses Haus während des 18. Jahrhunderts über mehrere Generationen hinweg besaß. Auf die Handelstätigkeit der Kaufmannsfamilie verweist auch hier die Darstellung eines vergoldeten Dreimasters zwischen den mittleren Fenstern im ersten und zweiten Obergeschoss.

In der Gegenwart dienen die Reichenstraße sowie der angrenzende Hauptmarkt und der Kornmarkt für die alljährlichen Bautzener Stadtfeste, vor allem den »Bautzener Frühling« und den weihnachtlichen »Wenzelsmarkt«.

Der Reichenturm – der schiefe Turm von Bautzen

Den östlichen Abschluss der Reichenstraße bildet der 7 **Reichenturm**, ein weiterer Turm der inneren Stadtmauer, von der ein letzter Rest in originaler Höhe nördlich angrenzend noch erhalten ist. Im Jahr 1492 entstand zunächst der quadratische Sockel des Turmes mit dem darüber liegenden, mit Schießscharten ausgestatteten runden Schaft. Ursprünglich besaß der Reichenturm ein hohes Spitzdach, später eine geschwungene Haube.

Nachdem der Stadtbrand von 1709 die Haube zerstört hatte, entschied sich der Bautzener Rat für einen opulenten oberen Abschluss. Im ersten Abschnitt des neuen Aufbaus befand sich die ehemalige Türmerwohnung mit einem Fenster in jede Himmelsrichtung. Darüber folgt ein eigenständiges Bauwerk mit vier pilastergesäumten Bogenöffnungen, das wie ein barocker Pavillon auf dem spät-

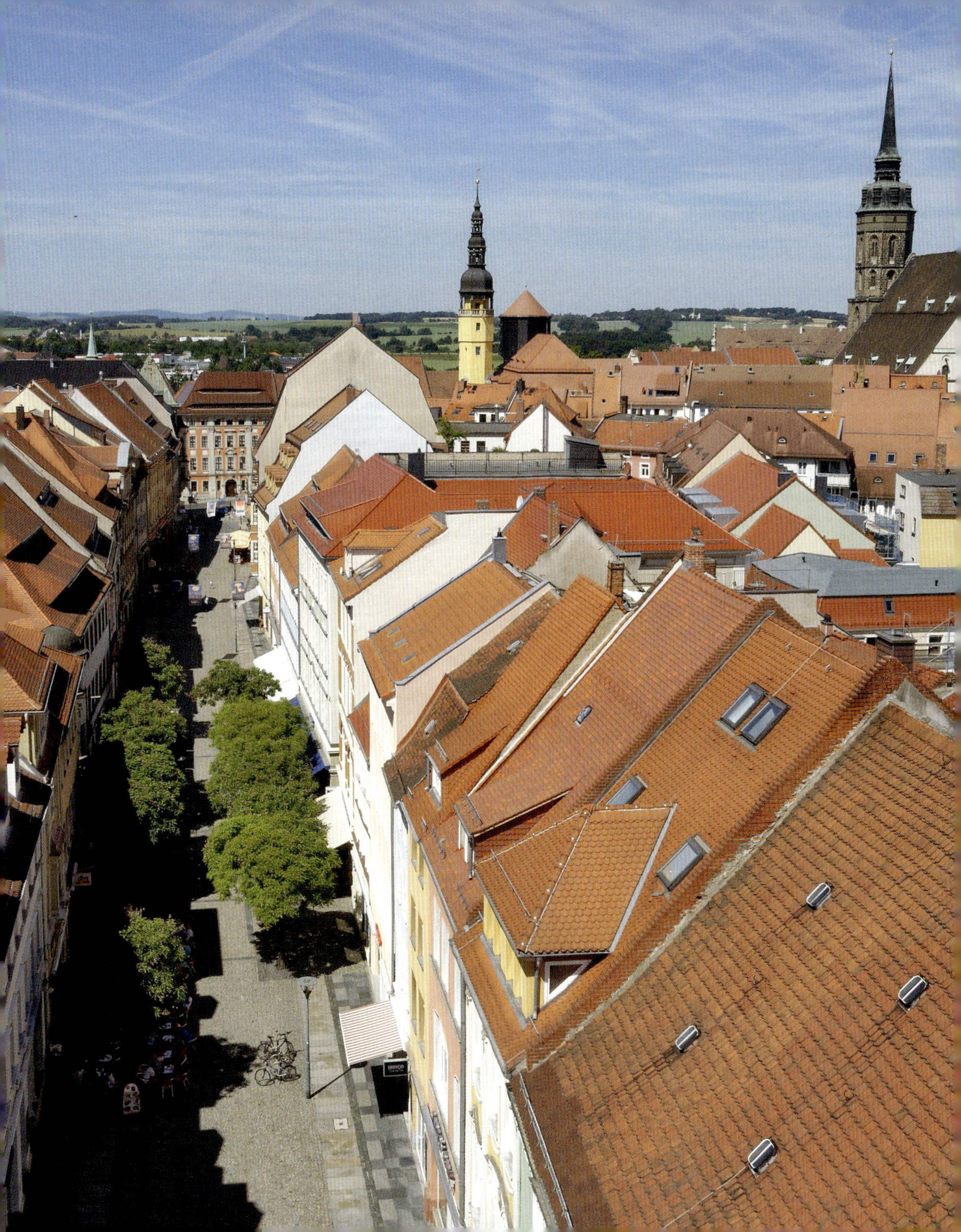

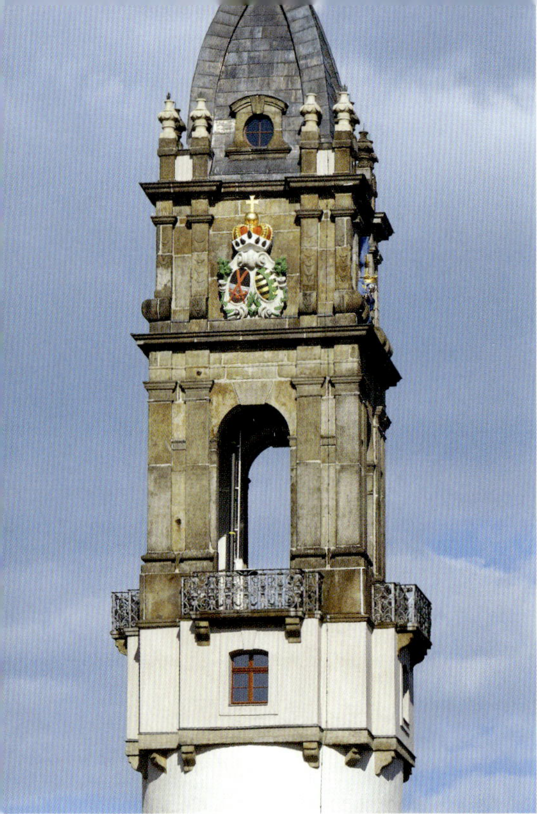

Barocke Haube des Reichenturms mit Wappen des Kurfürstentums Sachsen

mittelalterlichen Turm steht. An der Aufmauerung darüber sind das kurfürstlich sächsische Wappen und das Wappen der Stadt Bautzen angebracht. Eine geschwungene Haube mit Flammenvasen bildet den oberen Abschluss. Den Entwurf für den neuen Aufsatz lieferte 1715 der Dresdener Generalakzisbaudirektor Johann Christoph von Naumann, auf den auch die barocke Umgestaltung des Rathauses zurückgeht. Ausgeführt wurde er schließlich von dem Bautzener Baumeister Johann Christoph Steinert. Was beide jedoch nicht bedacht hatten, waren die unzureichenden mittelalterlichen Fundamente des Reichenturms, die nur knapp einen Meter im Boden lagen. Durch den massiven neuen Aufsatz wurde der Turm so schwer, dass er sich bald nach Fertigstellung in Richtung Nordwesten zu neigen begann. Noch stützten ihn einige Anbauten, die zum Ende des Zweiten Weltkriegs jedoch zerstört wurden. Die Neigung des Turmes nahm daraufhin weiter zu. Um den befürchteten Einsturz zu verhindern, wurde das historische Fundament in den Jahren 1953 bis 1955 aufwendig stabilisiert und der Sockel mit einem Ringanker eingefasst.

Heute steht der Turm fest, ist aber rund 1,40 Meter aus der Senkrechten geneigt. Zur ständigen Kontrolle seiner Lage dient ein langes Lotseil in der barocken Haube. Ein Aufstieg kann dennoch bedenkenlos erfolgen und lohnt sich wegen der herrlichen Aussicht über die Stadt Bautzen und ihre Umgebung.

Die ehemalige Toranlage des Reichenturms

Ursprünglich war der Reichenturm eingefasst von einer Toranlage, die insgesamt fünf Durchfahrten hatte. Das Tor ragte ein ganzes Stück nach Osten. Seine Reste sind als halbhohe Mauer auf dem Kornmarkt noch zu finden. Die letzte noch erhaltene Tordurchfahrt, die unmittelbar am Turm angesetzt war, musste erst 1969 dem Straßenverkehr weichen.

Herrscherdenkmal für Kaiser Rudolf II.

Über der äußeren Durchfahrt des ehemaligen Reichentors ließ der Rat 1593 ein Relief anbringen, das

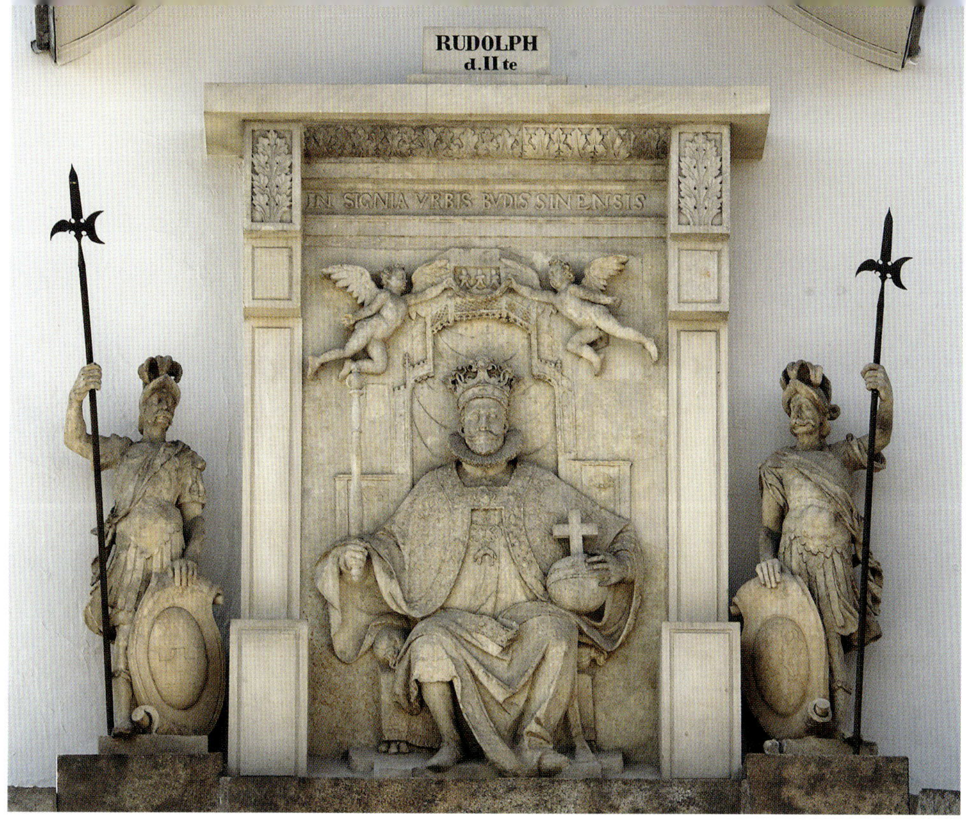

Jacob Michael, Denkmal für den Kaiser und böhmischen König Rudolf II. am Reichenturm, 1593

den deutschen Kaiser und böhmischen König Rudolf II. zeigt. Als der größte Teil der Toranlage in den 1830er Jahren abgebrochen wurde, versetzte man das Denkmal an den Turm. Es ist das einzige monumentale Denkmal, das diesem bedeutenden Herrscher in der Frühen Neuzeit errichtet wurde. Mit seiner Herstellung war der Bildhauer Jacob Michael betraut, der aus Straßburg stammte und später in Görlitz ansässig war. Er nutzte einen Kupferstich des Prager Hofmalers Martino Rota als Vorlage. Das Denkmal präsentiert Rudolf im böhmischen Krönungsornat mit den Insignien seiner Herrschaft auf dem Thron. Zwei Engel tragen einen Lorbeerkranz heran, der ihn als siegreichen Feldherrn ausweist. Zu beiden Seiten des Herrschers halten zwei bewaffnete Herolde symbolisch Wache. Ursprünglich kommentierte eine huldigende Inschrift das Werk, von der jedoch nur noch ein Fragment erhalten ist.

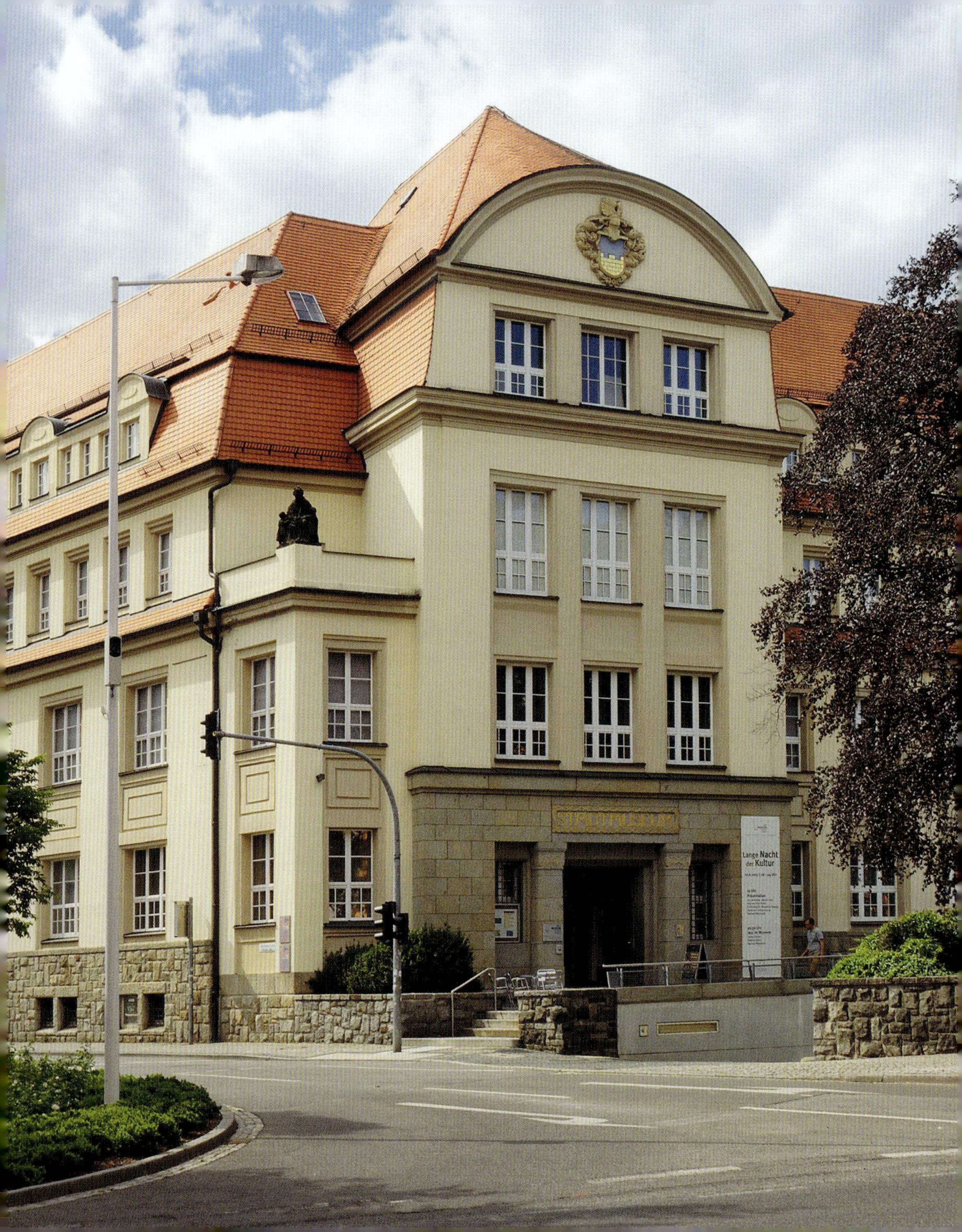
Lange Nacht der Kultur

Kornmarkt

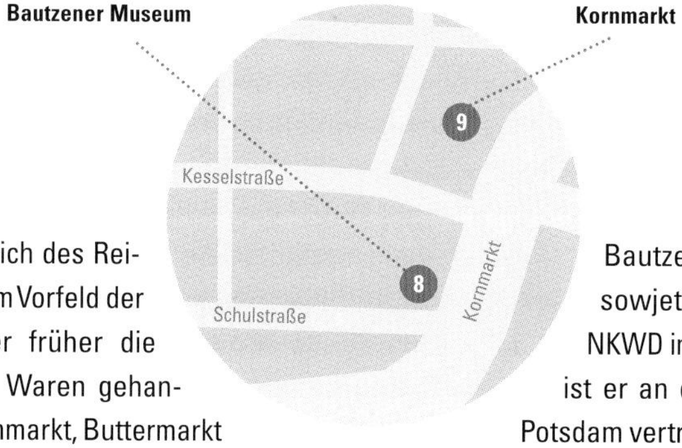

Bautzener Museum

Kornmarkt

Kesselstraße

Schulstraße

Kornmarkt

Auf den Plätzen östlich des Reichenturms wurden im Vorfeld der inneren Stadtmauer früher die unterschiedlichsten Waren gehandelt. Die Namen Kornmarkt, Buttermarkt und Salzmarkt erinnern noch an die verschiedenen Handelsbereiche.

Das Bautzener Museum – imposante Architektur des frühen 20. Jahrhunderts

Am südlichen Ende des Kornmarkts hat das 8 **Bautzener Museum** seit mehr als 100 Jahren seinen Standort. Vor dem Eingang steht seit einiger Zeit die Bronzeskulptur »Marsyas – Jahrhundertbilanz« des aus Dresden stammenden Bildhauers Wieland Förster. Sie erinnert an das Unrecht, das während des »geschundenen« 20. Jahrhunderts auch in Bautzen begangen wurde. Der Bildhauer selbst war während der Jahre 1946 bis 1950 im Bautzener Speziallager 4 des sowjetischen Geheimdienstes NKWD inhaftiert. Mit seiner »Nike« ist er an der Glienicker Brücke in Potsdam vertreten. Das imposante Museumsgebäude entstand 1912 nach einem Entwurf des Architekten und Bautzener Stadtbaurats Alfred Göhre. Möglich geworden war der Neubau durch eine umfangreiche Spende des Bautzener Mäzens Otto Weigang. Dieser war nicht nur Druckereiunternehmer, sondern auch Kunstsammler. Er stiftete zahlreiche Werke aus seinem Privatbesitz für die Gemäldesammlung des Museums.

Nach außen präsentiert sich das Gebäude in einer Mischung aus Formen des Neoklassizismus und Neobarock, die für die sächsische Architektur kurz vor dem Ersten Weltkrieg typisch war. Im Inneren erweist sich das Haus als eine für seine Zeit hochmoderne Stahlbetonkonstruktion mit ausgeklügelter Raumaufteilung. Während der letzten Sanierung wurden die aus der Bauzeit stammenden dekorativen Ausmalungen wieder freigelegt und rekonstruiert.

Haupteingang ins Gebäude des Bautzener Museums

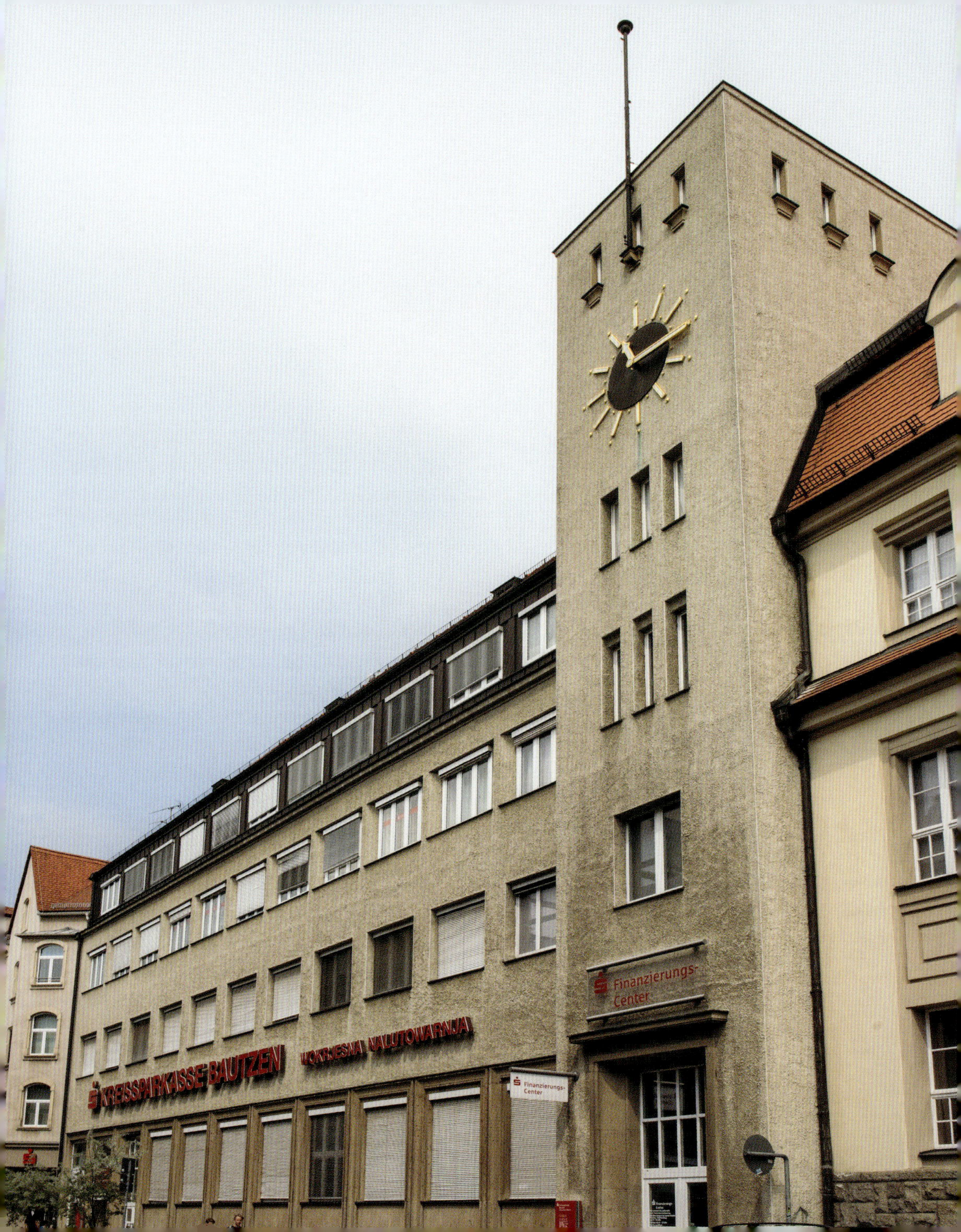
Finanzierungs-
Center
KREISSPARKASSE BAUTZEN
Finanzierungs-
Center

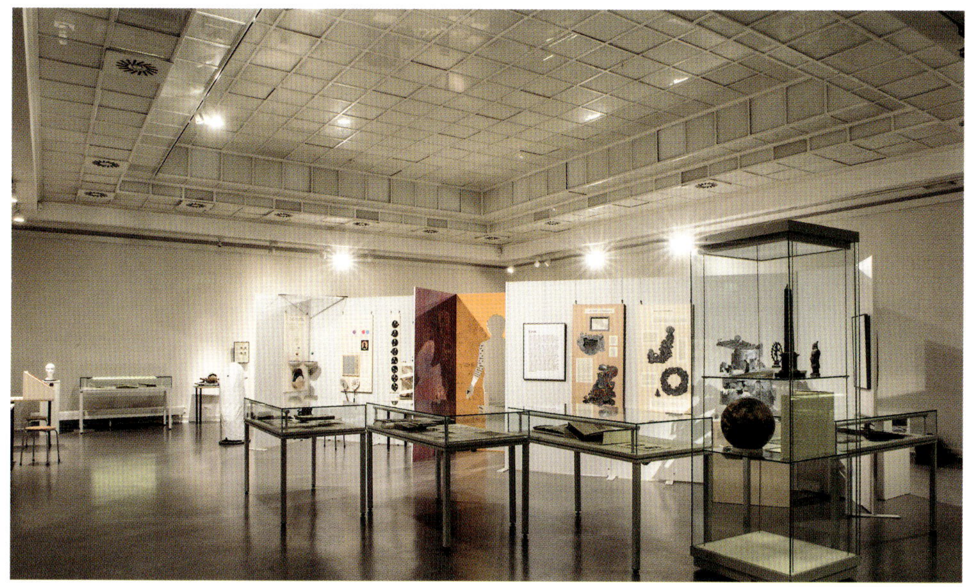

Ausstellungssaal des Bautzener Museums mit Oberlichtdecke, 1930/31

links: Erweiterungsbau des Museums und der Bautzener Stadtsparkasse (heute Kreissparkasse)

Wie für die Museumsarchitektur des frühen 20. Jahrhunderts charakteristisch, ist die architektonische Raumgestaltung auf die auszustellenden Themen und Gegenstände abgestimmt. So dient der sogenannte Kirchensaal im ersten Obergeschoss zur Präsentation sakraler Kunstwerke aus Bautzen und Umgebung. Für die Gemäldesammlung wurde im zweiten Obergeschoss ein Rundgang angelegt, bei dem sich kleinere Räume mit großen Oberlichtsälen abwechseln. Um mehr Platz für weitere Exponate zu schaffen, wurde das Museum in den Jahren 1930/31 nach Westen entlang des Lauengrabens erweitert. In den Anbau zog auch die Bautzener Stadtsparkasse (heute Kreissparkasse Bautzen) mit ein, die zuvor im Gewandhaus am Hauptmarkt untergebracht war. Der Erweiterungsbau entstand nach einem Entwurf des Dresdener Architekten Otto Schubert und greift die Formen des älteren Museumsbaus auf. Am Übergang zwischen altem und neuem Gebäudeteil platzierte Schubert einen Uhrenturm, auf dessen Flachdach ein Fahnenmast steht. Im Inneren erhielt der Neubau eine funktionalistische Ausstattung, die noch teilweise erhalten ist. Zu ihr gehört der Oberlichtsaal im zweiten Obergeschoss, der zeitweise als Schalterhalle der Sparkasse diente. Heute wird der Saal für Sonderausstellungen des Museums genutzt.

Museum Bautzen

REGIONALMUSEUM DER SÄCHSISCHEN OBERLAUSITZ

Das Museum Bautzen präsentiert die Kultur- und Kunstgeschichte Bautzens und der Oberlausitz. Mit einem Bestand von rund 400 000 Objekten und einer Ausstellungsfläche von 2 400 Quadratmetern gehört es zu den größten und bedeutendsten städtischen Museen in Sachsen.

Sammlungshistorie und Baugeschichte

Die Geschichte des Museums reicht bis in die Jahre 1868/69 zurück, als der Bautzener Gewerbeverein in der Bürgerschule am Wendischen Graben ein erstes »Alterthumsmuseum« einrichtete. Es war ein Spiegel bürgerlichen Selbstbewusstseins in einer wirtschaftlich blühenden Stadt. Den Anstoß hatte der Buchhändler Oskar Roesger gegeben. Er stellte dem Museum außerdem seine stattliche Privatsammlung zur Verfügung und konnte auch den Bautzener Magistrat überzeugen, historische Objekte aus städtischem Besitz beizusteuern. Ein weiterer Anstoß zur Museumsgründung war die Schenkung der Dresdener Malerin Therese aus dem Winckell im Jahr 1867. Sie übereignete der Stadt eine große Zahl ihrer Gemälde. Zehn Jahre darauf vererbte auch der Bautzener Friedrich Carl Gustav Stieber dem Museum zahlreiche Exponate und ein ansehnliches Vermögen.

Seit 1884 befanden sich die wachsenden Bestände im zweiten Obergeschoss des Gewandhauses am Hauptmarkt. Der dort herrschende Platzmangel konnte erst 1912 mit dem Umzug in den Museumsneubau behoben werden. Unterstützt hatte den Neubau der Bautzener Unternehmer Otto Weigang. Seine großzügige Gemäldeschenkung ergänzte gleichzeitig die Dauerausstellungen, die in den 1920er Jahren außerdem um die umfangreiche Sammlung des Hans von Gersdorff aus seinem Palais am Burgplatz erweitert wurden.

Im Zweiten Weltkrieg erlitt das Gebäude schwere Beschädigungen, die zum Glück behoben werden konnten. Allerdings erfuhren die Sammlungen durch Plünderungen und Zerstörungen empfindliche Verluste. Im Bereich der modernen Kunst konnte der Bestand im Jahr 1961 wesentlich vergrößert werden dank der stattlichen Schenkung von Wolfgang Balzer, dem ehemaligen Direktor der Staatlichen Kunstsammlungen Dresden. Nach 1990 erfolgten in mehreren Etappen Sanierungsarbeiten am Gebäude, die mit der Neueröffnung der Dauerausstellungen im Jahr 2008 abgeschlossen wurden. Darüber hinaus konnten die Sammlungen um wichtige Positionen erweitert werden, nicht zuletzt mithilfe der Hermann-Reemtsma-Stiftung, der Kulturstiftung der Länder, der Rudolf-August Oetker-Stiftung und der Ostdeutschen Sparkassenstiftung.

Die Ausstellungen im Überblick

Heute präsentiert das Haus auf drei Etagen seine wertvollen Bestände zur Kultur- und Kunstgeschichte Bautzens und der Oberlausitz.

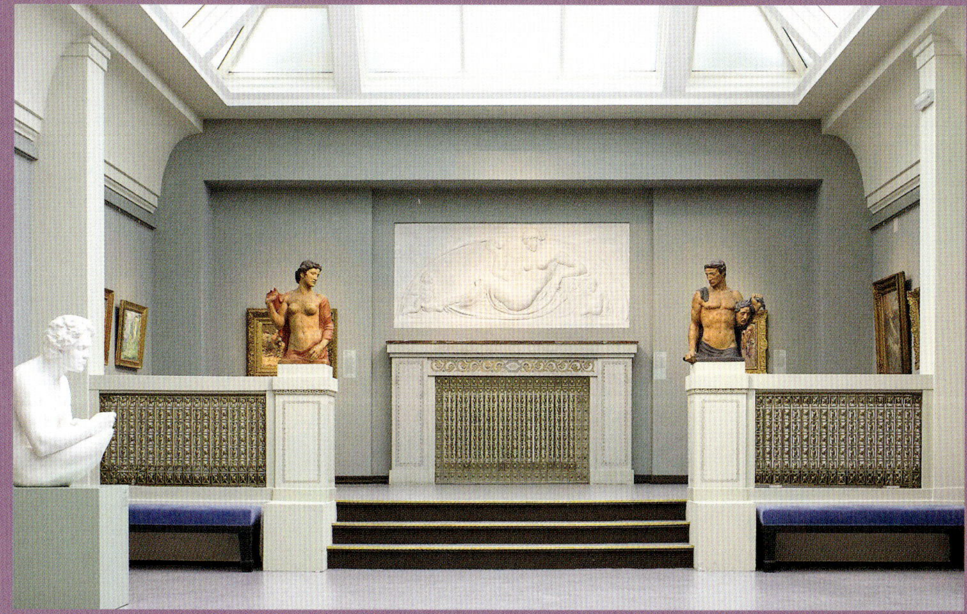

Höhepunkt des Ausstellungsrundgangs im Bautzener Museum ist die Gemäldegalerie mit Meisterwerken des 16. bis 21. Jahrhunderts.

Das Erdgeschoss ist der Vor- und Frühgeschichte des Bautzener Landes sowie der frühneuzeitlichen Kulturgeschichte der sächsischen Oberlausitz gewidmet.

In der **ersten Etage** sind spätmittelalterliche und barocke Kunstwerke aus Bautzen und Umgebung zu sehen. Daran schließt sich der Rundgang zur Geschichte der Stadt vom Spätmittelalter bis in die jüngste Zeitgeschichte an.

Im **zweiten Obergeschoss** werden die wertvollen Gemälde präsentiert, zu denen Werke von Lucas Cranach d. Ä., Carl Gustav Carus, Karl Schuch, Max Liebermann, Otto Dix und Carl Lohse zählen. Ein Kabinett beherbergt seit 2013 die Sammlung Giorgio Silzer mit herausragenden Objekten der angewandten Kunst des Jugendstils. Bedeutsam ist auch die etwa 20000 Blatt umfassende grafische Sammlung mit ihrem Schwerpunkt auf deutscher Druckgrafik des Spätmittelalters, der Frühen Neuzeit und der Moderne.

Das Bautzener Museum verschafft so seinen Besuchern einen eindrucksvollen Überblick zur deutschen Kunstgeschichte zwischen dem 16. Jahrhundert und der Gegenwart. Regelmäßig wechselnde Sonderausstellungen zu Themen der Stadtgeschichte sowie der regionalen Kultur- und Kunstgeschichte runden das Ausstellungsangebot des Museums ab.

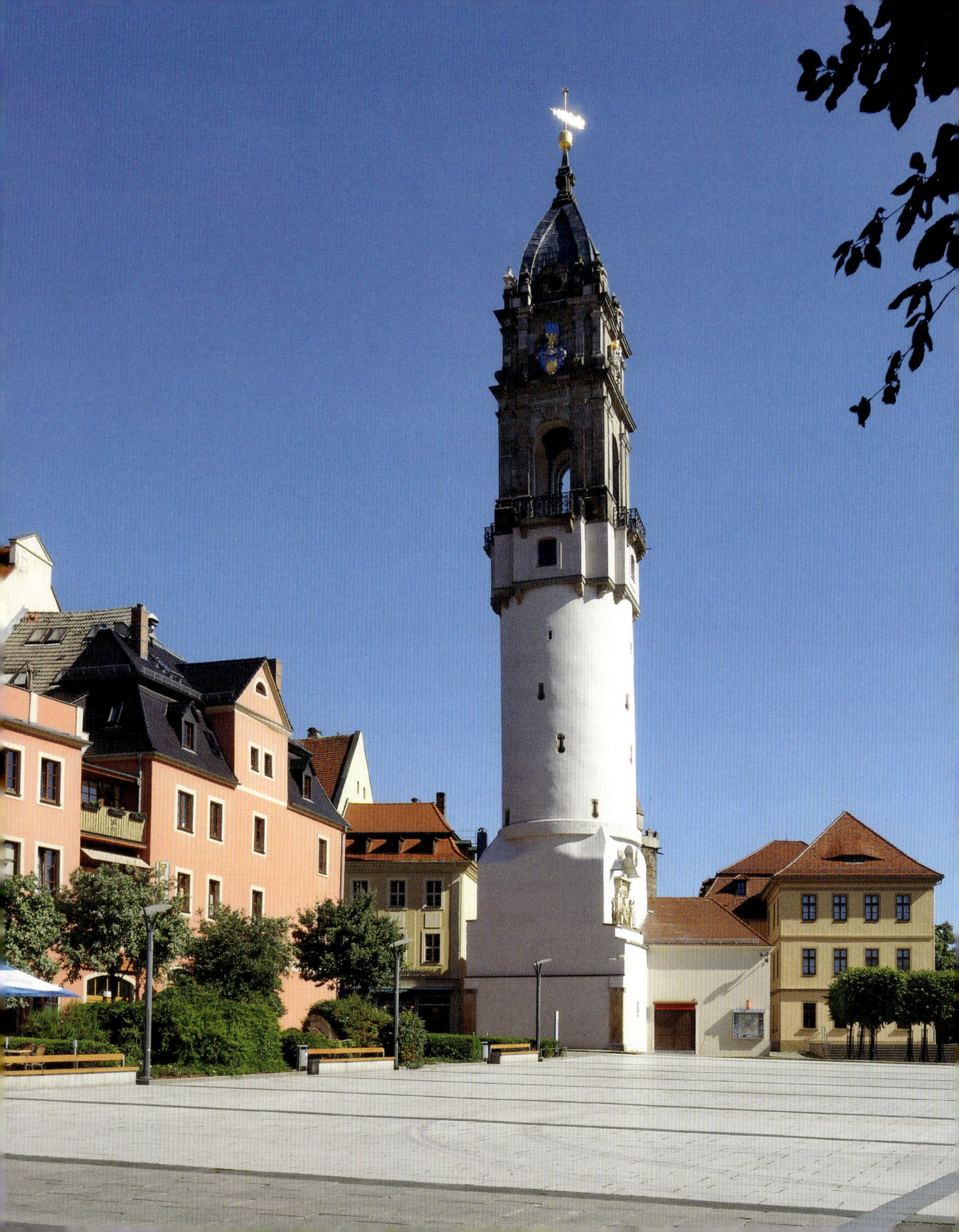

Rund um den Kornmarkt – frühneuzeitliche Häuser und ein historischer Meilenstein

Vom Bautzener Museum führt der Weg weiter über den 9 **Kornmarkt**, der einst unmittelbar vor der inneren Stadtmauer lag. Als vorstädtischer Marktplatz diente er nicht nur zum Handel von Getreide. Hier wurden auch verschiedenste andere Lebensmittel aus Bautzen und der Umgebung angeboten. Zur Versorgung von Fuhrleuten und Marktgästen hatten Handwerker und Gastwirte rund um den Platz ihre Standorte. Der ursprüngliche frühneuzeitliche Charakter des Areals ist an der Einmündung zur Steinstraße mit ihrer zweigeschossigen Bebauung noch zu erahnen.

Vor der Häuserzeile steht seit den 1990er Jahren das Fragment einer **Ganzmeilensäule** der königlich polnischen und kurfürstlich sächsischen Post. Der aus Granit gearbeitete Obelisk trägt auf der einen Seite das Datum 1725 und das Posthorn. Auf der anderen Seite steht die Entfernung zu den Poststationen Schweinerden und Budissin, die dem ehemaligen Standort der Säule am nächsten lagen. Die Entfernungsangabe zu Budissin deutet darauf hin, dass das Wegzeichen ursprünglich außerhalb des Bautzener Stadtgebiets stand. Vermutlich befand es sich in dem Dorf Schmole, in westlicher Richtung weit vor den Toren der Stadt gelegen. 1957 wurde der Obelisk an den Nikolaistufen aufgefunden, wo man ihn als Zaunsäule zweckentfremdet hatte. Daraufhin wurde er zunächst vor das Stadtmuseum versetzt, bevor er schließlich an seinen heutigen Standort gelangte.

Der Kornmarkt, ehemaliger Handelsplatz im Schatten des Reichenturms

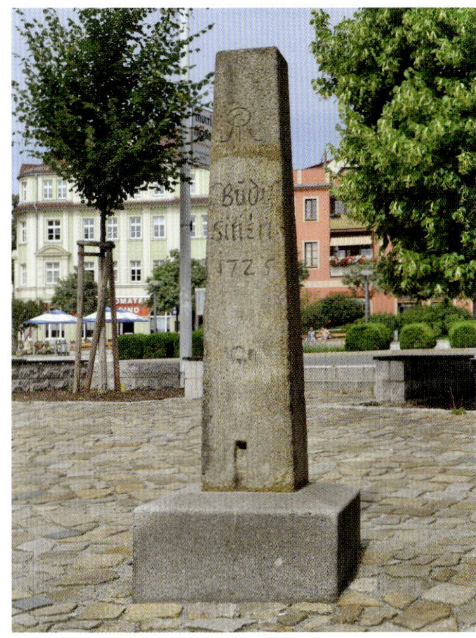

Fragment der Ganzmeilensäule aus Schmole auf der Ostseite des Kornmarkts

An der Stelle des heutigen **Kornmarkthauses**, das erst in den 2010er Jahren errichtet wurde, erhob sich von 1971 bis 1999 eine Hochhausscheibe in Stahlskelettbauweise. Das 13-geschossige, rund 200 Meter lange Haus dominierte seinerzeit die Bautzener Silhouette. Es war der einzige realisierte Teil einer sozialistischen Stadtplanung, die zum Ende der 1960er Jahre einen weitgehenden Abriss der historischen Vorstädte vorgesehen hatte, um diese durch Hochhäuser und Magistralen zu ersetzen – ein Plan, der glücklicherweise nie realisiert wurde.

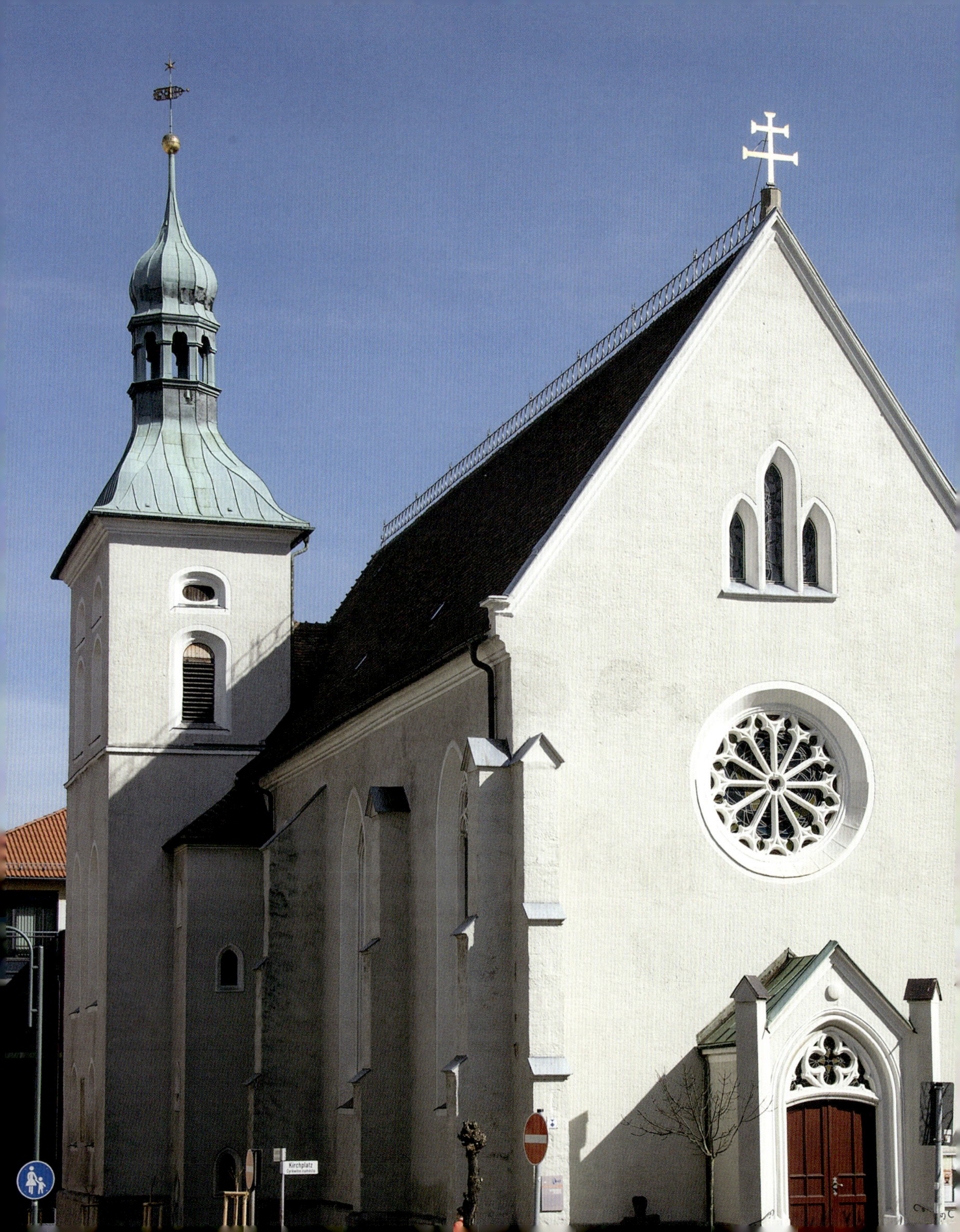
Kirchplatz

Salzmarkt und Wendischer Graben

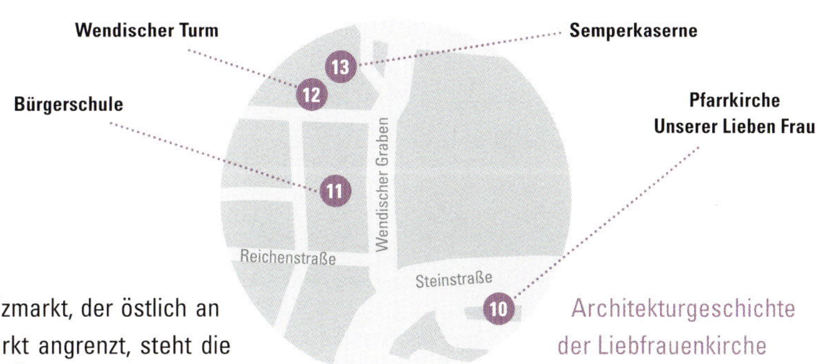

Auf dem Salzmarkt, der östlich an den Kornmarkt angrenzt, steht die katholische 10 **Pfarrkirche Unserer Lieben Frau**. Sie entstand vermutlich in der ersten Hälfte des 13. Jahrhunderts als Gotteshaus einer hier gelegenen Kaufmannssiedlung und wurde 1293 erstmals urkundlich erwähnt. Über Jahrhunderte war sie keine eigenständige Pfarrkirche, sondern ähnlich wie St. Nikolai und St. Michael abhängig von der Hauptkirche St. Petri. Erst nach dem Dreißigjährigen Krieg wurde sie zur Pfarrkirche erhoben und von der katholischen Bevölkerung Bautzens und aus den umliegenden Dörfern besucht.

Kath. Pfarrkirche
Unserer Lieben Frau

Architekturgeschichte der Liebfrauenkirche

Der ursprüngliche Kirchenbau war 1429 von den Hussiten zerstört und um die Mitte des 15. Jahrhunderts wiedererrichtet worden. Einen weiteren Wiederaufbau machten die Schäden des Dreißigjährigen Krieges notwendig. Im Jahr 1864 wurde das Langhaus schließlich um ein Joch nach Westen verlängert und drei Jahrzehnte darauf das Äußere der Kirche in neogotischen Formen gestaltet. Der letzte Umbau ging auf den Bautzener Baumeisters Adolf Kaup zurück. Dieser entwarf unter anderem die Fensterrose und die Vorhalle, die heute die Westfassade der Liebfrauenkirche prägen. Der Kirchenbau besteht aus einem Langhaussaal mit einem polygonal geschlossenen Chorraum sowie einem Glockenturm an der Nordseite. Im Erdgeschoss des Turmes befindet sich die Sakristei. Darüber liegt der Michaelis-Chor, der sich zum Presbyterium öffnet.

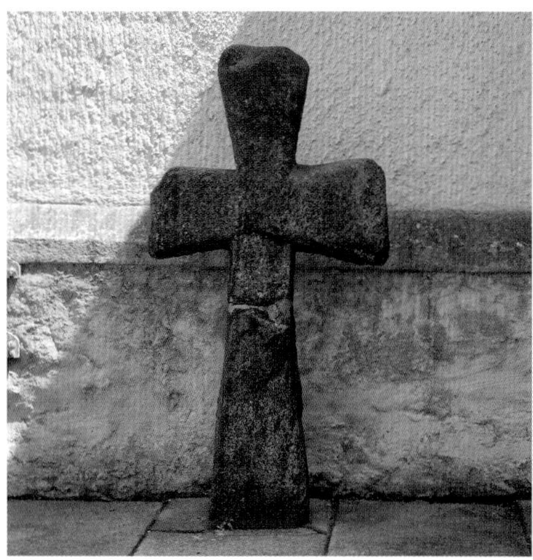

Spätmittelalterliches Steinkreuz neben dem Hauptportal der Liebfrauenkirche

Die Ausstattung der Kirche

Die spätbarocke Ausstattung ging in den 1970er Jahren fast völlig verloren, als der Innenraum der Liebfrauenkirche nach deutlich schlichteren Maßstäben erneuert wurde. Vom ehemaligen Hauptaltar blieb lediglich das Gemälde mit der Darstellung der Heiligen Dreifaltigkeit erhalten, das sich heute an der Nordwand befindet. Gegenüber steht die Figur des heiligen Benno, die von zwei Engeln begleitet wird und ursprünglich zum sogenannten Bennoaltar gehörte. Der Bautzener Bildhauer Philipp Jakob Dittrich schuf sie in den 1780er Jahren und orientierte sich dabei an den Skulpturen des Dresdener Altars von Balthasar Permoser, der seit Mitte des 18. Jahrhunderts im Bautzener Petridom aufgestellt war.

Den heutigen Hauptaltar der Kirche schmückt eine Kreuzigungsgruppe des späten 17. Jahrhunderts, die ebenfalls zur historischen Ausstattung des Gotteshauses gehört. Die farbige Chorverglasung gestaltete 1972 der Kamenzer Maler und Glaskünstler Gottfried Zawadzki.

Rund um die Liebfrauenkirche

Ursprünglich umgab ein kleiner Friedhof das Gotteshaus, der 1318 angelegt und im 17. Jahrhundert wieder aufgehoben wurde. Östlich der Kirche befand sich zudem das 1899 abgerissene Spital St. Maria und Martha. Bis heute ist die Liebfrauenkirche alljährlicher Ausgangspunkt der Bautzener **Osterreiterprozession**, die stets am Ostersonntag stattfindet. Mehr als 50 feierlich gekleidete Reiter auf festlich geschmückten Pferden ziehen dann in das sorbische Kirchdorf Radibor nördlich von Bautzen. Unterwegs verkünden sie singend die Osterbotschaft und kehren erst am Nachmittag in die Stadt zurück, wo die Prozession am Petridom endet. Links neben dem Hauptportal der Kirche steht ein spätmittelalterliches **Steinkreuz**. Zusammen mit zwei weiteren Kreuzen befand es sich bis 1865 zwischen Steinstraße und Reichentor. An welches Ereignis die Kreuze erinnerten, ist heute nicht mehr überliefert. Die Stadtchroniken legen jedoch nahe, dass ihre Geschichte ins Jahr 1508 zurückgeht und mit dem Ablassverkauf des Predigers Johann Tetzel an der Liebfrauenkirche zusammenhängt.

An der Kirchturmwand zur Steinstraße ist zwischen den Sakristeifenstern eine **Sandsteintafel** eingelassen. Ihre Inschrift erinnert an den Bautzener Bürger und Ratsherrn Jacob Behrnauer d. Ä.

Pfarrkirche Unserer Lieben Frau, Blick von der Westempore

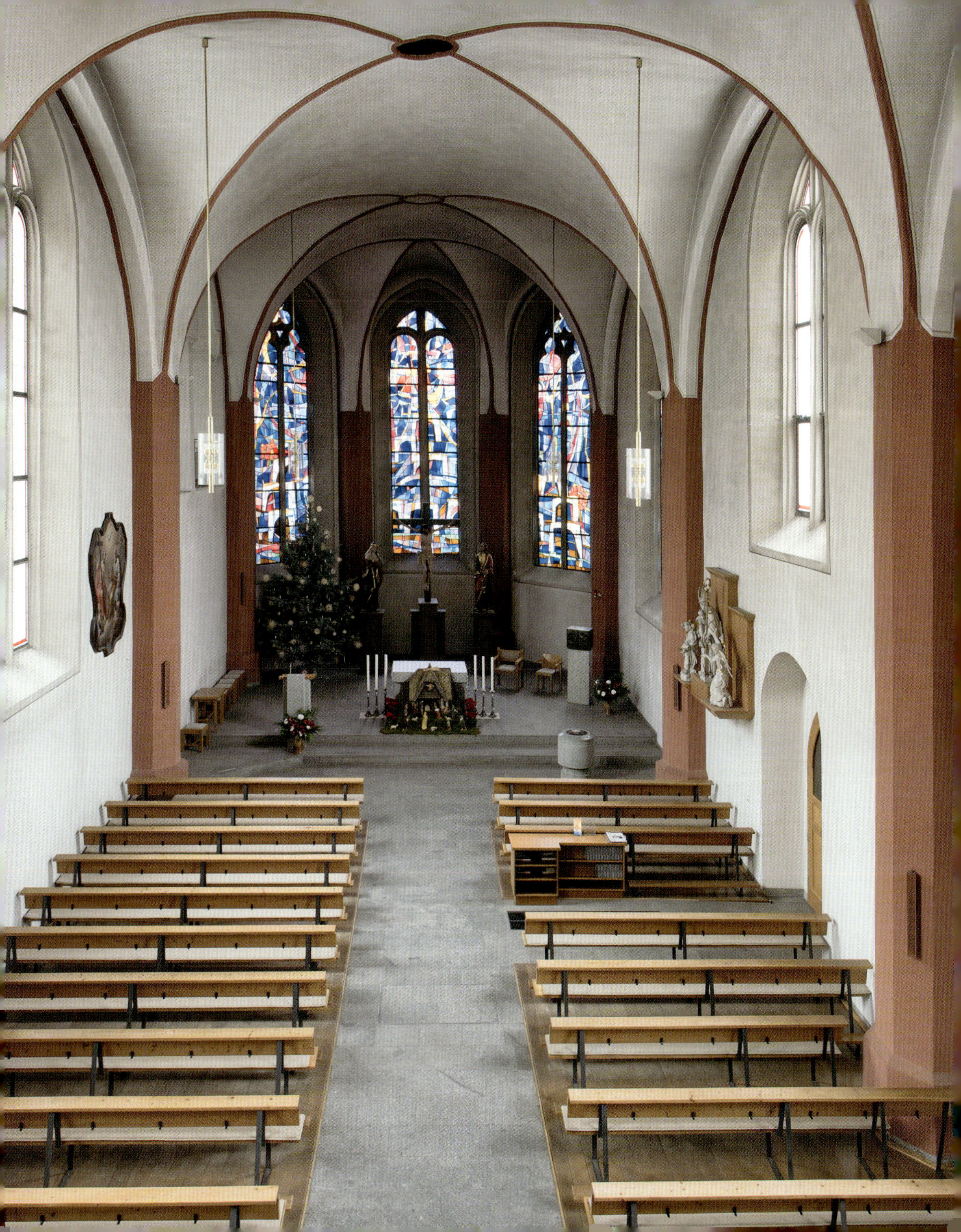

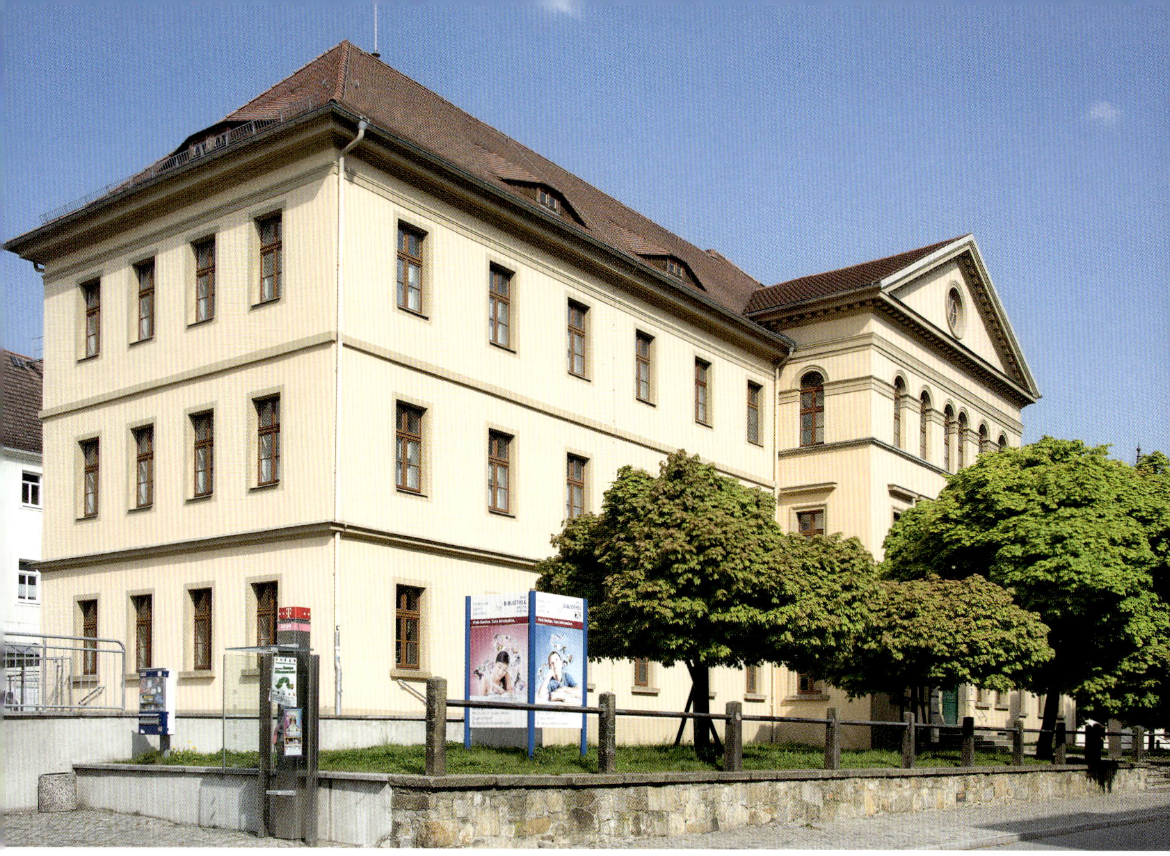

Fassade der Bürgerschule am Wendischen Graben, 1833/34

Dieser hatte 1529 die Truppen der Oberlausitzer Stände gegen die Männer des türkischen Sultans Süleyman in den Kampf geführt, um die Stadt Wien an der Seite Kaiser Karls V. und seines Bruders, des böhmischen Königs Ferdinand I., zu verteidigen. Rund 100 Jahre nach diesem Ereignis stiftete der Bautzener Arzt Jacob Behrnauer d. J. die Gedenkplatte für seinen Onkel.

Am Wendischen Graben

Am Wendischen Graben steht die ehemalige (11) **Bürgerschule**, die in den Jahren 1833/34 errichtet wurde. Das Gebäude war der Auftakt für den modernen Stadtausbau im 19. Jahrhundert. Um dafür Platz zu schaffen, wurde die Stadtmauer zwischen Reichentor und Wendischem Tor mitsamt des Grabens abgetragen und terrassenartig eingeebnet. Das Schulgebäude ist in reduzierten klassizistischen Formen gehalten. Sein Entwurf stammte vom Bautzener Zimmermeister und Stadtrat Johann

Traugott Zwiefel. Angesichts der schnell wachsenden Schülerzahl wurde es jedoch bald schon wieder zu klein. Bereits 30 Jahre nach der Einweihung siedelten die Schüler in einen Neubau am Lauengraben um (ehem. Lutherschule), der heute jedoch nicht mehr besteht. Im Gebäude am Wendischen Graben eröffnete daraufhin im Jahr 1869 das Bautzener »Alterthumsmuseum« seine Pforten. Heute sind in den Räumen die kommunale Kinder- und Jugendbibliothek sowie das Depot des Bautzener Museums untergebracht.

Nördlich schließt sich der 12 **Wendische Turm** mit der imposanten 13 **Semperkaserne** an. Der Turm entstand von 1490 bis 1492 in ähnlichen Formen wie der benachbarte Reichenturm und diente zum Schutz des Wendischen Tores. Sein zunächst hölzerner oberer Abschluss wurde 1566 durch einen massiven Aufbau ersetzt, bei dessen Gestaltung man sich an der Spitze der Alten Wasserkunst orientierte. In der zweiten Hälfte des 17. Jahrhunderts richtete der Rat im Sockel des Turmes ein Gefängnis ein.

Militärstandort Bautzen – die neogotische Semperkaserne

Nach dem Abriss des Wendischen Tores wurde der Turm zu einem Teil der neuen **Semperkaserne**, deren Gebäude zwischen 1842 und 1844 entstand. Die Kaserne beherbergte die Soldaten der sächsischen Garnison und entlastete die Bautzener Bürger, die zuvor gezwungen waren, die Soldaten in ihren Privathäusern einzuquartieren. Dem Neubau fiel ein Teil der Stadtmauer zwischen Wendischem Tor und Schülertor einschließlich der Gickelsbastei zum Opfer. Ursprünglich sollte auch der Wendische Turm abgerissen werden. Der mit dem Entwurf für

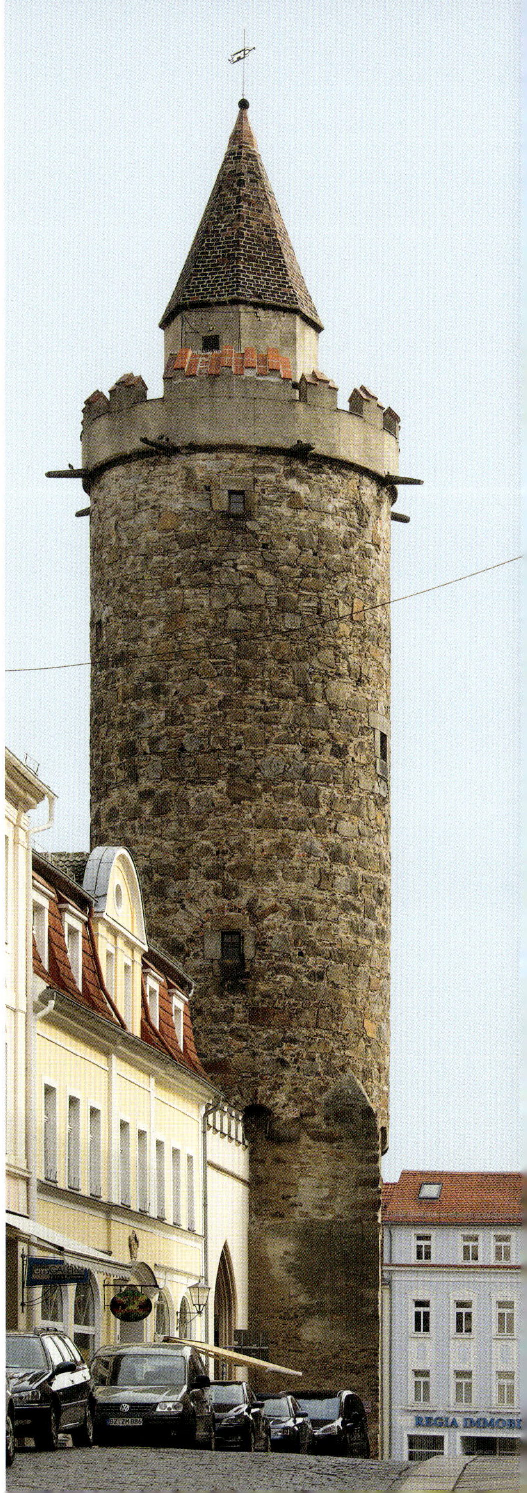

Wendischer Turm, ursprünglich errichtet zum Schutz des Wendisches Tores

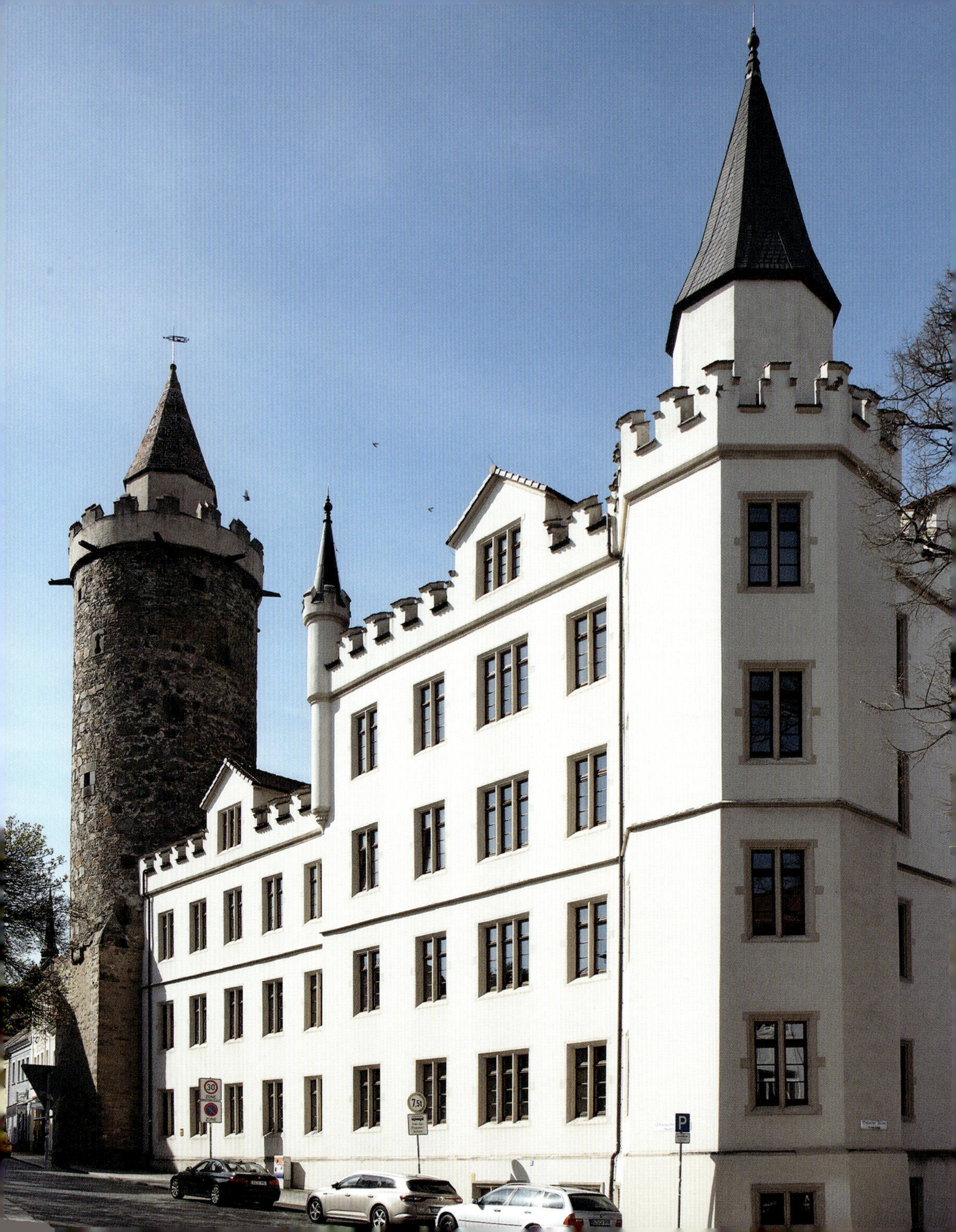

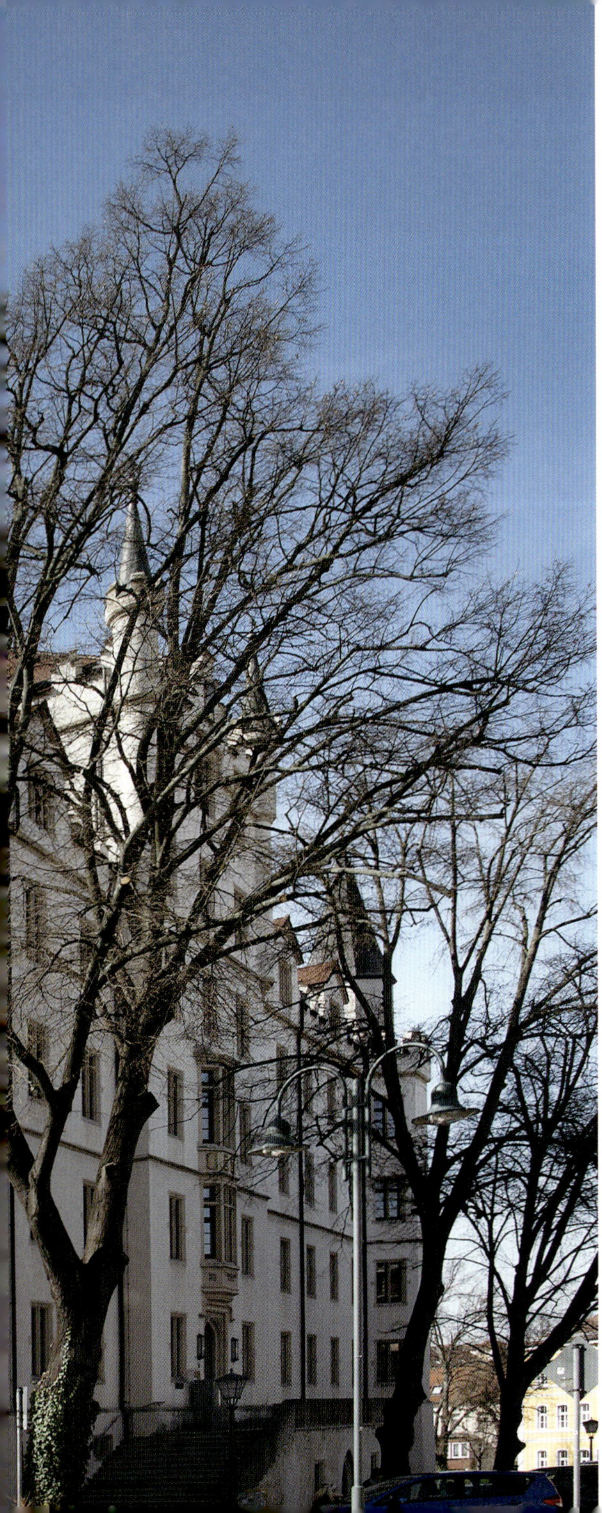

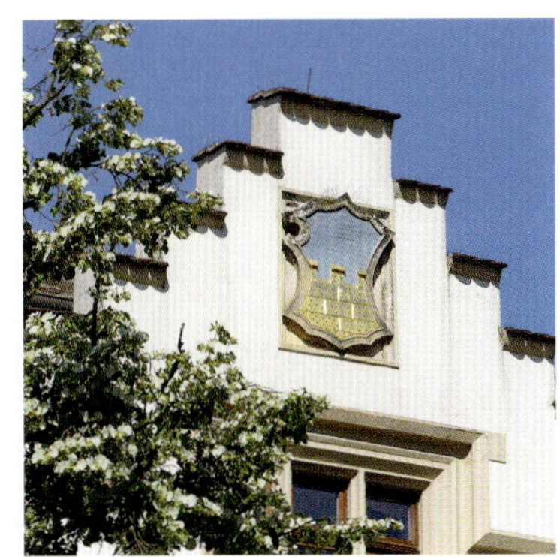

den Kasernenneubau beauftragte bekannte Dresdener Architekt Gottfried Semper, auf den u. a. die berühmte Semperoper in der sächsischen Landeshauptstadt zurückgeht, verstand es jedoch, den Turm zu erhalten. Er stattete das Kasernengebäude mit einem Zinnenkranz, Ecktürmen und kleinen Türmchen aus, die keine Verteidigungsfunktionen mehr besitzen, sondern reine Zierformen sind. Für ihre Formen bildete der vier Jahrhunderte ältere Wendische Turm das Vorbild, sodass er sich stimmig in das Gebäude einfügt. Semper sollte später vor allem für seine Neorenaissance-Bauten in Dresden, Zürich und Wien internationale Berühmtheit erlangen. Mit der Bautzener Kaserne schuf er hingegen ein interessantes und gleichsam frühes Beispiel der historistischen Neogotik in Sachsen. Im Verlauf des 19. Jahrhunderts reichten die Räumlichkeiten der Kaserne jedoch nicht mehr aus. Daraufhin diente der Bau verschiedenen Verwaltungszwecken. Seit den 1990er Jahren hat das Finanzamt hier seinen Sitz.

Semperkaserne errichtet 1842 – 1844 nach Entwurf des berühmten Architekten Gottfried Semper, heute Sitz des Finanzamts

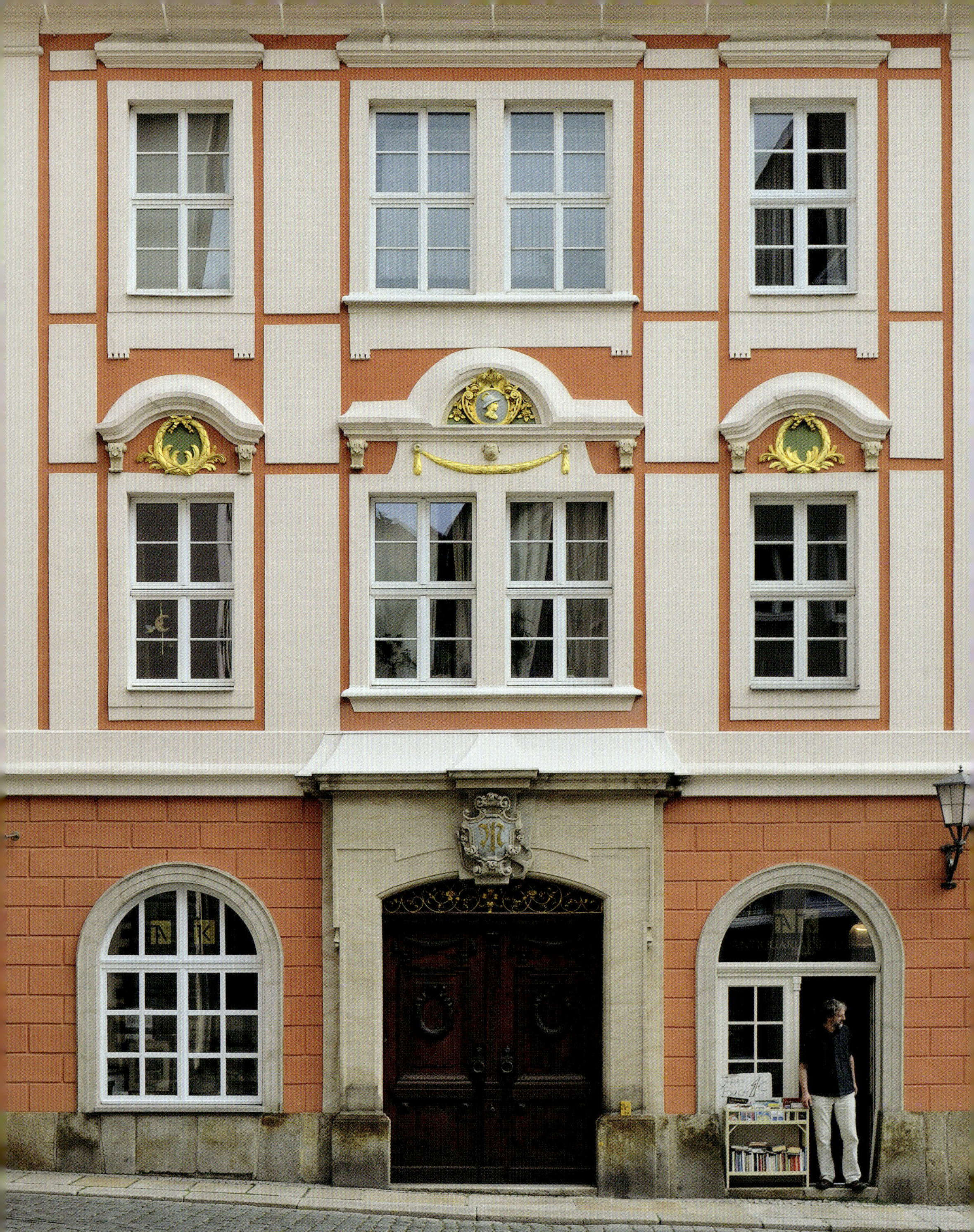

Wendische Straße, Schülerstraße und Zwinger

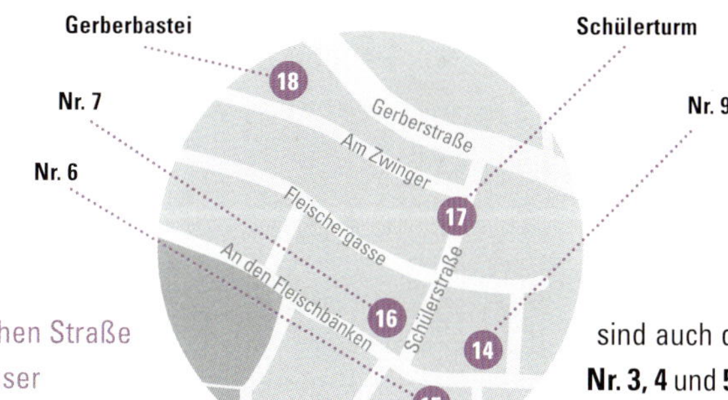

Entlang der Wendischen Straße – barocke Bürgerhäuser

Am Fuß des Wendischen Turmes beginnt die Wendische Straße, die wieder in die innere Stadt hineinführt. Sie verläuft parallel zur Reichenstraße und war, wie der Name bereits andeutet, im Spätmittelalter der Wohnort wendischer bzw. sorbischer Familien. Auch sie wird von bemerkenswerten Häusern aus dem 17. und 18. Jahrhundert gesäumt. Hervorzuheben ist das Haus (14) **Nr. 9**, das sich seit mehreren Generationen im Besitz der Familie Heber befindet. Nach dem verheerenden Stadtbrand von 1634 wurde es Mitte des 17. Jahrhunderts neu errichtet. Der Erker mit der barocken Kartusche wurde allerdings erst im 18. Jahrhundert hinzugefügt. Sehenswert sind auch die barocken Gebäude **Nr. 3, 4** und **5**, bei denen es sich um Erneuerungen bzw. Neubauten nach dem Stadtbrand von 1709 handelt.

Das an der Ecke zur Hauensteinergasse gelegene Haus (15) **Nr. 6** gehörte im 17. und 18. Jahrhundert mehreren hohen Stadtbeamten. Es besitzt eine eher zurückhaltend gestaltete Fassade. Lediglich der Risalit, der zwischen erstem und zweitem Obergeschoss leicht hervortritt, ist mit einem ausschwingenden Gesims und einer Kartusche geschmückt. Bemerkenswert ist hier auch das vollständig aus Granit gearbeitete Portal, an dem noch die ursprüngliche Hausnummer 239 angebracht ist. Die Zahl geht auf die alte Katasterzählung aus dem 18. Jahrhundert zurück, nach der auch noch einige andere Gebäude in der Altstadt nummeriert sind.

Herausragend ist das Haus (16) **Nr. 7**, das am westlichen Ende des Straßenzugs liegt und bereits zur Straße An den Fleischbänken gehört. Über Jahrhunderte hinweg befand es sich im Besitz von

Fassade des Hauses An den Fleischbänken 7, nach 1720

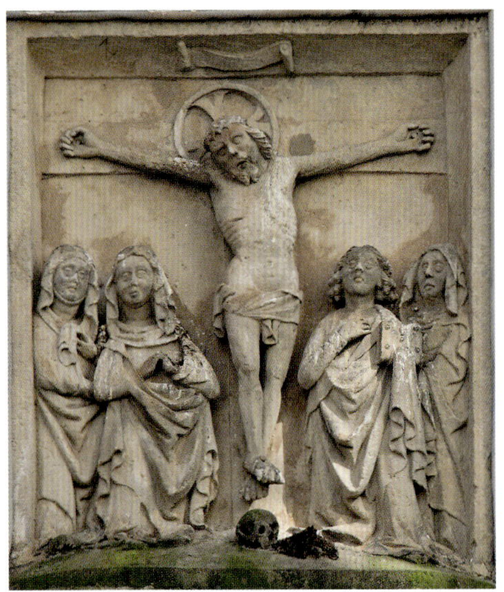

Kreuzigungsrelief am Schülerturm, um 1450

Bürgermeistern und Ratsherren. Während des Siebenjährigen Krieges bezog der preußische König Friedrich II. hier mehrfach Quartier. Entsprechend repräsentativ zeigt sich die Fassade zur Kornstraße aus den 1720er Jahren. Sie ist in sieben Fensterachsen gegliedert, wobei die drei mittleren Achsen leicht hervortreten und von Pilastern eingefasst werden. Das Hauptportal in der Mitte des Erdgeschosses besitzt noch reich verzierte Türblätter aus der Zeit um 1790.

Durch den Schülerturm in den Zwinger

Der Schülerstraße folgend, führt der Spaziergang bergab zum 17 **Schülerturm**, einem der fünf Türme an den Toren der inneren Stadtmauer. Er entstand vermutlich um die Mitte des 15. Jahrhunderts und schützte den Zugang von der Hohen Straße oder Via Regia in die nördliche Stadt sowie zum Haupt- und Fleischmarkt. Auf seiner der Stadt zugewandten Seite ist ein Teil des früheren Wehrgangs erhalten, der über der Durchfahrt liegt und über den man auch in das Innere des Turmes gelangt. Der Turm besaß seit den 1670er Jahren vier Schaugiebel, die jedoch nach einem Blitzschlag 1833 wieder abgerissen und durch ein geschweiftes Dach mit hoher Spitze ersetzt wurden. An der stadtabgewandten Seite ist über der Durchfahrt ein Sandsteinrelief angebracht, das um 1450 entstand. Es zeigt den gekreuzigten Christus umgeben von Maria, Johannes dem Evangelisten und zwei weiteren weiblichen Heiligen. Ursprünglich war es über der äußeren Durchfahrt der langgestreckten Toranlage befestigt. Sie reichte ehemals bis zu der Stelle, wo sich die Straße Vor dem Schülertor zu einem Platz ausdehnt und wurde in den 1840er Jahren abgerissen.

Gleich hinter der Tordurchfahrt zweigt links die Straße Am Zwinger ab, die in den ehemaligen **Zwingerbereich** der inneren Stadtmauer führt. Hier ist die doppelte Anlage der inneren Stadtmauer noch gut zu erkennen. Beide Mauern, die die Straße einfassen, weisen allerdings nicht mehr ihre ursprüngliche Höhe auf.

Schülerturm mit Tordurchfahrt und Teil des ehemaligen Wehrgangs

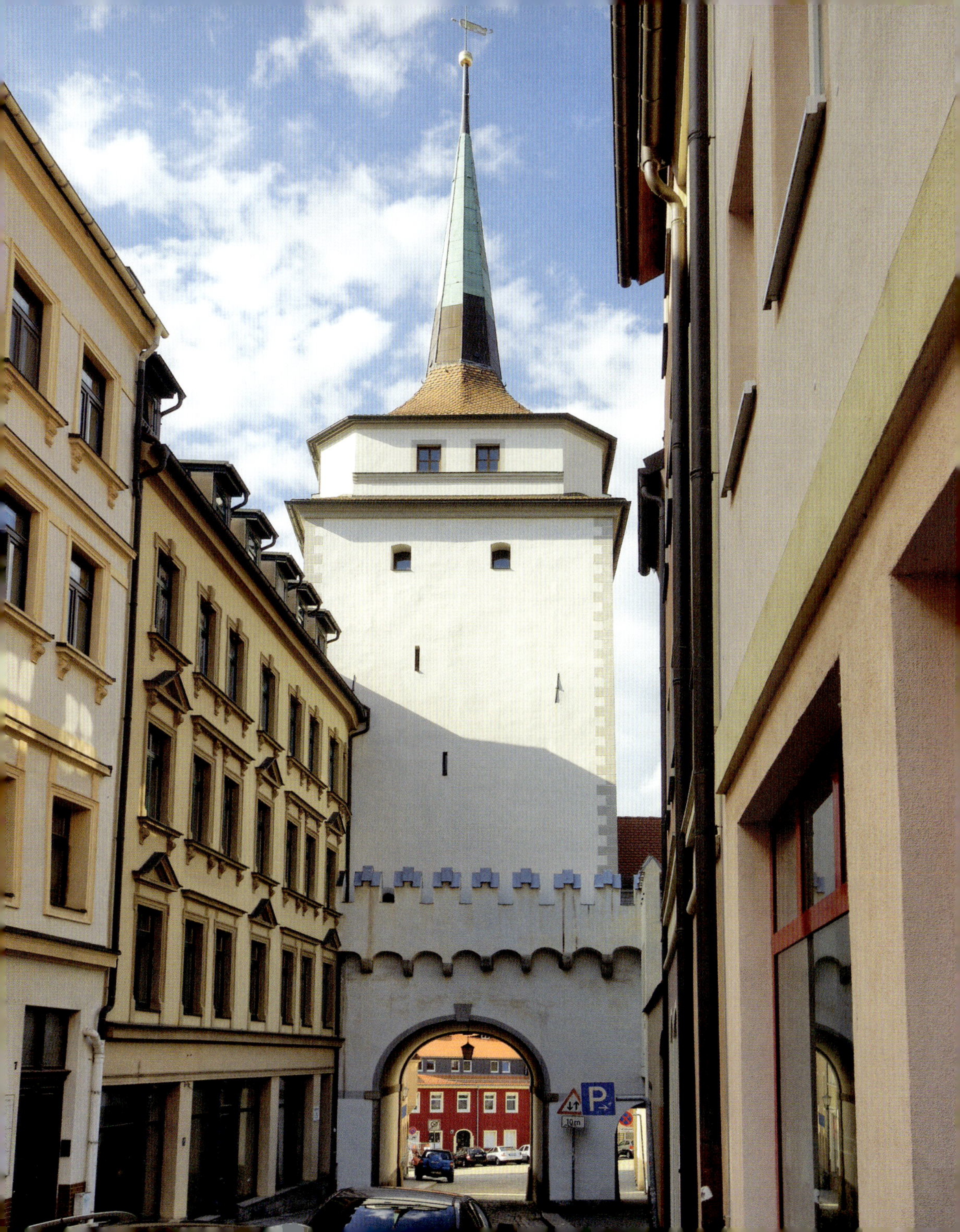
P
10m

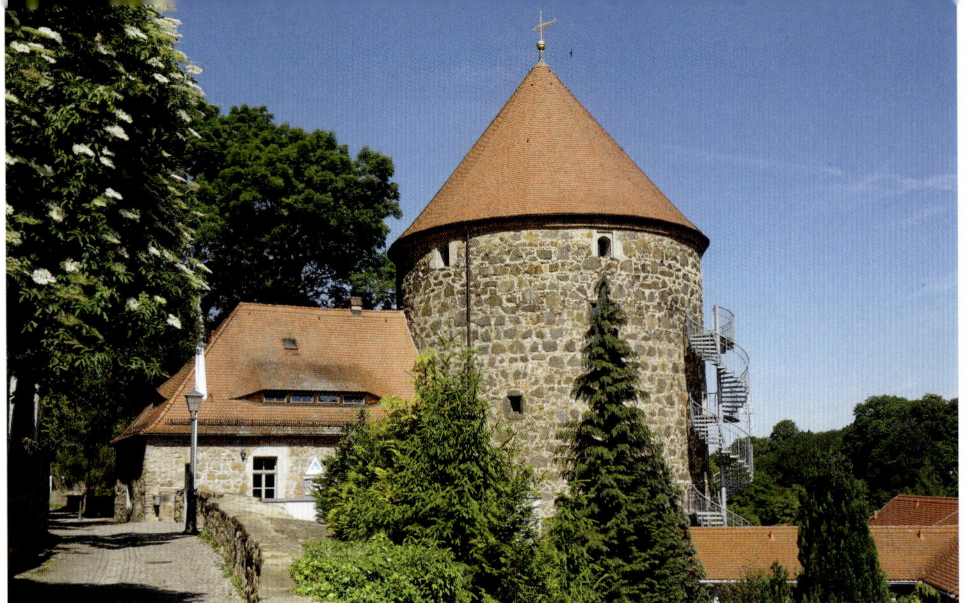

Der spätmittelalterliche Rundturm der Gerberbastei, heute als Jugendherberge genutzt

rechts: Blick auf die Nikolaistufen, ein jahrhundertealter Fußweg vom Spreetal zur inneren Stadt

Die Gerberbastei – ehemals Wehrturm, heute Jugendherberge

Nach kurzem Weg folgt die 18 **Gerberbastei**. Der massive Turm ist architektonisch verwandt mit der Röhrscheidt- und der Mühlbastei. Diese Rundbasteien aus der Zeit um 1500 dienten zum Schutz der Mauerabschnitte zwischen größeren Tor- und Turmbauten. Die Gerberbastei erhebt sich mit einer Höhe von fünf Geschossen über den Dächern der Gerberstraße. An der außenliegenden Seite (vom Zwinger aus nicht zu sehen) befindet sich ein stark verwittertes spätgotisches Wappen der Stadt. Nachdem die Gerberbastei im 19. Jahrhundert keine Verteidigungszwecke mehr erfüllen musste, diente sie zeitweise als Sommerhaus eines Bautzener Bürgermeisters. Auch als Übungsstätte des Bautzener Turnvereins wurde sie für eine Weile genutzt. Seit 1917 befindet sich in dem Turm eine Jugendherberge – die älteste ihrer Art in Sachsen, die in den 1990er Jahren um den Anbau in der Gerberstraße erweitert wurde. Heute kann die Jugendherberge mehr als 100 Gäste aufnehmen.

Durch den Zwinger verlief ursprünglich der Fahrweg zum Nikolaitor. Vor diesem Tor zweigen rechts die **Nikolaistufen** ab. Über sie gelangte man seit dem Spätmittelalter aus der Vorstadt oder vom Gerbertor im Tal in die innere Stadt. Durch das Nikolaitor führt der Spaziergang zurück in die innere Altstadt.

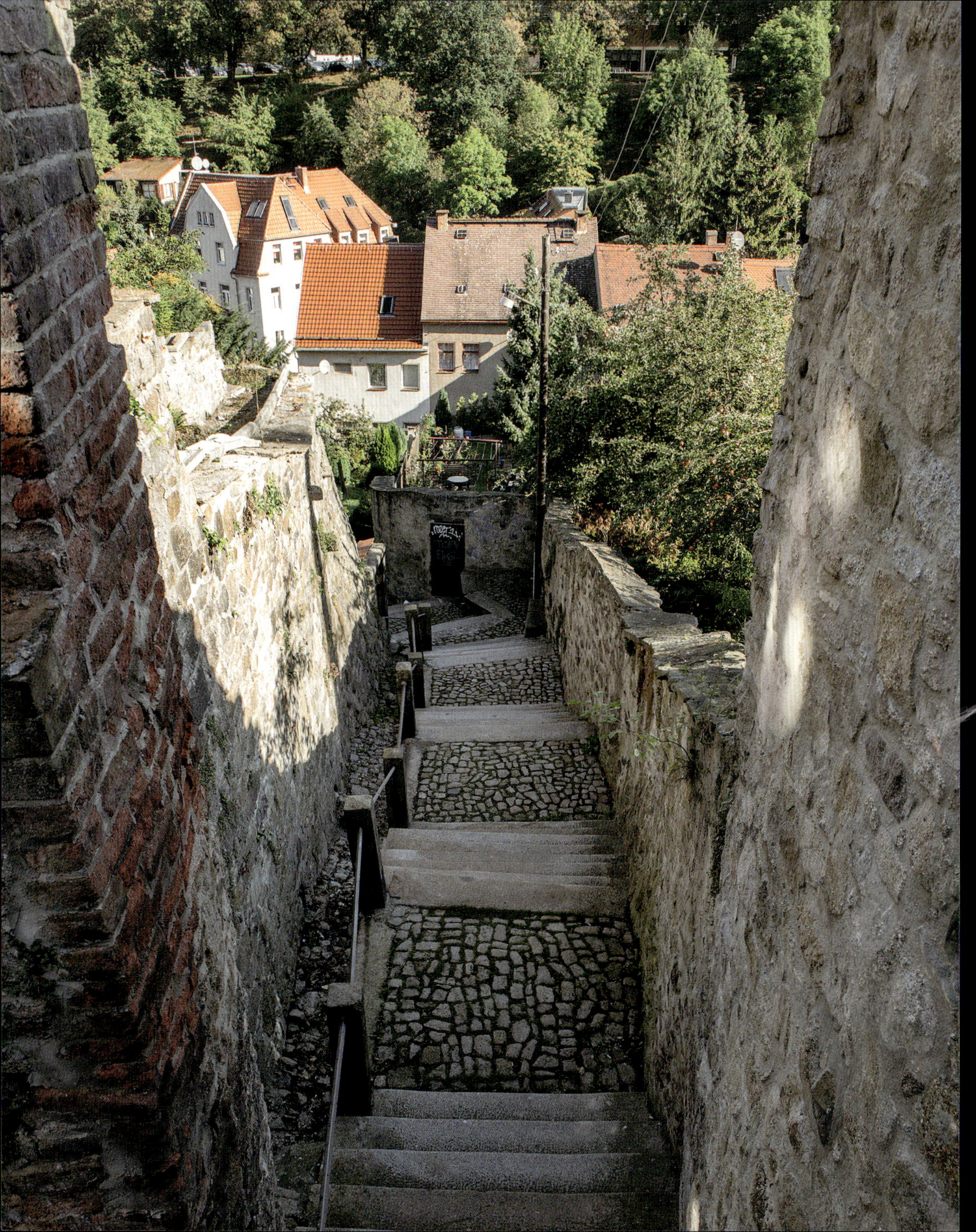

Entlang der äußeren Stadtmauer

BILDUNG, VERWALTUNG UND WILLKÜRHERRSCHAFT

Seit dem Mittelalter war Bautzen von einer ausgedehnten Vorstadt umgeben, die von einer eigenen Stadtmauer geschützt wurde. Der Spaziergang entlang der Mauer führt zu Schulbauten des 19. und 20. Jahrhunderts, an Schauplätze der sorbischen Kulturgeschichte, zu Bauten der Gründerzeit und der Nachkriegsmoderne, zur Gedenkstätte Bautzen im ehemaligen Stasi-Gefängnis, zum größten Friedhof der Stadt und durch historische Parkanlagen.

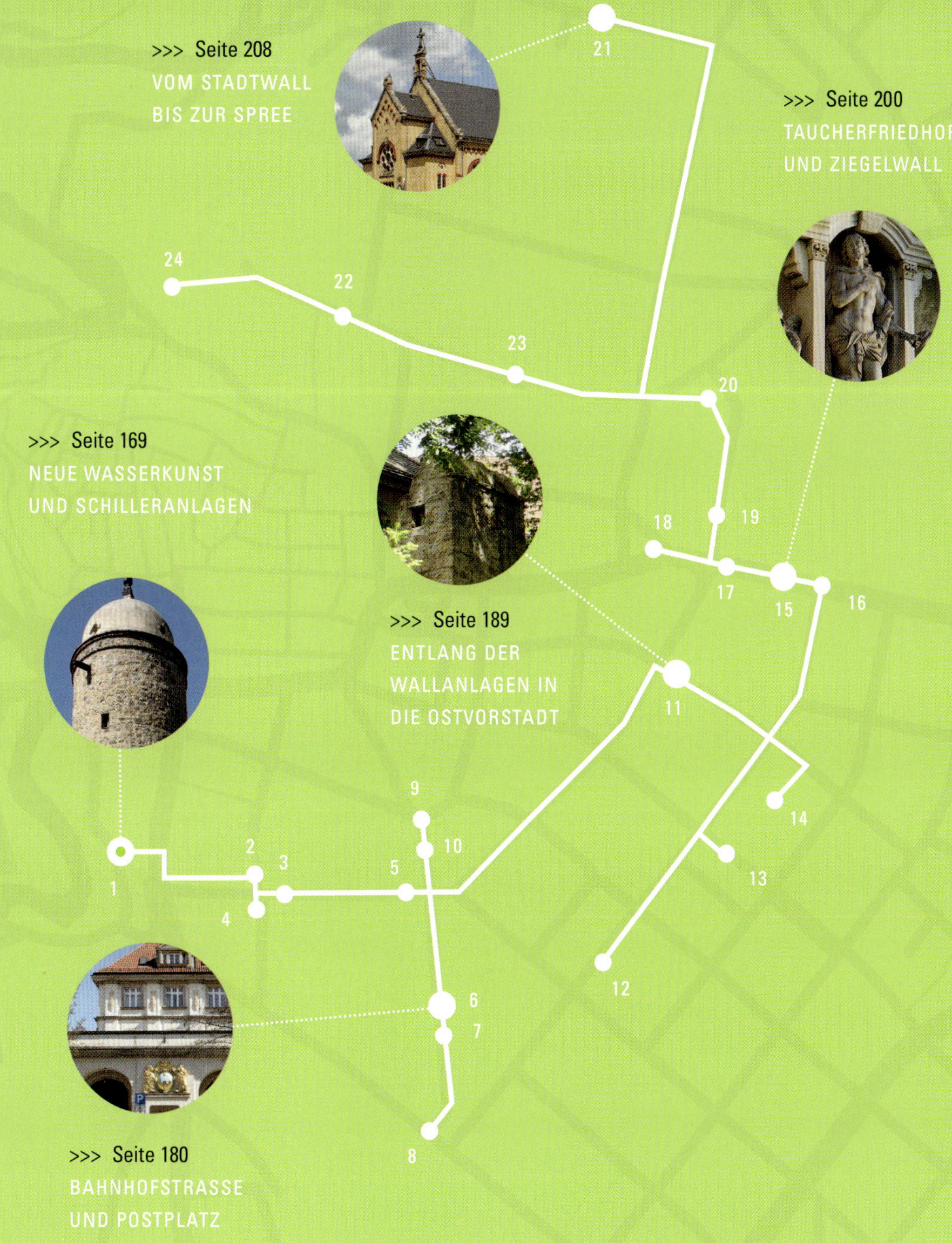
>>> Seite 208
VOM STADTWALL
BIS ZUR SPREE
21
>>> Seite 200
TAUCHERFRIEDHOF
UND ZIEGELWALL
24
22
23
20
>>> Seite 169
NEUE WASSERKUNST
UND SCHILLERANLAGEN
18
19
17
15
16
>>> Seite 189
ENTLANG DER
WALLANLAGEN IN
DIE OSTVORSTADT
11
14
9
10
13
2
3
5
1
4
12
6
7
8
>>> Seite 180
BAHNHOFSTRASSE
UND POSTPLATZ

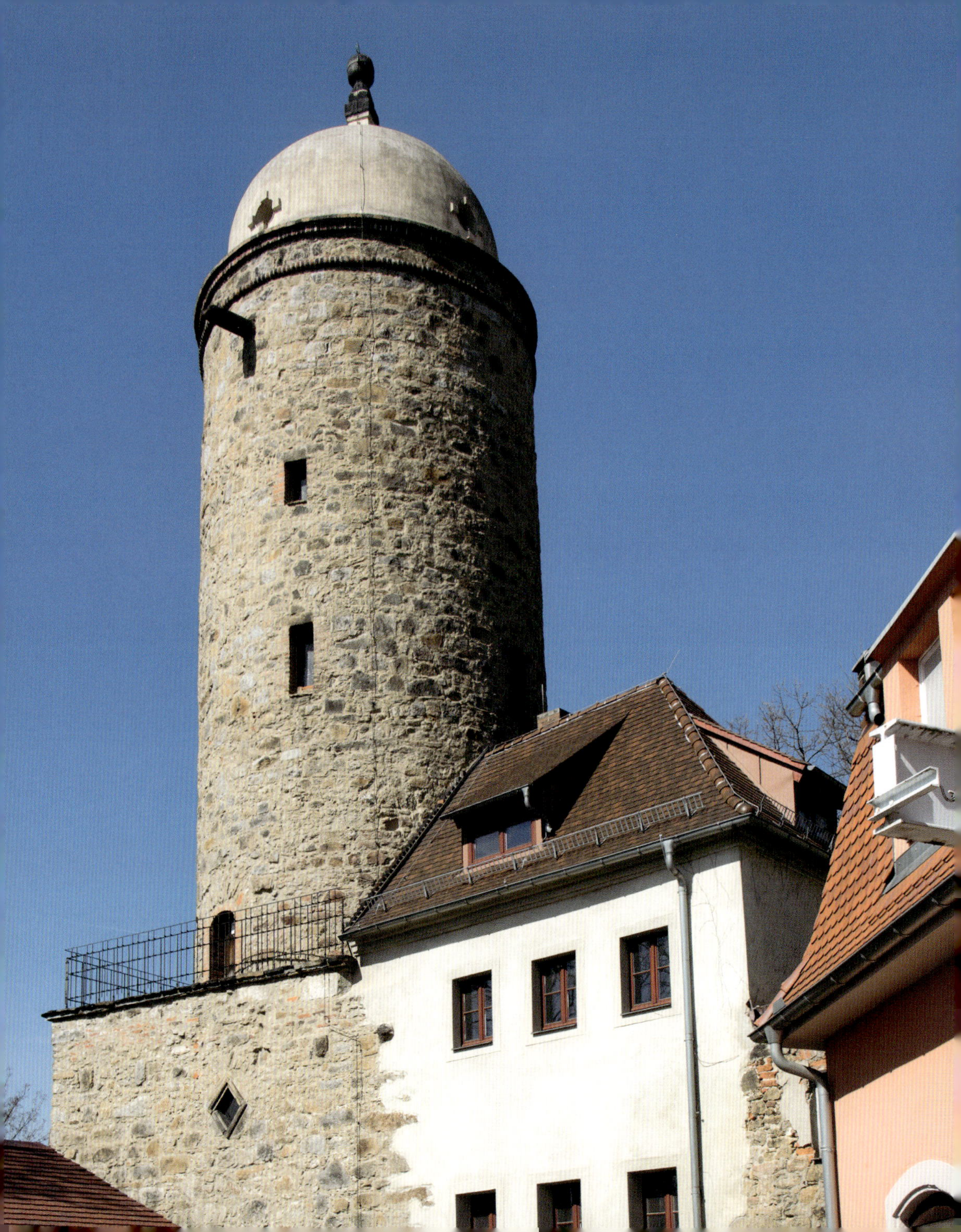

Neue Wasserkunst und Schilleranlagen

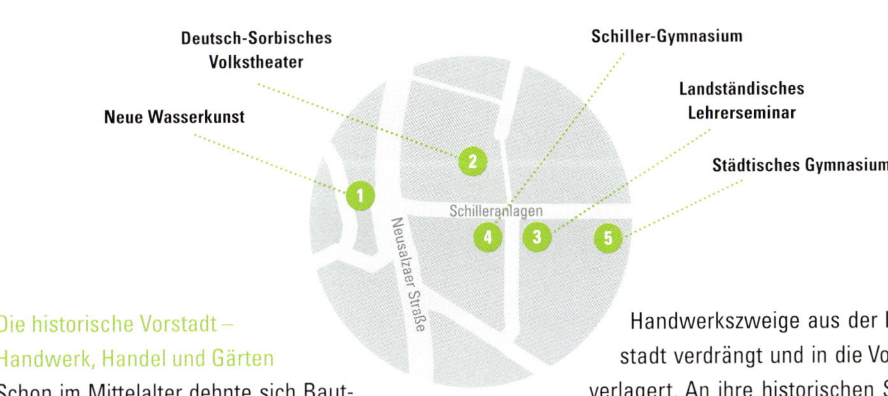

Die historische Vorstadt – Handwerk, Handel und Gärten

Schon im Mittelalter dehnte sich Bautzen über den inneren Mauerring aus. Vor den Toren lagen ursprünglich die drei Dörfer Seidau, Broditz und Goschwitz, die vermutlich zur gleichen Zeit wie die slawische Burgsiedlung entstanden waren. Der Ort Seidau, der auf dem linken Spreeufer jenseits des Protschenbergs liegt, behielt noch bis 1922 seine Eigenständigkeit. Broditz und Goschwitz hingegen gingen bereits im Mittelalter in der Bautzener Vorstadt auf, die immer mehr Fläche beanspruchte. Mit der wachsenden Größe und Bedeutung Bautzens stieg auch der Wert der Parzellen innerhalb des Mauerrings. So wurden einige Handwerkszweige aus der Innenstadt verdrängt und in die Vorstadt verlagert. An ihre historischen Standorte in der Vorstadt erinnern heute noch Namen wie Töpfer-, Gerber- oder Tuchmacherstraße. Neben Handwerkern lebten in der Vorstadt auch Gärtner und Kleinbauern, die bis weit ins 19. Jahrhundert ihre Felder in der unmittelbaren Umgebung versorgten. Gleichzeitig besaßen die wohlhabenden Bautzener Familien hier Parzellen, die der Eigenversorgung oder als Lustgärten dienten. Auch mehrere Handelsplätze für Waren aus der Umgebung lagen in der Vorstadt, etwa der Holz-, der Butter-, der Salz-, der Ferkel- und auch der Kornmarkt.

Turm der Neuen Wasserkunst

Die äußere Stadtmauer und die Schilleranlagen

Mit der Zeit wurde die Vorstadt nicht nur immer enger besiedelt, sondern als Standort des Handwerks und des Handels für Bautzen auch lebensnotwendig. Um sie zu schützen, entschloss sich der Rat im ausgehenden 14. Jahrhundert, einen zweiten äußeren Befestigungsring anzulegen. Mit einer Länge von rund drei Kilometern umschloss er ein Siedlungsgebiet, das etwa doppelt so groß wie die Innenstadt war. Allerdings bestand die äußere Stadtmauer nur aus einer einfachen Steinwand mit durchschnittlich vier bis fünf Metern Höhe. In größeren Abständen besaß sie kleinere Basteien oder Verteidigungsflächen, die von Zinnen geschützt waren. Die Tore der äußeren Stadtmauer waren mit kleinen, quadratischen Türmen gesichert. Von den Toren des äußeren Rings führten die Hauptstraßen wiederum zu den Eingängen der inneren Stadt.

Vor der äußeren Stadtmauer erstreckte sich ein Graben mit einem davor gelegenen Erdwall. Im 18. Jahrhundert hatte die äußere Stadtmauer ihre Verteidigungsfunktion jedoch bereits völlig verloren. Daraufhin ließ der Rat Wälle und Gräben einebnen und einen mit Kastanien und Linden gesäumten Spazierweg anlegen. An seiner Stelle entstand im 19. und frühen 20. Jahrhundert ein grüner Gürtel aus Parkanlagen, die das Zentrum umschließen.

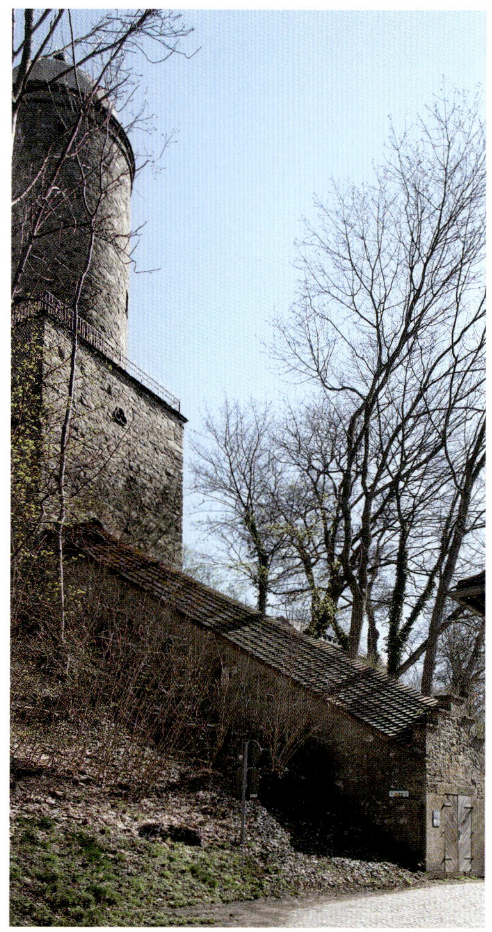

Rohrleitungsgang vom Pumpenhaus zum Turm der Neuen Wasserkunst

Auf der Äußeren Lauenstraße zur Neuen Wasserkunst

Der Spaziergang beginnt am südlichen Ende der Äußeren Lauenstraße und erlaubt mehrere Abstecher in die angrenzenden Quartiere. Die Äußere Lauenstraße ist, wie der Name vermuten lässt, die Fortsetzung der Inneren Lauenstraße, die ihren Ursprung am Hauptmarkt hat. Hier befanden sich wichtige kommunale Bauten wie der Zimmerhof, das Arbeitshaus, das Männerhospital oder das Waisenhaus, das zu Beginn des 18. Jahrhunderts durch eine Stiftung entstand.

Am südwestlichen Ende der Straße zweigt eine schmale Gasse zur 1 **Neuen Wasserkunst** ab, dem zweiten bedeutenden Bauwerk der frühneuzeitlichen Wasserversorgung. Da die Kapazitäten der Alten Wasserkunst begrenzt waren, entschloss sich der Rat zu Beginn des 17. Jahrhunderts, ein zweites Pumpwerk zu errichten. Mit der erprobten Technik sollte es zusätzliches Wasser in das Rohrleitungsnetz speisen, das gleichzeitig ausgebaut wurde, um nun auch Teile der Vorstadt mit Wasser zu versorgen.

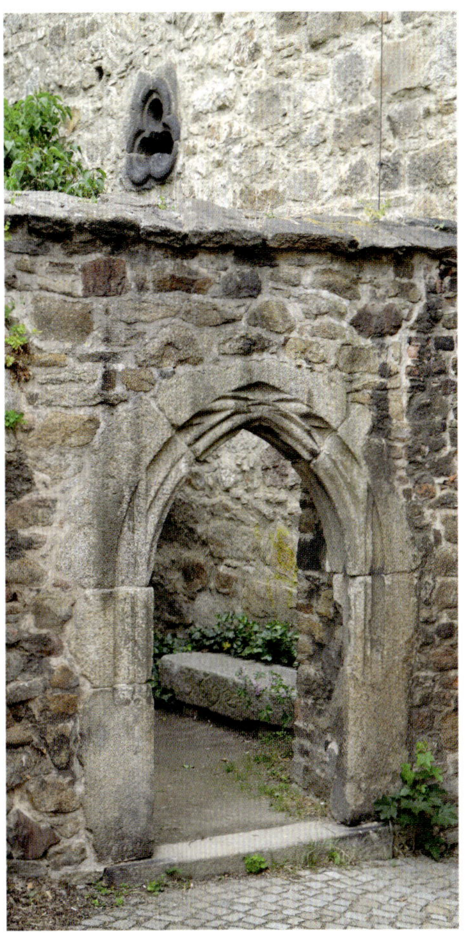

Spätgotisches Portal an der Neuen Wasserkunst

Ingenieurskunst mit Hindernissen

Für das zweite Pumpwerk gab es jedoch weder an der Alten Wasserkunst noch in ihrem näheren Umfeld genügend Platz. Daher erwarb der Rat die Walkmühle der Tuchmacher, die etwa einen halben Kilometer spreeaufwärts lag. Da der Fluss an dieser Stelle aber nicht bis an den Hang heranreichte, musste die neue Anlage ein ganzes Stück von der Spree abgerückt werden. Aus diesem Grund wurde der Bau der Neuen Wasserkunst etwas anders konzipiert als der ihrer älteren Schwester: Während bei der Alten Wasserkunst alle technischen Anlagen in einem Bauwerk untergebracht waren, verteilten sie sich bei der Neuen Wasserkunst auf drei Gebäudeteile. In der ehemaligen Tuchwalke, die weitgehend bestehen blieb, befand sich das Pumpwerk. Von ihm führte die Druckleitung durch einen gemauerten Gang in den Wasserturm – ein gesondertes Bauwerk, das etwa 20 Meter höher liegt. Der Turm

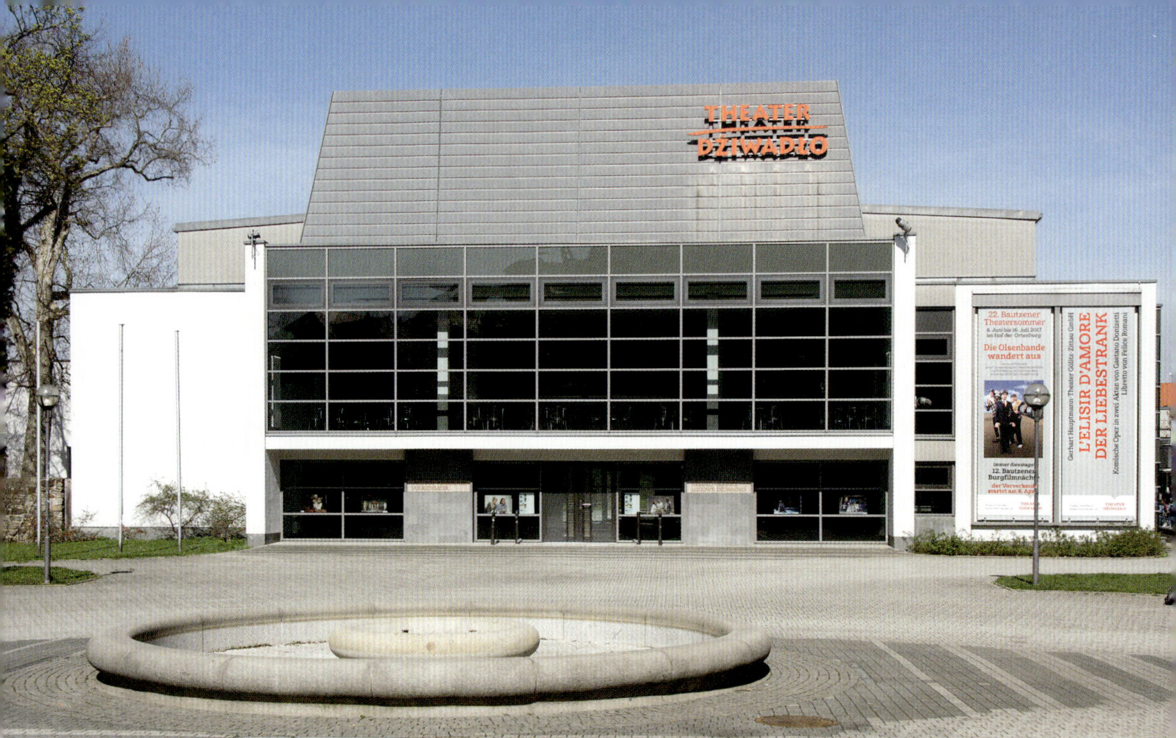

Haupthaus des Deutsch-Sorbischen Volkstheaters

erhebt sich über einem massiven Sockel, durch den die Durchfahrt des Neutors verläuft. Darüber folgt der runde Schaft, in dessen oberstem Geschoss ursprünglich der Hochbehälter aufgestellt war – ganz ähnlich wie in der Alten Wasserkunst.

Pech und Pannen beim Bau

Die Geschichte der Neuen Wasserkunst ist von Katastrophen durchzogen, weshalb die Anlage auch nur für vergleichsweise kurze Zeit ihren Dienst tat. Schon ein Jahr nach dem Beginn der Bauarbeiten brach unter dem verantwortlichen Ratsbaumeister Wenzel Röhrscheidt d. J. ein Gerüstbalken weg. 1608 stürzte kurz vor der Fertigstellung ein Teil des Turmes ein, der mangelhaft gemauert worden war. Es dauerte nochmals zwei Jahre, bevor die Neue Wasserkunst im Juli 1610 in Betrieb ging und Wasser bis zum Röhrkasten auf dem Fleischmarkt pumpte, der knapp einen Kilometer entfernt stand. Bereits 1618 erlitt die Anlage jedoch durch einen Brand, der bei Wartungsarbeiten ausgebrochen war, schwere Schäden. Nur zwei Jahre später kam es schließlich zur gänzlichen Zerstörung von Turm und Pumpwerk, als die

Stadt von den Truppen des sächsischen Kurfürsten Johann Georg I. belagert wurde. Rund 100 Jahre blieb die Neue Wasserkunst eine Ruine, bevor der Rat über genügend finanzielle Mittel für einen Wiederaufbau verfügte. Danach lief die Anlage wieder und wurde 1874 durch eine Dampfmaschine nochmals auf den neuesten technischen Stand gebracht. 1893 ging sie dann aber endgültig außer Betrieb. Von der historischen Technik ist nichts erhalten. Heute dient das ehemalige Pumpengebäude als Wohnhaus. Der Turm ist am Tag des offenen Denkmals und bei anderen Anlässen öffentlich zugänglich.

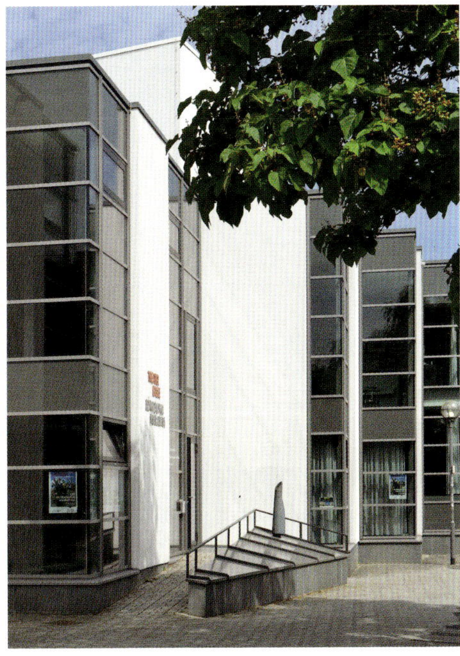

Zeitgenössische Architektur des Haupthauses des Deutsch-Sorbischen Volkstheaters an der Seminarstraße

Vom Äußeren Lauentor zum Deutsch-Sorbischen Volkstheater

In der Nachbarschaft der Neuen Wasserkunst stand das **Äußere Lauentor**. Nach seinem Abriss im Jahr 1825 blieb lediglich das Torhüterhaus mit dem weit herausragenden Dach erhalten, das im ausgehenden 18. Jahrhundert zum Schutz der wachhabenden Beamten errichtet worden war. Vor dem Tor trafen mehrere wichtige Fernstraßen aufeinander: der von Süden kommende Böhmische Steig sowie von Südwesten und Westen die Straße, die über den Lindenberg heraufführte und aus der Residenzstadt Dresden kam.

Gegenüber geht der Spaziergang die Freitreppe hinauf in die Schilleranlagen. Auf dem Platz steht das Haupthaus des 2 **Deutsch-Sorbischen Volkstheaters**. Seine Geschichte reicht bis in das ausgehende 18. Jahrhundert zurück, als Wanderbühnen regelmäßig nach Bautzen kamen. Der Rat stellte ihnen die ehemalige Schützenbastei am Lauengraben als Spielstätte zur Verfügung, aus der nach mehreren Umbauten das alte Bautzener Stadttheater entstand. An der Ostfassade des alten Theatergebäudes befand sich ab 1905 der sogenannte Rietschelgiebel – Ernst Rietschels Figurenzyklus mit dem Titel »Allegorie der Tragödie«, den der Bildhauer ursprünglich für das 1869 abgebrannte Dresdener Hoftheater geschaffen hatte. Das Figurenensemble befindet sich heute am Burgtheater auf der Ortenburg. Das Theatergebäude am Lauengraben ist hingegen nicht mehr erhalten. Es fiel in den 1960er Jahren dem Abriss zum Opfer, als die Bautzener Vorstädte »sozialistisch« umgestaltet

Bühne frei

DEUTSCH-SORBISCHES VOLKSTHEATER · NĚMSKO-SERBSKE LUDOWE DŹIWADŁO

Das Deutsch-Sorbische Volkstheater wartet gleich mit mehreren Besonderheiten auf: Es ist das einzige zweisprachige Berufstheater in Deutschland und eines der wenigen Häuser, das über eine professionelle Puppenbühne verfügt. Zudem gibt es das Sorbische Schauspielstudio, an dem sich sorbischsprachige Eleven ausprobieren können, bevor sie ihr Studium an einer Theaterhochschule beginnen.

Die Geschichte dieser verschiedenen Zweige reicht weit zurück. Schon in den 1790er Jahren wurde in einer Bastei der inneren Stadtmauer ein erstes Stadttheater eingerichtet. Es besaß noch kein festes Ensemble, sondern wurde von gastierenden Wanderbühnen genutzt. 1862 gründete sich auch ein sorbischsprachiges Theater in Bautzen, das von hier aus in den Dörfern der Umgebung gastierte. Beide wurden 1963 zum Deutsch-Sorbischen Volkstheater fusioniert. Bis 1969 befand sich das Stammhaus des Theaters am Lauengraben. Das Gebäude war im Lauf des 19. und frühen 20. Jahrhunderts durch Umbauten der alten Bastei entstanden. Die beengten räumlichen Verhältnisse ließen in den 1960er Jahren die Idee aufkommen, das Theater durch einen gründlichen Umbau zu erweitern. Doch stattdessen fiel es 1969 dem Abriss zum Opfer, ohne dass zunächst ein Neubau in Sicht war. Dieser entstand bis 1975 an den Schilleranlagen und wurde durch Modernisierungen in den Jahren 2004 bis 2012 an die gestiegenen technischen Anforderungen angepasst. Seit 2003 gibt

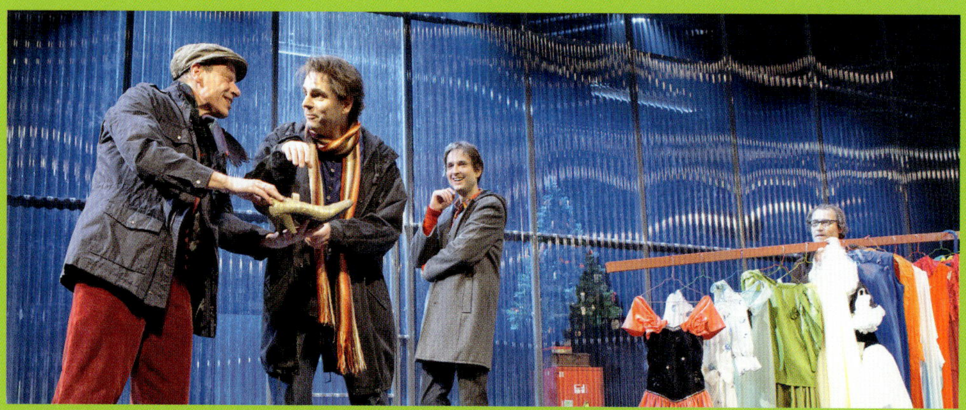

Aufführungen in deutscher und sorbischer Sprache zeigt das Deutsch-Sorbische Volkstheater

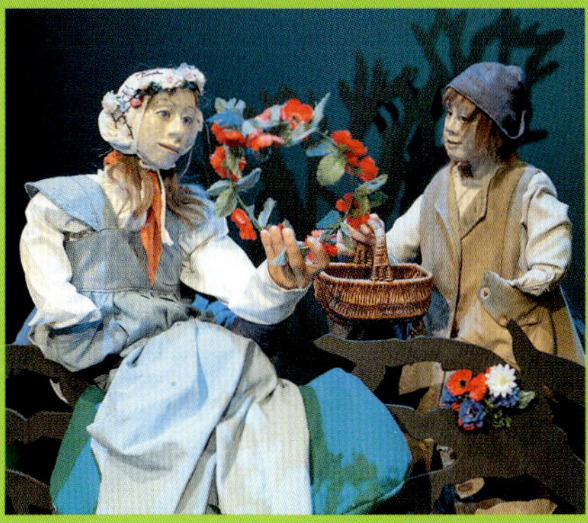

Puppenbühne des
Deutsch-Sorbischen Volkstheaters

es zudem mit dem Burgtheater auf der Ortenburg ein modernes kleines Haus. In ihm sind das Puppentheater und die Studiobühne untergebracht.

Heute verfügt das Deutsch-Sorbische Volkstheater über ein festes Ensemble von mehr als 20 Schauspielerinnen und Schauspielern. Das Repertoire reicht von Klassikern der internationalen Bühnenliteratur bis zu zeitgenössischen Stoffen und ist stets zweisprachig angelegt. Die jährlich fast 1 000 Veranstaltungen ziehen rund 150 000 Besucher an. Auch die Tradition der sorbischsprachigen Gastspiele in der Umgebung existiert noch immer. Im Gegenzug kommt die Neue Lausitzer Philharmonie aus Görlitz regelmäßig mit ihrem Konzertprogramm ins große Haus. Beliebt ist auch das von Juni bis August im Hof der Ortenburg stattfindende Sommertheater, das mit kurzweiligen Stücken aufwartet.

und alte Bauwerke durch mehrgeschossige Gebäude in Stahlskelettbauweise ersetzt werden sollten.

Nach dem Abriss fanden die Aufführungen jahrelang unter sehr beschränkten räumlichen Bedingungen statt. Gespielt wurde unter anderem im Verwaltungs- und Probebühnengebäude an den Schilleranlagen. Dabei handelte es sich um das ehemalige Haus der Bautzener Societät, einer im 19. Jahrhundert gegründeten bürgerlichen Vereinigung. Erst 1975 wurde die Probebühne um ein neues Haupthaus ergänzt. Zwar entstand ein vollwertiges Theatergebäude; um die staatlich gelenkte Bauplanung zu umgehen, wurde es jedoch lediglich als Erweiterung der bestehenden Probebühne bezeichnet. Nach umfangreicher Sanierung in den Jahren 2004 bis 2012 dient das Haupthaus des Theaters heute als Spielstätte des festen Ensembles. Auch die Neue Lausitzer Philharmonie gastiert regelmäßig an diesem Ort.

Bildungsstandort Bautzen – damals und heute

Gegenüber des Theaters liegen an den Schilleranlagen mehrere große Schulgebäude aus dem 19. und frühen 20. Jahrhundert. Sie zeugen von der Bedeutung, die sich Bautzen als regionaler Bildungsstandort über Jahrhunderte erworben hat. Zwischen 1855 und 1857 entstand der Neubau des 3 **Landständischen Lehrerseminars**, an das noch heute der Name der Seminarstraße erinnert, die von hier aus zum Lauengraben führt. Finanziert wurde diese Ausbildungsstätte für Pädagogen von den Landständen der Oberlausitz. Das Schulgebäude ist in neogotischen Formen gestaltet und geht auf einen Entwurf des Architekten Carl August Schramm zurück, der auch als Direktor der Zittauer Bauge-

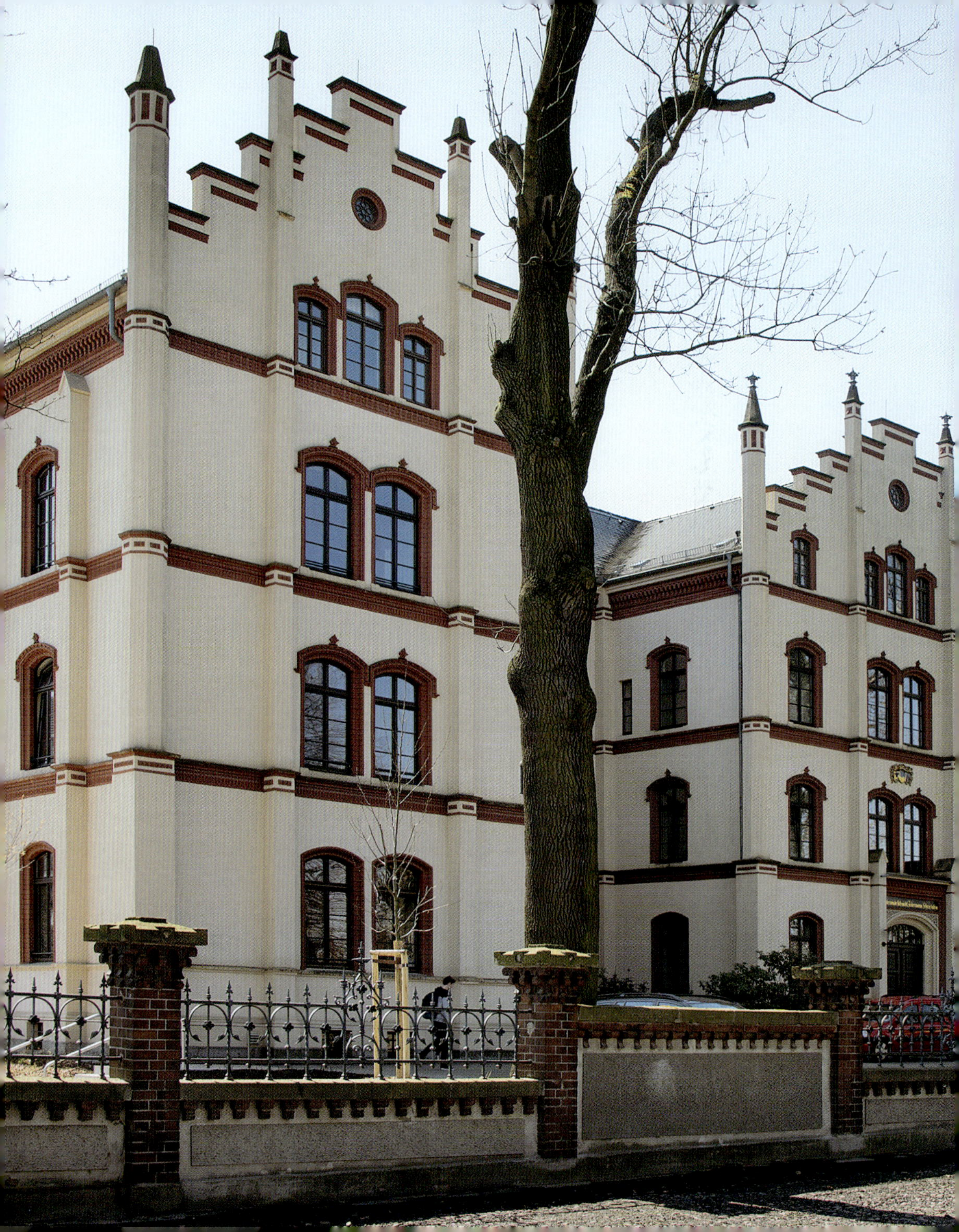

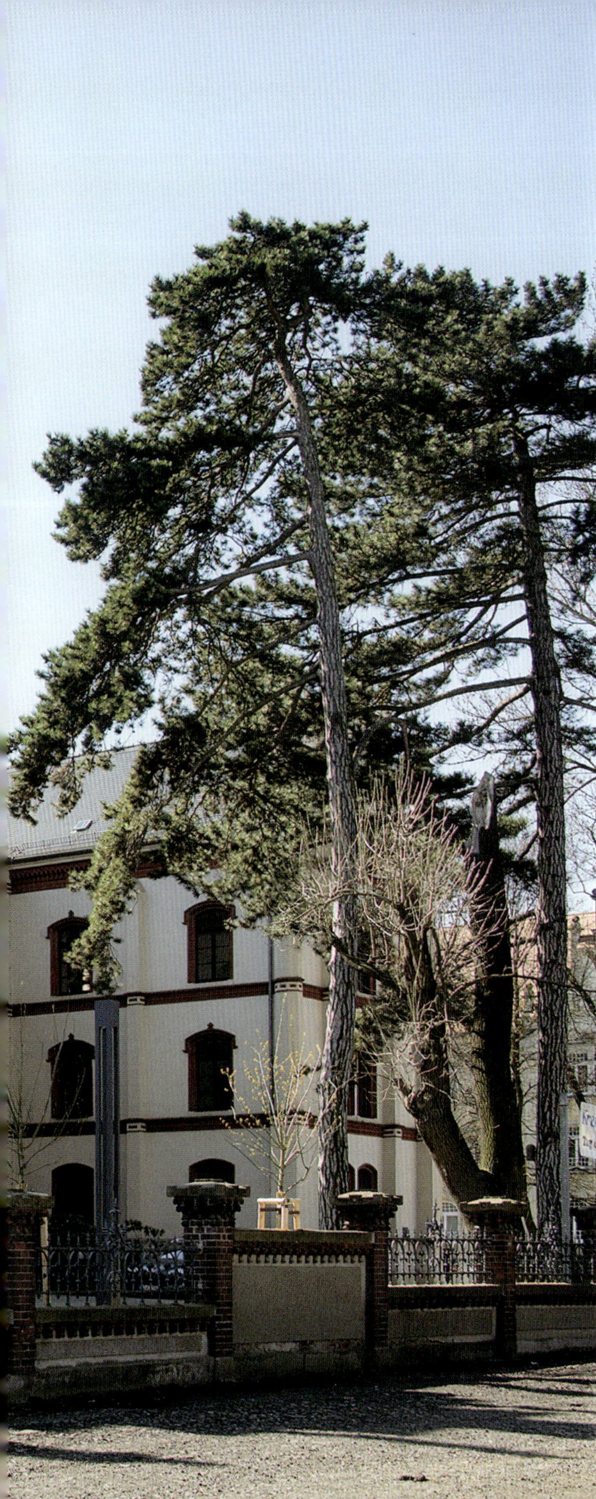

werkeschule amtierte. Nach Erweiterungen des Gebäudes zu Beginn des 20. Jahrhunderts sowie in den Jahren 2015/16 dient es heute als Berufliches Schulzentrum für Wirtschaft und Technik.

Angrenzend befindet sich das 4 **Schiller-Gymnasium**. Es entstand in den Jahren 1900/01 als Neubau für die Bautzener Realschule. Das Gebäude ist in Übergangsformen vom späten Historismus zum Jugendstil gestaltet und wurde nach Entwürfen des Dresdener Architekten Gustav Reinhold Hänichen und des Bautzener Baubeamten Karl Richard Görling errichtet. Von den Schilleranlagen blickt man auf den Eingang, der von drei Bögen eingefasst ist. Über dem Eingang ist der Sinnspruch »Leb um zu lernen. Lern um zu leben« angebracht. Im zweiten Obergeschoss liegt die Aula, die sich durch große, mit Bleiglas ausgestattete Fenster hervorhebt. Zur gut erhaltenen historischen Ausstattung der Aula zählt eine Orgel der Bautzener Firma Eule, die – wie Teile des Museums – vom Unternehmer Otto Weigang gestiftet wurde.

Seit dem frühen 21. Jahrhundert wird das südlich angrenzende Gebäude der ehemaligen Pestalozzischule ebenfalls vom Schiller-Gymnasium genutzt. Es entstand 1912 bis 1914 nach einem Entwurf des Dresdener Architekten Julius Arthur Bohlig als Knaben- und Mädchenschule. Mit seinen geschwungenen Flügeln und zahlreichen Fenstern ist es ein eindrucksvolles Beispiel für den Schulhausbau der Reformbewegung vor dem Ersten Weltkrieg. Die Märchenfiguren, die an den beiden Eingangsportalen sowie an den Fassaden angebracht sind, gehen auf den Dresdener Bildhauer Georg Türke zurück.

Fassade des Landständischen Lehrerseminars, heute Berufliches Schulzentrum für Wirtschaft und Technik

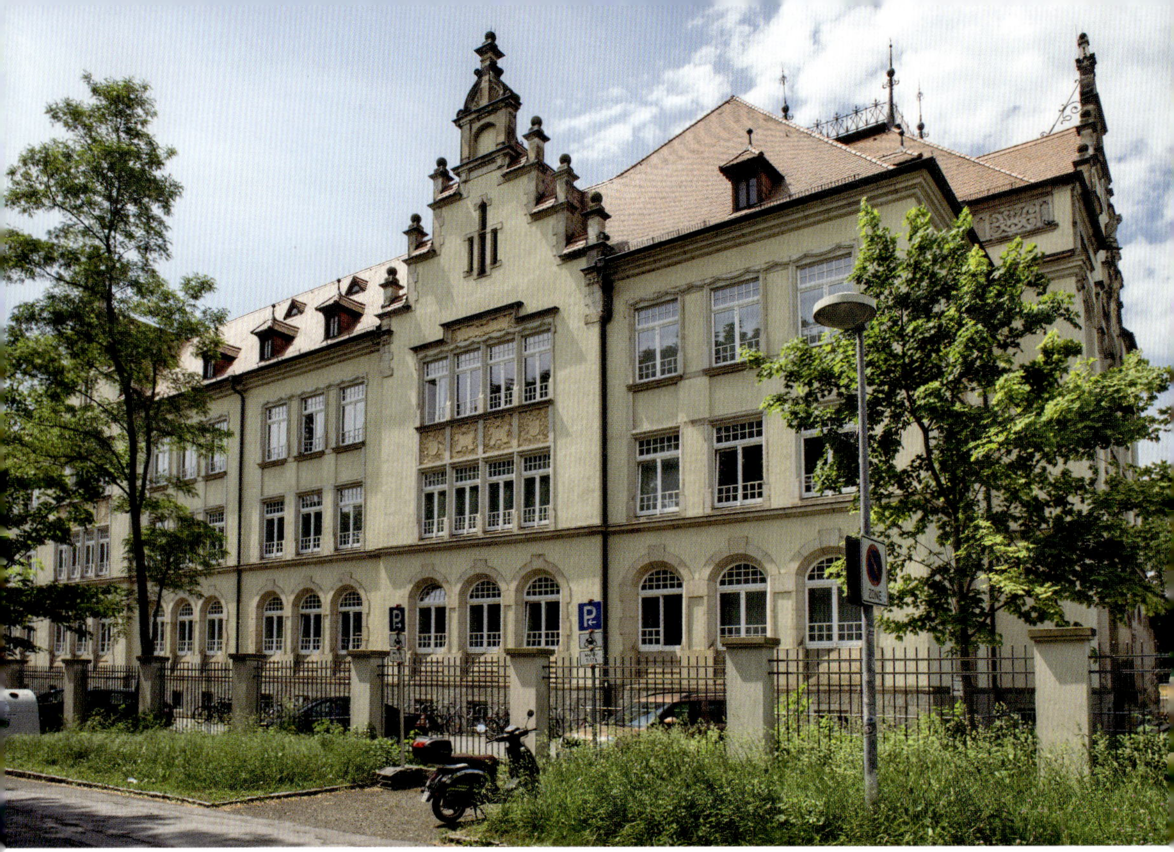

Schiller-Gymnasium
(ehem. Realschule)

Weiter durch die Schilleranlagen führt der Weg zum 5 **Städtischen Gymnasium** (heute Melanchthon-Gymnasium). Seine Geschichte begann als evangelische Ratsschule, die im Zuge der lutherischen Reformation 1527 vom Bautzener Rat gegründet wurde. Der Reformator Philipp Melanchthon persönlich nahm in diesen frühen Jahren Einfluss auf die Entwicklung der Schule, die schnell zu überregionalem Ansehen gelangte. Von ihrer Gründung bis in die 1860er Jahre hatte die Schule ihren Sitz in einer Bastei der inneren Stadtbefestigung. Als die räumlichen Verhältnisse dort zur Mitte des 19. Jahrhunderts zu eng wurden, gab der Magistrat einen Neubau am heutigen Standort in Auftrag. Den Entwurf für das neoklassizistische Gebäude lieferte der aus Bautzen stammende Carl Adolph Canzler. Er hatte bei Gottfried Semper studiert und wirkte zeitlebens vor allem in Dresden,

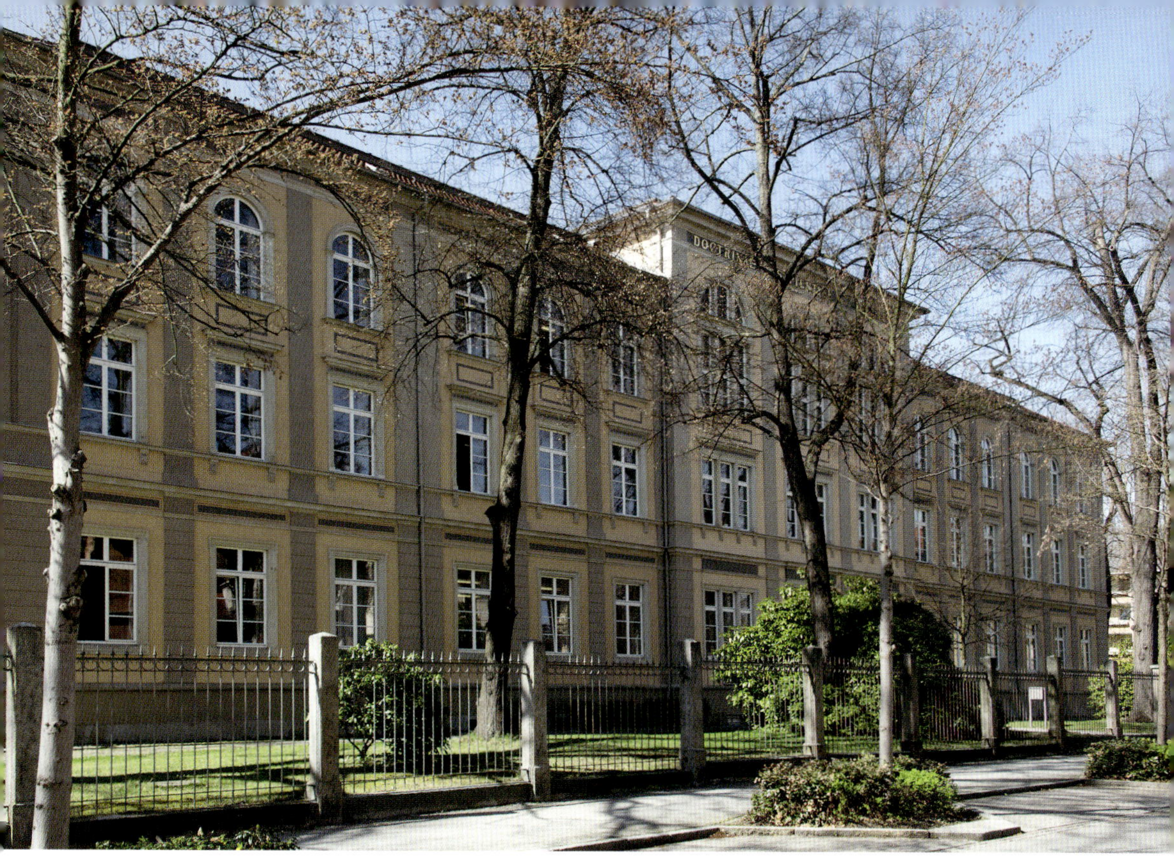

Städtisches Gymnasium
(heute Melanchthon-Gymnasium)

wo er mit dem Albertinum sein bekanntestes Werk hinterließ. Zur Bahnhofstraße tritt ein Vorbau aus der Fassade, der im zweiten Obergeschoss die Aula beherbergt. Über deren Rundbogenfenstern ist das Motto »DOCTRINAE. SAPIENTIAE. PIETATI.« angebracht, was so viel wie »Der Gelehrsamkeit. Der Weisheit. Der Frömmigkeit.« bedeutet und mit dem sich viele prominente Gymnasien in Deutschland schmückten. Der Vorbau auf der Hofseite trägt einen kleinen Aufsatz, in dem die 1686 gegossene Glocke des alten Ratsschulgebäudes hängt. Zu den Absolventen des Gymnasiums gehörte unter anderem Friedrich Olbricht, der sich als General am gescheiterten Attentat auf Adolf Hitler vom 20. Juli 1944 beteiligte und noch in der darauffolgenden Nacht im Hof des Bendlerblocks in Berlin hingerichtet wurde.

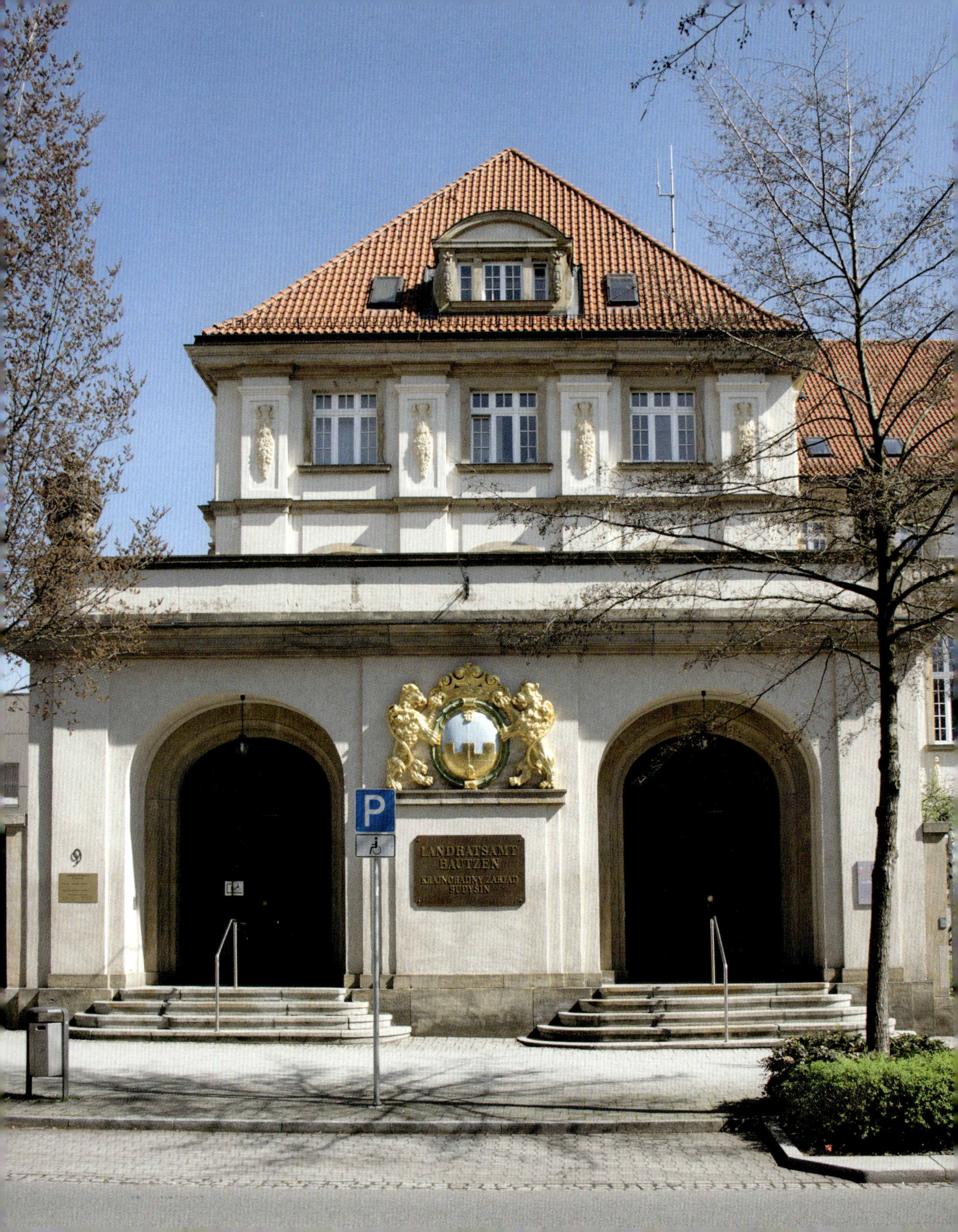
P
9
LANDRATSAMT
BAUTZEN
BUDYŠIN

Bahnhofstraße und Postplatz

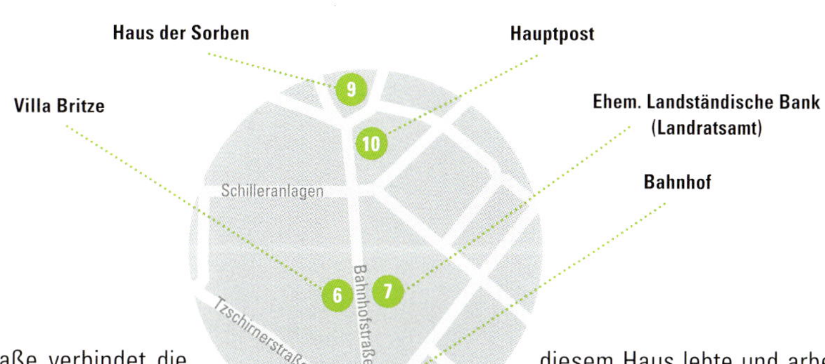

Die Bahnhofstraße verbindet die historische Vorstadt mit dem 1846 eingeweihten Bahnhof. Sie wird gesäumt von Geschäfts- und Verwaltungsgebäuden sowie villenartigen Wohnhäusern des späten 19. und frühen 20. Jahrhunderts.

Die Villa Britze – ehemaliges Künstlerdomizil und sorbische Forschungseinrichtung

Hervorzuheben ist die 6 **Villa Britze** (Nr. 6), die um 1900 für den Kaufmann Gustav Heinrich Britze gebaut wurde. Er besaß eine Feinkost- und Konservenfabrik, die den bekannten Bautz'ner Senf herstellte. Seine Tochter war die spätere Malerin Marianne Britze, die über mehrere Jahrzehnte in diesem Haus lebte und arbeitete. Der gesellschaftliche Stand ihrer Familie ermöglichte ihr in den Jahren 1909 bis 1914 ein Studium im Privatatelier des Dresdener Malers Ferdinand Dorsch. Danach war sie zeitlebens als freischaffende Künstlerin in Bautzen tätig. Ab 1927 engagierte sich Marianne Britze als eine der ersten Frauen im Deutschen Künstlerbund. Ein Jahr später trat sie in den von Käthe Kollwitz begründeten Berliner Frauenkunstverein ein. Zu ihren Freunden zählte sie unter anderem die Maler Otto Dix, Conrad Felixmüller und Karl Schmidt-Rottluff. Ihre wichtigsten Werke entstanden im Stil des Expressionismus und galten im Nationalsozialismus als »entartet«. Heute sind sie in der Neuen Nationalgalerie Berlin, der Galerie Neue Meister Dresden sowie im Bautzener Museum zu finden.

Seit 1951 hatte in der Villa Britze das Institut für Sorbische Volksforschung der Akademie der Wissenschaften der DDR seinen Sitz, das 1992 in

Ehem. Landständische Bank, Haupteingang mit Landeswappen der Oberlausitz (heute Landratsamt)

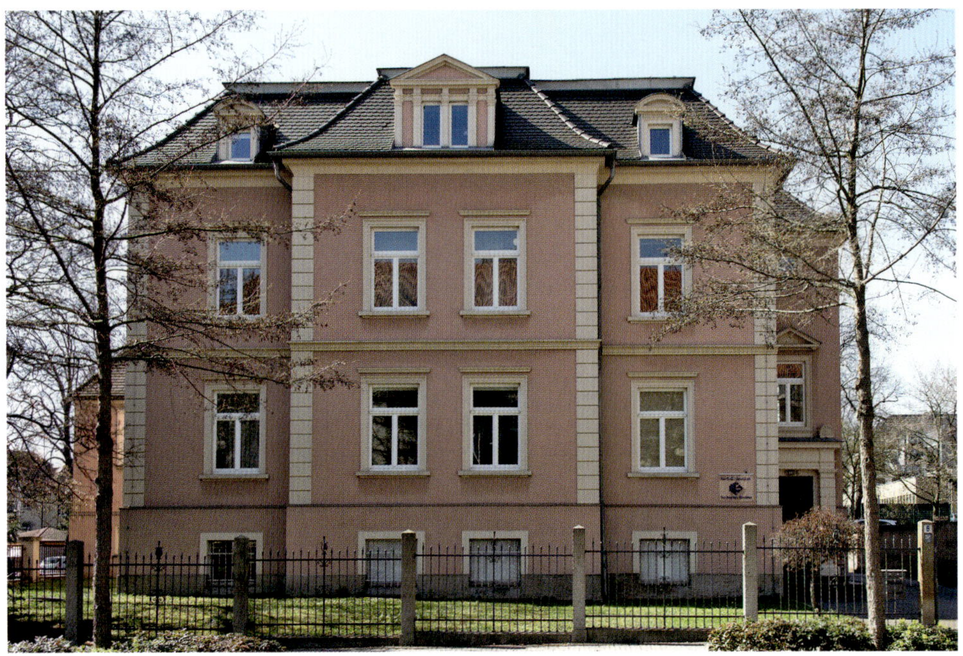

Villa Britze (heute Sorbisches Institut)

rechts: Haupteingang des Bahnhofsgebäudes

Sorbisches Institut (Serbski Institut) umbenannt wurde. Heute wird es von der Stiftung für das sorbische Volk finanziert und ist die zentrale Forschungseinrichtung zur Geschichte, Kultur und Sprache der Sorben in der Ober- und Niederlausitz. Zudem beherbergt es die Sorbische Zentralbibliothek und das Sorbische Kulturarchiv, deren reichhaltige Bestände zum Teil noch auf Sammlungen der Mitte des 19. Jahrhunderts gegründeten wissenschaftlichen Gesellschaft Maćica Serbska zurückgehen.

Bankzentrale und Bahnhof – Zeugen einstiger städtischer Größe

Auf der gegenüberliegenden Seite der Bahnhofstraße befindet sich die ehemalige 7 **Landständische Bank** (heute Landratsamt). Das palastartige dreiflügelige Bauwerk in den Formen des Neobarock entstand von 1907 bis 1910 nach Plänen des Dresdener Architekturbüros Lossow und Kühne, das auch den Leipziger Hauptbahnhof, das Dresdener Staatsschauspiel, die Görlitzer Synagoge und

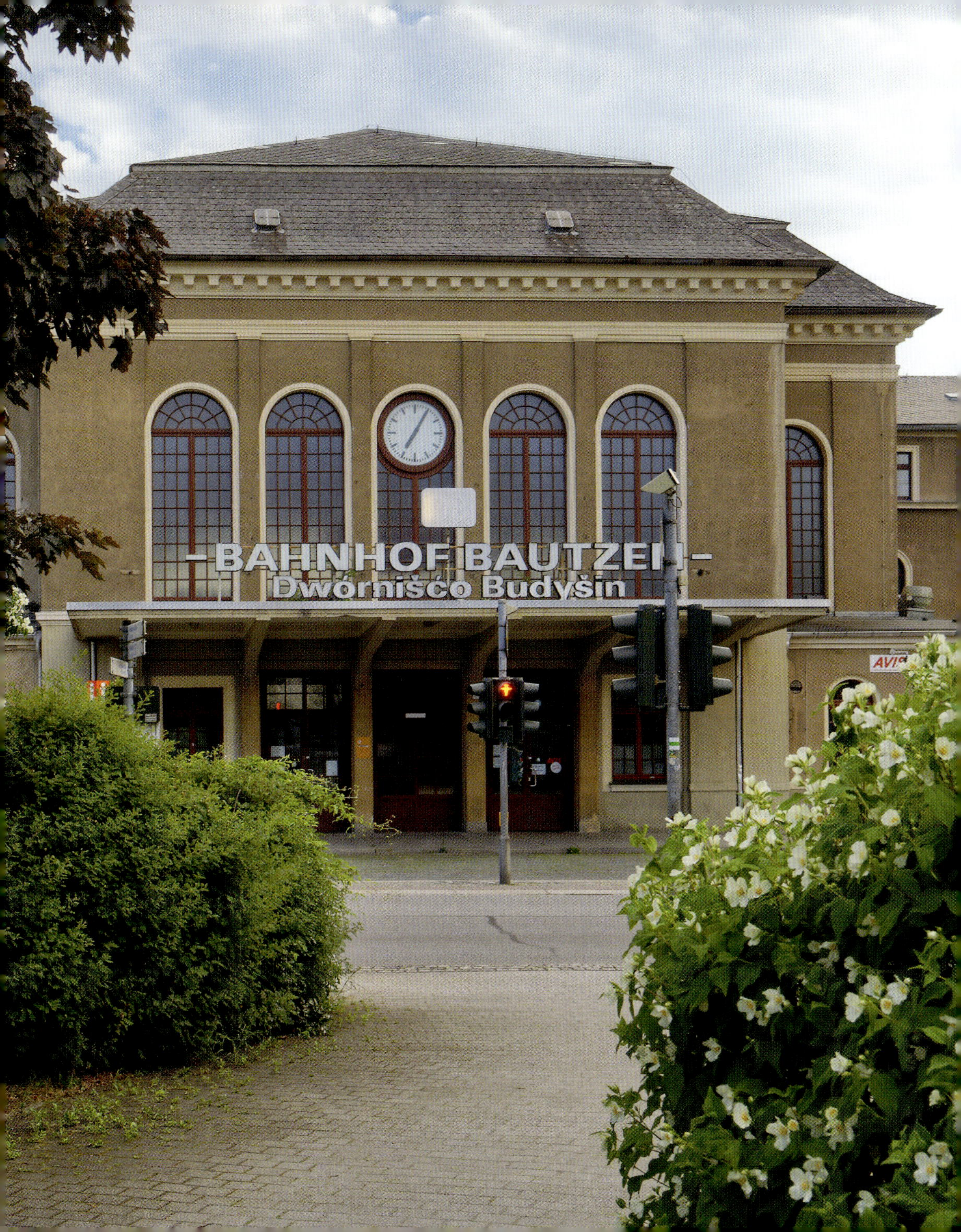
-BAHNHOF BAUTZEN-
Dwórnišćo Budyšin

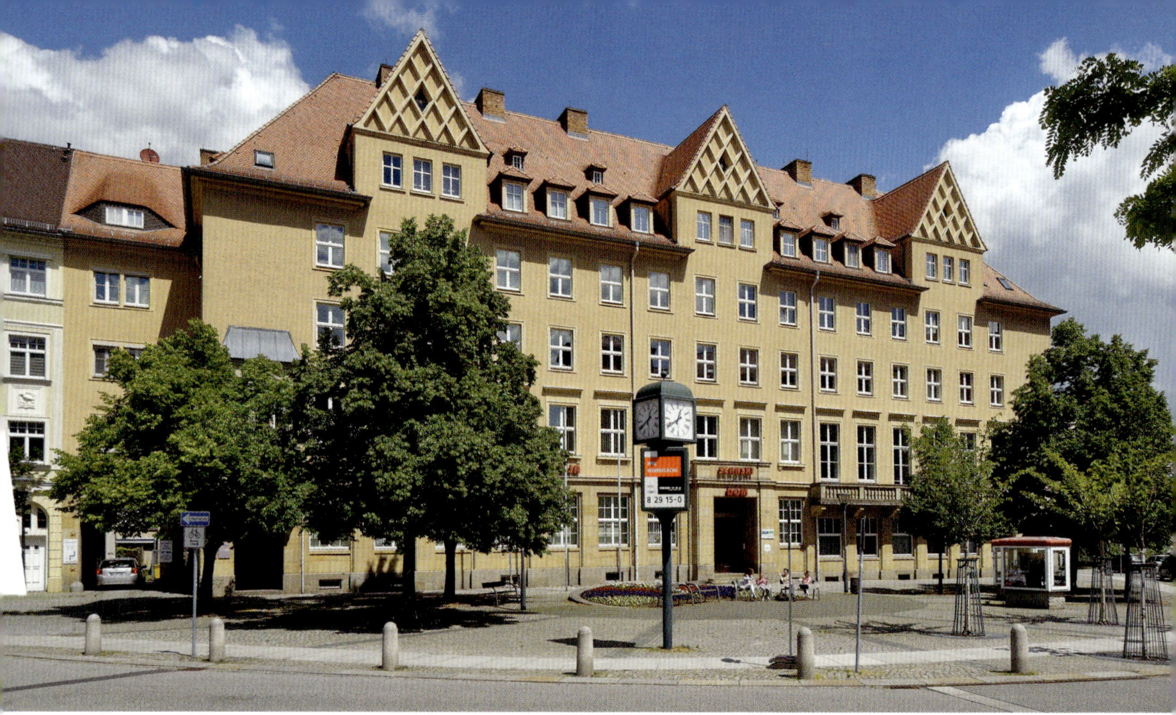

Haus der Sorben an der Nordseite des Postplatzes, errichtet 1947 – 1956

zahlreiche weitere prestigeträchtige Bauwerke in Sachsen entwarf. Seinerzeit war es das größte Kreditinstitut der sächsischen Oberlausitz und löste als Sitz der Landständischen Bank das Landhaus in der Schloßstraße ab. Von dort stammt auch das Landeswappen an der Eingangshalle, das von zwei Löwen gehalten wird. Im Inneren des Gebäudes sind Teile der historischen Ausstattung erhalten, unter anderem das repräsentative Treppenhaus und der Saal im südlichen Seitenflügel.

Den Abschluss der Bahnhofstraße bildet der Rathenauplatz mit dem 8 **Bahnhofsgebäude**. Es stammt aus der zweiten Hälfte des 19. Jahrhunderts und erhielt 1921 eine große Haupthalle aus Stahlbeton. Zum Ende des Zweiten Weltkriegs brannte das Gebäude aus, wurde bis in die frühen 1950er Jahre jedoch wiederhergestellt. Aus dieser Zeit stammen acht monumentale Sgraffiti in der Haupthalle, kunstfertige, aus farbigem Putz gestaltete Bilder des Malers Alfred Herzog. Sie zeigen traditionelle Wirtschaftszweige der Spreestadt und ihrer Umgebung. In den 1990er Jahren wurde das regionale Eisenbahnnetz jedoch weitgehend stillgelegt. Seither halten nur noch Züge aus Dresden und Görlitz am Bautzener Bahnhof, der heute viel von seiner einstigen Lebhaftigkeit eingebüßt hat.

Der Postplatz – sorbische Kultur und Stadthistorie

Der Weg führt von der Bahnhofstraße zurück in Richtung Innenstadt bis auf den Postplatz, einen der größeren Plätze in der historischen Bautzener Vorstadt. An seiner Stelle befand sich noch im 19. Jahrhundert der Dorfplatz von Goschwitz. An das Dorf, das sich von hier aus nach Westen erstreckte, erinnert bis heute die Goschwitzstraße.

Im Zuge des Stadtausbaus in der Gründerzeit wurde der Platz zur Drehscheibe zwischen Innenstadt und Bahnhof. Die hier beginnende Karl-Marx-Straße stellt die Verbindung zum Stadtzentrum her. Unter dem Namen Kaiserstraße wurde sie um 1900 quer durch die Bebauung der Vorstadt neu angelegt und ist von repräsentativen Wohn- und Geschäftshäusern gesäumt. Auf der Nordseite des Postplatzes entstand in den Jahren 1947 bis 1956 das 9 **Haus der Sorben** als Ersatz für das kriegszerstörte ehemalige Wendische Haus am Lauengraben. Sein Entwurf geht auf den gebürtigen Bautzener Friedrich Rötschke zurück. Das Haus ist ein Beispiel für die Architektur der sogenannten Nationalen Bautradition nach sowjetischem Vorbild, die in den Gründungsjahren der DDR den Wiederaufbau bestimmte. An der Hauptfront des viergeschossigen Gebäudes fallen drei Zwerchhäuser ins Auge, deren Gliederung an Fachwerk denken lässt und wohl an ländliche Bauweisen erinnern soll. Im Treppenhaus befindet sich ein farbiges Glasfenster aus dem Jahr 1961, das sorbische Trachten zeigt und dessen Entwurf vom bekannten sorbischen Künstler Měrćin Nowak-Njechorński stammt. Heute ist das Haus Sitz der Domowina (Dachverband der sorbischen Vereine), der Maćica Serbska, der Stiftung für das sorbische Volk und des Sorbischen Kultur- und Informationszentrums. Außerdem hat das Bautzener Studio des Mitteldeutschen Rundfunks, das unter anderem Sendungen in sorbischer Sprache produziert, hier seinen Standort.

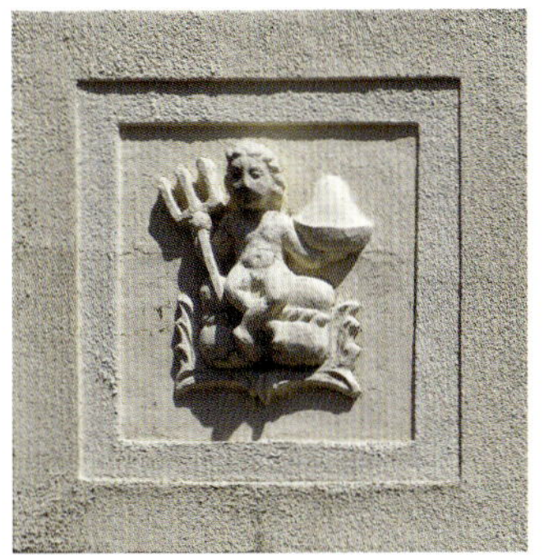

Detail der Fassadenverzierungen am Haus der Sorben

An der Ostseite steht das Gebäude der 10 **Hauptpost**, das dem Platz seinen Namen verleiht. Sein Vorgänger entstand bereits 1897/98 als Kaiserliches Hauptpostamt, wurde zum Ende des Zweiten Weltkriegs jedoch zerstört. Der Neubau der Jahre 1951 bis 1953 geht zurück auf Planungen des Architekten Kurt Nowotny, der auch für seine Postgebäude in Leipzig und Dresden bekannt ist. Nowotny, der für die Bautzener Hauptpost mit Heinrich Schwabe zusammenarbeitete, wurde in der Zeit des Nationalsozialismus künstlerisch geprägt. So lässt auch der Bautzener Postbau erkennen, dass die Architektursprache des »Dritten Reiches« in der frühen

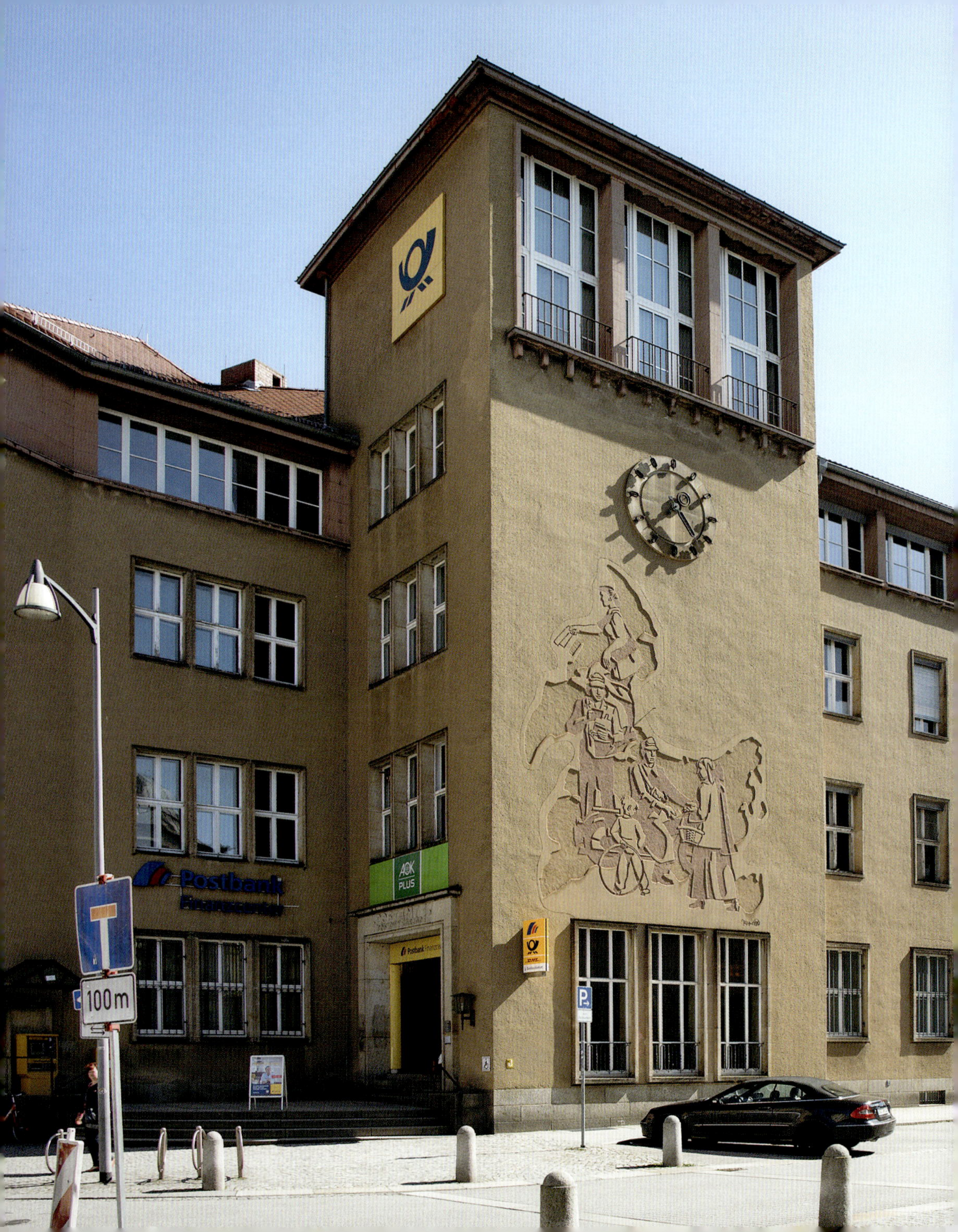
Postbank
AOK
PLUS
100m

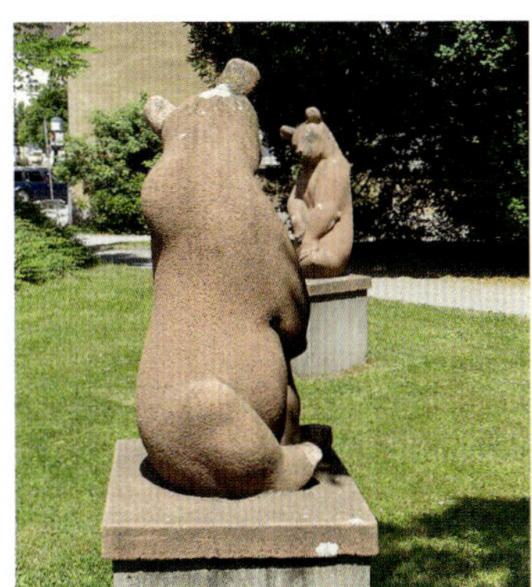

DDR mitunter noch nachwirkte, was insbesondere beim Bau von Verwaltungsgebäuden der Fall war.

Das beherrschende Element ist der Uhrenturm, in dessen Sockel sich der Haupteingang befindet. In der Eingangshalle präsentiert ein Glasgemälde Szenen des Postbetriebs im Wandel der Zeiten. Es stammt aus der Zittauer Werkstatt für Glasgestaltung Erich Lucas und wurde nach einem Entwurf des Zittauer Malers und Illustrators Karl W. Schmidt angefertigt. Die zum Platz gewandte Seite des Turmes wird unterhalb der Uhr von einer großen Darstellung geziert, die das Postwesen auf fünf Kontinenten zeigt. Sie geht zurück auf den Ostritzer Maler Emil Pischel. Vor dem Hintergrund einer Weltkarte ist unter anderem eine Sorbin in Tracht zu erkennen, die von einem motorisierten Briefzusteller ihre Sendung erhält. So wird das Aufeinandertreffen von Tradition und Modernisierung im Zeitgeist der 1950er Jahre versinnbildlicht.

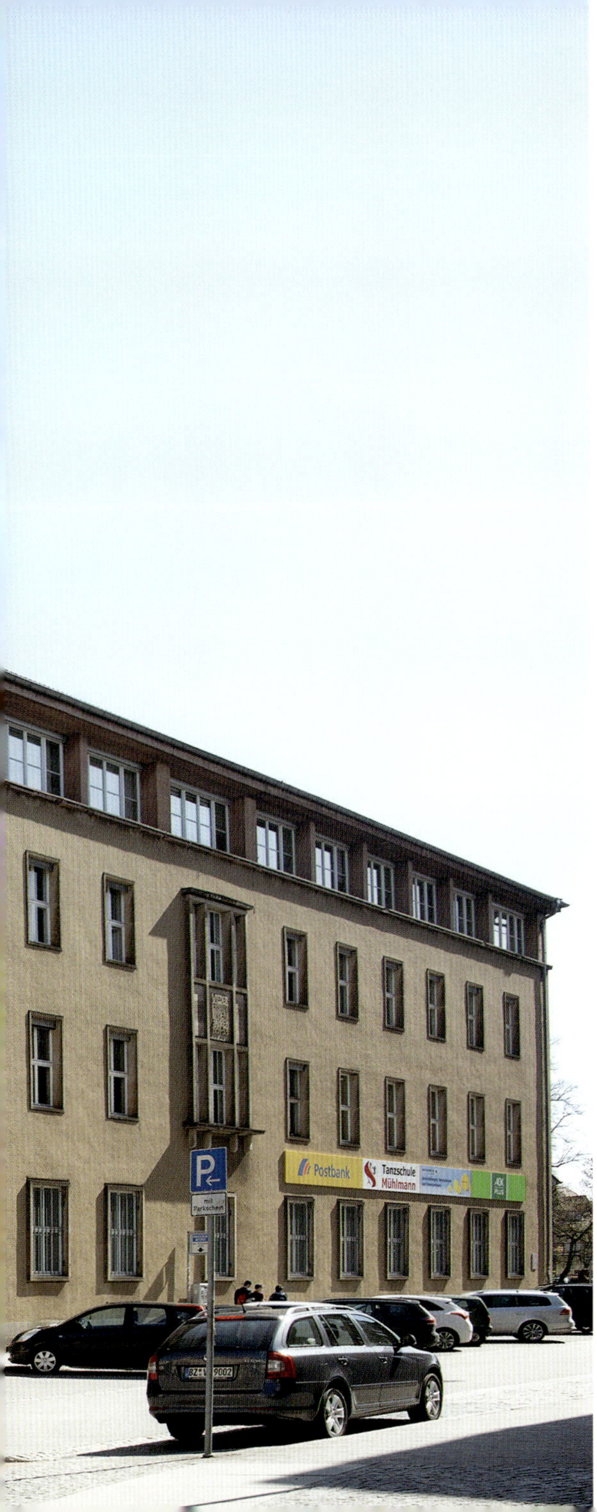

Die Hauptpost, errichtet 1951 – 1953

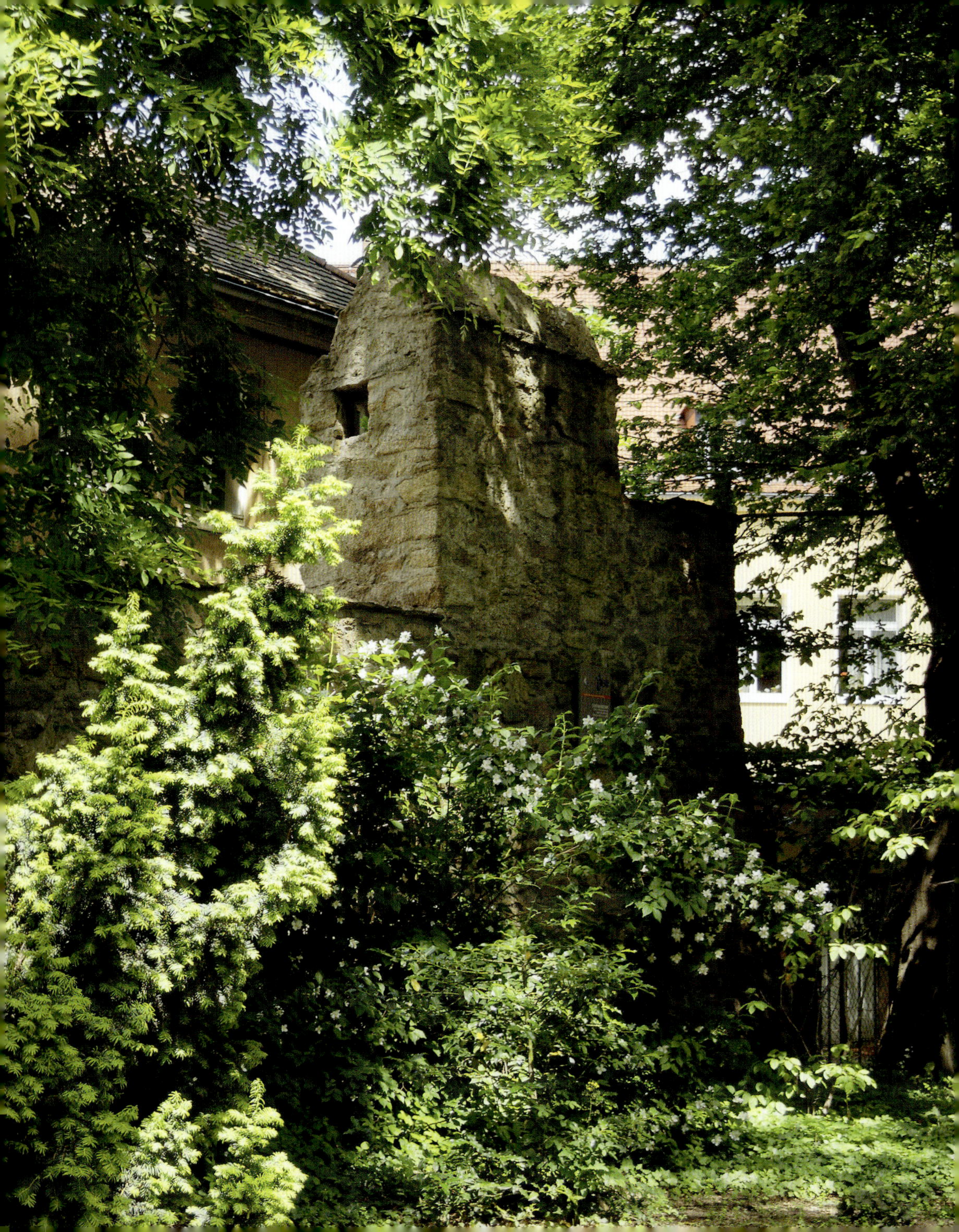

Entlang der Wallanlagen in die Ostvorstadt

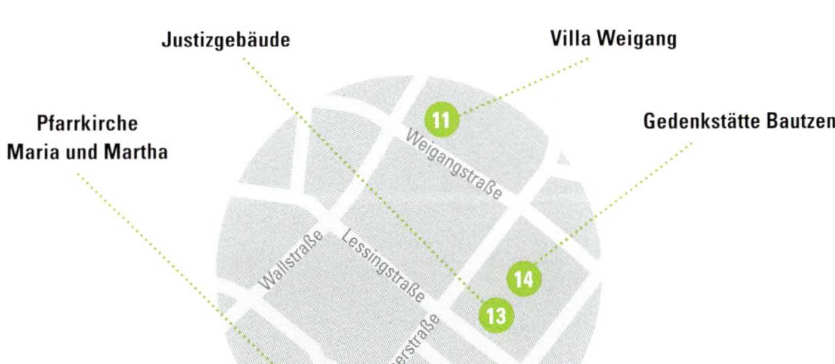

Vom Postplatz führt der Spaziergang zurück in die Parkanlagen entlang der äußeren Stadtmauer. Unmittelbar auf der Rückseite des Postgebäudes befindet sich das letzte Stück Stadtmauer, das noch in Originalhöhe und mit einer Zinne erhalten ist. Weiter geht es parallel zur Wallstraße, vorbei an botanischen Besonderheiten und Zierbeeten, die zum Teil mit Arbeiten des Bautzener Bildhauers Rudolf Enderlein gestaltet sind.

Bautzens prachtvollste Villa

An der Weigangstraße empfiehlt es sich, nach rechts zur 11 **Villa Weigang** abzuzweigen. Das Haus steht auf einem großen Grundstück etwas abgerückt von der Wallstraße und ist sicherlich der prachtvollste Villenbau in der Spreestadt. Seine Gestaltung zeigt die hohen Ansprüche des Bautzener Wirtschaftsbürgertums, das in der Gründerzeit zu großem Vermögen gekommen war.

Der stattliche Bau entstand 1903 für den jungen Unternehmer Rudolf Weigang und seine Familie. Weigangs Vater Eduard, der gemeinsam mit seinem Bruder Otto die Lithographische Kunstdruckanstalt Gebrüder Weigang an der Löbauer Straße betrieb, bewohnte das Nachbarhaus Wallstraße 3. Der Entwurf geht zurück auf den Architekten Alvin Anger, der als Professor an der Dresdener Kunstgewerbeschule unterrichtete.

Von außen präsentiert sich die Villa als malerische Komposition unterschiedlicher Baukörper. Der Gebäudekern ist mit einer hohen Oberlichtkuppel ausgestattet und durch Vorbauten abwechs-

Letzte erhaltene Zinne der spätmittelalterlichen äußeren Stadtmauer

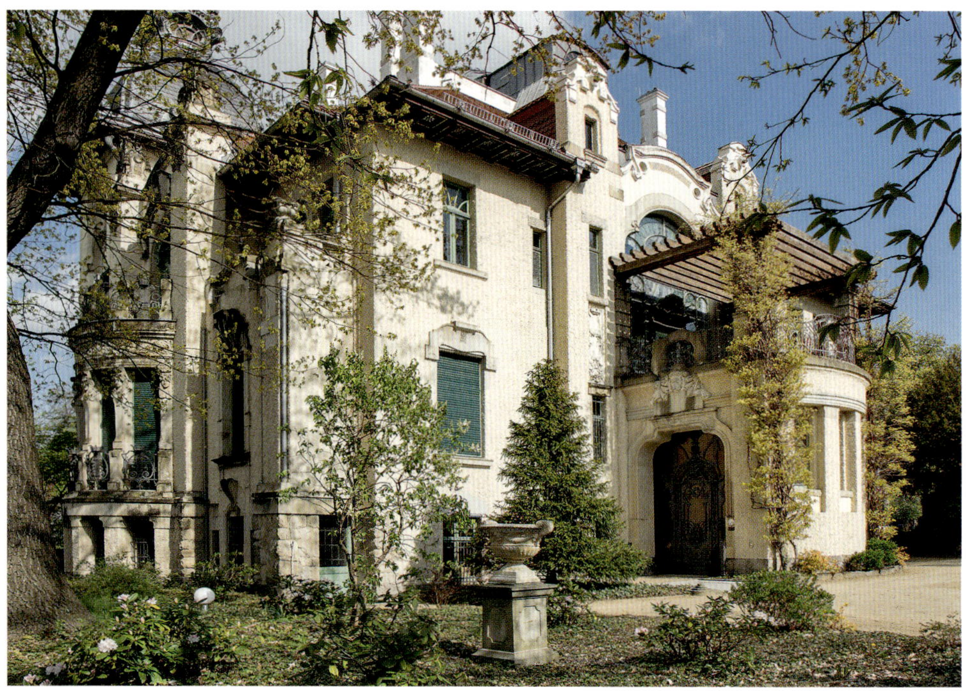

Jugendstilfassade der prachtvollen Villa Weigang

rechts: Großzügige Eingangshalle der Villa Weigang

lungsreich gestaltet. Mehrere Terrassen und Freitreppen sind dem Gebäude angefügt, außerdem eine Vorhalle und ein Eckturm mit geschweifter Haube, der die Silhouette der Villa beherrscht. Sämtliche Fassaden sind einheitlich in den Formen des Jugendstils nach französisch-belgischem Vorbild dekoriert, der damals in Bautzen noch neuartig war. Nach seiner Fertigstellung wurde das Haus in der Tagespresse dementsprechend auch als ein Musterbau modernen Stils gepriesen.

In stilistischer Hinsicht völlig anders zeigt sich die Innenausstattung der repräsentativen Wohnräume mit einer Gesamtfläche von 600 Quadratmetern auf zwei Geschossen. Ihre Gestaltung ist noch ganz dem späten Historismus verbunden und weist fast wie in einem Lehrbuch wechselnde Stile auf – von der Tudor-Gotik über die italienische Renaissance, den Barock und Rokoko bis hin zum Klassizismus und Jugendstil.

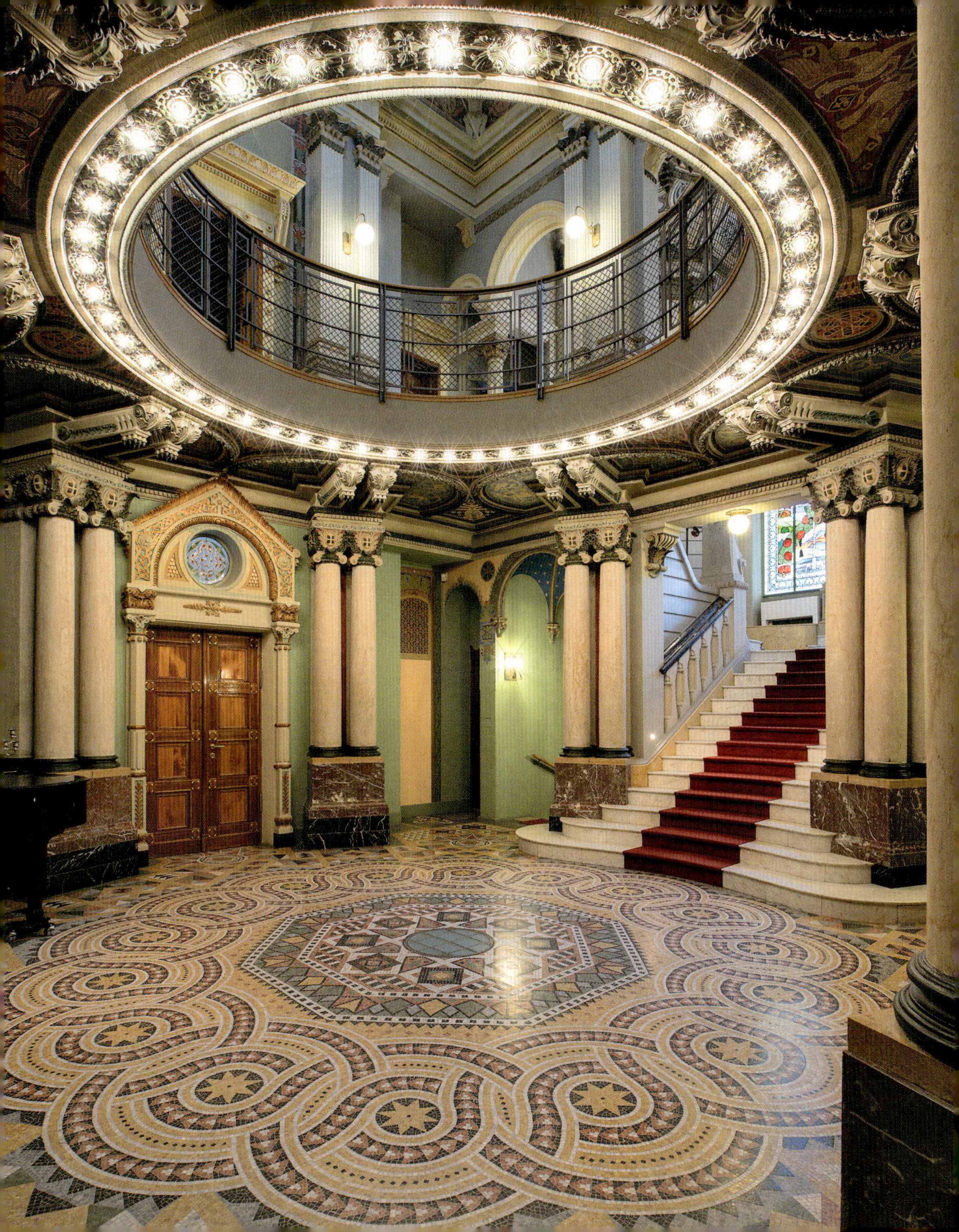

Über die großzügige Haushalle sind die verschiedenen Salons zu erreichen: der Speise- und der Gartensalon, der Empfangs-, der Herren-, der Mozart- und der Rokoko-Salon. Im zweiten Obergeschoss liegen die ehemaligen Wohnräume der Familie sowie mehrere Gästezimmer. Alle Räume sind mit anspruchsvollen Fußbodenmosaiken, Holzvertäfelungen, Kunstschmiedearbeiten, Wandmalereien und Bleiglasfenstern ausgestattet. Ursprünglich war auch der Garten wie eine Parkanlage gestaltet und für das Überwintern der exotischen Pflanzen sogar mit einem Palmenhaus ausgestattet.

Nach dem Zweiten Weltkrieg wurde das Haus von der Sowjetischen Militäradministration genutzt. Zeitweise diente es auch als Wohnheim für Engländer, Amerikaner und Niederländer, die sich in die DDR abgesetzt hatten, bevor es 1964 schließlich zum Kulturhaus des Kreises Bautzen umgewidmet wurde. Seit einigen Jahren befindet es sich wieder in Privatbesitz und kann nur zu besonderen Anlässen besichtigt oder aber für Feiern gemietet werden. Der jetzige Eigentümer ließ mit großem Aufwand die Innenräume restaurieren, um ihnen ihr ursprüngliches Aussehen wieder zu verleihen.

Die Ostvorstadt – Militärstandort Bautzen

Von der Villa Weigang führt der Spaziergang weiter entlang der Weigangstraße in die Ostvorstadt. Dieser Stadtteil wurde planmäßig zwischen 1870 und dem Ersten Weltkrieg errichtet. Auf den ehemaligen Feldern sollten Wohnquartiere für Beamte und

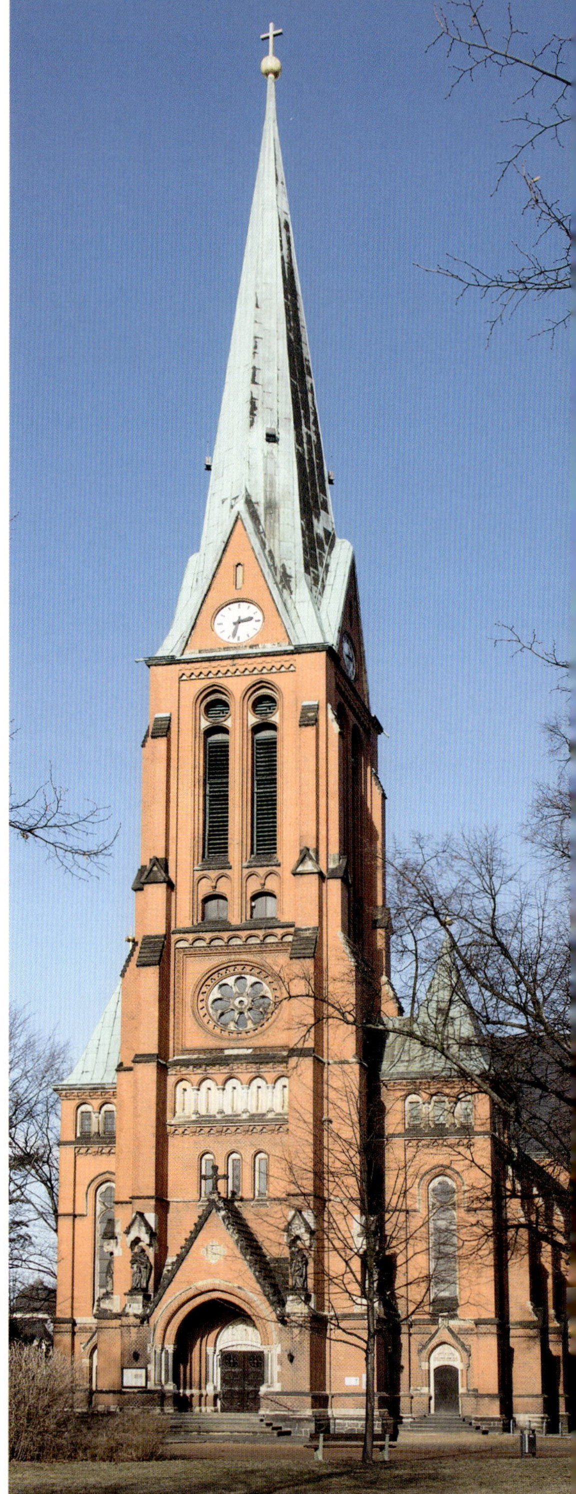

Neogotischer Bau
der Maria-Martha-Kirche

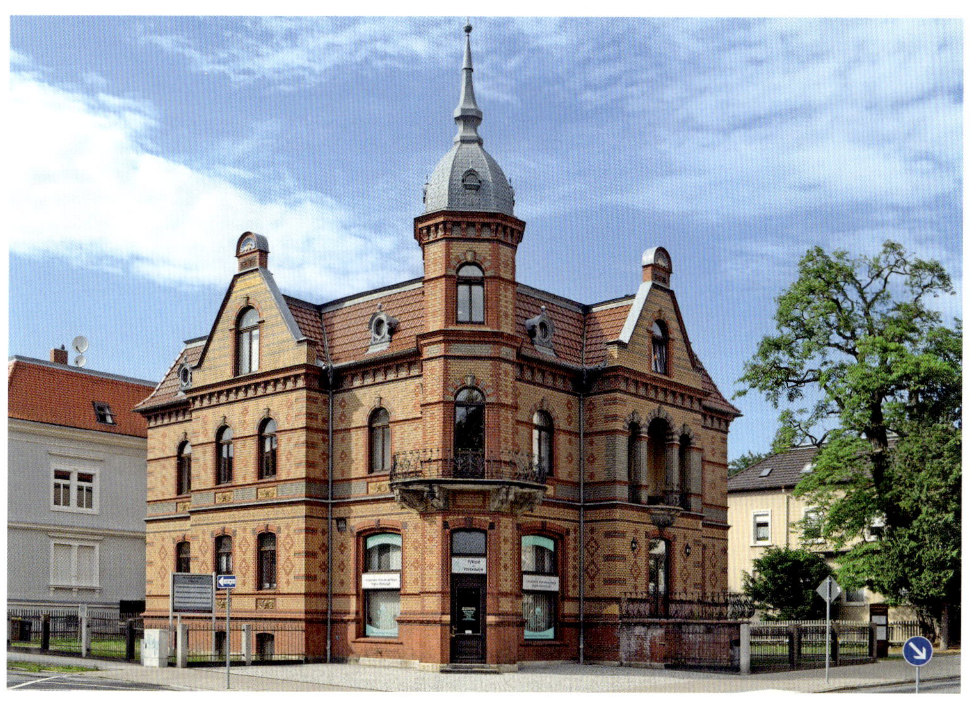

Haus an der Taucherstraße,
der Hauptachse der Ostvorstadt

Militärangehörige entstehen. Am östlichen Rand des Areals standen große Kasernenanlagen, die heute nur noch zum Teil existieren und anderen Zwecken dienen. Die rasterförmig angelegten Straßenzüge folgen dem Vorbild der Dresdener Vorstädte des späten 19. Jahrhunderts und sind gesäumt von repräsentativen, überwiegend freistehenden Wohnhäusern.

Vom August-Bebel-Platz …

Bestimmt wird die Ostvorstadt von zwei großen Plätzen an der Taucherstraße, der Hauptachse der Ostvorstadt. Auf dem August-Bebel-Platz (ehem. Sedanplatz) steht die evangelisch-lutherische 12 **Pfarrkirche Maria und Martha** mit ihrem hohen Turm. Sie entstand in den Jahren 1888 bis 1891 als Katechismus- und Garnisonskirche. Mit dieser Funktion ersetzte sie die alte Spitalkirche St. Maria und Martha an der Steinstraße, die 1899 abgerissen wurde. Der Entwurf für das Gotteshaus geht zurück auf den Dresdener Architekten Christian Schramm, einen Mitarbeiter des bekannteren Ludwig Möckel.

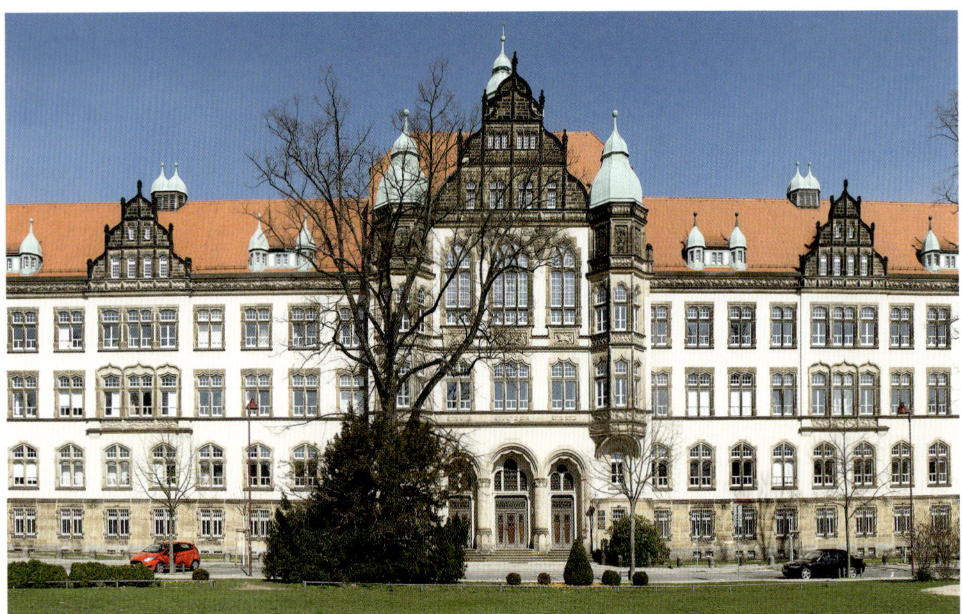

Hauptfassade des dreiflügeligen Justizgebäudes

rechts: Haupttreppenhaus des Justizgebäudes

Das Kirchengebäude aus rotem Backstein entspricht dem neogotischen Formenkanon seiner Zeit und weist auf den ersten Blick wenig Charakteristisches auf. Eindrücklicher ist der Bauschmuck, etwa das Sandsteinrelief des Bildhauers Oskar Rassau mit der Szene »Christus mit Maria und Martha«, das über dem Hauptportal eingesetzt ist. Zu beiden Seiten des Portalgiebels stehen unter Baldachinen Figuren der vier Evangelisten, die von den Bildhauern Friedrich Offermann und Adolf Rehm stammen.

Im Inneren der Kirche, die heute von der Kirchgemeinde St. Petri genutzt wird, sind Teile der historischen Ausstattung noch erhalten. Hervorzuheben sind vor allem die Kanzel nach einem Entwurf des gebürtigen Bautzeners Ernst Giese sowie der Tischaltar aus französischem Kalkstein, auf dem seit 1971 ein Kruzifix und ein Leuchter aus der Metallwerkstatt des Halberstädters Peter Hinz stehen. Die Chorverglasung wurde zum Ende des Zweiten Weltkriegs zerstört und 1967/68 durch drei große Fenster des Dresdener Künstlers Johannes Dittrich erneuert. Der Prospekt der Orgel, die 1985 von der Bautzener Firma Eule errichtet wurde, ist in der Form eines Baumes als Symbol für die

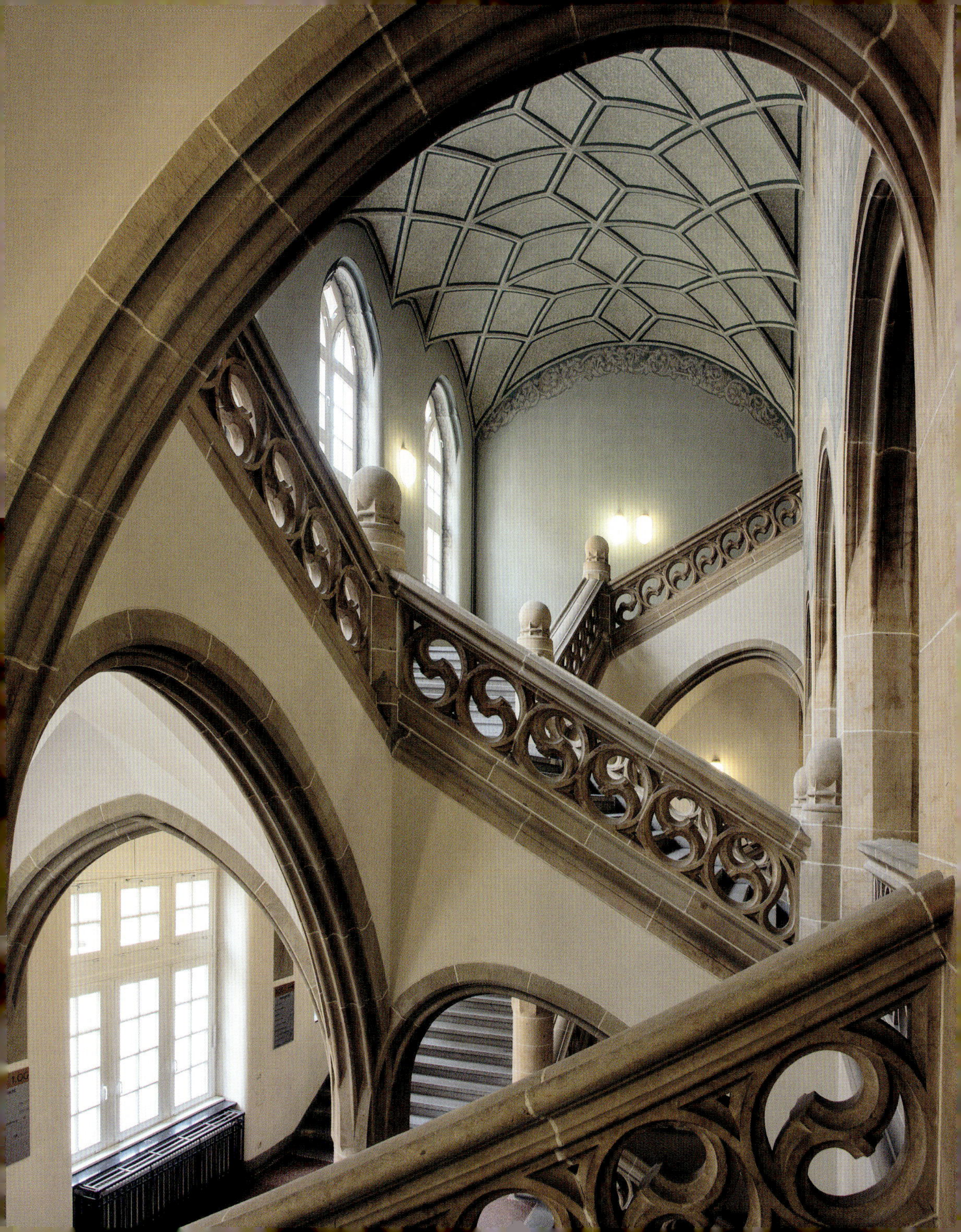

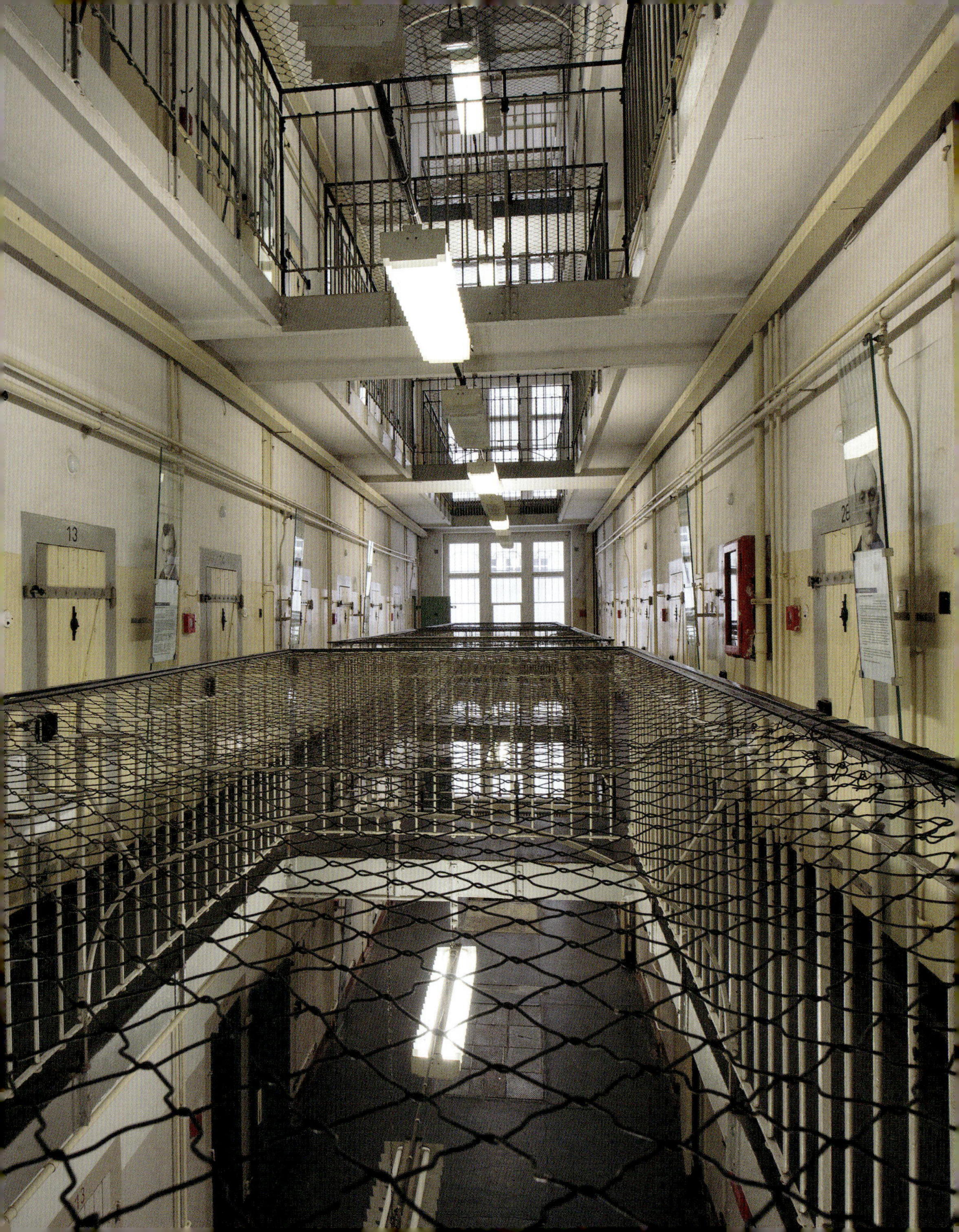
13

wachsende Gemeinde gestaltet. Im Herbst 1989 war die Kirche ein wichtiger Ausgangspunkt für die friedlichen Proteste in Bautzen.

… zum Friedrich-Engels-Platz

Den zweiten großen Platz der Ostvorstadt, den Friedrich-Engels-Platz (ehemaliger König-Friedrich-August-Platz), bestimmt das 13 **Justizgebäude**. Der imposante dreiflügelige Bau entstand in den Jahren 1902 bis 1906 als Landgerichtsgebäude nach Entwürfen mehrerer Architekten, die im sächsischen Verwaltungsdienst tätig waren. Sie griffen für die historistische Gestaltung des Justizgebäudes auf Formen der sächsischen Spätgotik zurück, wie sie zum Beispiel an der Meißener Albrechtsburg zu finden sind. Aus der Hauptfassade tritt ein Risalit mit Ecktürmchen und geschweiftem Giebel hervor. Die Ecken des Gebäudes sind ebenfalls mit Gebäudevorsprüngen und Erkern verziert. Auch das Dach ist mit Türmchen und Erkern geschmückt. Die Seiten zur Taucher- und der Mättigstraße sind ähnlich gestaltet.

Das Gebäudeinnere wurde wiederum mit Natursteinarbeiten und Wandmalereien aufwendig gestaltet. Auf die Eingangshalle folgt ein breites, fünfläufiges Treppenhaus. Seine Decke ist mit einem Netzgewölbe geschmückt, das mit Rankenmalereien verziert ist und sich auf Rundpfeiler mit gedrehten und facettierten Schäften stützt. Vereinzelt finden sich in den Wand- und Deckenmalereien die Wappen des Markgraftums Oberlausitz und des Königreichs Sachsen. Der zentrale Gerichtssaal ist mit Schnitzereien, Holzvertäfelungen mit Einlegearbeiten sowie einer Kassettendecke ausgestattet.

In den frühen 1990er Jahren wurde das Gebäude umfangreich restauriert. Dadurch befindet es sich großteils wieder im Ursprungszustand und ist ein herausragendes Denkmal des späten Historismus.

Der »Stasi-Knast« – die ehemalige Haftanstalt Bautzen II

In scharfem Kontrast zu den prachtvollen Räumen des Justizgebäudes steht das ehemalige Untersuchungsgefängnis. Der T-förmige Bau befindet sich auf dem Hof des Justizgebäudes und entstand ebenfalls zu Beginn des 20. Jahrhunderts. Ab 1956 diente er als Sonderhaftanstalt Bautzen II des Ministeriums für Staatssicherheit der DDR. Auf einem Areal, das von außen kaum einsehbar ist, entstand damals ein Hochsicherheitsgefängnis – der berühmt-berüchtigte »Stasi-Knast«, dessen Ruf bis heute eng mit dem Namen Bautzens verbunden ist. Hier waren politische Gegner des SED-Regimes und sogenannte Republikflüchtlinge, deren Fluchtversuche gescheitert waren, unter unmenschlichen Bedingungen inhaftiert. Nach dem Ende der DDR und der Entlassung aller politischen Gefangenen im Dezember 1989 fungierte das Gefängnis noch einige Jahre als sächsische Justizvollzugsanstalt. 1993 wurde an ihrer Stelle die 14 **Gedenkstätte Bautzen** gegründet, die die Geschichte der beiden Bautzener Haftanstalten aufarbeitet und ihrer Opfer gedenkt.

Gedenkstätte Bautzen, zu DDR-Zeiten Untersuchungsgefängnis und spätere Sonderhaftanstalt Bautzen II

Gedenkstätte Bautzen

ERINNERUNG AN DIE OPFER DER BAUTZENER HAFTANSTALTEN

Ehemalige Arrestzelle mit ursprünglicher Ausstattung

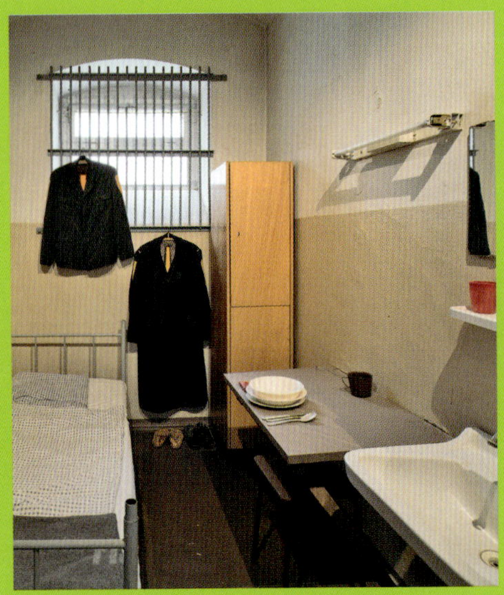

Für viele ist Bautzen noch immer gleichbedeutend mit politisch motivierter Haft, staatlicher Willkür und Gewaltherrschaft in den Jahren der Sowjetischen Besatzungszone und der DDR. An dieses dunkle Kapitel der jüngeren deutschen Geschichte erinnert die Gedenkstätte in der ehemaligen Haftanstalt Bautzen II im Hof des Justizgebäudes. Die Gründung der Gedenkstätte ist der Initiative ehemaliger Gefangener zu verdanken, die sich 1990 im Bautzen Komitee e.V. zusammenschlossen. Seit 1993 gehört sie zum Verbund der Stiftung Sächsische Gedenkstätten.

Am historischen Ort der Haftanstalt dokumentiert die Gedenkstätte die Geschichte beider Bautzener Gefängnisse vom frühen 20. Jahrhundert bis zum Ende der DDR. Das Zellengebäude und die angrenzenden Verwaltungs- und Wachräume sind noch weitgehend im Originalzustand erhalten. Die Schwerpunkte der Dauerausstellung liegen im Gedenken an die Haftopfer in der Zeit des Nationalsozialismus, des Speziallagers des sowjetischen Geheimdienstes NKWD in den Jahren 1945 bis 1956 sowie der Sonderhaftanstalt des Ministeriums für Staatssicherheit in den Jahren 1956 bis 1989.

Neben dem Stasi-Gefängnis in Berlin-Hohenschönhausen war Bautzen II der Ort, an dem Regimekritiker, Bürger der Bundesrepublik Deutschland, Spione, sogenannte Republikflüchtlinge oder prominente Kriminelle inhaftiert wurden. Zum Teil lebten sie über Jahre hinweg in völliger Isolation. In der DDR unterlagen dieses Gefängnis und seine Haftbedingungen einer strengen Geheimhaltung. Dennoch gelang es einem Journalisten des bundesdeutschen Nachrichtenmagazins »Stern« im Jahr 1977, heimlich Außenansichten von der Anlage

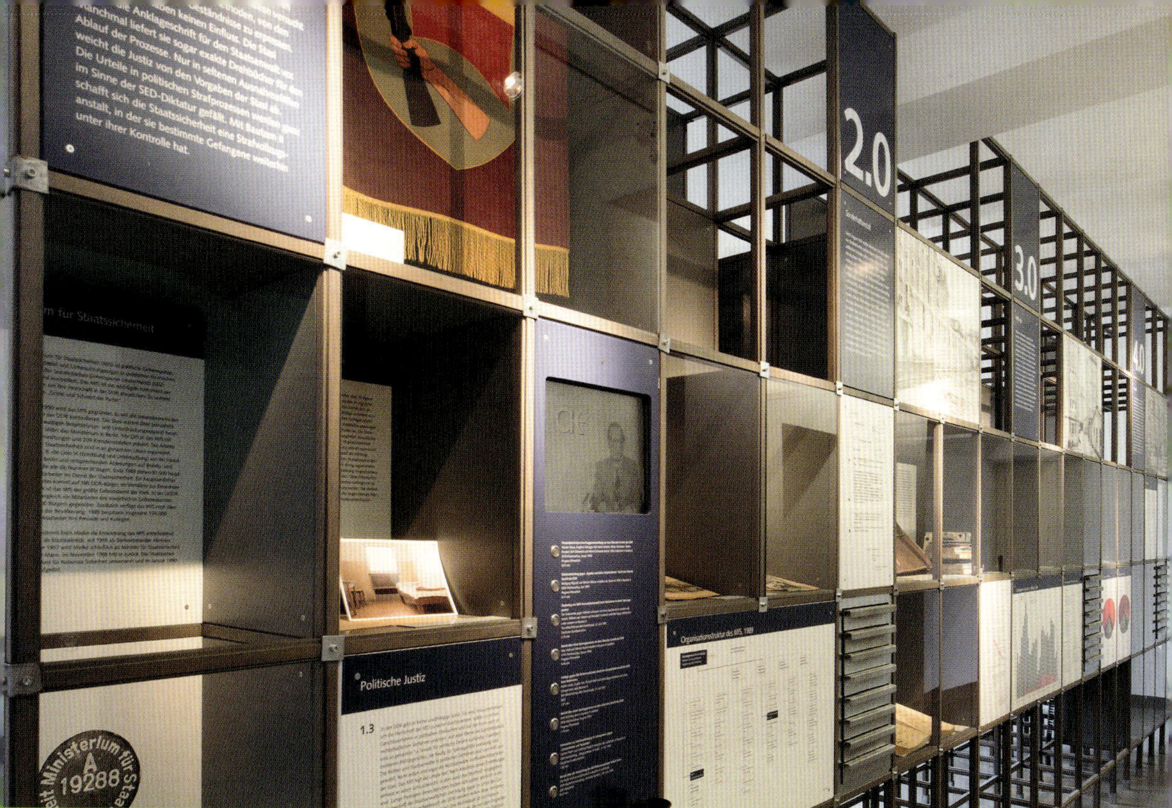

Blick in die Dauerausstellung mit Zeitzeugendokumenten

aufzunehmen. Erst Anfang Dezember 1989 durften Journalisten die Haftanstalt erstmals betreten und mit Inhaftierten sprechen.

Anhand von zahlreichen Originalobjekten, Ton- und Filmdokumenten werden in der heutigen Gedenkstätte die Haftbedingungen dokumentiert. Aufschluss über die Schicksale einzelner Häftlinge geben auch deren Biografien wie im Fall des inhaftierten Schriftstellers Erich Loest oder des Philosophen Rudolf Bahro. Zu besichtigen sind mehrere ursprüngliche Arrestzellen, der Isolationstrakt im westlichen Teil des Gebäudes sowie die Freiganghöfe. Besonders eindrücklich sind die Berichte von Zeitzeugen: Ehemalige Inhaftierte führen regelmäßig Besucher durch das frühere Gefängnis und schildern ihre persönlichen Erfahrungen.

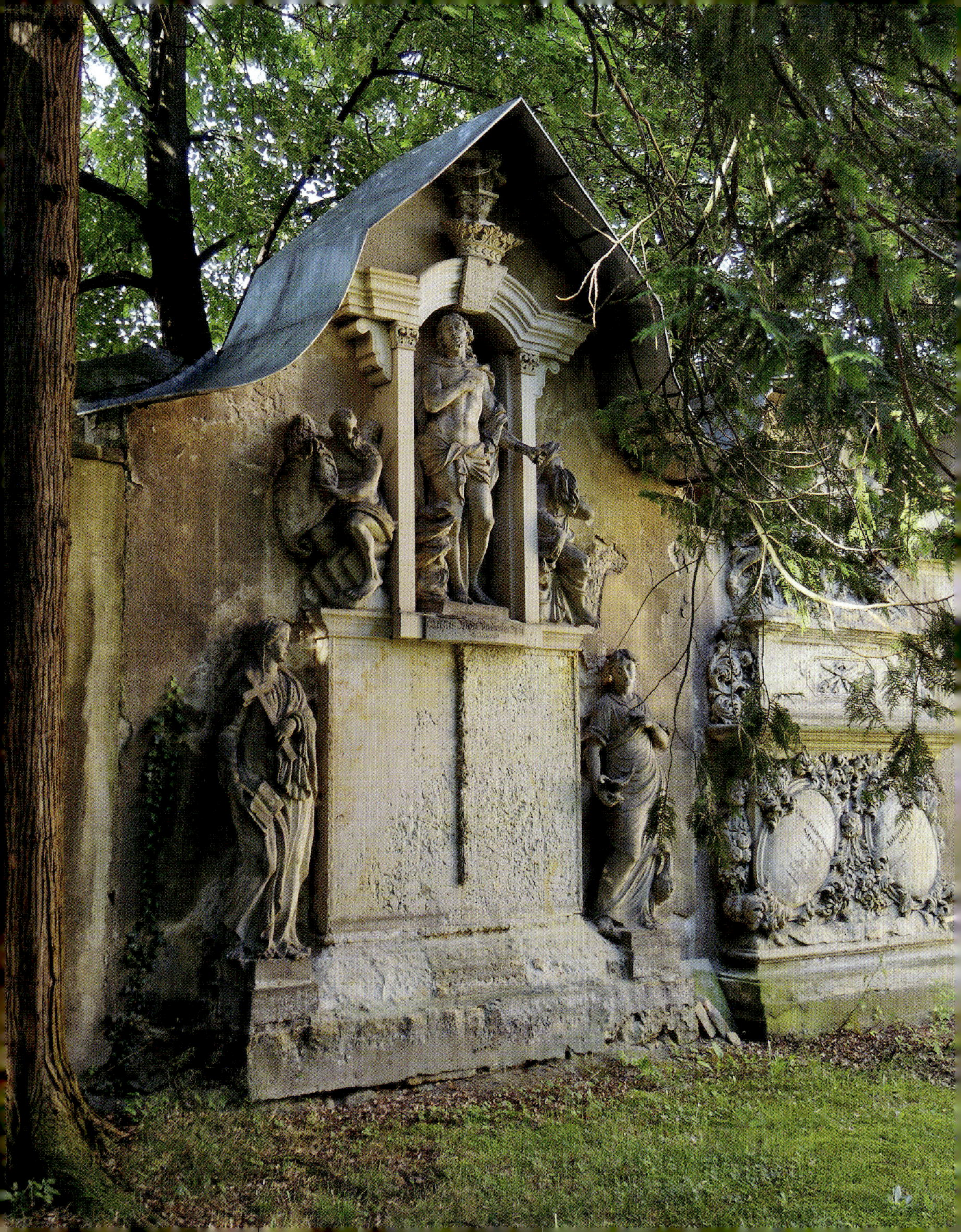

Taucherfriedhof und Ziegelwall

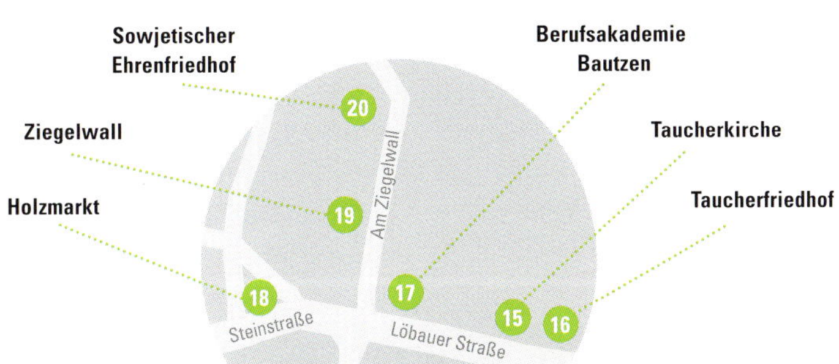

Bautzens erster lutherischer Kirchenneubau

Über die Taucherstraße führt der Weg weiter zum Taucherfriedhof, dem zentralen Begräbnisplatz Bautzens. Neben seinem Haupteingang steht an der Löbauer Straße die 15 **Taucherkirche**, die dem Friedhof seinen Namen verlieh. Das Gotteshaus geht zurück auf eine hölzerne Wallfahrtskapelle aus dem 15. Jahrhundert. Sie stand zunächst im sogenannten Taucherwald in der Nähe des Dorfes Uhyst am Taucher etwa 15 Kilometer westlich von Bautzen. Der Name »Taucher« leitet sich vom sorbischen Wort »stuchły« ab und verwies wohl auf den muffig-modrigen Waldboden der Gegend.

Historische Grabmäler auf dem Taucherfriedhof

Als sich die Ideen der lutherischen Reformation in der Oberlausitz verbreiteten, ließ der Bautzener Rat, dem das Dorf zu dieser Zeit gehörte, die Wallfahrt im Taucherwald beenden. Die hölzerne Kapelle wurde abgebaut und auf den Gottesacker vor der äußeren Stadtmauer Bautzens versetzt. Auf dem Taucherfriedhof, der 1523 neu angelegt worden war, diente die Kapelle fortan als Begräbniskirche. 1596 wurde sie durch das heute bestehende steinerne Gebäude ersetzt. Damit war die Taucherkirche der erste lutherische Kirchenneubau in Bautzen und der weiteren Umgebung.

Das Sandsteinportal an der Südseite trägt in seinem Dreiecksgiebel das Wappen der Stadt. Es ist umgeben vom alten Sinnspruch des Rates »Da domine incrementum« – Herr, gib Gedeihen. Das Kircheninnere präsentiert sich in den schlichten Formen einer Umgestaltung der 1780er Jahre. Ein bedeutendes Ausstattungsstück ist der ehemalige Altaraufsatz. Er entstand bereits 1674 als Stiftung

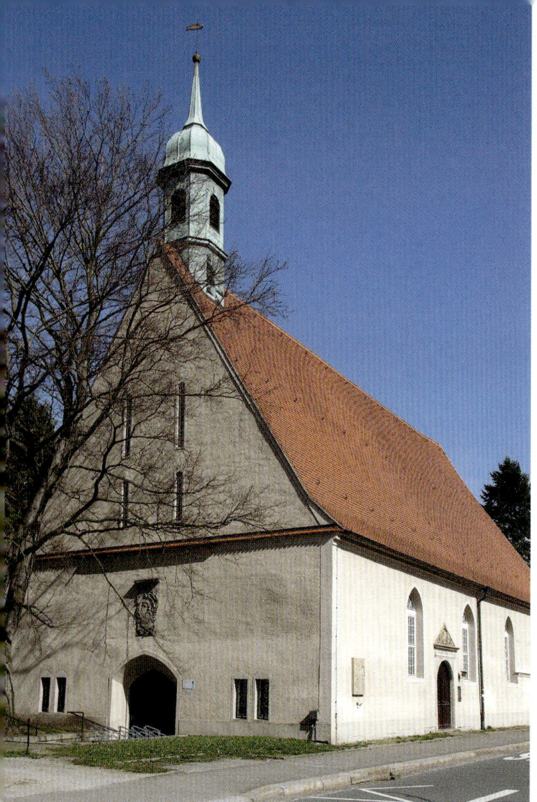

Taucherkirche, der erste lutherische Kirchenneubau in Bautzen

der Bautzener Familie Nitsche zum Andenken an einen Vorfahren. Seine drei Zonen sind mit Gemälden ausgestattet, die die Grablegung, Auferstehung und Himmelfahrt Christi zeigen. Über dem Südportal ist ein Bild mit der Darstellung des Jüngsten Gerichts angebracht. Es gehörte ursprünglich zur Ausstattung des Rathauses und sollte die Ratsherren daran erinnern, dass sie sich für ihr Handeln vor Gott zu verantworten hatten.

Barocke Grabmäler und Mausoleen auf dem Taucherfriedhof

Lohnenswert ist ein Spaziergang über den ältesten Teil des 16 **Taucherfriedhofs**, der unmittelbar an die Kirche grenzt. Dort sind zahlreiche historisch und künstlerisch aufwendig gestaltete Grabdenkmäler zu finden, die den Wohlstand früherer Bautzener Familien spiegeln. Die Anlage ist gärtnerisch reizvoll gestaltet und wurde seit dem 16. Jahrhundert mehrfach erweitert. Anhand der Zwischenmauern, die die einzelnen Bereiche trennen, ist das historische Wachstum des Friedhofs noch gut zu erkennen.

Die ältesten Grabmäler befinden sich im Bereich der Taucherkirche sowie am 1558 errichteten **Beinhaus**. Dieses achteckige Bauwerk liegt direkt am Hauptweg, der vom Haupttor aus leicht nach rechts abzweigt. An einer seiner Außenseiten ist unter anderem der Grabstein des böhmischen Malers Matthäus Crocinus zu finden, der um 1635 nach Bautzen kam und die ältesten noch erhaltenen Stadtansichten schuf (heute im Museum Bautzen).

Auch entlang der Außenmauern sind **prachtvolle barocke Grabmäler** mit Figurenschmuck und umfangreichen Inschriften aufgereiht. Sie berichten von Bürgerinnen und Bürgern des 17. und 18. Jahrhunderts und zeugen vom hohen Stand der Steinmetzkunst in der Spreestadt. Einige barocke Grabdenkmäler zeigen Darstellungen von Segelschiffen – ebenso wie an einigen großen Häusern in der Altstadt. Auf dem Friedhof symbolisieren sie nicht allein die Weltläufigkeit der Bautzener Kaufleute, sondern auch den Lauf des Lebens.

An der Ost- und Nordseite der Friedhofsmauer reihen sich **Grufthäuser** aneinander, die oft über

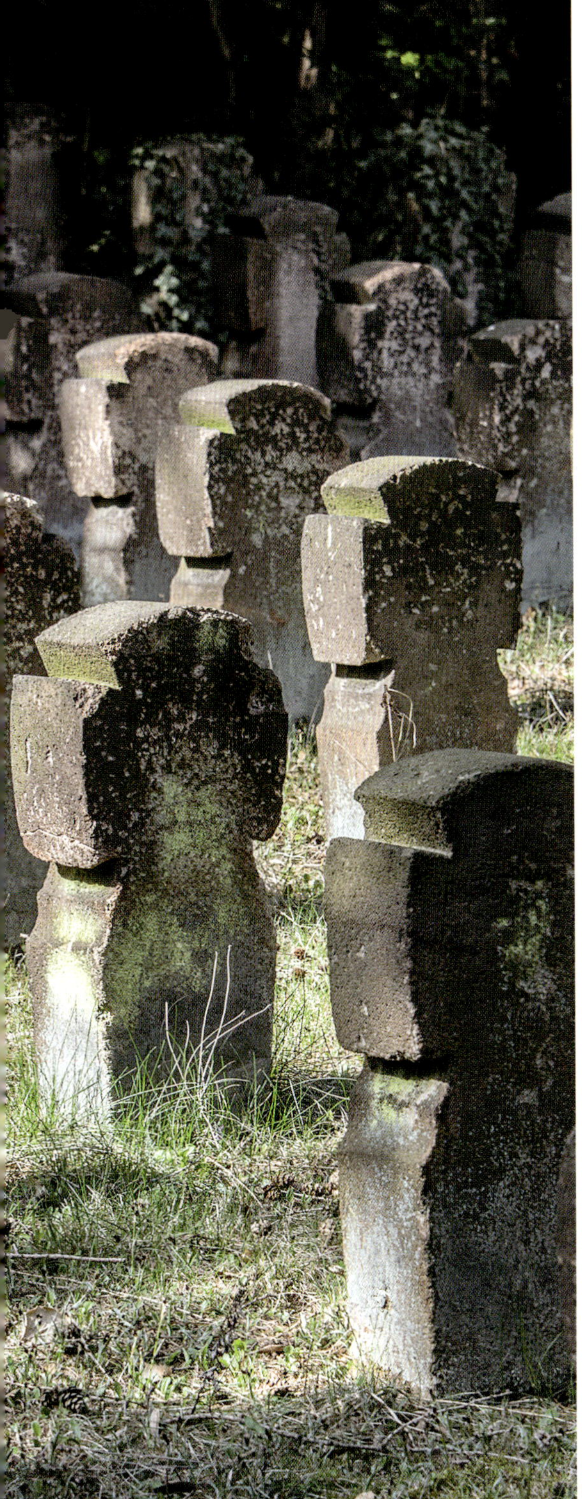

mehrere Generationen in Familienbesitz verblieben. Hervorzuheben ist die 1784 im Empire-Stil gestaltete Gruft der Familie Tietze. Auf der Spitze des Bauwerks ist eine große, aus Kupferblech getriebene Vase angebracht, da die Familie ein einträgliches Kupferhammerwerk im nördlichen Spreetal betrieb. Bereits in den 1740er Jahren entstand die spätbarocke Gruft der Familie Franck. Das freistehende, zweigeschossige Gebäude liegt am Hauptweg zwischen dem alten und dem neuen Teil des Taucherfriedhofs. Im Erdgeschoss steht hinter einem schmiedeeisernen Gitter ein mächtiger Sarkophag. Zwei Treppen führen ins Obergeschoss, wo sich die Angehörigen zum Gedenken an ihre Verstorbenen zusammenfanden. Der Raum ist zu diesem Zweck wie ein kleiner barocker Salon eingerichtet und mit einer illusionistisch gestalteten Decke, hölzernen Einbauschränken und Sitzgelegenheiten versehen.

Auch aus neuerer Zeit gibt es auf dem Friedhof aufwendig arrangierte Grabanlagen und Gruftgebäude. Dazu zählt die letzte Ruhestätte des Bautzener Arztes Richard Baehr, die in Formen des Art déco gestaltet ist. In den jüngeren Bereichen des Taucherfriedhofs finden sich **Denkmäler** für gefallene Soldaten der Schlacht bei Bautzen 1813, ein Ehrenhain für die Toten des Ersten Weltkriegs, ein Gedenkstein für die mehr als 2500 russischen, italienischen, französischen, englischen und serbischen Soldaten, die während des Ersten Weltkriegs im Kriegsgefangenenlager Bautzen ums Leben

Soldatengräber auf dem Taucherfriedhof

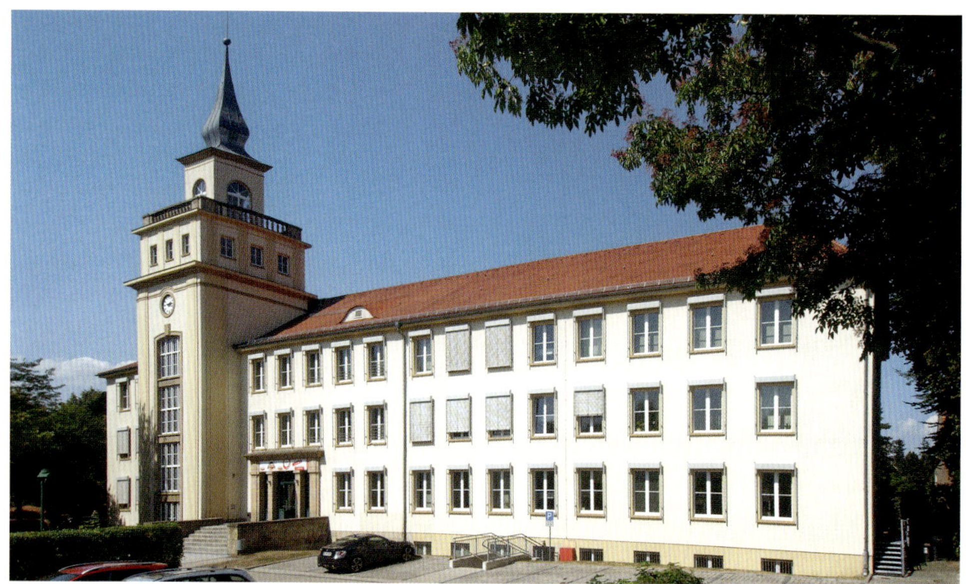

kamen, sowie eine Stele zur Erinnerung an die zivilen Opfer aus den letzten Tagen des Zweiten Weltkriegs, die in einem Massengrab beigesetzt wurden.

Berufsakademie Bautzen mit Uhrenturm, errichtet 1952–1954

Nachkriegsarchitektur und Denkmäler – von der Löbauer Straße zum Ziegelwall

Entlang der Löbauer Straße führt der Spaziergang zurück in Richtung Innenstadt. An der Straßenkreuzung steht zur Rechten das Gebäude der 17 **Berufsakademie Bautzen**. Errichtet wurde es in den Jahren 1952 bis 1954 als Fachschule für Maschinenbau (später Ingenieurschule für Maschinenbau). Neben dem Haus der Sorben und dem Hauptpostgebäude ist es ein weiteres interessantes Beispiel für die Architektur der Nachkriegsmoderne in Bautzen. Mit seinem an sowjetischen Vorbildern orientierten Uhrenturm, der auch das Haupttreppenhaus beherbergt, setzte es einen neuen Akzent in der Stadtsilhouette. Der Entwurf geht auf den Dresdener Architekt Herbert Zimmer zurück.

Ein Stück stadteinwärts lag ursprünglich das Äußere Reichentor, durch das die Hohe Straße oder Via Regia aus östlicher Richtung die Vorstadt

Bautzener Vielfalt

DAS STEINHAUS

Kino, Theater, Konzerte, Tanz, Lesungen, Kabarett, Zeichen-, Töpfer-, Nähkurs und noch vieles mehr – all das bietet das soziokulturelle Zentrum Steinhaus in der Steinstraße. In seiner Geschichte spiegelt sich das Heranwachsen der Bautzener Jugend unter verschiedenen politischen Systemen wider.

Für alle Generationen gibt es etwas im Steinhaus.

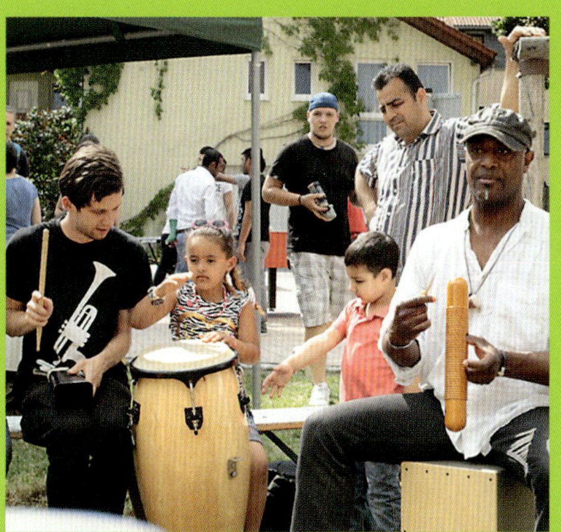

Die Ursprünge des Hauses reichen bis zur Mitte des 19. Jahrhunderts zurück, als mehrere Vereine mit Unterstützung des Rates Einrichtungen der Sozialfürsorge gründeten. Dazu gehörten eine Arbeitsschule, in der Kinder nach der Schule beaufsichtigt wurden, eine Kleinkinderbewahranstalt, die als Vorläufer heutiger Kindergärten bezeichnet werden kann, sowie ein Erziehungsinstitut für verwaiste Mädchen.

1887 konnten diese Einrichtungen das bis heute bestehende Haus an der Steinstraße beziehen. In der Zeit des Nationalsozialismus diente es als Haus der Hitlerjugend. Nach Ende des Zweiten Weltkriegs wurde es im März 1946 als eines der ersten Jugendhäuser der Freien Deutschen Jugend (FDJ), dem Jugendverband der Sozialistischen Einheitspartei Deutschlands (SED), neu gegründet. Unter ihrer Ägide stand es bis 1990 und bot vielfältige Freizeitmöglichkeiten an. Mit der friedlichen Revolution wurde aus dem FDJ-Jugendklubhaus das Steinhaus. Heute wird es von einem Verein getragen, der für seine erfolgreiche Arbeit bereits zahlreiche Preise erhielt. Überregional von sich reden machte das Steinhaus in den vergangenen Jahren unter anderem mit den Breakdance-Wettbewerben »Battle of the east« und »Senftown Festival«. Bei der jüngsten Sanierung erhielt das Gebäude einen Proben- und Aufnahmeraum für Bands, moderne Seminarräume, ein Atelier und eine Galerie sowie einen großen Veranstaltungssaal. In ihm kann man auch schon mal die Band Silbermond erleben, deren Anfänge in Bautzen liegen und die hier bei einem vom Steinhaus organisierten Musikwettbewerb entdeckt wurde.

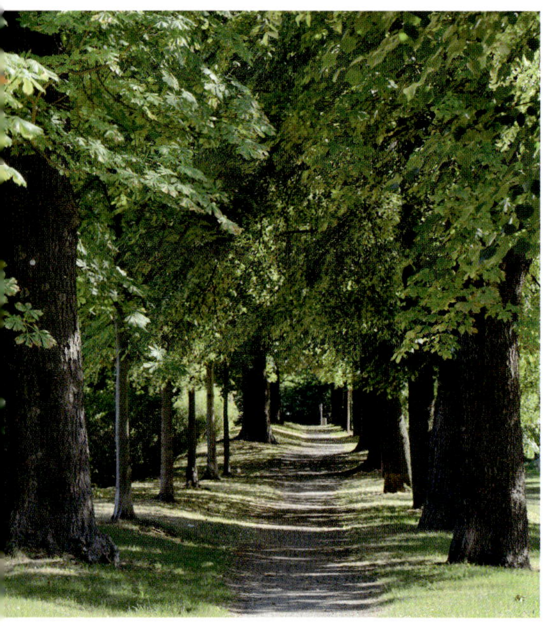

Spazierweg unter alten Bäumen
auf dem Ziegelwall

erreichte. Hieran schloss sich mit dem 18 **Holzmarkt** ein Lager- und Handelsplatz. Auf ihm teilen sich noch heute zwei historische Hauptstraßen: Die Steinstraße, die leicht ansteigend zum Reichenturm verläuft, führte bereits zu früheren Zeiten in die innere Stadt. Über die Töpferstraße, die an der rechten Platzkante beginnt, gelangte man traditionell in Richtung des Spreeübergangs. Nur wenige Gehminuten weiter liegt an der Steinstraße das soziokulturelle Zentrum Steinhaus, ein Treffpunkt für Jugendliche und Erwachsene, wo regelmäßig Konzerte, Film-, Tanz- und Theateraufführungen stattfinden.

Der Spaziergang führt weiter entlang der äußeren Stadtmauer bzw. des 19 **Ziegelwalls**. Er ist der letzte erhaltene Abschnitt des Erdwalls, der ursprünglich die gesamte äußere Stadtmauer schützte. Auf seiner Krone verläuft seit dem 18. Jahrhundert ein Spazierweg unter alten Bäumen.

Am Anfang des Walles steht das Denkmal für den bedeutenden sorbischen Philologen, Schriftsteller und Verleger Jan Arnošt Smoler, dessen Grabstätte sich auf dem Protschenbergfriedhof befindet. Er wirkte an der wichtigsten Sammlung sorbischer Volkslieder mit und gab verschiedene Zeitschriften heraus. Die von Smoler begründete Buchhandlung existiert als Verlagsbuchhandlung des sorbischen Domowina-Verlags in der Tuchmacherstraße bis heute fort.

Kurz darauf führt der Weg zu einem weiteren Denkmal, das in russischer, polnischer, deutscher und sorbischer Sprache an die Ermordung von 92 sowjetischen und polnischen Kriegsgefangenen durch deutsche Truppen erinnert. Sie starben in den letzten Kriegstagen im Dorf Neu-Wuischke bei Bautzen. Ihre sterblichen Überreste wurden 1961 in einem Massengrab entdeckt und hierhin überführt.

Unweit davon folgt schließlich der 20 **Sowjetische Ehrenfriedhof**, der unmittelbar nach Ende des Zweiten Weltkriegs angelegt wurde. Mehr als 3000 Soldaten, Zwangsarbeiter und KZ-Häftlinge sind hier bestattet. Der Obelisk, der inmitten der Gräber steht, zeigt das Hoheitszeichen der Sowjetunion und die Reliefdarstellung eines Panzers.

Sowjetischer Ehrenfriedhof für die im April 1945
bei den Kämpfen um Bautzen gefallenen Soldaten
der Roten Armee

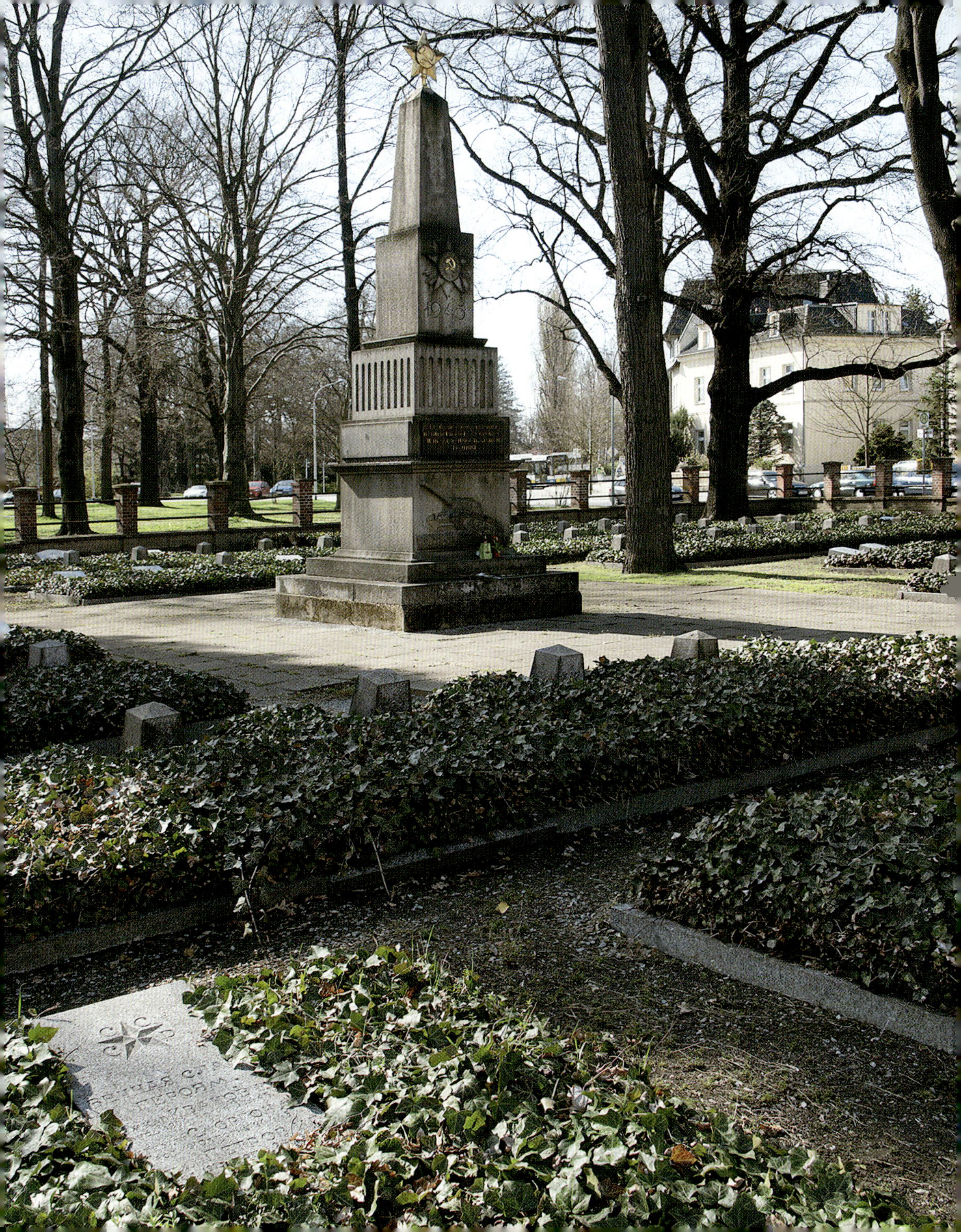
1945

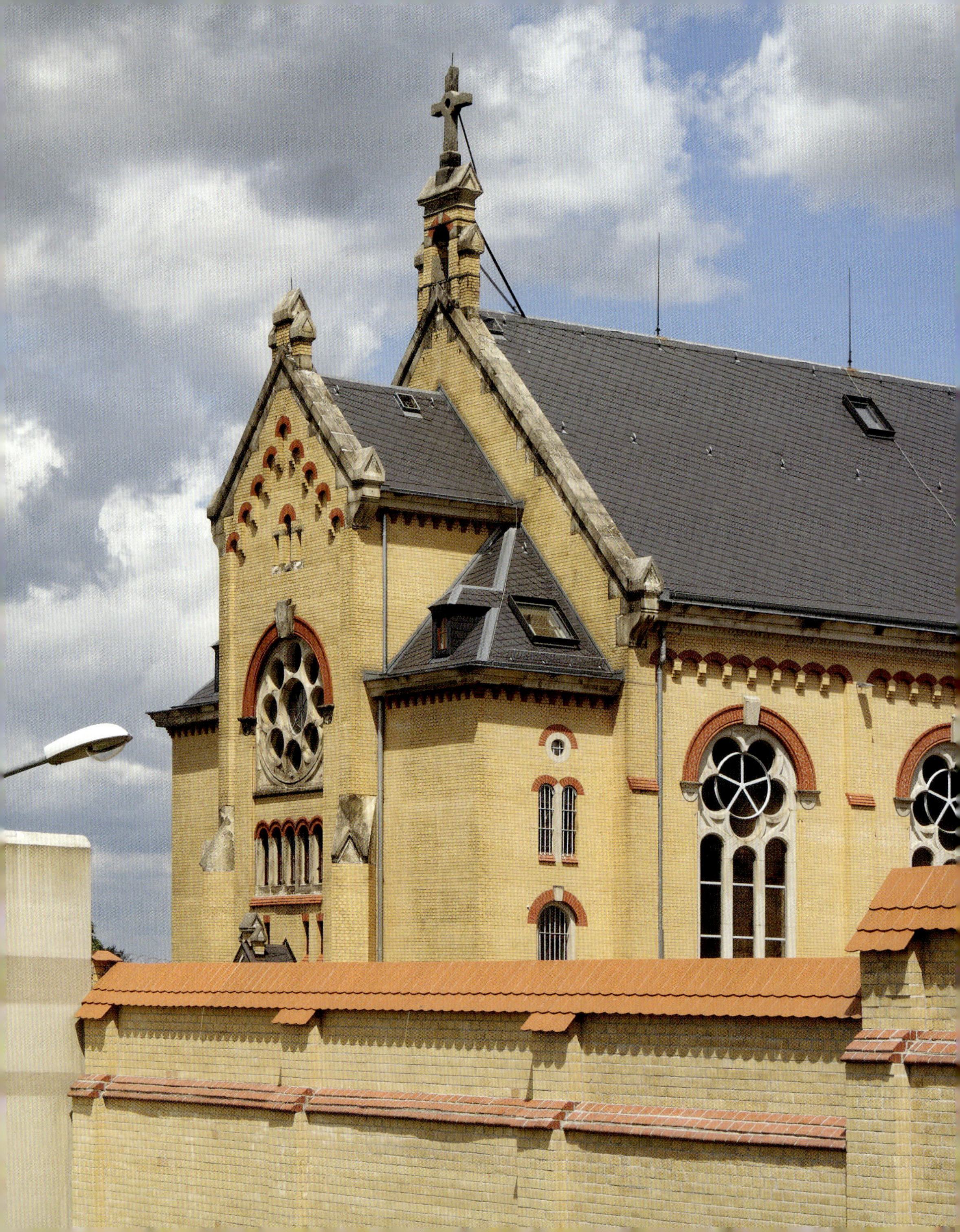

Vom Stadtwall bis zur Spree

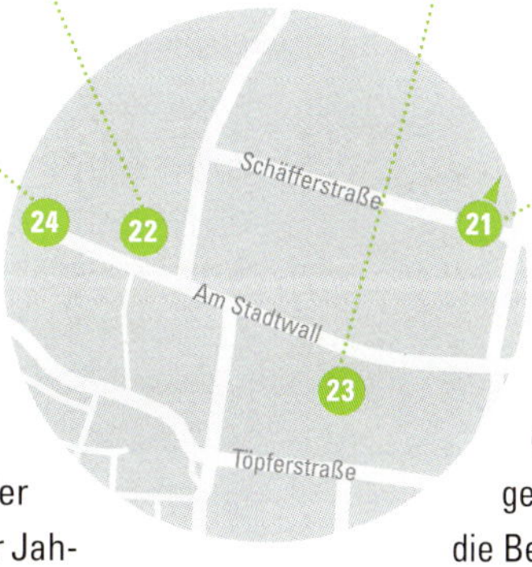

Villa Reinhardt
Ev.-Luth. Gemeindehaus
Schützenplatz
Justizvollzugsanstalt Bautzen I
Schäfferstraße
Am Stadtwall
Töpferstraße

Der Spaziergang führt weiter durch die Parkanlagen an der äußeren Stadtmauer. Am östlichen Ende der Ziegelstraße stand bis in die 1850er Jahre ein weiteres Tor der Befestigungsanlage. Am Ziegeltor erreichte die von Nordosten kommende Muskauer Straße früher das Stadtgebiet. Rechts zweigt die Flinzstraße ab, auf der nach etwa zehnminütigem Fußweg die Justizvollzugsanstalt Bautzen I zu erreichen ist.

Abzweig zum »Gelben Elend« – die JVA Bautzen I

Die 21 **Justizvollzugsanstalt Bautzen I** entstand in den Jahren 1900 bis 1904 nach einem Entwurf der Hochbauabteilung des Sächsischen Innenministeriums. Damals galt sie als eine der modernsten Haftanstalten im Königreich Sachsen. Ihr gelbes Klinkermauerwerk und wohl auch die vorherrschenden Haftbedingungen brachten ihr im Volksmund schnell die Bezeichnung »Gelbes Elend« ein.

Während des Ersten Weltkriegs diente das Gefängnis zeitweise als Kriegsgefangenenlager. In der Zeit der Weimarer Republik wurde es mit der Haftanstalt Bautzen II zu den Vereinigten Gefangenenanstalten zusammengeschlossen. Die Nationalsozialisten inhaftierten vor allem politische Gegner im »Gelben Elend«. Der bekannteste war Ernst Thälmann, der Vorsitzende der 1933 verbotenen Kommunistischen Partei Deutschlands. Thälmann musste 1943/44 einige Monate hier zubringen, bevor er ins KZ Buchenwald gebracht und dort ermordet wurde. Nach Kriegsende richtete der sowjetische Geheimdienst in der Haftanstalt ein Speziallager für NS-Kriegsverbrecher ein; aber auch Kritiker des stalinistischen Systems oder vollkommen willkürlich Inhaftierte wurden hier unter katastrophalen Bedingungen festgehalten. Bis zur Auflösung des Lagers im Jahr 1956 verstarben 3000 Gefangene.

Justizvollzugsanstalt Bautzen I, auch »Gelbes Elend« genannt

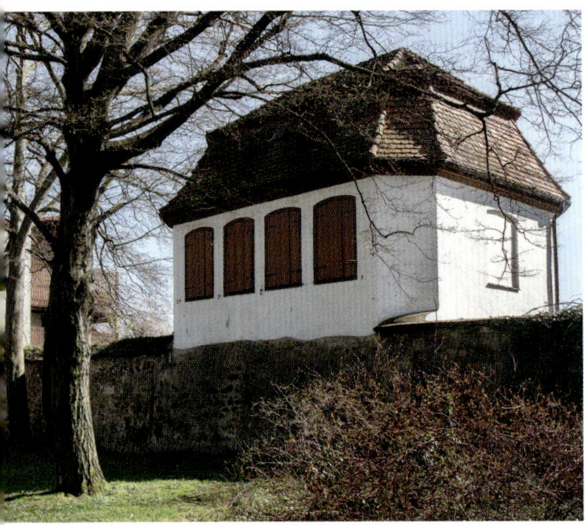

Barockes Gartenhaus auf der äußeren Stadtmauer am Stadtwall

Den Opfern der Haftanstalt sind seit 1999 eine Gedenkstätte sowie eine Kapelle auf dem benachbarten Karnickelberg gewidmet, wo sich mehrere Massengräber befinden. Ihre Namen werden im sogenannten Totenbuch des Speziallagers Bautzen zusammengetragen.

Die JVA Bautzen I dient bis heute als Haftanstalt und wird seit 1990 vom Freistaat Sachsen betrieben. Der kreuzförmige Gebäudekomplex ist von der Breitscheidstraße hinter der hohen Gefängnismauer teilweise zu sehen. Das Zentrum der Anlage bildet die Gefängniskirche, die seit den frühen 1990er Jahren wieder als solche genutzt wird und an den hohen Fenstern zu erkennen ist.

Vom Krankenhausgelände zum Schützenplatz

Der Spaziergang führt zurück zur äußeren Stadtmauer, vorbei an den Gebäuden des **Bautzener Krankenhauses**, die an der Flinzstraße und am Stadtwall liegen. Die Geschichte des Krankenhauses an diesem Standort reicht bis in das Jahr 1844 zurück. Es ersetzte mehrere ältere Hospitäler, die bereits während des Mittelalters und der Frühen Neuzeit an verschiedenen Stellen in der Stadt entstanden waren. Das weitläufige Areal mit zahlreichen Klinikgebäuden wurde bis in die jüngste Zeit stetig erweitert.

Auch am Stadtwall stehen repräsentative Wohnhäuser und Villen damals hier lebender vermögender Familien. Am westlichen Ende der Straße liegt die 22 **Villa Reinhardt**, die 1905 im Stil der Neorenaissance errichtet wurde und heute ein Seniorenstift beherbergt. Schon im 18. Jahrhundert besaßen wohlhabende Bautzener hinter der äußeren Stadtmauer Sommergärten, die zum Teil mit Gartenhäusern ausgestattet waren. Bis heute erhalten ist beispielsweise ein barocker Pavillon mit einem Mansarddach, der direkt auf die Stadtmauer gesetzt wurde. Er gehört zu einem Wohngebäude an der Töpferstraße, in dem sich zeitweise auch der Gebetsraum der 1894 in Bautzen gegründeten jüdischen Gemeinde befand, den die SA am 10. November 1938 verwüstete.

In der Nachbarschaft des kleinen Gartenhauses steht das villenartige 23 **Gemeindehaus der evangelisch-lutherischen Kirchgemeinde St. Petri**.

Gemeindehaus der ev.-luth. Kirchgemeinde St. Petri

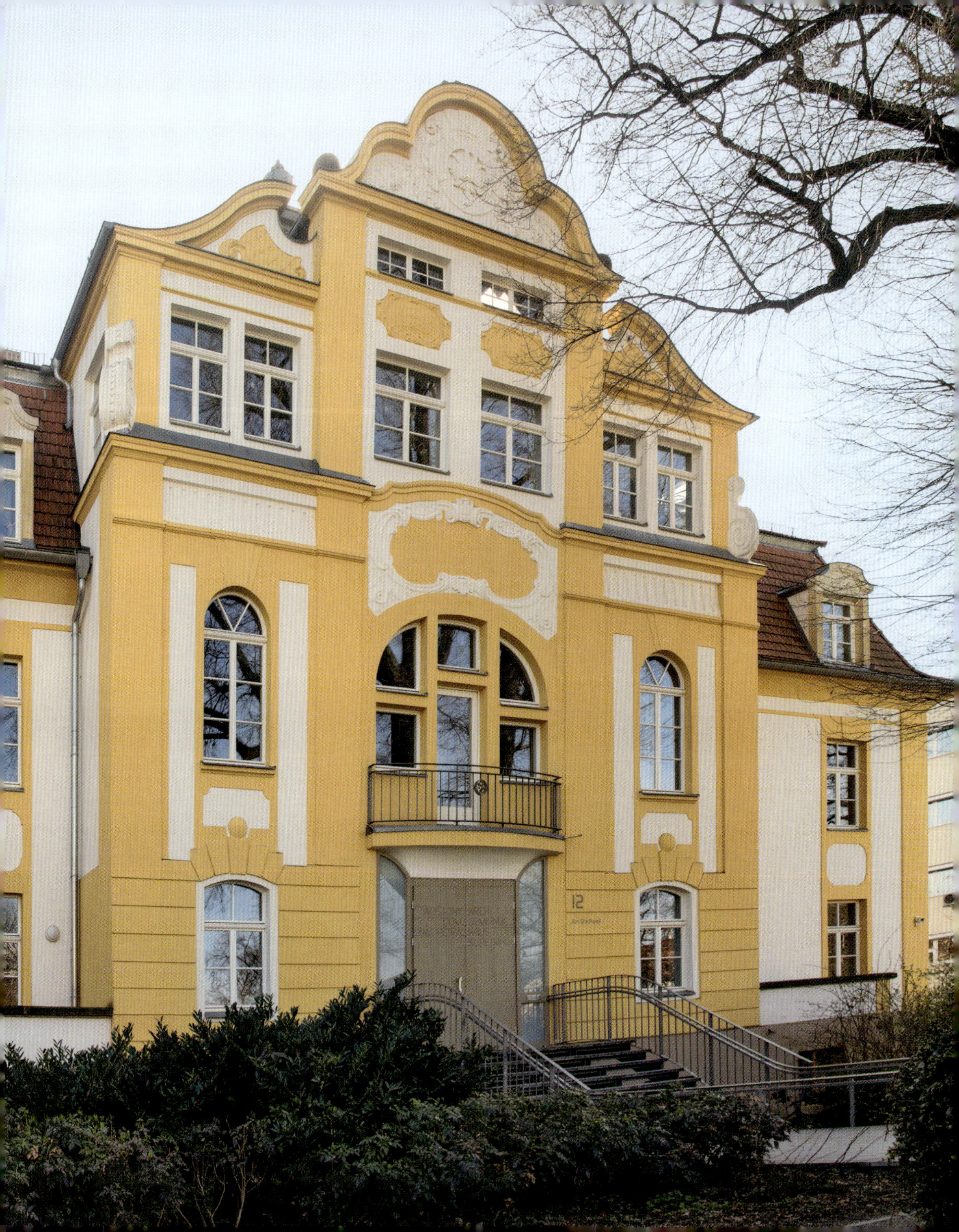
12

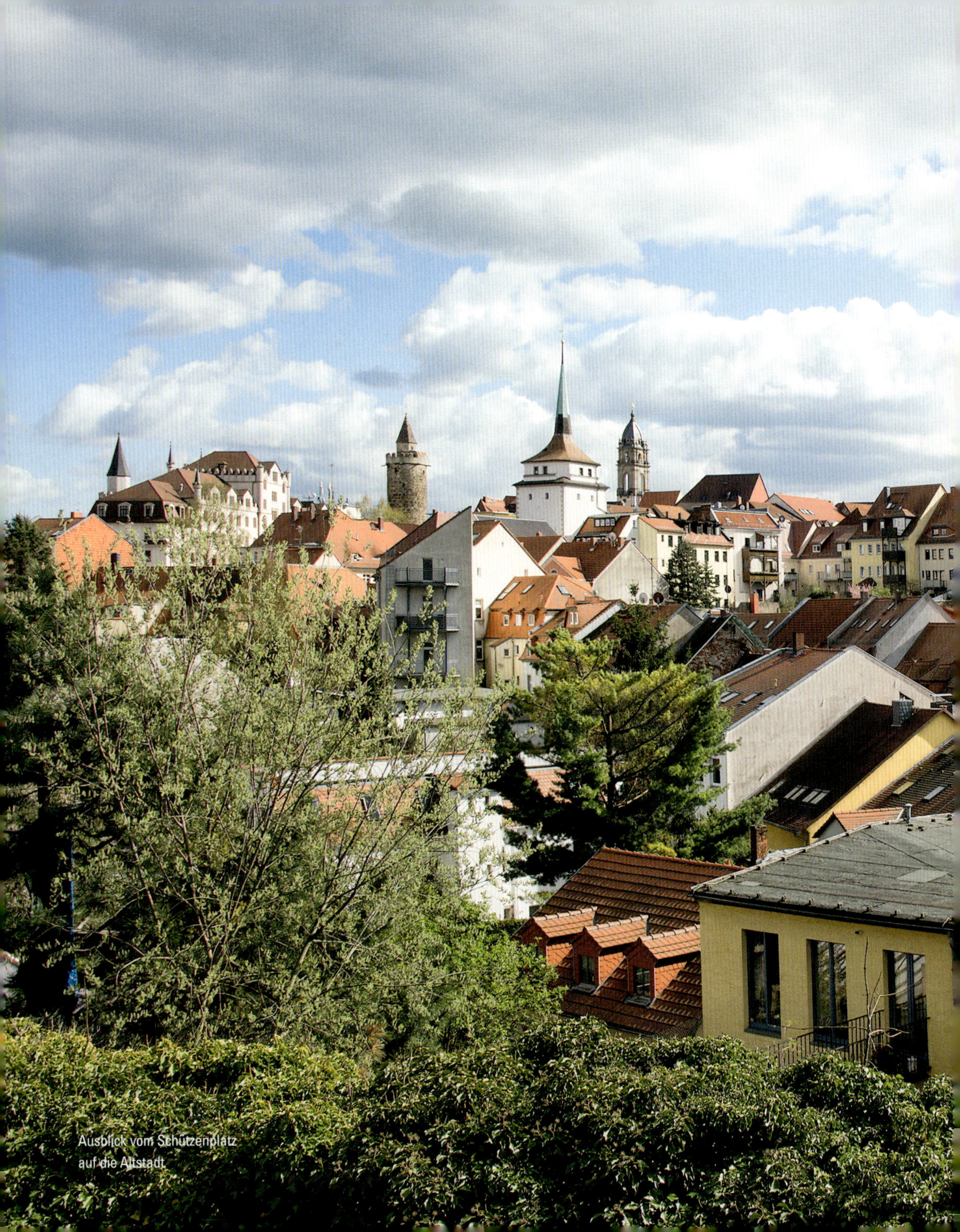

Ausblick vom Schützenplatz
auf die Altstadt

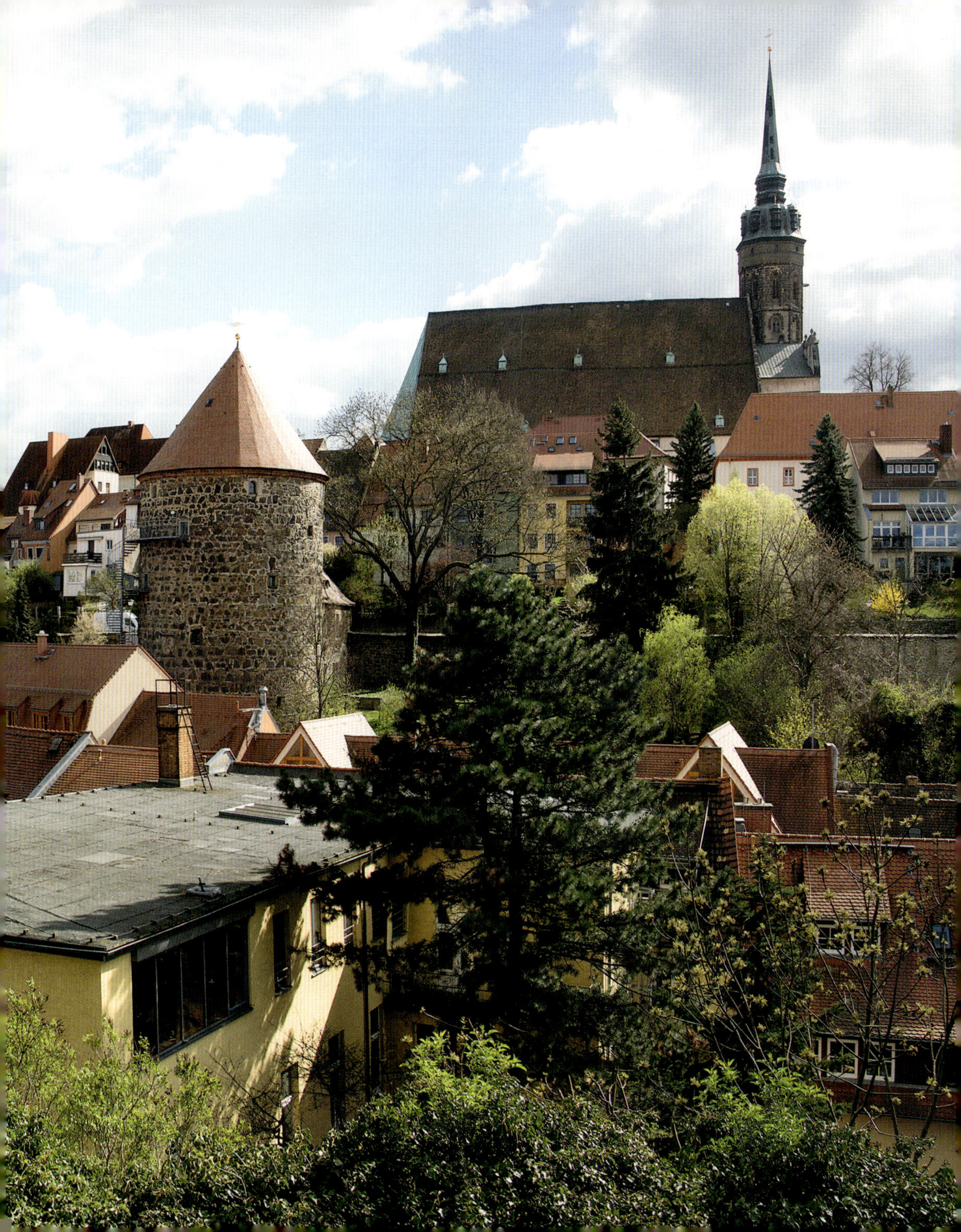

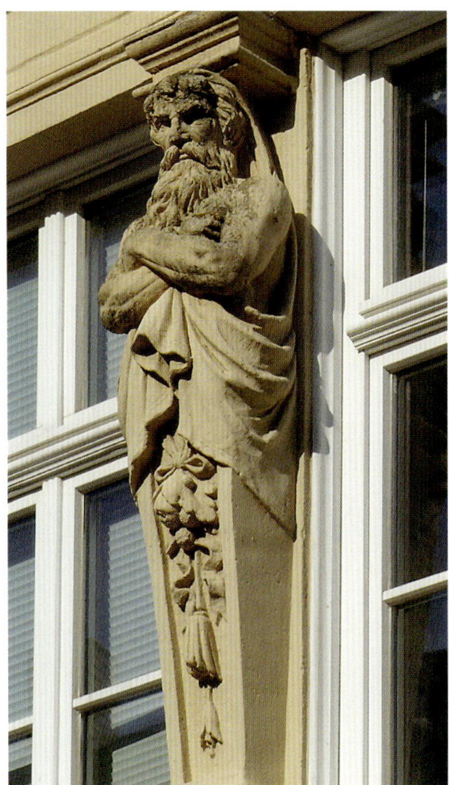

Figurenschmuck am Wohnhaus Taschenberg 10

Das repräsentative Gebäude geht auf einen Entwurf des Bautzener Architekten Ernst Rudolf Kempe zurück. Es entstand 1905 als Vereinshaus des Christlichen Vereins Junger Männer (CVJM) und verbindet Formen von Neobarock und Jugendstil.

Vom Schützenplatz auf prähistorischem Gräberfeld zurück zum Ausgangspunkt

Weiter in westlicher Richtung führen die Parkanlagen des Stadtwalls zum 24 **Schützenplatz**. Wie der Name bereits andeutet, stand hier seit Mitte des 16. Jahrhunderts die Stange für das Vogelschießen der Bautzener Schützengesellschaft. Später wurde ein Schützenhaus errichtet, das im Zweiten Weltkrieg ausbrannte. An seiner Stelle entstand in den 1970er Jahren eine Turnhalle.

Bei archäologischen Grabungen in den 1950er Jahren stieß man im Areal des Schützenplatzes auf Teile eines prähistorischen Gräberfelds mit sehr aufwendigen Beigaben. Die Gräber entstanden vermutlich in der späten Bronze- und frühen Eisenzeit, als bereits zwei Burgsiedlungen auf dem Protschenberg sowie als Keimzelle der Ortenburg existierten.

Am südlichen Rand des Schützenplatzes, wo die Straße Taschenberg einmündet, lag einst die Taschenpforte – ein weiteres Tor der äußeren Stadtmauer. An seiner Stelle entstanden in den 1840er Jahren drei Wohnhäuser in klassizistischen Formen. Sie repräsentieren eine frühe Phase des bürgerlichen Wohnhausbaus des 19. Jahrhunderts, für die es in Bautzen nur noch wenige Beispiele gibt.

Von hier aus führt der Spaziergang am südlichen Rand des Schützenplatzes weiter an der äußeren Stadtmauer entlang. Die Befestigungsanlage wurde hier in ihrer Höhe bereits im 18. Jahrhundert deutlich verringert, sodass sie heute eher wie eine Grundstückseinfassung wirkt. Vom Südhang des Schützenplatzes ergeben sich eindrucksvolle Aussichten auf die Nordseite der Bautzener Altstadt mit dem Dom St. Petri, der alle anderen Gebäude

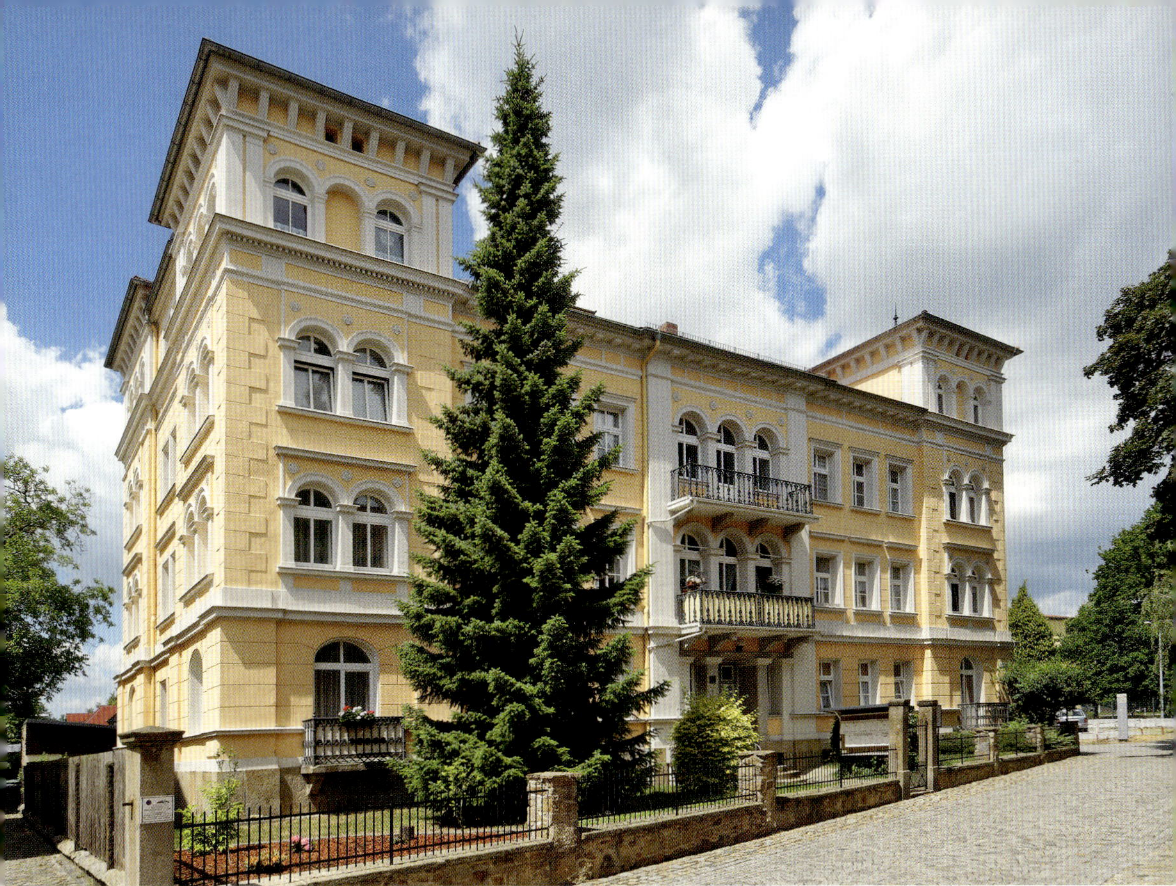

Taschenberg 11, Wohnhaus
aus den 1840er Jahren

überragt. Schon seit dem ausgehenden 18. Jahrhundert reizte dieses Panorama Künstler, die es in Zeichnungen und Gemälden festhielten.

In einem langen Bogen läuft die Stadtmauer den Hang herab zur **Gerberstraße**. Es handelt sich bei ihr um eine der ältesten Straßen Bautzens, die zum Spreeübergang der Hohen Straße bzw. Via Regia führte. Überspannt wurde sie einst vom Gerbertor, von dem die äußere Stadtmauer entlang der Nikolaistufen bis zur Nikolairuine verlief, wo sie sich wieder mit der inneren Stadtmauer vereinte. Über die Gerberstraße oder die Nikolaistufen gelangt man auf kurzem Weg in die innere Altstadt.

Alternativ führt der Spaziergang zurück zur Neuen Wasserkunst: Der Ausgangspunkt ist auf einem rund 20-minütigen Weg zu erreichen, der über die Straßen Unterm Schloß, Mühlstraße und Fischergasse immer in der Nähe der Spree verläuft.

Ins Spreetal südlich von Bautzen

DIE STADT UND IHR FLUSS

Vom Protschenberg führt der Spaziergang auf historischen Wegen spreeaufwärts bis zum nahen Dorf Grubschütz. Unterwegs wechseln sich historische Bauwerke mit reizvollen Ausblicken auf die Altstadt ab. Zu sehen gibt es unter anderem Villen, Mühlen, Brücken, einen Waldpark, einen Burgwall und als stete Begleiterin die Spree.

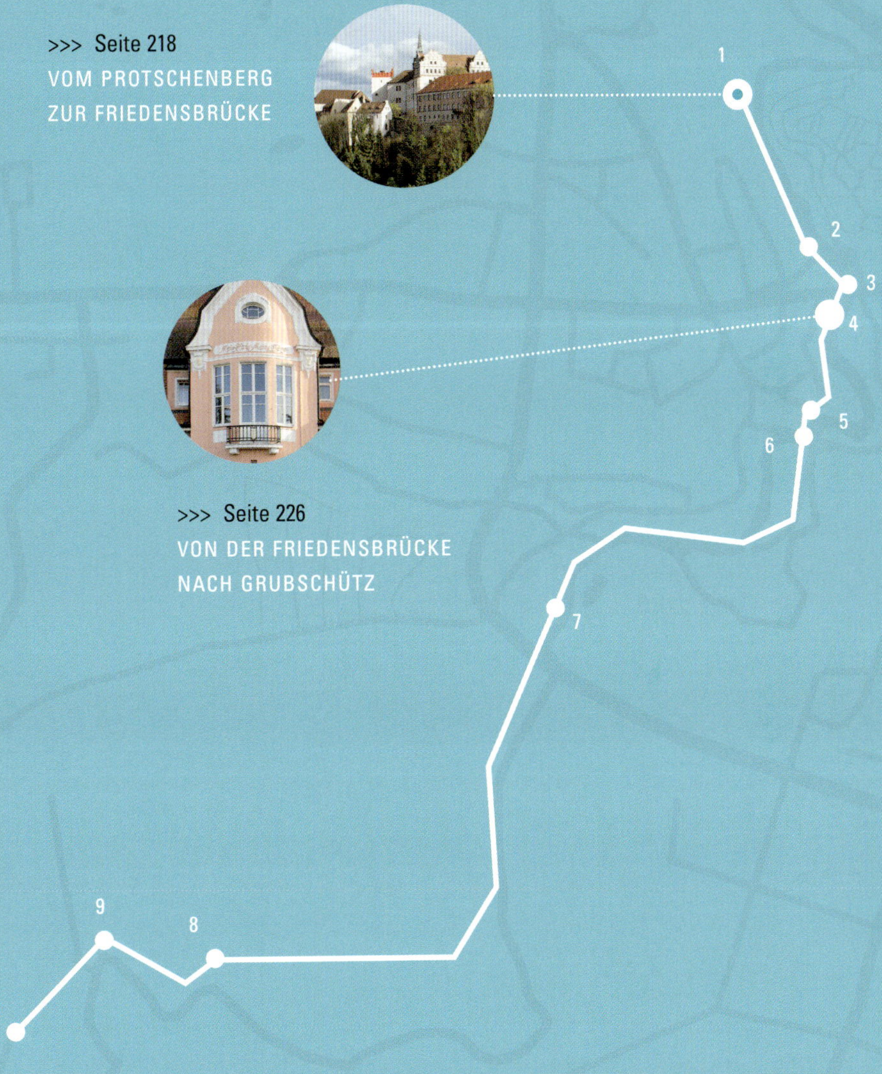
>>> Seite 218
VOM PROTSCHENBERG
ZUR FRIEDENSBRÜCKE
>>> Seite 226
VON DER FRIEDENSBRÜCKE
NACH GRUBSCHÜTZ
1
2
3
4
5
6
7
8
9
10

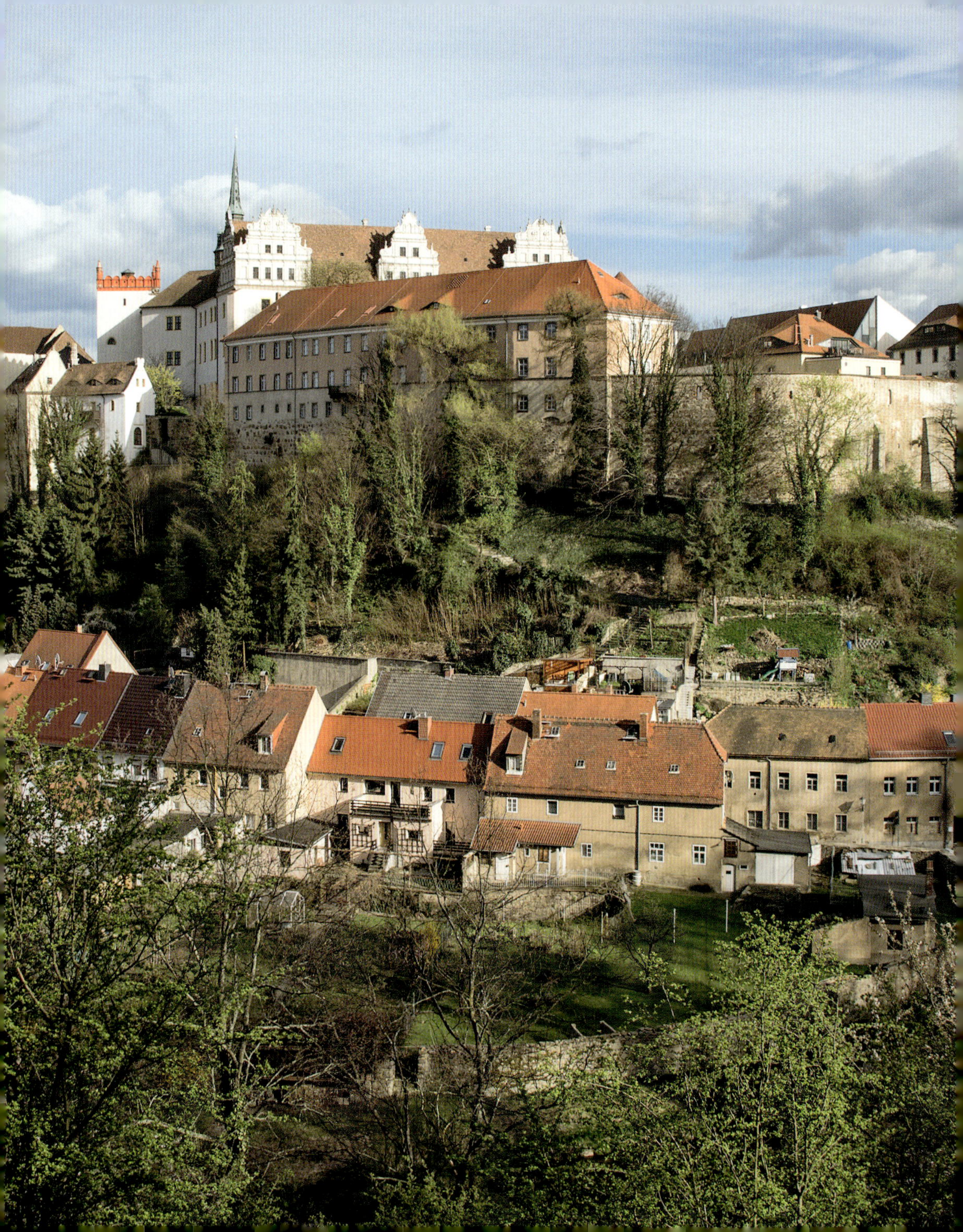

Vom Protschenberg zur Friedensbrücke

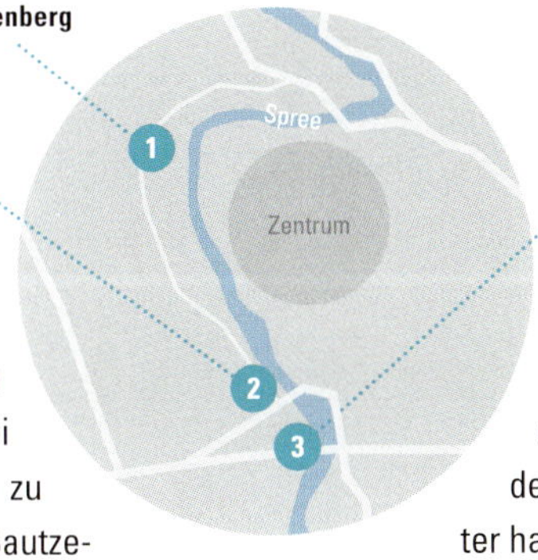

Protschenberg
Scharfensteg
Friedensbrücke
Spree
Zentrum

Die erhabene Landschaft um Bautzen lockte bereits vor zwei Jahrhunderten das Bürgertum zu Spaziergängen ins Spreetal. Der Bautzener Magistrat und private Gönner legten im 19. Jahrhundert neue Wege an, auf denen die Bürgerfamilien an Sonn- und Feiertagen flanieren konnten.

Schon früh priesen Reiseschriftsteller das pittoreske Bautzener Spreetal: »Budissin hat eine romantische Lage«, schrieb etwa der Wittenberger Gelehrte Johann Maaß 1808. »Es liegt größtentheils auf einem Berge, an dessen Grunde die Spree vorbey rauscht. Wenn man vom Lauenthore nach der Vorstadt, die Seyde genannt, gehen will, so muß man erst einen steilen Berg passiren. Wenn man das Ende dieses Berges erreicht hat, so geht man eine Strecke Weges an diesem Bergrücken fort, von dem die schroffesten Felsen herunter hangen und einen zu zerschmettern drohen. Ganz oben auf diesem Felsen liegt das Schloß Ortenburg. Auf der andern Seite fließt die Spree, deren entgegengesetzte Ufer ebenfalls aus schroffen Felswänden bestehen.«

Am 1 **Protschenberg** beginnend, verläuft der Spaziergang entlang einer alten Wegstrecke. Den Ausgangspunkt erreicht man von der Altstadt über die Protschenbergstufen (Aufstieg von der Seidauer Straße). Möglich ist auch der Zugang über einen schmalen Pfad unterhalb der Ortenburg, der von der Spreebrücke entlang des Hanges über die markanten Felsen führt. Beide Wege sind schon im ersten Bautzener Stadtplan von 1825 verzeichnet und aufgrund ihrer Aussichten ins Flusstal und auf die Altstadt sehr reizvoll. Letzterer ist jedoch etwas beschwerlich und nur Spaziergängern zu empfehlen, die gut zu Fuß sind.

Blick vom Protschenberg auf die Altstadt

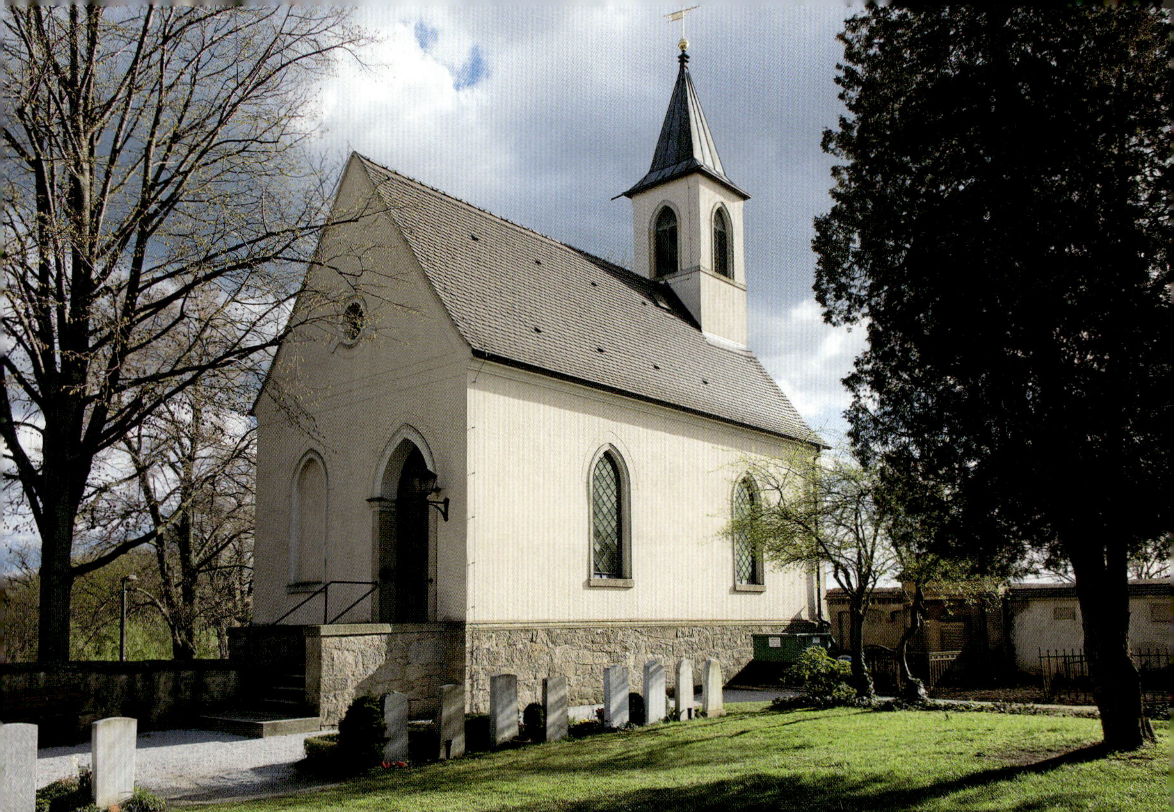

Begräbniskapelle des Protschenbergfriedhofs

Der Protschenberg – sagenhafter Aussichtspunkt über der Spree

Die Hänge des Protschenbergs fallen felsig und steil zur Spree ab. Die Gletscher der Eiszeiten, aber auch der Fluss haben hier ein tiefes Kerbtal in die Granitfelsen geschliffen. Im Sorbischen werden diese Durchbruchstäler, die eine landschaftliche Besonderheit der Oberlausitz darstellen, auch als Skala bezeichnet. Mit seinem Laubwaldbestand sowie den Wiesen- und Trockenrasenflächen gehört der Hang des Protschenbergs zum Landschaftsschutzgebiet Spreetal.

Bereits in der späten Bronzezeit und der frühen Eisenzeit (ca. 1100 bis 900 v. Chr.) gab es auf dem Plateau eine Burg, die durch einen Erdwall gesichert war. Sie wurde im 10. und 11. Jahrhundert von den Milzenern erneut genutzt. Der Name des Berges leitet sich daher auch vom sorbischen Wort »Hrodźiško« ab, was auf Deutsch so viel wie Burgstätte bedeutet. Die Reste der Befestigung liegen heute unter dem Friedhof, der 1789 für die Bewohner des Dorfes Seidau angelegt wurde. Ein weiterer Teil befindet sich unter der Kleingartenanlage, die in den 1970er Jahren entstanden ist.

In den Felsen des Südhangs gibt es eine kleine **Grotte**, die mit einer Sage verbunden ist. Demnach werde an bestimmten Tagen in der Grotte ein Schatz sichtbar. Zuerst gesehen haben soll ihn ein Spaziergänger im 16. Jahrhundert nach dem sonntäglichen Kirchgang.

Der Eingang zum **Protschenbergfriedhof** liegt malerisch unter alten Bäumen. Der Torbogen ist als Kriegerdenkmal des Ersten Weltkriegs gestaltet. Zu seiner Linken steht die 1883 in schlichten neogotischen Formen errichtete Begräbniskapelle. Einige Grabmäler aus dem 19. Jahrhunderts sind auf dem Friedhof noch erhalten. Zu ihnen gehört das Grab des Haus- und Feldbesitzers Michael Deuke aus dem Jahr 1815, das direkt am Hauptweg liegt und in Form einer hohen Säule gestaltet wurde. Auch die letzte Ruhestätte des bedeutenden sorbischen Philologen, Schriftstellers und Verlegers Jan Arnošt Smoler (gest. 1884) ist hier zu finden.

Alljährlich am Ostersonntag wird der Hang des Protschenbergs zum Schauplatz des Bautzener Eierschiebens. Dieser Brauch ist bereits seit der Mitte des 16. Jahrhunderts belegt: Bis in die 1950er Jahre rollten die Bautzener hartgekochte Eier, Äpfel und später auch Orangen den Hang hinab, wo Kinder sie einsammelten. In der DDR wurde der Brauch untersagt, lebte in den 1990er Jahren jedoch wieder auf. Die Lebensmittel von einst sind heute allerdings durch farbige Plastikbälle ersetzt, die die Kinder gegen Preise eintauschen können.

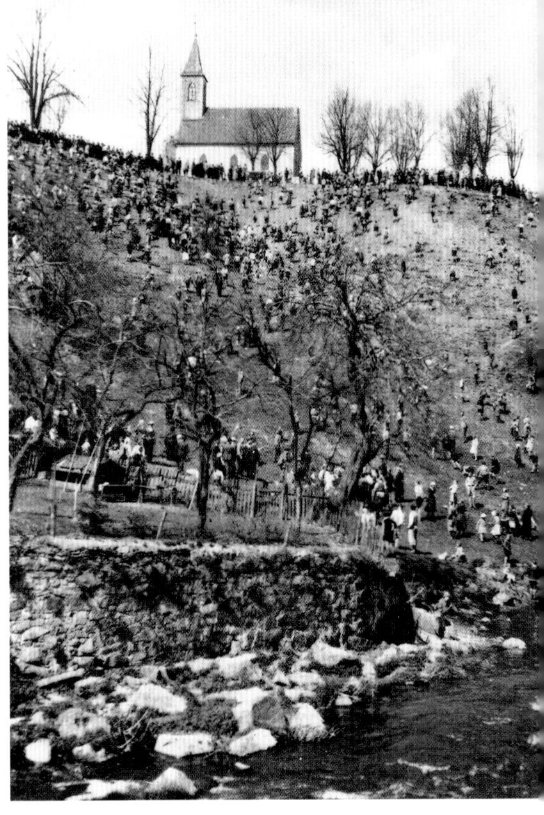

Österliches Eierschieben am Protschenberg, historische Aufnahme um 1920

Vom Protschenberg genießt man einen eindrucksvollen **Blick auf die Bautzener Altstadt**. Die Lage oberhalb der Spreeschleife eröffnet ein Panorama über die gesamte Nordseite des Stadtzentrums. Zu sehen sind der Schützenplatz, die Nikolairuine und der Nikolaiturm, der Matthiasturm und das Hauptgebäude der Ortenburg, der Burgwasserturm, die Alte Wasserkunst und die Friedensbrücke. Im

Süden bilden die Bautzener Berge den Hintergrund. Unterhalb der Ortenburg schmiegen sich die Häuser in der Straße Unterm Schloß dicht an den Hang. An dieser Stelle existierte bereits seit dem Hochmittelalter eine Siedlung im Vorfeld der Burg.

Schon der sächsische Hofmaler Johann Alexander Thiele, der für den Kurfürsten ganz Sachsen in Panoramagemälden festhielt, wählte 1745 diesen Standort, um ein großformatiges Gemälde zu schaffen. Es hing ursprünglich im Dresdener Residenzschloss und ist heute im Bautzener Museum ausgestellt. In den 1820er Jahren hielt der noch junge Maler Adrian Ludwig Richter den Ausblick in einer Radierung fest (siehe Abbildung auf S. 24). Im Gedicht »Neue Ansicht vom Protschenberg« des zeitgenössischen sorbischen Schriftstellers Kito Lorenc führt ein Betrachter ein aufgewühltes Zwiegespräch mit der alten Stadt: »Wie du mich haben willst, Budissin / seh ich dich nicht, hörst Du mich nicht, du drüben, ich hüben / mitten der Abgrund. / Du spreeüber auf deinem Fels, / die ernsten Väter und Mütter, Türme, Basteien / halten dich umfangen mit granitenen Mauern, / sie reden mit Glockenmündern / über die Zeiten, in den Wind / und wenden sich ab von mir. [...]«

Entlang der Spree – Mühlen, Wehre und Wasserwerke

Unter alten Bäumen führt der Spaziergang weiter an der Hangkante entlang nach Süden. Unterwegs ergeben sich Aussichten auf die Ortenburg und den Burgwasserturm, dessen dominante Lage im Spreetal mit seinen gegen den Protschenberg gerichteten Geschützöffnungen besonders deutlich wird. Der Weg geht zunächst über Treppenstufen, dann weiter zwischen Häusern und Gärten in die schmale Straße Am Protschenberg. Hier fällt der Blick über die Spree auf die westliche Flanke der Bautzener Stadtmauer mit der Mühlbastei, der Michaeliskirche, dem Mühltor und der Alten Wasserkunst.

Unterhalb der westlichen Stadtmauer standen seit dem Spätmittelalter mehrere **Wassermühlen**, allen voran die große Ratsmühle, die in den 1530er Jahren errichtet wurde. Sie besaß 16 Mahlgänge, die von Wasserrädern angetrieben wurden, und belieferte die Bautzener Bäcker mit Mehl. Im 19. Jahrhundert erfolgte ihr Umbau zu einer Tuchfabrik, deren Reste erst vor Kurzem abgerissen wurden. Noch erhalten ist hingegen ihr großes Wehr, von dem ein unterirdischer Mühlgraben abzweigt. Er führt am Fuß des Burgwasserturms vorbei und mündet erst zwischen den Häusern der Straße Unterm Schloß wieder in die Spree. Seit einigen Jahren wird seine Wasserkraft zur Stromerzeugung genutzt.

Die Straße Am Protschenberg endet am Scharfenweg, einem alten Stadtzugang. Rechts und links des steil nach Westen ansteigenden Scharfenwegs sind noch Teile der Bebauung aus der Frühen Neuzeit erhalten. In diesem Bereich der Vorstadt standen sowohl kleinere Handwerkerhäuser aus Fachwerk als auch ein großes Bauerngehöft, dessen barockes Haupthaus sich auf der rechten Straßenseite erhebt.

In östliche Richtung führt der Scharfenweg zur Spreebrücke, dem (2) **Scharfensteg**, hinab. Dieser Übergang existierte vermutlich schon im Hochmittelalter und wurde seit dem ausgehenden 15. Jahrhundert durch die Alte Wasserkunst vor

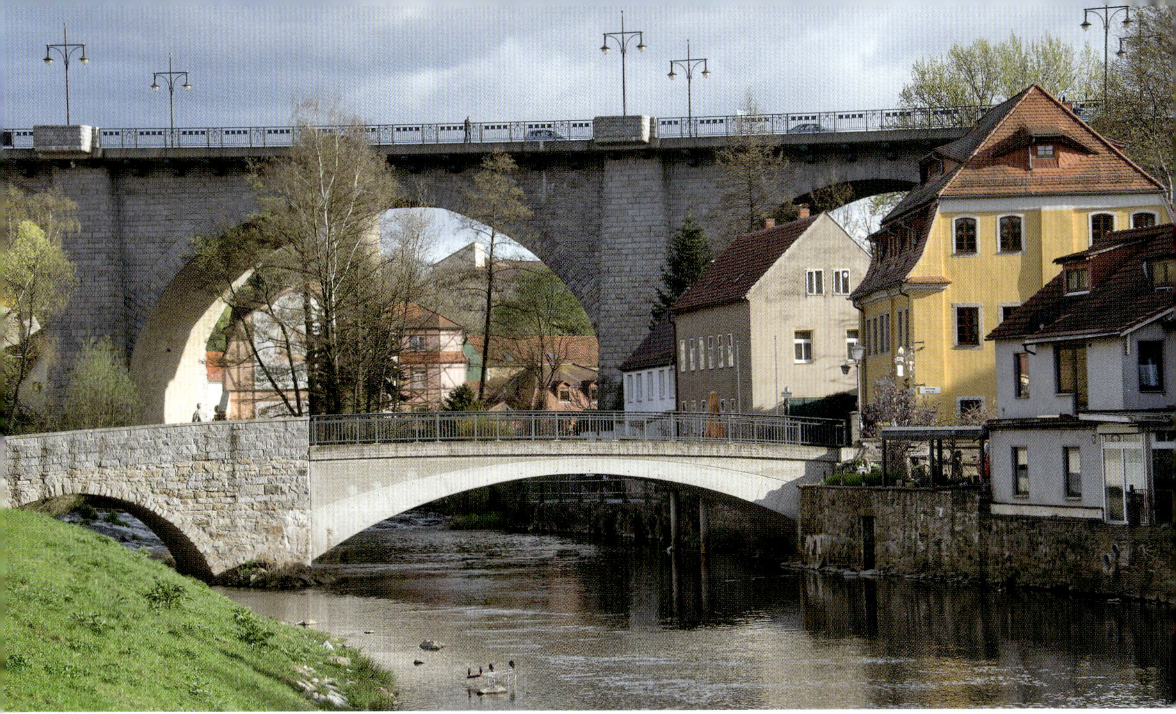

Friedensbrücke und Scharfensteg

Angreifern geschützt. Die Doppelfunktion des Wasserturms als Verteidigungsbauwerk und Gehäuse für das Pumpwerk wird an dieser Stelle besonders deutlich. Von der Brücke stromaufwärts ist das breite **Stauwehr** der Wasserkunst gut zu sehen. Der abgehende Wassergraben führt unterirdisch durch den Turmsockel hindurch und fließt neben der Brücke wieder in die Spree zurück. Am gegenüberliegenden Ufer verläuft zudem die Fischergasse. Hier lebten früher die Flussfischer, die ihren Fang auf den Märkten der Stadt verkauften. Die Spree war lange Zeit berühmt für ihre schmackhaften Schmerlen und Gründlinge, wie schon der Chronist Christoph Manlius in der zweiten Hälfte des 16. Jahrhunderts festhielt.

Der Spaziergang führt weiter über den Uferweg und die Stufen zur Friedensbrücke hinauf. Unterwegs fällt der Blick nochmals auf einen Abschnitt der Stadtmauer, nun zwischen der Alten Wasserkunst und dem Wendischen Kirchhof. Das Panorama eröffnet sich bis zum Lauenturm und der Röhrscheidtbastei mit den unterhalb liegenden Häusern an der Fischerpforte.

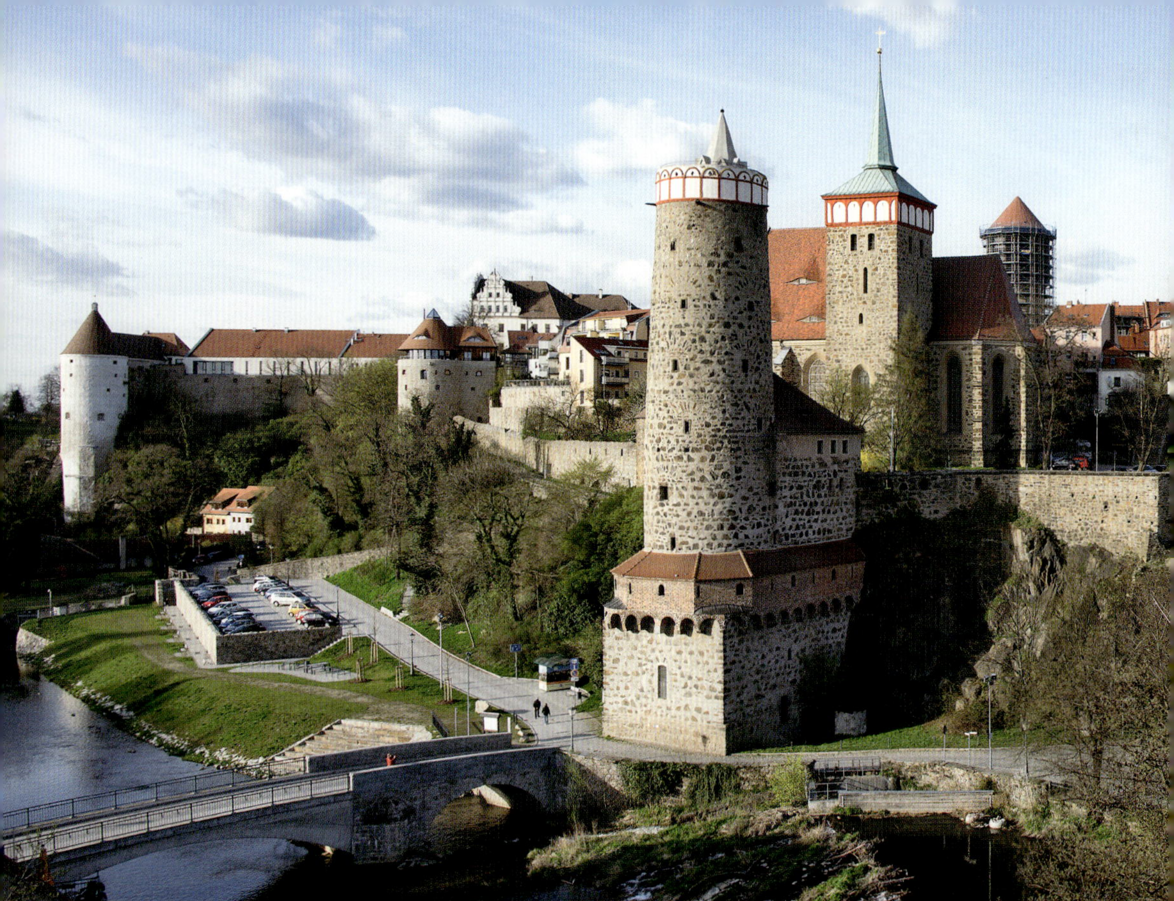

Auf der Friedensbrücke – Bautzens berühmteste Stadtansicht

Die 3 **Friedensbrücke** wurde in den Jahren 1907 bis 1909 nach längerer Planungszeit errichtet. Ursprünglich trug sie den Namen »Kronprinzenbrücke« nach dem sächsischen Kronprinz Friedrich August Georg. Ihr Entwurf entstand unter Beteiligung des Dresdener Ingenieurs Artur Speck in der Königlich Sächsischen Straßen- und Wasser-Bauinspektion. Zu ihrer Entstehungszeit war die heutige Friedensbrücke eine der größten Steinbogenbrücken Sachsens: Der Viadukt erstreckt sich über vier Bögen mit einer Gesamtlänge von 181 Metern. Mit der rau behauenen Granitsteinverblendung wurde ein für Bautzen typisches Baumaterial verwendet, um die Brücke so ins historische Stadtbild einzupassen. Der Bau der Friedensbrücke ersetzte die älteren Flussübergänge des Scharfen-

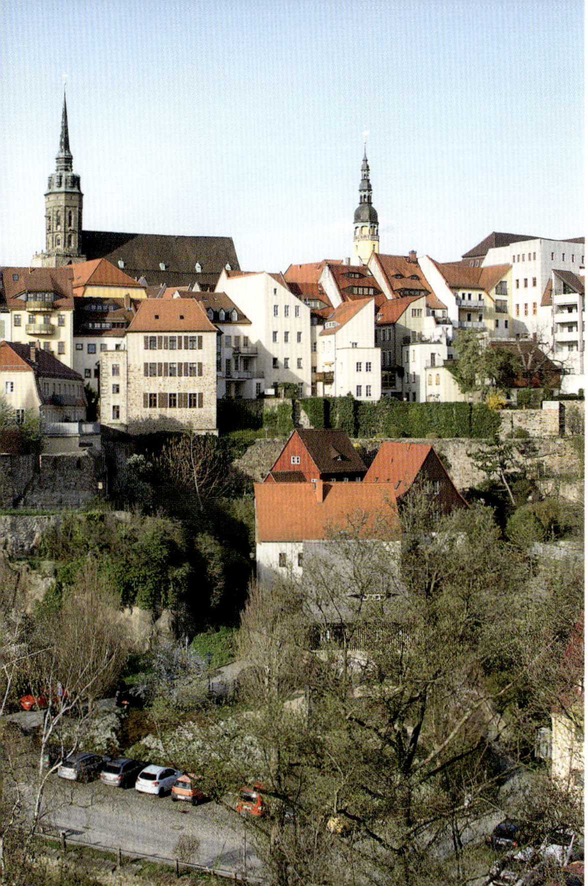

Blick von der Friedensbrücke auf die Altstadt

stegs und der Heilig-Geist-Brücke. Sie führten steil ins Spreetal hinab und wieder hinauf und waren damit den steigenden Verkehrsanforderungen des frühen 20. Jahrhunderts nicht mehr gewachsen. Stattdessen überspannt die Friedensbrücke in etwa 20 Metern Höhe das Tal. Auf der Straße, die von Dresden über die Brücke nach Bautzen führt, war die Stadt fortan ohne größeres Gefälle zu erreichen.

Für die Anlage der Brücke wurde an der Äußeren Lauenstraße auf altstädtischer Seite eine geschlossene Häuserfront durchbrochen und die neue Straße in den Lauengraben eingebunden. Auf der Westseite der Spree entstand vor dem Brückenkopf die neue Westvorstadt (auch: Bautzener Neustadt) mit Wohnhäusern aus der Zeit vor und nach dem Ersten Weltkrieg. Im April 1945 wurde die Brücke von der deutschen Wehrmacht gesprengt. Nach dem Wiederaufbau in vereinfachten Formen wurde sie 1949 unter ihrem heutigen Namen wieder eingeweiht.

Von der Friedensbrücke genießt man einen eindrucksvollen Ausblick auf die Altstadt. Im Zentrum stehen Alte Wasserkunst und Michaeliskirche. Links werden sie von der Ortenburg und dem Burgwasserturm eingerahmt, rechts von Petridom, Rathausturm und Lauenturm. Hierbei handelt es sich zweifellos um die bekannteste Ansicht Bautzens, die seit der Errichtung der Brücke auch durch unzählige Postkarten Verbreitung fand. Der Blick in die Gegenrichtung über das südliche Spreetal bis zu den Bautzener Bergen ist ebenfalls lohnend: Zur Linken fällt er auf die Rückseiten der frühneuzeitlichen Häuser der Äußeren Lauenstraße, aus denen sich der Turm der Neuen Wasserkunst erhebt. Auf der westlichen Seite der Spree bilden Villen und großzügige Wohnhäuser aus dem frühen 20. Jahrhundert einen reizvollen Kontrast.

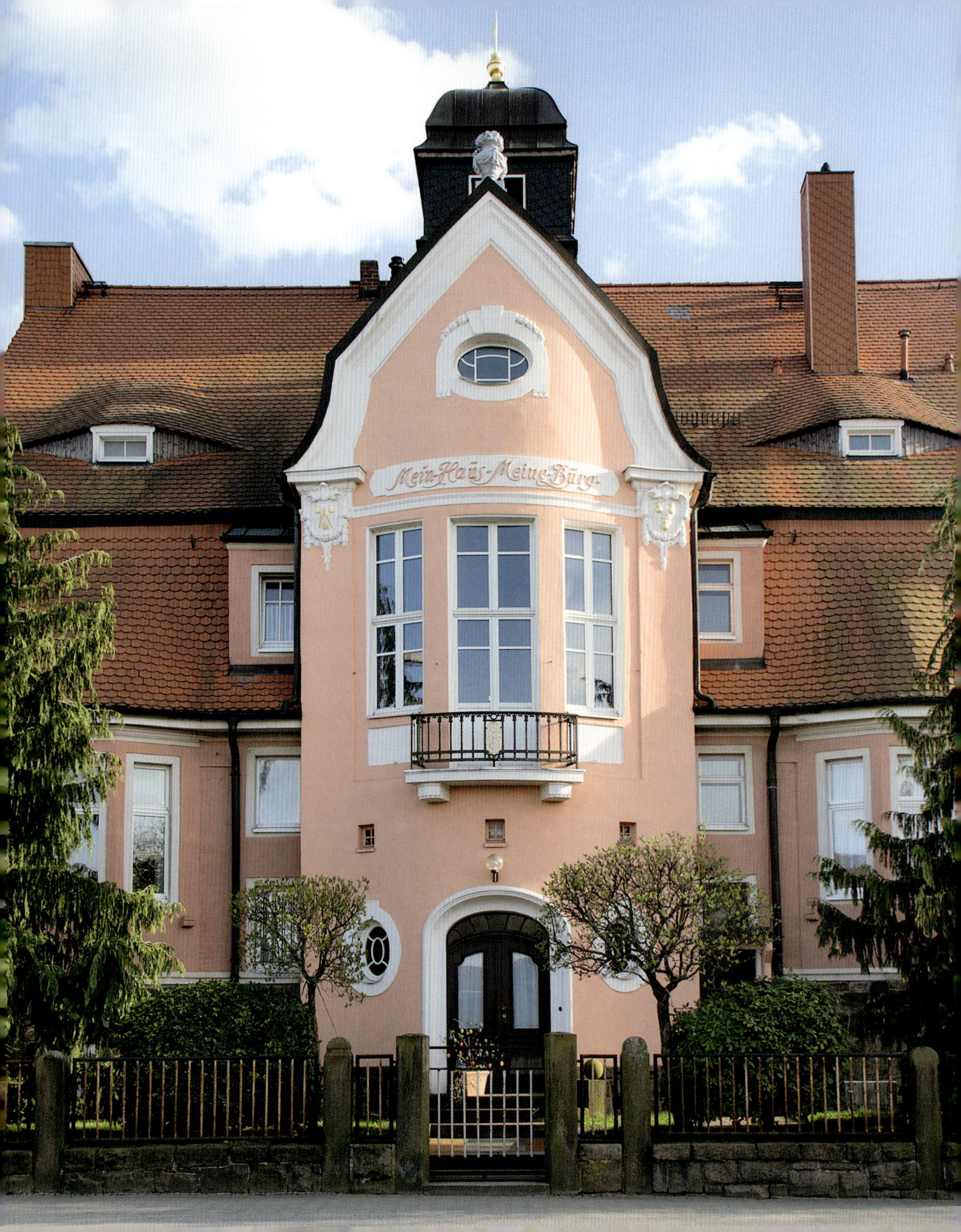
Mein-Haus-Meine-Burg-

Von der Friedensbrücke nach Grubschütz

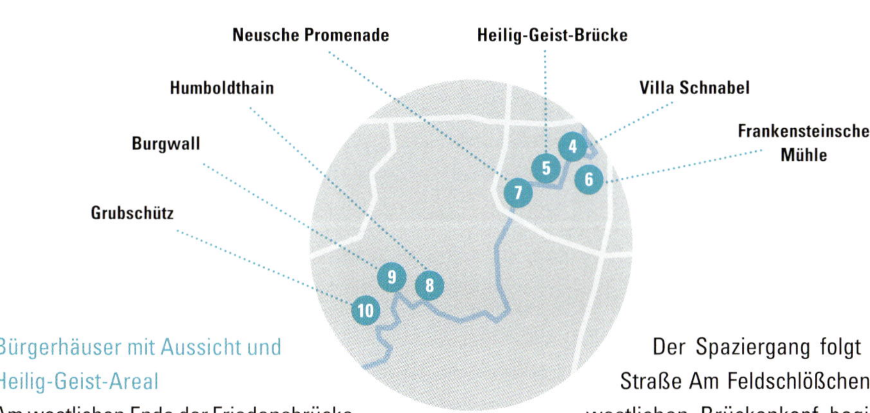

Bürgerhäuser mit Aussicht und Heilig-Geist-Areal

Am westlichen Ende der Friedensbrücke steht die markante 4 **Villa Schnabel**. Sie wurde zwischen 1910 und 1912 für den königlich sächsischen Finanz- und Baurat August Bernhard Max Schnabel gebaut. Schnabel war erst kurz zuvor zum Leiter des Bautzener Landbauamts ernannt worden. Seine neue Position unterstrich er mit der Errichtung des neuen Wohnhauses in hervorgehobener Lage. Mit ihren neobarocken Formen besitzt die Villa fast das Aussehen eines kleinen Landschlosses. »Mein Haus – Meine Burg« lautet denn auch ein gut sichtbarer Schriftzug an der Fassade, der vom Stolz des Bauherrn kündet.

Villa Schnabel mit Schriftzug »Mein Haus – Meine Burg«

Der Spaziergang folgt nun der Straße Am Feldschlößchen, die am westlichen Brückenkopf beginnt. Sie trägt ihren Namen nach einem hölzernen Lusthaus, das ein Bautzener Bürger im 17. Jahrhundert hier in seinem Garten errichten ließ, das aber schon lange nicht mehr existiert. Zur Rechten folgen weitere vornehme Bürgerhäuser des frühen 20. Jahrhunderts. Auf der linken Seite wird die Straße von historischen Gartenmauern eingefasst. Über die Mauern hinweg fällt der Blick erneut auf die Rückseiten der Häuser der Äußeren Lauenstraße. Zu sehen sind die Neuen Wasserkunst und noch einmal die Friedensbrücke, über der sich die Stadtsilhouette erhebt. Bei dieser Aussicht wird verständlich, warum vermögende Bautzener zu Beginn des vorigen Jahrhunderts an dieser kleinen Straße ihre neuen Wohnsitze errichten ließen, obwohl sie sich in einiger Entfernung zur Stadt befanden.

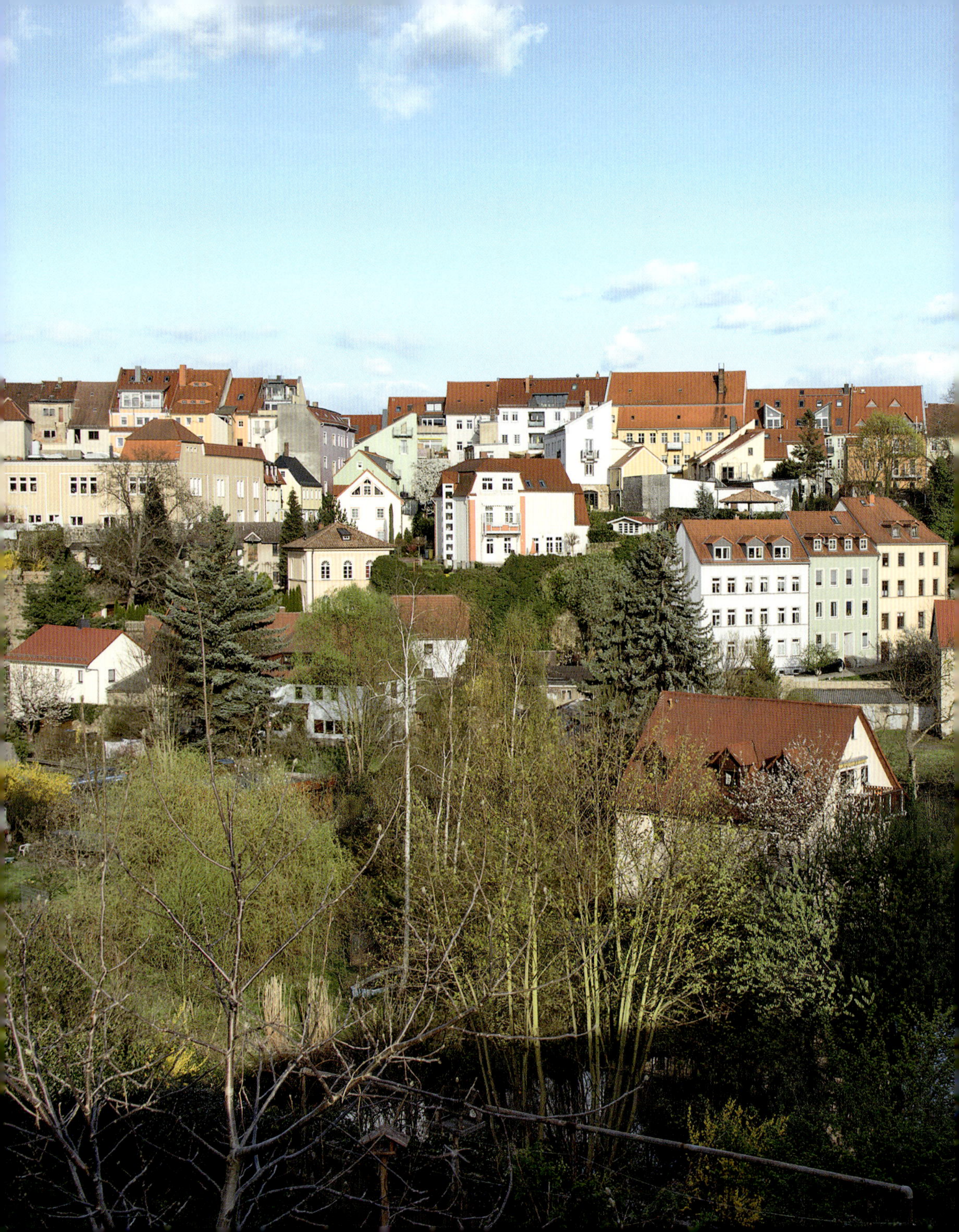

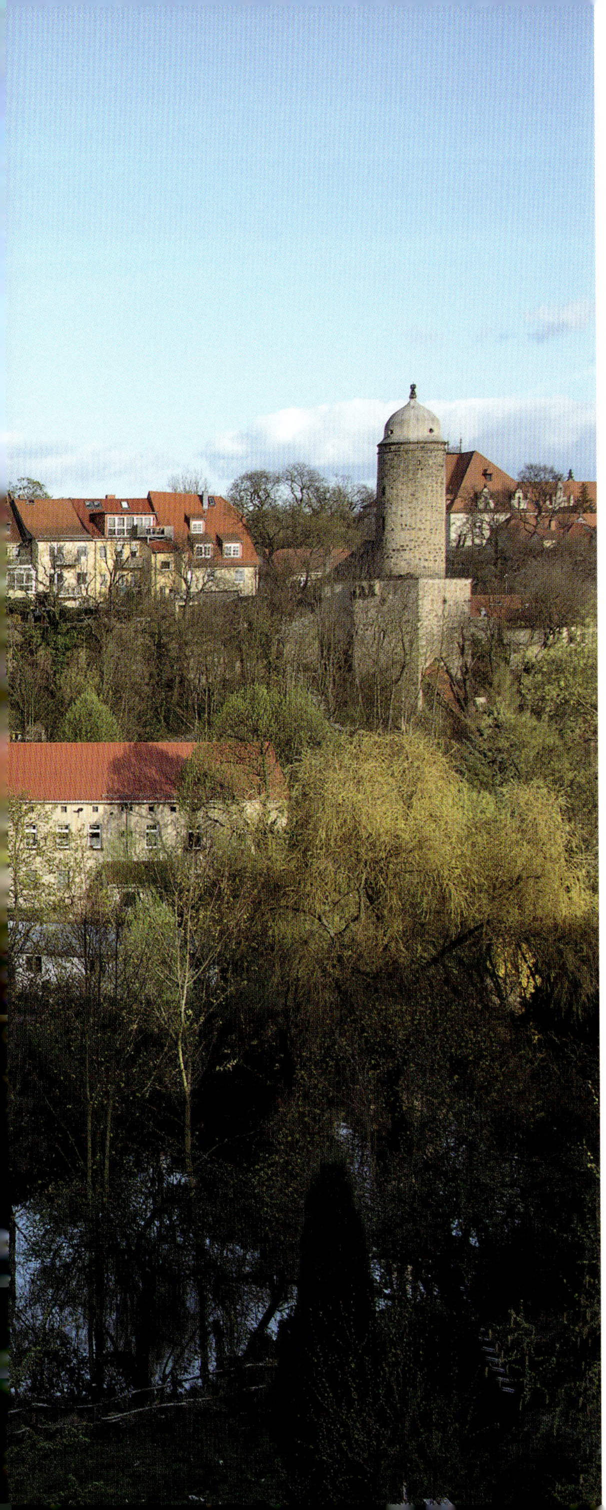

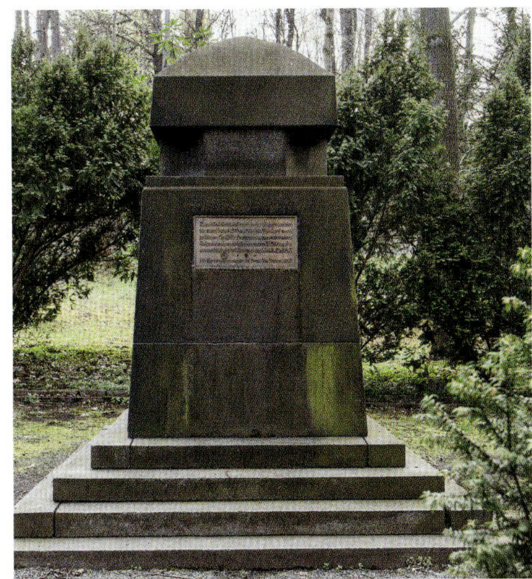

Denkmal für gefallene Soldaten der Schlacht bei Bautzen von 1813 auf dem ehemaligen Heilig-Geist-Friedhof

links: Blick von der Straße Am Feldschlößchen auf die Häuser der historischen Vorstadt

Die Straße Am Feldschlößchen führt langsam bergab. Schon fast an der Spree erreicht man eine kleine **Parkanlage**. An ihrer Stelle stand jahrhundertelang das Hospital zum Heiligen Geist, das 1293 erstmals schriftlich erwähnt und 1913 abgerissen wurde. Seine Lage jenseits des Flusses, aber unmittelbar an einem wichtigen Stadtzugang war bewusst gewählt. So diente es nicht nur zur Unterbringung von Kranken aus der Stadt, sondern auch zur Einquartierung von Pilgern.

Auf der anderen Seite der Straße, die auf die Heilig-Geist-Brücke zuführt, stand bis 1855 die Heilig-Geist-Kirche, die zum Hospital gehörte. Die

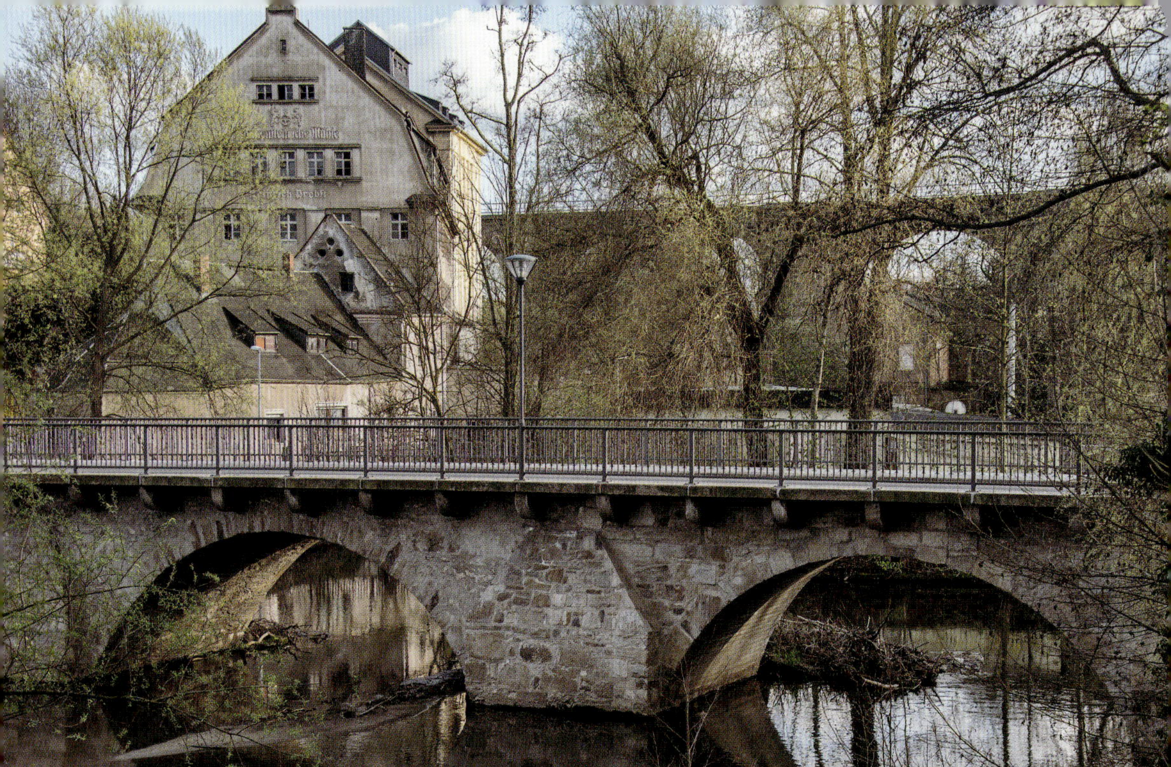

Heilig-Geist-Brücke mit Frankenstein'scher Mühle und Eisenbahnviadukt

Kirche war umgeben von einem Friedhof, von dem noch Teile der alten Einfassung erhalten sind. 1913 wurde das Gelände zu einem Park umgestaltet. Ein Denkmal erinnert an die einst hier Bestatteten sowie an die Soldaten, die nach der Schlacht bei Bautzen 1813 im Hospital verstarben. Der Entwurf geht auf den Dresdener Architekten Emil Högg zurück und wurde von der evangelisch-lutherischen Kirchgemeinde St. Petri in Auftrag gegeben.

Über die Spree und wieder zurück

Der Spaziergang führt weiter auf der 5 **Heilig-Geist-Brücke** zum gegenüberliegenden Ufer. Über diesen alten Spreeübergang verliefen ehemals die Straßen von Dresden und aus dem südwestlichen Bautzener Bergland in die Stadt. Erstmals erwähnt wurde die Brücke 1350, nachdem sie durch Hochwasser zerstört worden war. Eine solche Katastrophe sollte sich später noch mehrfach wiederholen. An die Flut von 1552 erinnert beispielsweise eine Steinplatte, die am stadtseitigen Ende der Brücke in eine Gartenmauer eingesetzt ist: Durch das Hochwasser im August 1552 wurden zahlreiche

Häuser im Spreetal zerstört und viele Menschen getötet. In ihrer heutigen Form stammt die Heilig-Geist-Brücke in Teilen noch aus dem Jahr 1595, als es erneut einen Hochwasserschaden gegeben hatte. Damals wurde die hölzerne Konstruktion durch steinerne Bögen ersetzt.

Hinter der Brücke steigt die Straße den Lindenberg hinauf und führte früher durch das Äußere Lauentor in die Stadt hinein. Zur Linken öffnet sich erneut ein Ausblick auf die Spree und die Neue Wasserkunst, deren Stauwehr hier eine breite Wasserfläche bildet.

Der Spaziergang geht jedoch auf der gegenüberliegenden Straßenseite weiter und in die Bleichenstraße hinein. Auf diesem Weg überquert man erneut eine kleine Brücke, auf der man über einen Mühlgraben gelangt. Dieser gehört zur 6 **Frankensteinschen Mühle**, ehemals eine der größten Mühlen der Stadt. Einst ließen hier die Bauern aus den nahegelegenen Dörfern ihr Getreide mahlen. Heute stehen die Gebäude überwiegend leer. Der eigentümliche Name der Mühle hat übrigens nichts mit der berühmten Romanfigur von Mary Shelley zu tun, sondern geht auf einen ehemaligen Besitzer zurück. Vor dem hohen Mühlenhaus aus dem frühen 20. Jahrhundert sind noch ältere, zum Teil aus dem 16. Jahrhundert stammende Gebäude erhalten.

Weiter geht es auf der Bleichenstraße, benannt nach den Bleichwiesen, die sich früher hier befanden. Auf ihnen wurde die von Wäschereien am

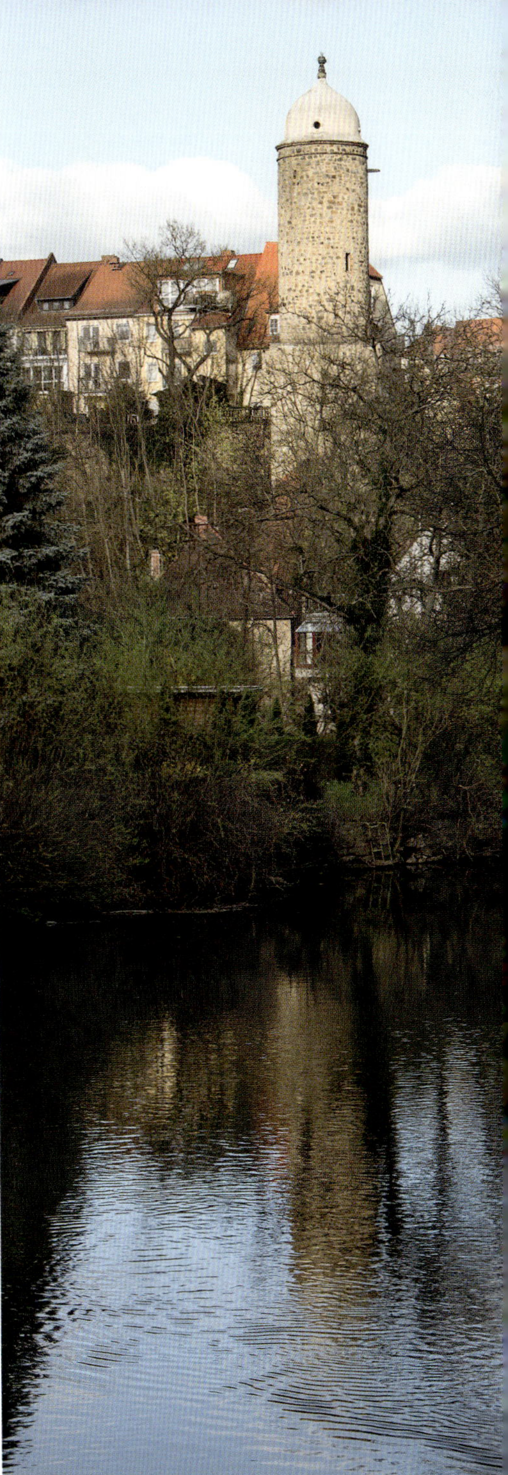

Blick über die Spree zur Neuen Wasserkunst

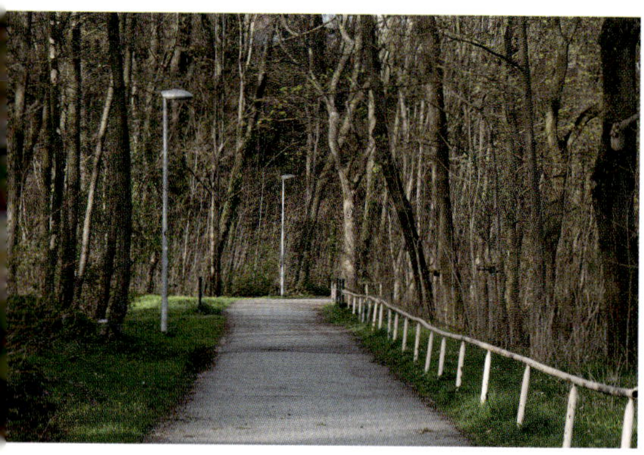

Parallel zur Spree verlaufende Neusche Promenade

Fluss gereinigte Weißwäsche der Bautzener zum Bleichen ausgelegt. Die Straße unterquert den hohen **Eisenbahnviadukt**. Er entstand zwischen 1845 und 1847 als eine technische Meisterleistung seiner Zeit: Auf 15 Bögen mit einer Gesamtlänge von 245 Metern und einer Höhe von etwa 28 Metern überspannt er das Spreetal, das an dieser Stelle recht breit ist. Etwas später führt der Weg auf einer hölzernen Brücke zurück auf die andere Seite der Spree.

Auf der Neuschen Promenade – an alten Steinbrüchen entlang bis zum Humboldthain

Die 7 **Neusche Promenade**, die am Ende der Holzbrücke beginnt, trägt ihren Namen nach ihrem Stifter Johann Gottfried Neu. Der Görlitzer spendete 1864 den ansehnlichen Betrag von 400 Talern, die zur Anpflanzung von Bäumen genutzt werden sollten sowie »zur Anlegung von Wegen für Spaziergänger im herrlichen Spreetale […], so wie ein schönes Beispiel für alle Hermann Fürst Pückler im Neißetal bei Muskau gegeben hat«. Schon im darauffolgenden Jahr ließ der Bautzener Rat mit dem Wegebau beginnen. Sogar ein Teil der Felsen musste gesprengt werden, damit die Neusche Promenade immer parallel zur Spree verlaufen konnte. Der Weg führt vorbei am großen **Stauwehr** der Frankenstein'schen Mühle, das in den 1920er Jahren errichtet wurde.

Zur Rechten der Promenade liegen **Felsen**, die in früheren Zeiten in kleinen Steinbrüchen abgetragen wurden. Auch gab es hier wohl Bergbauversuche, wie der Dichter Theodor Körner in einem Brief vom August 1809 berichtet: »Ich beobachtete dort zwei Gänge feinkörnigen Grüngesteins. In einem Gang war ein Versuchsstollen getrieben, der aber verfallen war, und an der Stelle, wo die Gänge oben an der Chaussee zu Tage treten, werden sie zur Straßenausbesserung gebrochen.« Weiter flussaufwärts befindet sich anstelle eines alten Armes der Spree am linken Ufer das **Spreebad**, das 1920 in Betrieb genommen wurde. Seitdem mehrfach modernisiert, ist es ein beliebtes Ausflugsziel der Bautzener.

Nach der Unterquerung einer Brücke der Bautzener Ortsumgehungsstraße, die erst vor wenigen Jahren in die Wald- und Wiesenlandschaft hineingesetzt wurde, beginnt der Bereich des 8 **Humboldthains**. Dieser rund vier Hektar große Waldpark wurde ab 1896 auf dem Areal der ehemaligen Ratsziegelei und der städtischen Viehweide angelegt. Ursprünglich trug er den Namen »Bismarckhain« nach Otto von Bismarck, der 1895 seinen 80. Geburtstag gefeiert hatte. Dem Reichskanzler zu Ehren ließ der Rat damals 80 Eichen anpflanzen.

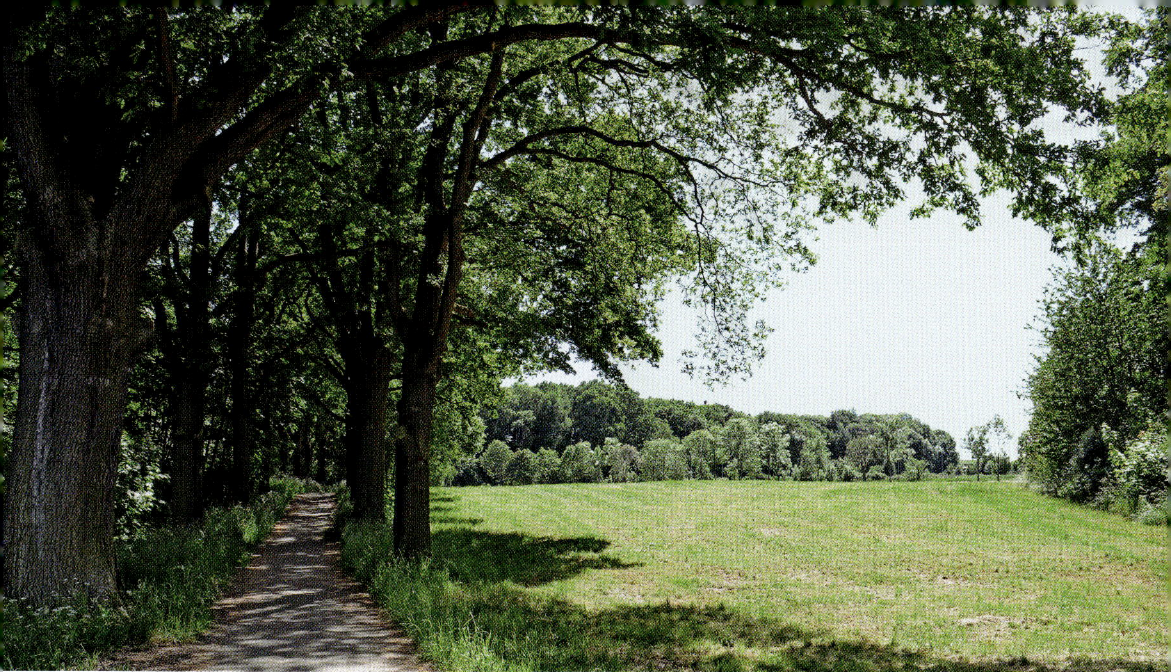

Weg zum rund vier Hektar großen Waldpark Humboldthain

Weitere Teile des Hains wurden überwiegend als Laubwald angelegt – mit Rot- und Hainbuchen, Rot- und Stieleichen, Spitzahornen, Birken und vereinzelt auch Robinien. Ein 1907 aufgestellter Gedenkstein trug die Inschrift »Bismarckhain«. Nach dem Zweiten Weltkrieg wurde die Anlage jedoch umbenannt und der Schriftzug entfernt.

Das Wegenetz durch den Humboldthain ließ der Stadtgarteninspektor Carl Stolp anlegen. Dabei plante er bereits existierende Feldwege mit ein. Zwischen 1910 und 1913 wurde das Gelände durch Johannes Paul Großmann erweitert. Großmann war künstlerischer Leiter der Deutschen Werkstätten für Gartenkunst in Berlin und bezog die Fläche eines ehemaligen Exerzierplatzes in den Waldpark mit ein. Der bis heute vorhandene Sportplatz im Hain geht ebenfalls auf diese Maßnahmen zurück.

Gedenkstätten und Naturdenkmäler

In den Jahren 1944/45 existierte am Rand des Humboldthains ein Außenlager des **KZ Groß Rosen** in Schlesien. Mehr als 1 000 Männer und Frauen wurden hier festgehalten und mussten Zwangsarbeit in der **Waggonfabrik** leisten, die nunmehr im Dienst der Rüstungsindustrie produzierte. In der Nähe der Brücke, die zum Betriebsgelände des heutigen Waggonbaus Bautzen führt, erinnert seit den 1990er Jahren ein **Gedenkstein** an die Opfer des KZs.

Ein Stück weiter liegt rechts ein inzwischen zugewachsener Steinbruch, der während der Weimarer Republik als Naturtheater für Lustspiele und Märchenstücke genutzt wurde. An seiner Abbruchkante steht eine vielhundertjährige **Winterlinde** mit einem Stammumfang von rund sechs Metern, die als Naturdenkmal geschützt ist. Immer in der Nähe des Flusses führt der Weg bis zur Weiten Bleiche. Die Mühle, die sich einmal an dieser Stelle befand, war im 19. Jahrhundert ein beliebtes Ausflugsrestaurant. Es empfiehlt sich, ab hier dem nach einem bedeutenden Bautzener Lehrer benannten Paul-Jänichen-Weg zu folgen.

Auf dem gegenüberliegenden Ufer der Spree steht das Gebäude der ehemaligen **Hochauf'schen Mühle**. Sie liegt etwas abgeschieden und gehört bereits zum nahen Dorf Preuschwitz. Spreeaufwärts schließt ein Auenwald an, in dem es früher noch weitere Mühlen gab. Darauf verweisen die Reste eines Grabens und weiterer Spreewehre in diesem Talabschnitt. Nicht weit entfernt entdeckte der Bautzener Apotheker Elias Rüde 1781 eine Quelle, deren Wasser er eine heilende Wirkung zuschrieb. An der Stelle entwickelte sich ein florierendes **Kurbad,** das vor allem vom Bautzener Bürgertum besucht wurde. Aber so schnell, wie sich der Erfolg eingestellt hatte, war er auch wieder verflogen: Ein Brand zerstörte 1859 die Anlagen. Nur die Reste eines Parks sind bis heute erhalten.

Der Paul-Jänichen-Weg führt den Hang hinauf bis zu einem slawischen 9 **Burgwall** aus dem 10. oder 11. Jahrhundert, der oberhalb eines Felsmassivs liegt. Diese Wehranlage gehörte einst zu dem Dorf Ottelwitz, das allerdings schon im Hochmittelalter unterging: 1272 kaufte der Bautzener Rat die verwaisten Ottelwitzer Ortsfluren auf. Der Wall auf dem Felsvorsprung ist durchschnittlich fünf Meter hoch und umschließt eine Fläche von etwa 30 mal 40 Metern. Der ursprüngliche Zugang lag vermutlich am östlichen Rand. Archäologische Grabungen brachten 1905 die Reste eines Backofens sowie einer Herdstelle mit umfangreichen Keramikscherben zutage. So war die kleine Burg vermutlich Wohnsitz des Dorfherrn von Ottelwitz. Sie diente nicht nur zum Schutz der Dorfbevölkerung im Kriegsfall, sondern wahrscheinlich auch zur Kontrolle eines Weges, der von der Burgsiedlung Budissin zur weiter südlich im Spreetal gelegenen Burg Dobruša (Doberschau) führte.

Spreetal unterhalb des Humboldthains

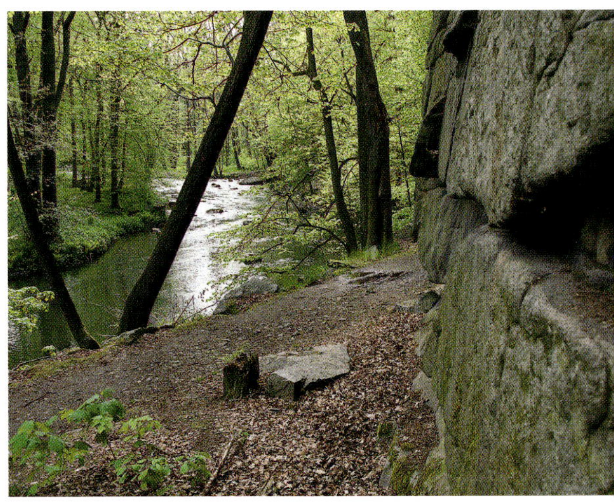

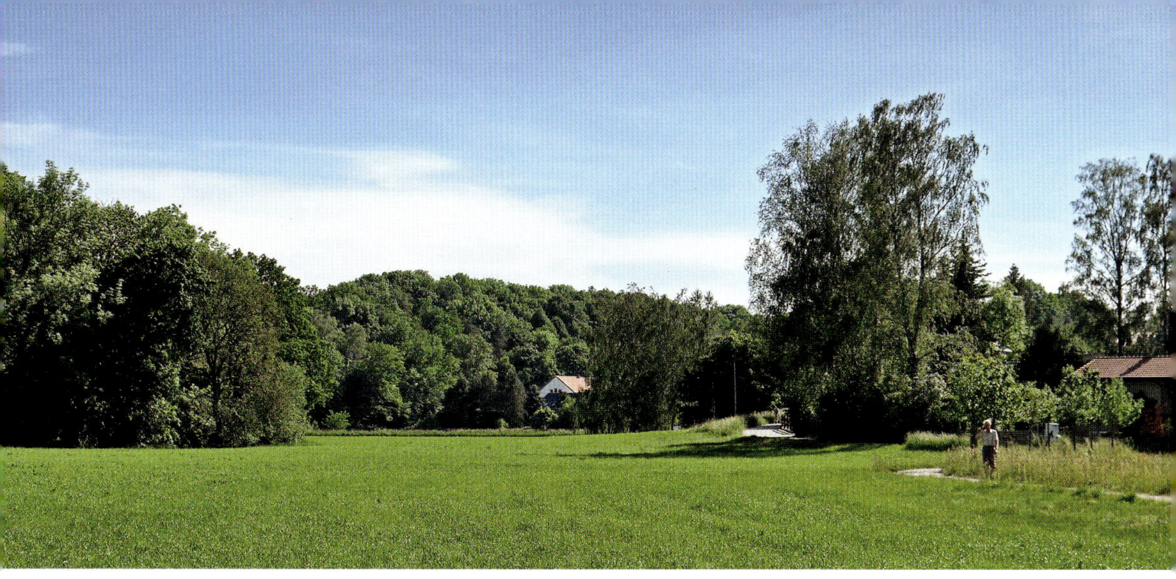

Blick aus dem Spreetal zum Dorf Grubschütz

Hinter dem Wall führt der Spaziergang wieder ins Tal hinab und erreicht einen landschaftlich malerischen Abschnitt. Wie am Protschenberg hat auch hier die Kraft der eiszeitlichen Gletscher und des Schmelzwassers eine tiefe Kerbe in die Granitfelsen getrieben. Auf den **Auenwiesen** im Tal blühen im Frühjahr zahlreiche Buschwindröschen. Zwei **Brückenpfeiler** erinnern daran, dass es bis zum Hochwasser von 1947 an dieser Stelle einen Flussübergang gab, der die Wege auf beiden Ufern miteinander verband. Nach dem felsigen Abschnitt weitet sich das Tal langsam und der Laubwald geht in eine offene Wiesenlandschaft über.

Bald sind die ersten Häuser des Dorfes 10 **Grubschütz** zu sehen. Dieser Rundweiler wurde zu Beginn des 15. Jahrhunderts erstmals schriftlich erwähnt und gehörte über Jahrhunderte dem Bautzener Kollegiatstift St. Petri. Aus der Grubschützer **Wassermühle**, deren Gebäude noch existieren, bezogen die Bautzener Stiftsherren regelmäßige Einkünfte. Seit dem frühen 20. Jahrhundert entwickelte sich das Dorf zu einem beliebten, über den Spreetalweg erreichbaren Ausflugsziel.

Von hier aus kann der Rückweg nach Bautzen angetreten werden – auf gleicher Strecke bzw. anderen Pfaden durch den Humboldthain. Oder man setzt die Wanderung durch das Spreetal noch ein Stück fort. Der anschließende Talabschnitt ist landschaftlich ähnlich reizvoll und bietet weitere lohnende Ziele – unter anderem den slawischen **Burgwall von Doberschau**, der im Hochmittelalter der Mittelpunkt eines großen Burgwardsbezirks war, oder die **Wassermühle von Obergurig**, die als heutiges Ausflugslokal einen Besuch wert ist.

WEITERFÜHRENDE LITERATUR

Bechter, Barbara/Fastenrath, Wiebke (Bearb.) Handbuch der deutschen Kunstdenkmäler. Sachsen I, Regierungsbezirk Dresden, München/Berlin 1996, S. 21 – 56

Gurlitt, Cornelius Beschreibende Darstellung der älteren Bau- und Kunstdenkmäler des Königreichs Sachsen. Heft 33, Bautzen (Stadt), Dresden 1909

Kämpfe, Christa/Hesse, Peter Rettet die Altstadt! 20 Jahre Stadtsanierung Bautzen, Bautzen 2012 (Schriftenreihe des Archivverbundes Bautzen 2)

Kinne, Hermann Das Kollegiatstift St. Petri zu Bautzen von der Gründung bis 1569, Berlin/Boston 2014

Koch, Uwe/Wenzel, Kai (Hg.) Unsterblicher Ruhm. Das Epitaph des Gregorius Mättig und die Kunst des 17. Jahrhunderts in der Oberlausitz, Görlitz/Zittau 2014 (Memoria Maettigiana 1)

Kosbab, Silke/Moschke, Anja/Natuschke, Almut Landständehäuser in Bautzen. Zur Geschichte des Bautzener und des Görlitzer Landhauses auf der Schloßstraße, Bautzen 2011 (Schriftenreihe des Archivverbundes Bautzen 1)

Kosbab, Silke/Wenzel, Kai Bautzens verschwundene Kirchen, Bautzen 2008

Mirtschin, Hans 800 Jahre Rathaus Bautzen. Baugeschichte und Baugestalt, Bautzen 2013 (Schriftenreihe des Archivverbundes Bautzen 3)

Reichel, Friedrich Bautzen, Leipzig 1961

Reymann, Richard Geschichte der Stadt Bautzen, Bautzen 1902

Sächsische Landesstelle für Museumswesen (Hg.) Stadtmuseum Bautzen. Regionalmuseum der sächsischen Oberlausitz, Chemnitz/Bautzen 1994

Schmitt, Eberhard Bautzens Stadtbefestigungen, Bautzen 1996

Schrammek, Rochus Verkehrs- und Baugeschichte der Stadt Bautzen, Bautzen 1984

Schütze, Theodor Um Bautzen und Schirgiswalde, Berlin 1967 (Werte der deutschen Heimat 12)

Schulz, Hagen Bautzen zwischen Reformation, Pönfall und Dreißigjährigem Krieg. Zur Geschichte der Stadt im 16. und frühen 17. Jahrhundert, in: Hesse, Hans-Peter/Wartenberg, Günther (Hg.): Caspar Peucer (1525 – 1602). Wissenschaft, Glaube und Politik im konfessionellen Zeitalter, Leipzig 2004, S. 189 – 236

Schulz, Hagen Meilenstein sächsischer Verkehrsgeschichte. 100 Jahre Friedensbrücke Bautzen, Bautzen 2009

Seele, Christine/Seifert, Siegfried Bautzen und seine Kirchen, Leipzig 1996

Seifert, Siegfried Domschatzkammer St. Petri in Bautzen, Regensburg 1992

Thiemann, Manfred (Red.) Von Budissin nach Bautzen. Beiträge zur Geschichte der Stadt Bautzen, Bautzen 2002

Weber, Lars (Red.) Zwischen den Zeiten. Die Museen und Archive der Stadt Bautzen präsentieren sich innerhalb einer gemeinsamen Jubiläumsausstellung in sechs Teilen. 2 Bde, Dresden 2002

Wenzel, Kai Der spätgotische Neubau der Bautzener Ortenburg, in: Torbus, Tomasz (Hg.): Die Kunst im Markgraftum Oberlausitz während der Jagiellonenherrschaft, Ostfildern 2006, S. 85 – 102

Wenzel, Kai Rex sedet in medio. Das Reliefbild Rudolfs II. am Bautzener Reichenturm, in: Neues Lausitzisches Magazin N. F. 11, 2008, S. 27 – 56

Wenzel, Kai Geschichtswerk und Erinnerungsort. Die Stuckdecke im kurfürstlichen Kammergemach der Bautzener Ortenburg, in: Bobková, Lenka/ Kovičná, Jana (Hg.): Korunní země v dějinách českého státu. Bd. 5, Geschichte, Erinnerung, Selbstidentifikation, Praha 2011, S. 297 – 314

Wenzel, Kai Bautzen, in: Dannenberg, Lars-Arne/ Donath, Matthias/ Dietrich Scholze (Hg.): Oberlausitzer Mythen, Meißen 2012, S. 135 – 145

Wenzel, Kai/ Mitzscherlich, Birgit/ Wohlfarth, Nicole Der Dom St. Petri zu Bautzen, Bautzen 2016 (Schriftenreihe des Archivverbundes Bautzen 4)

GLOSSAR

Akanthus (griech.): Distelähnliche Pflanze, deren gezackte Blattform ein seit der Antike häufig verwendetes Ornamentmotiv ist.

Arkade (franz. *arcade* »Bogengang«, zu: lat. *arcus* »Bogen«): Offener Bogen, der an beiden Enden von Pfeilern oder Säulen getragen wird. Im Plural meint es auch Bogenreihe. **Scheinarkaden** sind einer Wand vorgeblendet.

Attika (griech.-lat.): Brüstungsummauerung über dem Abschlussgesims eines Gebäudes, oftmals als niedriges Obergeschoss, dem sogenannten Attikageschoss ausgebildet.

Auskragendes Gebälk: Gebälk, welches über die Bauflucht hervorspringt.

Baldachin: Ursprünglich eine Tuchdachkonstruktion aus kostbarem Stoff über einem Thron oder Bischofsstuhl. Später wurde jener Prunkhimmel in Stein oder Holz gefertigt und als Auszeichnung über Altären, Grabmälern oder Statuen angebracht.

Balustrade: In einer Reihe angeordnete, kegelförmig unterschiedlich profilierte Säulchen oder Pfosten auf denen ein Handlauf aufliegt.

Belvedere (ital. *bel vedere* »Ort, der eine schöne Aussicht ermöglicht«): Aussichtspavillon, u. a. auf Gebäuden in Form eines Dachterrassenausbaus oder einer offenen Loggia, der einen gezielten Blick ermöglicht.

Blendnische: Täuscht eine Nische vor, indem sie verflacht in das Mauerwerk eingearbeitet ist.

Epitaphien: Grabinschriften und Grabdenkmäler, die an einer Kirchenwand oder einem Pfeiler angebracht sind.

Erker: Geschlossener, mit Fenstern versehener Vorbau an einer Gebäudefront, in der Regel ohne sichtbare Stützen.

Fenstergewände: Senkrecht verlaufende Teile einer Fensterumfassung, meist aus Natur- oder Betonwerkstein.

Feston (frz.): Dekor in Form einer Girlande aus Blumen, Blättern oder Früchten, in der Regel mit Bändern umwickelt.

Formstein: In einer Form hergestellter, besonders gestalteter und anschließend gebrannter Backstein.

Fries: Flächenband zur Gliederung und zum Schmücken von Fassaden, Gebälken und Wänden. Es kann plastisch bzw. malerisch gestaltet oder auch leer sein.

Gesims: Streifen zur Horizontalgliederung einer Fassade, welcher waagerecht aus der Mauer hervortritt.

Gewölbe: Steinerne Baukonstruktion mit bogenförmigem Querschnitt, meist als gewölbte Raumdecke. Beim **Sterngewölbe** sind die Rippen sternartig verzweigt. Das **Zellengewölbe** als spätgotische Sonderform unterscheidet sich vom Sterngewölbe dadurch, dass die zwischen den Rippen eines Sterngewölbes entstehenden Dreiecke hier aus drei geraden Flächen als pyramidale Hohlräume ausgebildet werden und eine vielfach gefaltete Decke entsteht.

Giebel: Meist dreieckiger, oberer Teil an der Schmalseite einer Gebäudefassade, der zu beiden Seiten von schräg aufsteigenden Dachflächen begrenzt wird und das Giebeldreieck bildet. Bei offengelassener Giebelmitte spricht man von einem gesprengten Giebel, bei konkav geschwungenen Seiten von einem Schnepfengiebel.

Intarsie: Einlegearbeit in Holz, meist aus Elfenbein, andersfarbigem Holz oder Metall.

Joch: In der kirchlichen Architektur ein Raumabschnitt, der, durch Pfeiler oder Säulen gegliedert, als selbständiger Teil einer Gewölbefolge erscheint.

Knorpelwerk: Dekor aus knorpelähnlichen Formen.

Konsistorium: Bezeichnet entweder die Vollversammlung der Kardinäle in der katholischen Kirche oder die oberste Verwaltungsbehörde in manchen evangelischen Landeskirchen.

Konsole (frz.): Aus dem Mauerwerk hervortretender Tragstein für beispielsweise Bögen, Figuren oder Gesimse.

Mansarde: Dachgeschoss, das als Wohnung oder Zimmerfolge ausgebaut wurde.

Maskaron: Ornament in Form eines Menschen- oder Fratzengesichts.

Maßwerk: Geometrisch konstruierte Ornamente an gotischen Bauwerken, besonders in den Fensteröffnungen.

Mezzanin (ital. *mezzo* »halb«): Als Halbgeschoss oder Zwischengeschoss niederiger als die übrigen Geschosse. Nach außen hin durch kleinere Fensteröffnungen in der Fassade gekennzeichnet.

Nut: Vertiefung an der Längsseite eines Werkstücks, um ein in der Form korrespondierendes Stück einzupassen.

Obelisk (griech.): Ein sich nach oben hin verjüngender hoher, im Grundriss quadratischer Pfeiler mit pyramidenförmiger, stumpfer Spitze.

Pfeiler: Senkrechtes Stützglied aus Mauerwerk mit einem meist eckigem Querschnitt, das zum Tragen von größeren Bauwerken oder beim Brückenbau benötigt wird.

Pilaster (lat. *pila* »Pfeiler«): Flach in eine Wand eingemauertes Pfeilermotiv ohne tragende Funktion.

Polygon: Vieleck.

Presbyterium (lat.): Als beim Altar gelegener Raum dem Klerus vorbehalten und durch Schranken oder Chorgestühl sichtbar vom öffentlichen Kirchenraum getrennt.

Putte: Figur eines kleinen nackten Knaben mit Flügeln. Kommt besonders häufig im Barock und Rokoko vor.

Retabel: Altaraufsatz.

Rippe: In der Architektur ein gekrümmter, gemauerter Stab der ein Gewölbe oder eine Decke verstärkt, bzw. trägt.

Risalit (ital.): Ein in ganzer Höhe einer Bauwerks vorspringender Gebäudeteil, meist durch Architekturmotive wie Giebel oder Säulen, nicht aber durch einen eigenen Dachaufbau hervorgehoben. Überwiegend an von der Gebäudesymmetrie vorgegebenen Stellen wie der Mitte oder den beiden Fassadenecken.

Rollwerkkartusche: Schildartige Fläche mit bandähnlichen, sich an den Enden einrollenden Verzierungen umrahmt.

Säulenordnung: Von den Proportionen der Säule und ihrem Verhältnis zum Gebälk ausgehendes architektonisches Gliederungsmerkmal im vertikalen Gebäudeaufbau. Seit der Antike unterscheidet man zwischen der dorischen, ionischen und korinthischen Ordnung, in deren Abfolge Form von schlicht bis detailliert ausgeschmückt variiert.

Sakramentstabernakel (lat. *tabernaculum* »Hütte«, »Zelt«): Gehäuseartiger Aufbewahrungsort auf dem Altartisch für Kelch und Hostie.

Schlussstein: Im Scheitelpunkt eines Bogens eingesetzter Keilstein oder im Kreuzungspunkt von Gewölberippen ein besonders geformter Stein.

Segmentbogen: Ein flacher Halbkreisbogen dessen Winkel kleiner als 180 ° ist.

Takelage: Rahen, Masten und Tauwerk eines Segelschiffes.

Tympanon (griech. »Schallbecken«): Dreieckiges Giebelfeld eines antiken Tempels oder auch das nach oben halbrund oder eckig abschließende meist mit Reliefs ausgestattete Feld über einem Kirchenportal.

Vorhangbogenfenster spätgotisches: Bogenförmige Fensteröffnung im Mauerwerk mit ein oder mehreren konvexen Bogenlinien, welche an die Form eines Vorhanges erinnern.

Wehrgang: Offener oder überdachter Gang entlang der Innenseiten einer Wehrmauer mit Brustwehr, Pechnasen, Schießscharten und ähnlichem versehen.

Wimperg: Ziergiebel, meist durch Maßwerk gegliedert, über Portalen und Fenstern gotischer Bauwerke.

Zinnenkranz: Geschlossener Mauerabschnitt mit einer Folge von gezackten Mauerbekrönungen.

Zwerchhaus: Quer zum Giebel meist in der Flucht der Fassade hochgeführter Dachaufbau in der Form eines Häuschens.

IMPRESSUM

Fotografien
Frank Höhler

außer:

- Bautz'ner Senfladen Museum und Manufaktur: S. 46
- Deutsch-Sorbisches Volkstheater: S. 174, 175 (Fotos: Miroslaw Nowotny)
- Galerie Budissin: S. 81
- Kulturhistorisches Museum Görlitz: S. 22 (Foto: Kai Wenzel)
- Museum Bautzen: S. 17, 18 (Fotos: Jürgen Matschie), 149 (Foto: Agentur Kirschgrün)
- Ratsarchiv Görlitz: S. 14 (Foto: René Pech)
- Sammlung Kai Wenzel: S. 24, 25/26, 29, 221
- Sorbisches National-Ensemble: S. 122 (Foto: Ivana Miklošova), 123 (Foto: Holger Hinz)
- Stadtverwaltung Bautzen: S. 137 (Foto: Robert Michalk)
- Steinhaus e.V.: S. 205 (Foto: Reno Roessel)
- Jörg Stephan: S. 136
- Annett Stoy: Titel, S. 7, 8, 11, 39, 42, 47, 49, 55, 56, 67, 76, 88, 89, 96, 106, 110, 139–142, 144, 150, 163, 183–185, 187, 188, 200, 204, 208, 214, 215
- Kai Wenzel: S. 30, 41, 80, 101, 126, 151, 160, 171, 173, 193, 206, 233, 235

Karten
Sandstein Verlag

Frontispiz:
Blick vom Protschenberg auf die Altstadt

Lektorat
Sina Volk, Sandstein Verlag
Helge Pfannschmidt

Gestaltung
Annett Stoy, Sandstein Verlag

Reprografie
Jana Neumann, Sandstein Verlag

Gesamtherstellung
Sandstein Verlag

Die Deutsche Nationalbibliothek verzeichnet diese Publikation in der Deutschen Nationalbibliografie; detaillierte bibliografische Daten sind im Internet über http://dnb.dnb.de abrufbar.

www.sandstein-verlag.de
ISBN 978-3-95498-413-8